美国前国务卿赖斯、奥尔布赖特作序力荐

美国人是如何谈判的

American Negotiating Behavior

[美]理查德·H·所罗门/奈杰尔·昆内 著

中国现代国际关系研究院 译

时事出版社

本书翻译人员：

曾　强：前言，第一、第二、第十四、第十五章，后记

洪建军：第三、第四、第五、第六、第十二、第十三章

赵金福：第七、第八、第九、第十、第十一章

全书译校：周　镜

序言

马德琳·K. 奥尔布赖特

美国国务卿（1997－2001）

这部适时的有关美国外交人员谈判行为的著作，使我想起了一个有关一位典型美国人——尤利塞斯·S. 格兰特——的故事。当他还是一个八岁大的孩子时，格兰特的父亲派他去邻居家买一匹马。抵达邻居家时，格兰特大声地说，“我爸说了，我可以出价 20 美元买那匹小马；如果你不接受的话，我可以出价 22 美元 50 美分；如果你还不接受的话，我就出价 25 美元”。格兰特在他的自传中说道，那个故事“很是让我伤心，当村里的男孩们知道这个故事后，此事便传得没完没了”。

这个故事虽然简单，但却包含着有关讨价还价的若干经验之谈——其中包括耐心的价值、拿捏的重要性以及隐藏自己底线的智慧。

至于外交，谈判是其核心的内容之一，是一门艺术。因此，它需要细致入微的准备以及一些相关的技巧。在美国外交政策的大背景下，谈判是用以推进美国利益的若干关键工具之一。其目的是劝说外国政府以对我们有益的方式行事，或至少以可以接受的方式，甚至以具有约束力和强制的方式。

代表美国进行谈判的男男女女，具有一些先天的优势，其中包括我们的军事力量、我们经济的规模以及我们国家在历史上的政治影响力。但是，他们仍需在我们民主的地雷阵中谨慎前行，在这地雷阵中他们不仅面临着来自国会和私营部门利益集团的巨大压力，而且还面临媒体无休止的监督。他们时时刻刻地被追问自己的战略，披露谈判的细节，预测结果以及说清自己谈判对手的态度。主要国际条约可以闭门达成且能保密数年的日子，早已一去不复返了。

为了准备任何谈判，美国的外交人员必须在我们的政府内与相互竞争的各个权力中心进行谈判。外交人员的目的就是既尽可能地照顾到各方利益，同时又要尽可能地保持自己独立的权威性。与此同时，他们还要确定对不同的谈判对手采取何种战略，以便在谈判对手确实的要求与可被强制接受的条件之间划出清晰的界限。当谈判开始时，我们的外交人员往往通过明确条件、确定问题和限定做出决定的时序来主导这一进程。在如是实践中，他们或可采用美国早期一位大使——本杰明·富兰克林——所喜欢的策略手段，后者在实践中小心翼翼地不与任何人发生冲突，而是心平气和地提出问题和疑问；或可采取一种更为激烈的风格——言辞激烈，以引入媒体相威胁，把谈判失败归咎于对方。不管是哪种情况，给他们的建议是，应寻求一个参与各方都至少能宣称取得部分胜利的结果。这就不可避免地需要创造性地使用辞令，然而，一个受到双方欢迎的协议更能持久，而一个一方明显是赢家、另一方显然是输家的协议则不然。

对于一些美国人来说，谈判显然是一种示弱的表象。在他们看来，真正的强者是无须谈判的；强者只需示强，把他们的意愿强加于人。在少有的情况下，这的确可以是我国的唯一选择。总之，并不是所有的问题都具有两面性，并不是所有的敌手都是讲道理的，并不是所有的问题都是可以通过讨论得到解决的。尽管如此，外交经常被证明是改变现有秩序的一种有价值的工具，不管是建立新的友谊，或是在长期的分歧上达成共识，或是为跟上事件的发展而提出新的规则。

鉴于当前的这种现实，无论是涉及核安全问题、经济公平问题、能源问题、环境问题，还是对国际法进行修正，美国的谈判者在坐到谈判桌之前应确保能得到尽可能全面的支持，这符合美国的最大利益。

我们所有人应当感到庆幸的是，通过和平方式解决的公共政策问题远比通过武力解决的多得多。但是，令我们担心的是，可以被用于国际外交目的的有效资源仅占我们联邦预算的1%。假如我们希望那些代表和捍卫我们利益的人能够获得成功，我们就要加倍努力，全力支持他们去完成使命。

在《美国人是如何谈判的》一书中，理查德·H. 所罗门和奈杰尔·昆内就谈判艺术及其在当今世界中的实践问题，提供了大量宝贵的信息。他们着眼于全球范围内与美国打交道的国家如何看待美国的外交风格，这对于学者、外交政策分析人员以及美国未来的谈判者来说是非常有益的。美国无法影响一个我们所不了解的世界；如果我们不能倾听我们的朋友、我们的批评者以及——尤其是——那些既是我们的朋友同时又是我们的批评者所要说的话，我们就无法理解这个世界。

序言

康多利扎·赖斯
美国国务卿（2005－2009）

转型外交

在其自传《亲历创世纪》（Present at the Creation）中，美国前国务卿迪安·艾奇逊将美国在冷战初期所面临的世界描述为“与《圣经》第一章创世纪所描绘的可怕世界相比稍有逊色”。1946 年，当 200 多万欧洲人发现自己处于二战结束后的饥馑之中时，人们关注的不是东欧是否会倒向共产主义，而是西欧是否会屈从。1946 年，共产党人在法国和意大利的立法机构选举中赢得了相当数量的席位。1947 年，希腊和土耳其爆发了市民冲突。翌年，中东地区爆发了战争，捷克斯洛伐克也在一场政变中倒向了共产主义。1949 年，苏联比预期提前五年引爆了一件核武器，一个月之后毛泽东领导的共产党在中国宣告胜利。面临如此难以克服的困难，几乎没有人会挑剔艾奇逊在此时提出这样的观点：既然世界从创世纪的混乱中诞生，美国肩负的任务是“用同样的物质材料创造出半个自由世界来，而不是在此过程中将世界炸得粉碎”。

60 年后，在德国几乎是未经流血的重新统一以及苏联解体之后，我们想到了艾奇逊为改造旧的外交成规以适应新的外交目的而付出的努力，他所经历的那场斗争既有意识形态之争，也有大国之间的竞争。随着冷战的固化，我们的外交重点主要集中在了欧洲和亚洲的部分地区。我们雇佣了新的人员，教给他们新的语言，给予他们新的培训。我们与德国和日本这样老的敌手结为伙伴，并且帮助他们重建自己的国家。我们创建了“北约”这样新的机构，并且使用了“马歇尔计划”之类的创新型外交工具，以建造一个更加民主的欧洲。我们的外交被证明是有效的，它把遭到毁坏的国家改造成为了繁荣的民主国家，它们数十年来与我们携手抵御苏联的挑战，共同捍卫自由。

随着冷战的结束，美国再次遇到了新的挑战。在20世纪90年代，我们在中东欧国家新增设了14个大使馆，并且调整了100多名外交人员以充实这些大使馆。我们的拓展帮助这些刚获得解放的各国人民改变了他们国家的特质，使这些国家向更加自由和透明敞开大门，并促使其融入一个更加广泛的国际社会。在20世纪50年代，很少有观察者敢想象“华约”组织的成员会成为“北约”组织或欧盟的成员。

在2001年9月11日的恐怖袭击之后，美国面对的是一种完全不同的世界性挑战，这种挑战是极端暴力分子发起的，旨在摧毁那些构成民主基础的理想与机制。当前，主权在现代国家体系中的首要地位正遭到从跨国公司到恐怖主义网络的各种非国家行为体的挑战，它们被证明能够施加与过去唯有国家才能施加的相同的影响力。在今天，对和平的最大威胁似乎产生于国家的内部，而不是国家之间的冲突。目前，国家政权的根本特质似乎比国际权力分配更加重要。

在这个新的世纪中，很难在我们的安全利益、发展努力以及民主理念之间划出明确且清晰的界线来。然而，这恰恰是我们外交政策体系当前的结构所要求做的。美国的外交必须整合并推进这些目标。这就是为什么我于2006年指示我们的外交人员推行“转型外交”，以便与全球范围的伙伴携手共建和维护能够满足其人民需要的治理良好和在国际体系中自律的民主国家。这一倡议植根于伙伴关系，而不是家长式的作风；是与它们共事，而不是为它们做事。

为了推进转型外交，我在列位前任工作的基础上对国务院进行了现代化改造，以便我们的外交态势能够更好地反映21世纪初期国际体系的现实。2006年，国务院驻德国（拥有8200万人口）外交人员的数量几乎与驻印度（拥有10亿人口）的相差无几。在国会的支持下，布什总统增设了2000个国务院外驻岗位。四年间，在鲍威尔国务卿的领导下以及在我的任期内，我要求将我们国际行动的预算年增25%，总共达80亿美元。我同时还努力大幅增加我们派驻海外的外交人员数量。在布什总统2009年的预算中，我们要求国会资助国务院1100个新岗位以及美国开发计划署300个新岗位。最后，我们还将大约十分之一的政治、经济和公共外交官员重新部署到中国、巴西和印度这样的新兴国际权力中心。

然而，仅仅重新配置我们的资源是远远不够的；我们转型的视野要求美国外交人员使我们的存在本地化，在新的地点积极地活动，而不是将自己禁锢于外交代办机构或大使馆的围墙之内。这要求他们与新的伙伴合作，不仅要与所在国的政府合作，而且还要与当地的领袖、企业以及非政府组织合作。使我们外交现代化的这一努力，对我们的外交人员以及援外工作者提出了更高的要求。在伊拉克、阿富汗、苏丹和安哥拉等国极具挑战和最为关键的外交岗位上，他们将不得不应对大量的风险。在上述国家里，我们要与外国公民共同努力，以应对恶劣的安全环境、消除贫困以及推进民主改革。为了成功地完成这些具有挑战性的任务，我们的外交人员不仅应当被培训为政策专家，而且还应当是头等的项目管理者，并且能够帮助外国公民加强法治、开展商业、改善医疗卫生状况和改革教育。

数十年的经验表明，对外援助如果与良政、可持续增长以及对人民和机构进行投资等计划相结合是最为有效的，它帮助受援国永久地摆脱贫困。正是这一逻辑促使我们创立了“千年挑战公司”，并且已向16个伙伴国家提供了至少55亿美元的发展赠款。美国还需要在其外交和军事人员之间建立强有力的联系。我们促进国家进步的目标，并不一定总是在和平的地区实施。没有安全，就不会有发展；没有发展，也就不会有民主。一流的安全专家们开始认为，我们打击恐怖主义是一场全球范围的反暴行动。在这场行动中，冲突的中心不仅是恐怖分子本身，而且还包括他们试图影响和策动的人口。我们的成功将取决于我们文职及军事机构的共同努力。我们的战斗人员能够为进步创造机会，并且能够争取到时间和空间。但是，我们的外交人员和负责发展的专业人员应当抓住机会，支持那些争取民主价值观、经济进步、社会正义以及教育机会的社团。

转变我们的外交以应对21世纪的挑战，不仅仅是国务卿或是美国总统班子的工作，它需要一代人的努力。为了远离过去的外交，我们需要培育未来的外交官。这一群新型外交专业人员需要反映美国丰富的多样性。过去的三位国务卿——欧洲移民的女儿、牙买加移民的儿子和美国南部种族隔离黑人的女儿——就代表了这种多样性，其属下外交人员的多样性也同样如此。

这些男人和女人将不再是独自处理问题，而是与伙伴们一道共同解决问题。为了使他们能够做到这一点，我们需要给予这些外交人员最好的技术，以使他们能够从大使馆或办公室解放出来，并且能够在任何时间在任何地点工作。我们必须更好地扶持和奖励原创、革新和独立思考，尤其是在我们最年轻的外交人员中间。我们不仅需要把美国最好和最精明的人才招募至麾下，而且还要使他们变得更好、更加精明。这就意味着要对他们进行汉语、乌尔都语、阿拉伯语和波斯语等语言的培训，磨砺他们在陌生文化环境中作为谈判者的技能。

在这部书中，理查德·H. 所罗门和奈杰尔·昆内通过严肃地考察美国的谈判实践，触及了这一转型观念中的一个关键问题。这部著作基于美国和平研究所更为广泛的努力，该研究所通过其跨文化谈判项目（本书的第一部分进行了描述），以加强军事人员和外交人员的谈判技能。当我们试图转变我们的外交实践以满足21世纪的对外政策需求时，所罗门和昆内通过对美国外交人员如何与世界范围同行互动的分析，给予了我们洞察谈判过程的宝贵机会。

目　录

第一部分　导论

第二部分　美国谈判者的肖像

第三部分 历史的视角

第四部分 外国的视角

第五部分　结语

绪　论　跨文化谈判项目以及本书的初始

这一对美国谈判行为的研究，可以被视为对不同政府如何管理国际谈判以及文化和习俗是如何影响谈判行为进行系列评估的一个顶点，而不是终点。

这些研究肇始于20世纪80年代初期。在美国政府中对实现与中华人民共和国关系正常化进程研究了5年之后，理查德·所罗门开始了对中国谈判行为的研究。① 他曾经辅助国家安全顾问亨利·基辛格与中国官员进行谈判，这一经历对他有极大的触动。基辛格是一位学者型的官员，擅长于欧洲历史，中国人的外交实践与欧洲外交官以及苏联官员的外交实践之间的差异给他留下了深刻印象。中国人与基辛格培育了一种非常积极的个人关系，他们将后者视为“老朋友”。在中国文化的背景中，“友谊”不仅蕴含着个人间的亲密无间，而且还蕴含着责任与义务。因此，中国官员不时地给他们的“老朋友”基辛格施加压力，以使他接纳中国的政策目标。

在对中国研究的基础上，美国和平研究所于20世纪90年代初开始了一项既强调概念又强调国别的“跨文化谈判”（CCN）行为的系列评估。除了当前的这部著作外，此前共有12部长篇研究专著相继出版。其中有三部是有关概念的研究：雷蒙德·科恩著《跨文化的谈判》、凯文·阿夫鲁奇著

---

① 该研究的解密部分已于1995年发表，见理查德·H. 所罗门著 *Chinese Negotiating Behavior*: *Prusuing Interests through* “*Old Freiends*”（Santa Monica, Calif.: RAND, 1995）。新的一版由美国和平研究所出版社于1999年出版。

《文化与冲突的解决》、小查斯·W. 弗里曼著《权力的艺术》。[①] 在其他9项研究中，有7项是针对具体国家的（中国、俄罗斯、朝鲜、日本、法国、德国和伊朗），研究的重点是它们与美国谈判的行为。另外两项研究所探讨的是双边谈判关系问题（以色列—巴勒斯坦和印度—巴基斯坦的关系）。[②] 即将出版的书籍将以案例形式研究巴基斯坦和埃及等国家。所有的国别研究都将以一整套分析范畴加以介绍（参见本书的附录），旨在方便读者进行跨文化比较。[③]"跨文化谈判"项目的下一阶段，将分析文化差异在具体国家谈判行为中的实际意义，如施压策略、物质刺激、语言的使用以及时间感等等。

在"跨文化谈判"系列的研究中，其根本的观点是：谈判是解决国际问题的一个通常的（尽管并不总是最佳的）手段，以及更加懂得谈判的活力、更加理解文化和习俗对谈判对手行为的影响、更加有自我意识，能够使具体的谈判更加富有成效。使谈判更富成果——以防止、减少或消除使用武力解决政治纷争的可能性——之目标，与本研究所促进和平管理和解决国际冲突的这一国会授权相一致。

跨文化谈判项目的一个发现是，很少有政府向其外交人员提供专门的谈判技巧培训。美国国务院只是最近才开始向其外交官提供如是培训。有趣的

---

① 雷蒙德·科恩在写作《跨文化谈判》的第一版时，曾任美国和平研究所杰宁斯·拉道夫研究员（Jennings Randolph fellow）。该书的出版早于和平研究所的"跨文化谈判"项目。

② 除了理查德·所罗门对中国的评估外，国别和概念研究还包括：Kevin Avruch 的《文化与冲突的解决》（1998），Michael Blaker、Paul Giarra 和 Ezra Vogel 的案例研究《日本的谈判行为》（2005），Charles Cogan 的《法国的谈判行为：与大国打交道》（2003），Raymond Cohen 的《跨文化谈判：独立世界中的国际联络》（1997 年重新修订版），Chas. W. Freeman Jr. 的《权力的艺术：理政与外交》（1997），Daniel C. Krutzer 的《通过谈判实现阿以和平：美国的在中东的领导作用》（2008），Dennis Kux 主编的《印巴谈判：过去依然是序言吗?》（2006），John W. Limbert 的《与伊朗谈判：与历史上的魔鬼较量》（2009），Jerrold L. Schecter 的《俄罗斯的谈判行为：继续与转型》（1998），W. R. Smyser 的《德国是如何谈判的：逻辑目标与务实方案》（2003），Scott Snyder 的《边缘上的谈判：朝鲜的谈判行为》（1999），以及 Tamara Cofman Wittes 主编的《以色列人和巴勒斯坦人是如何谈判的：奥斯陆和平进程的跨文化分析》（2005）。以上著作均由美国和平研究所出版社出版。

③ 这些评估亦认为，一个国家的谈判文化作为其更宽泛文化的一种反映，具有一定程度的内在关联性或主体构成，这在相对同质的社会中尤其如此。例如，在有关中国的国别研究中，人际关系的把握——培养"老朋友"——是一个相互嫁接的概念，并且使其谈判行为的许多方面具有关联性。参见 Soloman 的《中国的谈判行为》，尤其是第 32－44 页。

是，培训的一个显著特征是教给他们在美国官僚体制中进行谈判的必要技巧，教会他们如何应对部门间的氛围，因为这种氛围决定了具体谈判的政策目标。的确，美国谈判实践的一个主导性方面，是具体官员十分在乎获得一种对其谈判目标跨部门的一致支持。假如中国官员试图与其谈判对手建立某种“友谊”以便获知其谈判目标，美国官员则受其文化和习俗的影响会尽力说服其对手去包容具体谈判背后美国部门间的一致性。

“跨文化谈判”项目所产生的著作，被用于本研究所的专业培训项目。如是培训是本研究所的主要工作之一，旨在提高美国及非美国文职或军事人员以及国际机构的代表、学者、非政府组织的工作人员等管理国际冲突的能力。这些著作也引起了国外读者的兴趣（例如，对法国谈判行为的研究就为其作者赢得了法国研究所颁发的著名奖项），书中对美国谈判人员的描述无疑将被外国官员所研究，以备他们与美国同行谈判之需。假如强化了的相互理解与更大的自我意识将导致互惠的谈判结果，那么“跨文化谈判”项目的目的也将得到实现。

本书的路径

人们往往很自然地确信自己的文化和行为是“正常的”，而外国人的文化和行为则是“不同的”。然而，谈判—双边谈判——是一个双价值的进程。任何一方都将自己如何进行谈判的理念、自己的文化偏好、行为模式以及习俗要求带到谈判桌前。美国外交人员准确意识这些特征、驾驭其力量或是规避其缺陷的能力，将是美国外交继续取得成功的一个关键。这便是本研究所发起对美国谈判行为的探索的原因。

“跨文化谈判”项目将注意力集中于美国的谈判行为，始于2000年7月召开的一次研讨会（此时恰逢第二轮戴维营谈判）。数月之后，乔治·W. 布什当选为美国总统；一年多之后，五角大楼和世界贸易中心遭到袭击。第二次研讨会于2007年7月举行。这两次研讨会共汇聚了40多位经验丰富的美国和外国的外交人员、高级别决策者和知名学者，共同对美国官员如何谈判进行了讨论。另有十多位高级别国际谈判参与者对各种文件以及本书的初稿进行了评论。

其中的大部分个体并不是美国人。“跨文化谈判”项目的一个根本分析假说是，通过外国观察者文化“距离”的视角来感知一种特定文化或谈判风格中的显著内涵。出于这一原因，本研究所邀请了曾与美国同行进行过直接谈判的外国官员，请他们从自己的角度来描述美国的谈判行为是什么样的。这些个体——绝大多数是前大使、外交部长、联合国使节以及高官——来自30多个不同的国家和六个大陆。其中一些人所代表的国家与美国是密切的盟友，一些人所代表的国家与美国的关系时好时坏，还有一些人所代表的国家与美国有时是对手有时是敌人。其中还有一些人曾代表联合国和欧盟之类的多边机构与美国进行过谈判。

人们可能会预感到，如此多样性的外国官员会对美国的谈判行为有同样多样性的看法。总之，同样的行为可能会得到来自不同文化背景的不同观察者的不同解读。然而，实际情况是，他们对美国谈判行为的几乎所有方面得出了近乎一致的看法。尽管有时不同官员强调的是不同的特点，但很少有人会质疑这种或那种特点的存在。

本书初稿的起点——尽管在第一次研讨会发布的报告基础上有了巨大的扩展[①]——在于表述这些官员在其中之一或两次研讨会上所表达的集体观点。换言之（这对理解本项目的方法论至关重要），以下各章节所表述的关于美国谈判行为的观点，是（尤其是）来自谈判对手的观点。在本书的五个部分中，这一视角在第四部分表现得尤为明显，其中的章节是外国官员基于自己与美国谈判的第一手经历撰写的。在第二部分中，理查德·H. 所罗门和奈杰尔·昆内对美国的谈判人员进行了复合性的描述。尽管这一描述吸纳了美国官员的观点，但它基本上是外国官员的描述。

在写作第二部分时，所罗门和昆内吸收了在两次研讨会上所表达的意见及经历，并将它们置于一个拱形分析架构之内。那两次研讨会是按照英国皇家国际事务研究所规则举办的，该规则要求不得逐字地报道有关评论或披露评论出自某一具体人之口。因此，第二部分没有来自研讨会的直接引语。然而，第二部分的确有来自第五部分有关章节的引语，以便使读者能够更好地了解那两次研讨会的氛围和内容，以及表明第二部分所表达意见的出处。

所罗门和昆内还运用十来位美国现役或退休外交官或决策者的经历以检

① Nigel Guinney, *U. S. Negotiating Behavior*, Special Report no. 94 (Washington, D. C.: United States Institute of Peace Press, October 2002).

验非美国官员所表述的观点、定性以及评述。通过采访、会谈或对本书初稿的评议，这些美国官员被要求点评非美国官员对美国谈判者行为的评估。值得注意的是，他们在几乎所有的方面都同意这些评估。如果真有什么不同意见的话，通常也只是程度上的不同或强调点的不同，而非本质的不同。（最明显的不同涉及对美国谈判者所表现出的主导者或“霸权者”特征的定性程度；与非美国人相比，美国人视美国的行为更具合作性而非盛气凌人，这一点大概并不令人惊讶。）美国的外交官和决策者还提供了第一手的例证以及具体谈判的幕后情况。

几位研究谈判实践和历史的知名学者与我们分享了其见解，并且帮助我们细化了项目的分析框架。所罗门和昆内还从美国官员发表的叙述中深挖了其观点和例证，并且对“跨文化谈判”项目产生的其他著作进行了进一步的发掘。其中后者为进行跨文化谈判行为比较提供了坚实的信息基础，并且还提供了有关其他国家如何应对外交谈判挑战的无数实例。在与其他国家谈判人员所热衷的完全不同的方法进行比较之前，美国官员应对一些谈判挑战的典型方法可能会显得极为平常（至少对于美国的读者而言）。

本研究不仅审视了那些制订政策和设计谈判战略的官员，而且还考察了那些进行实际谈判的人员。在任何具体的谈判中，参加的人员可能包括总统及其主要的外交政策和国家安全顾问，国务卿以及政府中利益攸关部门的头头，派驻外国首都的大使们及其使馆的一些工作人员，派驻国际机构（例如联合国、北约等）的大使或其他代表，国务院各部门的负责人、科长及其他工作人员，具体谈判团队的成员（他们不仅可能来自国务院，而且还可能来自国防部和财政部等涉及国际事务的机构）。

还需要说明的是：本书所涉及的是谈判，而不是调解。调解是谈判的一种形式（或用查尔斯·莫尔的话说，“谈判进程的一种延伸或细化”①），但它却是独特的，因为它涉及试图帮助冲突双方改变它们的行为或理念、自觉寻求解决或解决方案的第三方。美国很少恳求或屈从于自己是纷争一方的调

① Charles Moore, *The Mediation Process* (San Francisco: Jossey-Bass. 1986), p. 6. The definition of mediation used here draws on that provided by Jacob Bercovitch in "Mediation in the Most Resistant Case," in *Grasping the Nettle: Analyzing Case of Intractable Conflict*, eds. Chester A. Crocker, Fen Osler Hampson, and Pamela Aall (Washington, D. C.: United States Institute of Peace Press, 2005), p. 107.

解。与之相反，美国官员经常充当其他国家纷争的调解者。当这些官员参与调解时，他们无疑将带有或运用自己代表本国进行谈判时的特征和采取的战术。不过，与谈判者相比，调解者需要一套完全不同的技巧。假如美国官员要进行有效的调解，他们经常需要忽略自己一些常用的战术（例如：心烦气躁、咄咄逼人、不注意文化及氛围等），并且极大地强调其他的一些战术（心领神会的能力以及编织问题的创造性等）。

当参与调解的冲突影响到美国关键的国家利益时，美国官员倾向于像谈判那样进行调解；当美国的利益未受到影响时，美国官员很可能显示出极大的耐心和对文化的敏感。为了避免将调解行为和谈判行为混为一谈，本书只讨论那些美国参与的对美国重大利益有影响的纠纷调解——例如，美国在20 世纪 90 年代提出的终止波斯尼亚战争的提议。然而，本书前瞻性的结论主张，无论是进行谈判还是进行调解，在未来的数十年中，美国官员会发现更多的机会和更充足的理由去耐心地和努力地打造关系以及寻找双赢的解决方案，而不是完全按照美国的条件极力寻求快速的解决方式。

鸣谢

本书的组织和起草工作主要是奈杰尔·昆内做的。昆内博士参与“跨文化谈判”项目已经很长时间了，并且编辑了“跨文化谈判”系列几乎所有的著作。他是本研究所一特别报告的作者，该报告归纳了在2000年夏召开的一个有关美国谈判行为的研讨会上的讨论。为了支持这一项目，他同时也是2007年夏召开的、汇聚了国际外交官的第二次研讨会的组织者和推动者。昆内博士和我密切合作，共同发展了《美国的谈判行为》这本书的解释和说明。

作为共同作者，我们尤其要感谢我的特别助理希瑟·森西堡对本研究项目关键的投入和研究支持。我们也要感谢美国和平研究所其他许多成员在过去和现在所做出的贡献，其中包括帕梅拉·奥尔、乔恩·奥尔特曼、朱迪·巴萨罗、帕特里克·克罗宁、阿普里尔·霍尔、凯·赫克勒、史蒂文·海德曼、迈克·莱克森、埃米莉·梅茨格、查尔斯·纳尔逊、瓦莱丽·诺维尔、迪帕·奥拉帕里、史蒂夫·里斯金以及泰勒·西博尔德。莫琳·沙利文不知疲倦、具有创造性和幽默的支持值得我们特别的感激，她协助组织了那两次研讨会。在本书整个的编辑、设计和出版过程中，研究所的出版部门提供了高度专业化和非常有价值的帮助。我们还要真心地感谢“构筑和平联盟”的主席查尔斯·达姆巴赫以及他的助手雷切尔·奥昆和克里斯蒂·斯赖斯，前者参与了第二次研讨会，后者给予了大量的行政支持。詹姆斯·吉布尼在润色最终文本过程中给予了我们非常有价值的帮助。

两次研讨会为本书提供了坚实的基础，因此我们感激参加其中一次或两次研讨会并与我们分享他们宝贵专业知识、见地以及具有启迪意义的经验的以下人员，其中包括安纳托利·阿德米辛、吉尔·安德烈阿尼、陈庆珠、赵泰烈、雷蒙德·科恩、切斯特·A. 克罗克、约翰·德·查斯特兰、阿尔瓦罗·德·索托、奥萨马·埃尔·巴兹、阿卜德尔·拉奥夫·埃尔·雷迪、萨埃布·埃雷卡特、加雷思·伊万斯、船桥洋一、查尔斯·吉莱斯皮、多尔·戈尔德、杰罗尔德·格林、理查德·哈斯、戴维·汉内爵士、卡尔·凯泽、马舒德·可汗、塞缪尔·W. 刘易斯、法鲁克·罗戈格鲁、约翰·麦克唐纳、唐纳德·麦克亨利、拉利特·曼辛格、爱德华·马克斯、杰加特·梅塔、兰霍恩·莫特利、阿梅杜·奥尔德－阿卜杜拉、史蒂夫·皮兹尼克、安德鲁·皮埃尔、伊塔马尔·拉宾诺维奇、J. 斯特普尔顿·罗伊、穆罕默德·萨依、罗伯特·舒尔辛格、W. 理查德·斯迈泽、赫尔穆特·索南费尔特、玛乔丽·索南费尔德、瑟奇·苏尔、威廉·冯·埃克伦、埃兹拉·沃格尔、渡边幸治、罗宾·威斯特、弗兰克·G. 威斯纳、约翰·伍德、卡齐米尔·约斯特以及卡特琳·王。

2009 年 4 月，我们召集一小批非常有经验的美国官员讨论了应采取何种措施以加强美国谈判者未来的有效性这个问题。对于他们所提出的具有激励作用的建议（其中一些在本书的最后一章中有所提及），我们表示感谢，他们是：莫顿·阿布拉默维茨、切斯特·A. 克罗克、塞缪尔·W. 刘易斯、罗纳德·纽曼以及 W. 理查德·斯迈泽。

一些在职和退休的美国官员高雅地同意为本项目接受我们的采访，其中包括查尔斯·W. 弗里曼、马克斯·坎珀尔曼、帕特里克·肯尼迪、罗纳德·纽曼、菲利丝·奥克利、托马斯·皮克林、帕特里克·斯波尔丁、J. 斯特普尔顿·罗伊以及鲁思·怀特赛德。

本书作者还要感谢国务院拉尔夫·J. 邦奇图书馆包括首席图书馆员 C. 埃兰·克莱恩在内的工作人员在帮助查询和统计各种数据过程中所给予的专家式支持，以及国务院国务卿帮办的特别助理祖德斯·E. 斯特灵沃尔夫所提供的其他研究资料。

最后但不是最不重要的是，我们还要感谢那些对本书起草过程中的诸稿提过批评意见的人，其中许多人参与了本项目其他方面的工作，其中包括帕梅拉·奥尔、莫顿·阿布拉默维茨、彼得·阿克曼、切斯特·A. 克罗克、詹姆斯·吉布尼、斯蒂芬·哈德立、帕特里克·肯尼迪、塞缪尔·W. 刘易斯、罗纳德·纽曼、瓦莱丽·诺维尔、诺曼·奥恩斯坦、史蒂夫·皮兹尼克、W. 理查德·斯迈泽、安东尼·万尼斯特·约翰以及三位匿名评审人。

理查德·H. 所罗门

供稿人

奈杰尔·昆内，编辑集团总裁，是欧洲和美国智库、学术机构、出版社和跨国公司的顾问。他有 20 多年在国际关系和冲突解决领域作为编辑、作家和研究者的经历。

理查德·H. 所罗门，美国和平研究所所长，曾在美国政府的国家安全参谋部任职，领导过国务院的政策规划部门，并出任过负责亚太事务的助理国务卿和驻菲律宾大使。他还担当过兰德公司政治学部的主任以及密歇根大学的政治学教授。

吉尔·安德烈阿尼，法国国家审计法院高级顾问，曾任法国外交部分析与预测中心主任以及法国驻联合国使团副主任。2001 年以来，他还在巴黎二大讲授国际关系。

陈庆珠，1996 年以来一直任新加坡驻美国大使，同时担任新加坡驻联合国的常驻代表，当前还担任驻加拿大高级专员和墨西哥的大使。她是新加坡政策研究所的创始所长以及东南亚研究所所长。

戴维·汉内，1985－1990 年期间曾任英国驻欧盟大使和常驻代表，后来担任英国政府驻塞浦路斯的特别代表，2003－2004 年期间任联合国秘书长有关威胁、挑战和变化问题的高级幕僚之一。

法鲁克·罗戈格鲁，在土耳其外交部供职35年，曾任土耳其驻丹麦和阿塞拜疆大使，2001－2005年期间任驻美国大使，还曾担任过土耳其外交部副部长以及安卡拉欧亚研究中心主任。

拉里特·曼辛格，曾担任过印度外交秘书、驻美国大使和驻英国高级专员。近年来，他还担任印度外交学院的名誉退休教授以及新德里和平与冲突研究所执委会成员。

尤里·纳扎尔金，曾代表苏联参加裁军会议，率领苏联代表团参加苏美战略武器谈判（最终于1991年达成《削减战略武器条约－I》），担任过苏联和俄罗斯联邦的无任所大使，以及俄罗斯联邦安全委员会次长。他现在是日内瓦外交和国际关系学院教授。

罗伯特·舒尔辛格，科罗拉多大学（博尔德）著名的历史学和国际关系教授，在美国对外关系史领域著述颇丰，2001－2003年期间曾任美国国务院外交历史文献委员会主席，2006年以来一直任中央情报局历史评估小组成员。

渡边幸治，日本国际交流中心的高级研究员，曾任日本外务省副省长，1991年和1992年参加7国峰会，并任美日结构障碍倡议的日方主席，还担任过日本驻俄罗斯、意大利和沙特阿拉伯等国大使。

约翰·伍德，曾任新西兰外交与贸易部副部长，并分别担任过两任新西兰驻美国大使，以及驻伊朗、巴基斯坦和土耳其等国大使。他现在是坎特伯雷大学校长。

第一部分

导　论

第一章 导论

美国的官员如何进行谈判？很少有作者试图探索这一问题。① 确实，许多作者的确提出过诸如某些具体官员是如何进行谈判的，或美国是如何处理某些具体谈判的问题。但是，很少有人探索过美国官员——作为一个整体——是如何进行谈判的。

学者们和外交官们——这两种人是从来都不羞怯的——的沉寂，乍看起来似乎是令人费解的。总之，美国作为一个主要的全球性大国已有一个多世纪的历史，其他绝大多数国家对它（经常是被迫的）是兴趣十足的。然而，尽管近年来对美国的微词颇多：美国——作为世界唯一的超级大国——已把谈判从外交手段中彻底清除，并且完全依赖其政治、经济和军事实力，通过施压和胁迫来实现自己的目的；但是，美国不仅经常进行谈判，并且将继续进行谈判。美国全球性的利益决定，其谈判者将进行众多的双边或多边谈判。

那么，如何来说明本书——即使不是独辟蹊径——是在探索前人很少探索的道路呢？对这一问题的回答与“美国官员是如何进行谈判的？”这一简洁的、本质看似直白的问题有很大的关系。尽管这个问题看似十分简单，但它却寓意深刻且非常复杂。其中一个主要的寓意便是，人们实际上可以从谈判这一复杂且关联性极强的活动中辨析出行为和风格模式来，——这一提法

① 本书结尾部分的书目清单，它列举了与美国谈判行为有关的其他著作。同时参见 Michelle Lebaron, “Culture-Based Negotiation Styles,” in *Beyond Intractability*, eds. Guy Burgess and Heidi Burgess (Conflict Research Consortium, University of Colorado, Boulder, July 2003), http://www. byondintractablity. org/essay/culture_ negotiation/? nid = 1187 注释中所提供的书目清单。

肯定会遇到例外情况的警告，甚至有可能被众多的反证所否定。第二个（而且有可能是更为禁忌的）寓意是，美国人的谈判方式与其他国家的官员截然不同，——这一观点对于一个全球密切相连、意识极强且对把某些特性归结于某些民族的危险十分敏感的世界来说，是格格不入的。说到复杂性，我们是在试图从谈判这一完整的织物中确认并抽取一根线——官员的行为模式，而这块织物是由无数相互交织在一起的线——其中包括某一特定谈判的主题、具体谈判人员的个性、所涉国家政府的政策及其决策程序等——构成的，其难度可想而知。

的确，分析方面的挑战是真实的，而且是实实在在的。但是，更好地理解美国的决策者和外交人员是如何管理及进行谈判的，其潜在的益处也是实实在在的。对于美国的决策者来说，更加敏锐地了解美国谈判人员的风格特质是非常必要的，因为这些特质有助于人们理解和认识外交政策是如何制订、贯彻和被感知的。此外，美国官员可以运用这种更好的自我意识来磨砺自己的技艺和效率。引用中国古代军事家孙子的话说就是："知己知彼，百战不殆。"令人惊讶的是，直到最近为止，美国的外交人员没有从国务院那里得到任何有关谈判的正式培训。当来自私营部门且未在那里获得任何谈判技能的外交人员进入外交机构后，他们往往只能通过观察或向前辈求教的方式来构筑自己的基本职业技能。① 本书能够提供另一种资源，以帮助这一进程。对于其他国家的官员来说，更好地了解美国的谈判行为能够帮助他们避免误解或误读美国一方，以确保谈判能够产生出互利的结果。

在写作本书过程中，我们始终将这些目标和益处牢记于心。与本书的其他供稿人一样，我们也承认抓住谈判行为这种如此难以捉摸话题的实质是何等之难，但我们同时也看到了可能性以及如是尝试的益处。一些学者或许可能对国家谈判风格这一概念表示质疑，但是经验丰富的从业者是不会苟同于他们的。当然，本书的供稿者们与数十名参与了这一多年研究项目（本书

---

① 例如，芮效俭（Stapleton Roy）大使曾出任过包括中国在内的三个不同国家的大使。他回忆道，他没有接受过任何有关谈判的培训。他说道，"你可以从经验中学习"。引自 Stapleton Roy, interview, Washington, D. C., August 11, 2008。同样，当被问及是否接受过如何进行谈判的培训时，查尔斯·W. 弗里曼大使答道，"绝对没有接受过正规培训"。弗里曼指出，与许多国家不同，美国没有能够提供广泛的基础培训的外交学院；取而代之的是，国务院为其外交人员提供"有关谈判之类内容的短期课程，但是你是否能够得到或选修这些课程则是另一回事了"。引自 Charles W. Freeman, interview, Washington, D. C., September 10, 2008。

就是成果之一）的资深外交官和学者们一样也相信，美国官员将一套明显的美国态度与行为带到了谈判桌前。

本书所提供的对美国谈判实践的描述是非常复杂的，其复杂程度超出了人们的预期，因为美国这样一个超凡国家在国际舞台上靠力量说话是众人皆知的。这一殊荣或许实至名归，但是那只是故事的一部分。在这一故事当中，当美国与一个文化多样性、政治影响力各异和国家利益相互竞争的世界剧烈互动时，这一殊荣有时是一种掣肘，但有时则是一种补充。

本书认为，四种鲜明的心态或专业视角共同构成了美国的谈判行为：生意人的务实以及在谈判中确保实际结果的兴趣；律师般的细心准备、精确以及信守承诺的审慎态度；超级大国对发号施令的偏好，“接不接受都是如此”的态度以及通过炫耀武力来追逐国家利益的倾向；言必说教的使命感，自视甚高以及布道的倾向。

具有讽刺意味的是，美国谈判行为的核心却是对谈判的正反两种心态。一方面，生意人的气度与法律冲动相结合促使美国官员愿意坐下来谈判，以解决问题、达成协议并且确信双方都能从协议中得到实实在在的和互利的结果。另一方面，道德倡导者与霸权主义的冲动则促使美国官员不愿与那些信仰和行为与美国价值观相悖的外国人进行谈判。的确，鉴于美国的经济、政治以及军事资源，他们对是否有必要进行谈判持怀疑态度。

在不同的谈判以及不同届别的政府中，上述四种心态的相对分量是不同的。记者们以及历史学家们经常把具体的倾向与具体的总统联系起来（有时甚至与具体的政党领袖牵连）。譬如，吉米·卡特总统就被描绘为典型的道德家，而乔治·W. 布什总统则被刻画为典型的单边主义者和霸权主义者。然而，这四种心态超越了政治意识形态和个人的偏好。试图在与美国人的谈判中取得进展的外国外交官，据说都期待着美国政府内部的人员变动，渴望新的总统或新的政治议程将改造美国谈判者的方法。他们的希望往往是一厢情愿。他们发现，新的谈判团队的态度、行为和气质与老团队没有多大区别。政策有可能陡然变化，但谈判行为通常不会如是陡然变化。尽管有时发生的变化会明显地突出四种心态中的某一种，但是这种变化通常是暂时的，其他几种心态会逐渐地恢复其影响力。（例如，在乔治·W. 布什第二个总统任期内，其对朝鲜的谈判行为就与比尔·克林顿总统的没有太大的差异，尽管前者入主白宫时决心要改变后者的做法。）总之，尽管有时一种或另一种倾向居于主导地位，但更为通常的是它们是并存的。其结果便是这样一种谈判风格：它既高度专业化但同时又咄咄逼人，既是非正式的但同时又是紧迫的，既是诚挚的但同时又是生硬的，既是精打细算的但同时又是倾向于说教的。

美国的谈判进程同时也受到政府的政治和官僚体系本质的强有力影响，再有就是各部门间为赢得总统的首肯而展开的激烈争夺。后者的权威受到国会压力的极大限制，而国会的压力则取决于公共舆论以及私营部门利益集团的影响。总统和国会成员对选举周期是心知肚明的，这一周期不仅将他们送上当值的岗位，而且还可能在他们给国家及其对外关系留下任何印记之前威胁将他们赶下权力宝座。这种体制限制了谈判者的机动空间，将他们置于相当大的时间压力之下，逼迫他们严重依赖于总统以进行高级别的谈判，并使他们极易受到国内的政治批判。然而，这同时也给予正与外国谈判者进行谈判的美国谈判人员一定的强势，前者心里清楚，当美国谈判人员说“这就是华盛顿准备给你们的条件了，我无法允诺更多”时，他们大概是实话实说了。

华盛顿流动性的官僚体制或政治力量变化，能够对正在进行的谈判的部门间目标一致产生迅速的破坏，或者将刚刚达成的协议置于国会的聚光灯之下。因此，美国的谈判人员经常发现自己被迫提高要价或要求与外国谈判对手就某一已经达成的协议进行重新谈判。尽管“移动球门门柱”这种现象并不是美国官员所独有的，但这的确是美国外交的一大特点。

本书还对谈判行为和机制环境的另一种根本性的动感张力进行了描述，这种张力——充分体现了美国文化的本质——便是对个人主义的强调与对团队努力似是而非的要求之间的矛盾。即便是不同的部门或首席谈判官员争相说服总统采取某一特殊的策略，但是不同部门的成员经常（但并不总是）联合起来，以贯彻某种总统或其高级副手之一最终决定支持的谈判策略。

人们可以把这一个人—团队矛盾与美式橄榄球这种蕴含着美国社会文化活力的体育运动加以对比，尽管这样做有惹恼那些抱怨（并非毫无理由）美国人热衷于使用体育术语的外国外交官的风险。教练/各部门站在边线上争论着最佳的“砸阵”方式，并且敏感地关注着终场的时间；在球场上，相互竞争的球员则跃跃欲试，决心在表现上超越团队的其他成员。但是，当“砸阵”方式最终选定后，总统或四分卫则指挥整个团队，通过信号使团队的成员以经过精心设计的传球路线在所剩无几的时间内向既定目标整体推进。这种对比还可以被进一步延伸，因为随后的各章节表明，美国的谈判人员显示出了一种生意人般的对目标的进取心，律师般的对复杂规则和精确度量的关注，帝国般的对一往无前或摧毁一切障碍的渴望，甚至有时还有将自己的成功归结于神旨的倾向。

一、文化与谈判

正如在序言里所详细说明的那样，本书是美国和平研究所正在进行的“跨文化谈判”项目的一部分，该项目试图对不同国家和政府的谈判行为进行评估和比较。对跨文化谈判行为进行比较的基本原理是直白的：谈判是一种受欢迎的解决国际问题的方法；不同政府管理和进行谈判的方式有所不同；对这些不同的了解有助于官员们更好地为谈判进行准备和管理。

“跨文化谈判”项目认为，至少有五种因素将对任何国际谈判行为产生影响：

- 所涉及的问题；
- 谈判人员的个性；
- 决策、谈判以及政策贯彻程序等机制方面的因素；
- 地缘方面的因素，其中包括参与谈判双方的关系问题；以及
- 所涉及的文化。

上述因素中的第一个随着谈判的变化而变化，第二个随着谈判人员的变化而变化，因此不宜将它们与各国谈判风格中持久的范式和普遍共享的行为联系起来。与之相反，第三、第四和第五种因素的变化相对缓慢而且是叠加的，因此有可能施加它们长期的影响。结构和地缘方面因素对谈判的影响，已经引起不少历史学家和政治学家的注意。譬如，以美国为例，他们把主要思想和笔墨都用在了确定各种力量——地缘政治、军事、经济力量以及“软实力”——是如何影响美国与实力略逊于自己的谈判对手进行外交交锋上了。[①] 但是，第五种因

① 在许多探讨实力对谈判影响的著作中，尤其知名的包括：Henry Kissinger, *Diplomacy* (New York: Sinom and Schuster, 1994)；以及 Joseph Nye, *Soft Power: The Means to Success in World Politics* (New York: Public Affairs, 2004)。

素——文化——却未引起太多的关注。①

毫无疑问，缺乏关注的部分原因在于文化是一个如此难以捉摸和无定形的概念。考虑到这一点，“跨文化谈判”项目的参与者们极力去定义这一术语，并且在弗朗兹·博厄斯、玛格丽特·米德、露丝·本内迪克特、克莱德·克拉克洪等人类学家和政治学家在20世纪确定的有关“文化”的定义和用法的基础上进行了延伸。② 在本书中，以及在雷蒙德·科恩撰写的《跨文化谈判》中，我们将文化视为“人类的软件……由思想、含义、惯例和假定等组成”，以及一个特定群体所共有的行为模式——作为“组织现实和向世界传递含义的一种文法”。③ 更为确切地讲，塔马拉·考夫曼·威茨在《以色列人是如何与巴勒斯坦人谈判的》中所使用的定义是这样说的，文化是“一个特定社会群体中个人经验的产物，包括其对崇拜偶像的表述、传说、神话和行为模式（传统），以及这些表述的寓意随着时间流逝在群体成员中通过经验的传播。”④

“跨文化谈判”项目另一部著作的作者凯文·阿夫鲁奇指出，有多重的、相互重叠的次文化的存在，如“一般性的”与“地方性的”，民族的和部族的，政治的和社会的等等。任何具体的谈判者都将受到其特殊文化的影响，因此任何谈判者的文化都是别具一格的。⑤ 然而，这一特殊性并不会使

---

① 有关文化在涉美国商业谈判中的作用的著作不少，但是商业世界与外交世界之间的差异却是巨大且明显的，因此运用同一分析透镜来观察二者，至少是有问题的。在外交领域中，将文化与美国对外政策联系在一起的著作是 Walter Russell Mead 的 *Special Providence: American Foreign Policy and How It changed the World*（New York: Knoph, 2001）。米德的研究涉及对外政策的制定与实施，虽然没有谈及谈判，但它的确论及了美国社会中影响外交行为的宽泛文化模式。米德的方法将在本章的后边部分加以讨论。

② 例如，克拉克洪曾写道，“文化包含成定式的思维、感觉和思辨方式，它来自于符号并以符合的形式进行传承，标志着人类群体独具特色的成就，其中包括体现在艺术品中的化身。文化的核心内容包括传统的（譬如来自于历史并经过筛选的）思想及其所特有的价值”。参见 Clyde Kluckohn, “The Study of Culture,” in The Polcy Science, eds. D. Lerner and H. D. Lasswell (Stanford, Calif.: Stanford University Press, 1951), p. 86。

③ Cohen, Negotiating across Culture, p. 12.

④ Wittes, How Israels and Palestinians Negotiate, p. 4.

⑤ Avruch, Culture and Conflict Resolution, 本书的第二部分第 38－41 页（23－55）；威茨也同样强调，她所提出的有关文化的定义“重要的是，允许一个群体中的个体在阶级、种族和社会特征方面有别于其他的个体，这种可确认的次文化可能存在于一个更大的得到确认的文化之中”。参见 Wittes, How Israelis and Palestinians Negotiate, pp. 4－5。

文化分析成为不可能或毫不相干，而只会使梳理谈判行为和谈判结果之间的逻辑关系变得更为艰难，也更具潜在的用途。

一些研究人员宣称，在国际外交领域，文化是一种不相干的影响力。[①]其他一些人则认为，长久以来外交官们一直共享着一种专业的和国际的文化，这种文化超越了民族和国家的文化。[②] 在17和18世纪的欧洲，外交人员所共有的一种文化就是讲法语，而且要受制于一套繁缛的行为范式和服装。有些人宣称，在我们全球化的时代，外交人员文化的一致性已经扩展到了整个世界——不管你走到哪里，你所遇到的是一种专业文化，即讲英语、接受过西方的教育、西装革履、说话温文尔雅。然而，许多经验丰富的谈判者则有不同的意见：与过去几十年或几百年相比，尽管谈判人员的文化差异不再那样明显，但是这些差异依然是存在的，而且依然可以对谈判行为和谈判结果产生显著的影响。它们的影响力可以在人际之间的互动模式、语言和非语言沟通的风格、对时间的态度、对诱惑和压力策略的使用、对妥协的态度以及对盛情接待的利用等诸多方面被感受到。外交界这种文化的多样性之所以得以保存，部分原因在于几乎所有外国政府的外交部门都缺乏对其成员的正规的谈判实践培训。因此，国家民族文化仍占据着上风。

有人可能会说，外交人员——至少是欧洲的外交人员——中的文化差异程度在过去的一个世纪中实际上是增长了。正如美国职业外交官蒙蒂格尔·斯特恩斯所说的那样，“直到第一次世界大战结束之前，用英国外交官兼作家哈罗德·尼科尔森的话说，现代外交的实践者是一些‘拥有相似的教育标准、相似经历和相似目标’的人，他们‘期望着一个同样的世界’”。俄国1917年的十月革命打破了这种一致性，年轻的苏联从一开始就拒绝接受

① I. William Zartman, “A Skeptic's View,” in Culture and Negotiation, eds. G. Faure and J. Rubin (Newbury Park, Calif.: Sage, 1993), pp. 17 – 21. 例如，Zartman 声称，文化“(对于谈判人员来说) 就如同早餐一样地相关，而且实际上就是如此”。然而，Avruch 则认为 Zartman 以及其他人提出的观点中存在严重的缺陷；参见 Avruch, Culture and Conflict Resolution, pp. 42 – 48。

② 例如，在其著作 The Anarchical Society 中，Hedley Bull 把外交文化定义为“各国官方代表所拥有的一整套思想和价值观念”，而这一文化是在数百年的过程中形成的，是“国家社会”的一个不可分割的部分。参见 Hedley Bull, The Anarchical Society: A Study of Order in World Politics 第三版 (New York: Columbia University Press 1977), p. 316。对于外交文化这个理念的一个有趣评估以及其继续相关的观点被杰弗里·威斯曼提出，参见其“Pax Americana: Dumping into Diplomatic Culture,” International Studies Perspectives 6 (2005), pp. 409 – 430。

已经确立了的外交规则——正如美国在内战至1893年期间鄙视外交和领事制服以及“大使”头衔那样。[①]

本书第四部分中的各章节雄辩地证实了，许多非美国的外交官深信文化对谈判行为的影响。其中的一些章节还对一些情况进行了探讨，在这些情况中文化差异或变得更加明显和有影响力，或变得不那么明显和有影响力。

本书特别感兴趣的是两种文化的交汇处：国家的（比如美国的）与机制的（如美国政府各部门尤其是国务院及其外交人员的结构、习俗和行为取向等）。[②] 接下来的章节并不认为所有的美国谈判人员都同样地适应于这两种文化；正如杰斯瓦尔德·萨拉库斯所言，“任何谈判者都不是文化机器人”。[③] 同时，本书并不忽略其他文化对塑造观点和行为所起的影响作用；美国的谈判者来自于各种不同的专业背景，因此将各种不同的谈判风格带入了他们的官方职责。然而，本书并不漠视美国谈判人员所共享的国家以及机构背景将对他们所参与的谈判产生巨大的和可视的影响力。

这一影响是否能使美国官员成为更好的或更坏的谈判者是一个很好的问题，但是本书对于这一问题没有一个确切的答复。在本书中，我们的目的在于评估美国官员是如何进行谈判的，而不是他们的谈判有多么好。假如这使读者对作者缺乏雄心而感到遗憾的话，我们所要指出的是，从相互交织在一起的个性、问题、机制和利益中剥离出行为模式来，对于我们来说是的确是一个无比巨大的任务。试图精确地衡量这一行为模式对于谈判结果所产生影响的程度，即便这不是一项徒劳的职业，但似乎也是另一个更大的研究项目所要做的工作。这一研究项目将通过对数据的研究产生出众多的变量以及在

---

① Monteagle Stearns, Talking to Strangers: Improving American Diplomacy at Home and Abroad (Princeton, N. J.: Princeton University Press, 1996), pp. 13, 21.

② 澳大利亚外交官温菲尔德·兰争辩道，“国家民族文化与职业文化相互竞争”。兰将后者定义为“谈判文化”，其中包括包容感、对灵活性的高度看重以及对有效沟通的意识。然而，兰也承认，“这一谈判文化受到各国政府通过严厉的指示对谈判所强加的国家利益的制约”。Winfried Long, “A Professional View,” in Culture and Negotiation, eds. Faure and Rubin, pp. 44 - 45, 46。

③ Jeswarld W. Salacuse, “Implications for Practitioners,” in Culture and Negotiation, eds. Fuare and Rubin, p. 201.

学术上可以被消化的东西来。[①] 这并不等于说我们将对美国谈判者的效率这一话题保持缄默。我们能够而且必须指出的是，特殊的行为和风格特点对具体谈判产生了清晰影响。有关这一影响的证据在本书第四部分中也能够找到。在这些证据中，那些隔着谈判桌坐在美国谈判者对面的外国谈判者回忆了美国的一些特征以及战术是如何对具体的谈判结果产生积极或消极的影响的。

本书第四部分的供稿人并不怀疑，美国谈判者的行为多少反映了美国的文化影响力。其精确程度——由于前面所表述的原因——是无法确定的，但十分清楚的是，这一影响既是积极的同时又是消极的。譬如，没有耐心是美国外交一个标志性的特点，这经常导致美国谈判者着眼于短期的收益而牺牲长期的利益。从另一方面看，许多美国官员以实话实说和说到做到而著称。这虽然减少了模糊或误解的危险，但有时也使谈判氛围复杂化甚至是恶化。

在其著作《特殊天意》中，历史学家沃尔特·拉塞尔·米德争论道，美国人的某些心态——每一种都有强有力的文化根源——在这个国家的历史进程中塑造了美国的外交政策。在米德看来，其最终效益是无可争辩的，因为"美国的外交政策……使美国得以随着历史的发展迅速繁荣起来。"[②] 既然我们要斗胆地就文化对美国谈判行为（当然与美国对外政策不是一回事）的影响进行一个全面的评估，我们将提出一个更为混合的而不是那么明确的判断。文化影响既能帮助同时也能阻碍美国的谈判人员。此外，正如我们在本书的末尾章节里所探讨的那样，任何特定的文化特性有可能是一种恩赐，也有可能是一种障碍；或者就是一种恩赐和障碍，这取决于某一特定谈判的上下关联关系。

二、本书的构成

本书由五部分组成。第一部分是由导论章节构成，它阐述了本书的目

① 需要考虑的除了行为模式之外，变量包括谈判各方的相对实力及其资源；它们之间在历史上的关系；各方的意图以及对问题的理解；国内政治、经济以及其他压力和制约；谈判参与者的个性以及他们与本团队和对方团队成员的个人及专业关系；谈判所涉及的主要问题以及次级问题和其他相关问题；第三方的影响、利益及其行动，其中不仅包括其他政府，而且还包括政府间组织、非政府组织和媒体报道。

② Mead, Special Providence, xviii.

的、主题和内容。第二部分是由第二到第五章组成，这一部分可以被视为对本项目所收集材料的分析性精萃。正如在绪论中所描述的那样，我们围绕着非美国官员在两次“跨文化谈判”研讨会上所提出的评估构建了一个解释性的框架，同时还吸纳了美国外交官、决策者以及学者的观点和经验。在这一部分中，我们的目的在于向读者提供一个有关美国谈判行为基本特征的完整肖像。

第二章——“四种面相的谈判者”——旨在通过探讨生意人、法学家、超级大国和道德家这四种塑造谈判桌前美国官员行为的心态来揭示美国方式的实质。

接下来的一章——“谈判桌上的讨价还价”——分解了美国外交人员在正式的谈判领域中所采用的典型策略和行为。本章在开始部分便审视了美国谈判人员所采用的积极的诱导手段，其中包括与对方接触的努力，打造机制性和人际间的联系以及诸如提供经济补偿和提供政治承认或安全保障之类的各种引诱。然后，这一章对美国施压策略——从将不同的问题挂钩到施加压力、泄露内情、最后通牒和赤裸裸的高压政策——进行了评估。

在第三章中，我们将相当的注意力用于对语言和时间的使用上。美国人——其概念性术语表明，他们将谈判部分地视为科学，部分地视为体育运动——经常将英语用作一种生硬的工具，同时在起草协议的措辞方面又能充分显示其极大的灵巧性特点。然而，在时间问题上，美国的谈判人员则没有那么灵活。他们经常着眼于短期效益，而且因受国内考虑的影响往往在察觉到的机会窗口关闭之前迅速推进。他们这种在时间上的紧迫感体现为各种自我规定的时限上。第三章还讨论了策略是如何随着谈判对手的身份、谈判的主题以及进行谈判的形式（双边或是多边）的变化而变化的。

在第四章中，关注的核心转移到了美国是如何在正式的谈判桌之外进行谈判的。这一章特别审视了美国官员是如何运用三种技巧来支持正式的谈判进程的：幕后渠道联络、热情款待以及媒体作用。幕后渠道决不是冷战的遗物，它依然是美国谈判行为的一个显著特征，仍被用来摸清对方的立场及其所关注的问题。由于有着广泛的外交和政治接触以及为了具体成果不遗余力，美国官员拥有各种手段，可以通过后门或离线联络涉险渡过险恶的官僚及政治水域。然而，在热情款待方面，美国人则相对处于劣势，因为他们具有不大重视谈判对手的政治倾向。当然也有例外的情况出现，美国人有时也通过礼宾仪式给谈判对手留下好的印象或胁迫和奖赏谈判对手。但是，总体而言，美国的外交款待是适中的，有时甚至是吝啬的。

美国谈判人员熟练使用媒体的可能性并没有被忽视，有时美国官员将故事披露给记者并“操纵”报道，以塑造美国的谈判意图及其对谈判程序的看法。然而，这样的努力是零星的，很少升格为媒体大战。其部分原因在于媒体是独立的行为者（“第四阶层”），并被视为难以预测和不可靠的；部分原因在于美国期望在谈判桌上获胜，而不在乎媒体是如何进行报道的。

与外国人一样，美国人经常谈及最难的且最重要的谈判是同美国人自己进行的。在华盛顿的各部门之间，谈判者相互拆解对方的谈判策略，捍卫自己在谈判中的先发优势。第五章——“美国人与美国人的谈判”——触及了美国谈判行为中的这一显著方面，并且探讨了美国政府和官僚机构的结构、文化以及内部动力等是如何影响美国官员与外国对手的谈判行为的。这一章涵盖了若干主题：在塑造对外政策行为方面，国会的作用是世界上任何其他立法机构都无法与其媲美的；美国的选举，它加重了谈判者的时间紧迫感和短期效益观念；行政部门的变动，它有可能阻碍正在进行的谈判进展，使谈判者被迫提高要价，并且导致机构记忆的丧失；不同部门或官员之间为争夺总统的首肯以及控制谈判日程而展开的激烈的有时甚至是破坏性的争夺；个别外交官的政治词汇，他们有可能被指责在谈判桌上出让太多的利益，甚至个别时候被指责为不忠。

尽管本书的大部分章节都着眼于冷战期间以及冷战以来所进行的谈判，但是第三部分回顾了美国建国以来总统们与其谈判者之间关系的演变。这一部分是由美国一流的外交史学家罗伯特·舒尔辛格撰写，这一历史回顾审视了美国政府谈判机器及其管理风格从19世纪孤独的使者到今天繁缛的官僚结构的发展。舒尔辛格强调了总统在开展外交谈判中的核心作用。他所撰写的章节虽然在开始部分提及了独立战争，但是他的关注点主要集中在1919年之后，此时的美国——作为一个新崛起的世界大国——对其外交关系的管理实行了机构化。在勾画美国外交实践主要发展脉络的过程中，他触及了在随后章节中不断产生共鸣的一些主题，其中包括美国在世界事务中发挥的特殊作用，幕后渠道的使用，华府内部政治及部门间争夺的影响以及个别外交官的国内政治词汇。

第四部分的各章节从外国人的视角审视了美国谈判行为的不同侧面和方

面，这些章节的作者均为外国的高级外交官或官员，除一人外全都参加了2007年的研讨会。这些章节并非意在横向审视美国外交中的绝大部分紧迫事件、关系和问题；它们既不是综合和系统的，而且也没有把它们所涉及的问题彻底说透。相反，它们只是从作者个人的角度对第二部分中的某个话题或某些话题提出一己之见，并且提供了谈判桌对面外国官员的第一手经验和洞察。

外国供稿人的选择并非完全在我们的控制之下。一些被邀请供稿的官员婉言谢绝了我们的邀请，其中一些是因为个人原因，而另一些人则是因为外交方面的原因。我们确信，本书的未来版本将显现出更加广阔的外国视角，其中包括参与气候变化、核不扩散和经济管制等有关主题谈判的官员（或非政府代表）们的观点。即便如此，正如读者们将要发现的那样，本书第四部分中的诸章节并不缺乏多样性，而且也不乏洞察力和直言不讳。

1996年以来派驻华盛顿的新加坡大使陈庆珠审视了美国在三种不同场合的行为：双边接触、与地区性政府间组织的谈判和在全球多边组织框架下的谈判。在她看来，美国的谈判人员虽有其超级大国地位撑腰，但同时也受到政治制度以及部门间对谈判立场争吵不休的制约。

曾任日本外务省副省长的渡边幸治在20世纪80年代末和90年代初曾深度参与了与美国的贸易谈判。在其撰写的章节中，他对这些谈判进行了分解，并将他所说的痛苦经历与日后日本成为美国的经济伙伴而不再是经济威胁后所进行的非对抗性且更具建设性的谈判加以对比。

土耳其前驻华盛顿大使法鲁克·罗戈格鲁将焦点集中在了美国为说服土耳其允许美国军队利用其领土对伊拉克发动攻击所进行的大力度但却不成功的努力，并且审视了美国如何在“9·11”事件之后不久明显加大了在安全谈判中施压的倾向。

在20世纪90年代和21世纪初担任过两任新西兰驻美大使的约翰·伍德回顾了他在20世纪80年代中期曾经历过的同美国进行的持久谈判，当时新西兰正与美国较劲，其反核立场禁止美国军舰进入新西兰海域。

尤里·纳扎尔金曾率多个苏联代表团参加军控谈判，并且任俄罗斯联邦负责国际安全和裁军的无任所大使。他直言不讳地叙述了自己代表一个曾经被认为是美国敌手的国家与美国进行谈判的真实感受。

印度前外秘拉利特·曼辛格描述了自20世纪60年代以来印度与美国的

双边关系，并勾画出其间他所称的美国谈判行为从强迫型外交向说服型外交的进化脉络。

英国前常驻联合国代表戴维·汉内审视了美国例外论的本性、政治任职官员多疑和异质的方法、国会的干预、政府各部门间的争斗以及超载的决策机器等是如何导致美国在联合国未能发挥出与其国际地位相称的影响力的。

在第四部分的最后一章，法国外交部政策分析与预测中心（相当于美国国务院的政策规划司）前主任吉尔·安德烈阿尼从自己的个人经验中归纳出了一打如何在与美国官员谈判时使障碍最小化和使结果最大化的管理性“规则”。

在这些外国供稿者提供的观点的基础上，最后一章提问道：美国的谈判人员是否准备好应对一个变化了的全球地貌所提出的各种挑战？在过去，美国谈判行为的这四个方面作为一个整体似乎很好地服务了美国的外交。但是，它们在未来还会继续这样做吗？谈判已成为美国外交政策的一种更为重要的（而非不那么重要的）工具，国际谈判的本质也在迅速变化以适应：全球化的发展、一些需要集体反应的问题的出现、民族国家体系的弱化以及国际行动的组织化。

最后一章的后半部分提出了一系列旨在使美国的谈判在这一全新的国际环境中更加有效率的改革建议。尽管我们无法对植根于民族和体制文化中的谈判行为进行多大的改变，但是谈判人员的谈判技能是可以通过其他途径加强的。最终的结论推荐了各种实用的措施，从更好地训练职业外交官的谈判艺术到改进美国政府的机构记忆以及对过去谈判记录的评估，再到国会对外交提供更具支持力度的资助。

态度的变化与具体的变化同等重要。假如美国官员想在未来几十年里表现得更有效率，那么美国的谈判行为就应当获得第五种面相：一个“政治家”的心态，不仅有移情以及培育和维系有用关系的能力，而且还要敏感于这样一个事实——谈判各方在谈判结束时都要给自己的选民带回一些东西。各级政府的谈判人员在会使用政治、经济和军事资源的同时，还需要更加注意构筑关系以及更加自我认识到美国的谈判行为。本书的结尾与开头的基本原理相呼应，即用孙子的警句说，“知己”。

第二部分
美国谈判者的肖像

第二章　四种面相的谈判者

美国的谈判者倾向于认为自己是——以及美国政府倾向于将自己表现为——务实和公正的，乐于倾听对方的观点和做出实现互惠的适当妥协。[①]然而，美国人——以及各种政治色彩的美国政府——则倾向于将美国视为一个一整套独特的和贞洁的价值观的化身。这一价值观是永远不能妥协的，而且是必须在国内坚定捍卫和在国外大加弘扬的。[②]

这两个相互矛盾的形象并非倾向于使对方失色；相反，它们是并存的，并且让人产生出一种对与外国政府谈判的爱憎交织的感觉。这一点不仅美国人注意到了，非美国人也同样如此。例如，丹尼斯·罗斯——曾是三位美国总统的中东特使——说道：

> 尽管美国人自认为乐于进行谈判，但在仔细审视我们的自我形象以及气质之后便会知道，我们对谈判的态度经常是既恨又爱的……由于我们的自我形象，我们经常受到我们无需进行谈判这种概念的吸引。[③]

---

① 查尔斯·W. 弗里曼大使说道，对于谈判而言，“独具特色的美国方式”中的一个成分就是“我们的心目中有一个五五开暗示的谈判模型”。Freeman interview, p. 10。

② 这一价值观的确切妥协必然是一个值得争论的问题，而且可以确定的是，在不同的时期是会有所不同的。譬如，西摩·马丁·利普塞特辨别出他称之为“美国信条”的五种内涵：自由、平等、个人主义、民粹主义和放任主义”。参见 Seymour Martin Lipset, American Exceptionalism: A Double-Edged Sward (New York: W. W. Norton, 1996), p. 19。

③ Dennis Ross, Statecraft and How to Restore American's Standing in the World (New York: Farrar, Straus, and Giroux, 2007), p. 175.

吉尔·安德烈阿尼曾在法国外交部为两位总统工作过，他在为本书撰写的章节中绘出了一幅相似的图画。一方面，安德烈阿尼在回忆自己的谈判经历时说，美国官员“努力理解我们的立场，并真心地试图寻找妥协的可能”。但在另一方面：

> 谈判在美国并不像其对世界其他地区的大多数人民那样，是一件为了从他国得到某些东西而做的敏感事情。相反，美国人视其为赐予应受外国人的一种特权，是美国正常事务进程的一个例外，而这种例外是由他们对该问题，包括国际问题的兴趣所决定的。①

这种对谈判的厌恶在那些似乎威胁到美国价值观和利益的国家身上表现得尤为突出。2007 年 2 月，前国务卿詹姆斯·贝克在回应乔治·W. 布什政府反对与朝鲜和伊朗谈判的立场时感到有必要告诉国会图书馆的听众：“我们必须做好与我们的敌人进行谈判的准备……这样做是我们的利益所在……与一个有敌意的政府谈判，不论是冷战时期的莫斯科，还是今天的大马士革，并不是绥靖。”② 极少数其他国家认为有必要捍卫与敌对政府进行谈判的主张。（温斯顿·丘吉尔就对英国国内的争论不屑一顾，他曾说道：“最好是以牙还牙，而不是以战争还战争。”）但在美国，与“坏人”谈判是要受到指责的。的确，在贝克做出评论 16 个月后，布什总统对以色列国会说，与“恐怖分子或激进分子”（被广泛地解释为伊朗、叙利亚等国政府）谈判无疑预示“来自绥靖的虚假舒适”。③ 在 2008 年总统选举时，共和党人对候选人贝拉克·奥巴马公开表示愿与伊朗谈判进行了抨击。用里根政府负责非洲事务的助理国务卿切斯特·A. 克罗克的话说，“与麻烦或讨厌政权的谈判

---

① Gilles Andereani, “Negotiating With Savior Faire: Twelve Rules with the United States,” 见本书第十四章第 336 页。

② 贝克在这一年晚些时候的一篇文章中反复强调了这一点。参见 James B. Baker III, “The Big Ten: The Case for Pragmatic Idealism,” National Interest, August 29, 2007, http: //www. nationalinterest. org/Article. aspx? id = 15370。

③ Sheryl Gay Stolberg and Jim Rutenberg, “Bushi Assails ‘appeasement.’ Touching Off Storm,” New York Times, May 16, 2008, http: //www. nytimes. com/2008/05/16/us/politics/16obama. html? hp.

结果或进行外交接触的概念，在美国人民心中仍然是令人作呕的”。①

然而，尽管美国不愿与其他国家（尤其是麻烦国家）谈判，但是它还是最大限度地与更多的国家进行谈判。截至2008年夏，美国政府与世界上的194个国家中的191个建立了外交关系。② 它在国外设立了268个大使馆、代办处和使团等。③ 此外，它还参加了至少127个地区和国际组织。④ 如此精细而广泛的外交机构的存在是为了方便而不是阻碍联络。

这一“谈判/不谈判”的正反两个方面，显示了美国谈判方式的更大复杂性。根据在谈判行为比较项目中收集到的意见和事实，我们发现美国当代的谈判实践是由四种心态塑造的，其中每一种心态都代表着一整套相关的假设和偏好。这四种心态（尽管并不完全，但是其中的任何一种都与美国生活的一个主要方面相呼应）包括：类似于生意人的世界观，只关注结果，表述直截了当且务实；法学家的心态，看重的是程序、准确性、事实和专业主义；道德家的倾向，其标志是理想主义、自以为是和传播福音的热忱；以及一种全球性超级大国的心态（经常被外国的外交人员说成是“霸权者”心态），表现为在追求自己利益时乐于使用例外的资源独断地制定条款。

这四种心态有时和谐地发挥作用，特别是前两个或后两个。例如，法学家的心态和类似于生意人的心态都强调理性的论证，而且接受妥协和交易；然而，道德家的心态和“霸权者”的心态则都倾向于加强美国的例外主义和单边主义倾向。然而，不同的心态有时彼此是不和谐的，产生出混乱的信息以及贸然的战术调整。

在任何具体的谈判中，不同心态的影响是不同的，它们的相对比重取决于以下一些因素：所谈判的问题、具体谈判人员的性情、在华盛顿进行掌控

---

① Crocher, “The Art of Peace: Bringing Diplomacy Back to Washington,” Foreign Affaris (July - August 2007), http: //www. foreignaffaris. rog/20070701fareviewessay86 - 414/chester - a - crocher/the-art-of-peace-bringing-diplomacy-back-to-washington. html.

② U. S. Department of States, Bureau of Intelligence and Research, “Independent States in the World,” Fact Sheet (Washington, D. C., August 19, 2008), http: //www. state. gove/s//imr/rls/4250. htm.

③ 取自美国国务院网站的“地理指数”，http: //www. state. gov/documents/organization/109693. pdf。

④ 美国人事管理办公室的“联邦雇员调往国际组织的明细单”，http:.. www. opm. gov/emplore/internat/index. asp。

的政府以及参与谈判各方之间更为广泛的关系。本章节所要提供的，并不是有关美国谈判行为在某一刻的快照，而是一幅反映其不同模式和本能的肖像。

一、生意人式的谈判者

对于美国的外交官而言，“生意人式的”这一术语总是正面的，言外之意就是有目的的相遇，其典型特点就是为了实现丰厚且互利的结果而进行的坦诚和热情洋溢的讨论。举几个例子加以说明：负责美国与朝鲜就中止其核计划进行谈判的高级谈判代表克里斯托弗·希尔公开称赞他的讨论是“好的，全面的，类似于商业的”。[①] 美国负责就农业问题与世界贸易组织进行谈判的首席谈判官艾伦·约翰逊发布了一个乐观的报道称，“气氛非常好，人们为了取得一致都像生意人一样地工作”。[②] 美国参谋长联席会议主席迈克尔·马伦海军上将在2008年10月报告说，他在俄罗斯出兵干涉格鲁吉亚后为修补美俄关系而与俄罗斯同行进行的会面是“一个富有成效的、商业式的会谈”。[③] 奥巴马政府的一位高官将美国总统与俄罗斯总统的首次会面形容为“让我们谈生意吧”；当被同时问及奥巴马与中国国家主席的会谈时，另一位高官说道，“我所要说的是会谈是生意人式的”。[④]

“生意人式”这一理念不仅是美国有关富有成效的谈判这一概念的核心，而且也是许多美国人在各自行当交易中的核心理念。当然，对于一些美国谈判者来说，“生意人式”的描述是一种字面上的意义：许多谈判者是从美国企业界抽调上来的，而且在他们完成外交服务后往往要回到原来的岗

① Judy Aita, "North Korea Talks on Track, U. S. Negotiator Says," USINFO, March 7, 2007, http://www.globalsecurity.org/imd/library/news/dprk/2007/dprk-070307-usia01.htm.

② "Negotiators Upbeat after WTO Talks," Goliath, June 14, 2004, http://goliath.ecnext.com/coms2/sumary_0199-450808_ITM. 值得一提的是，美国并非是赞赏“生意人式”外交的唯一国家。

③ Matti Huuhtanen, "U. S., Russia Military Chiefs Talk," Seattle Post-Intelligencer, October 21, 2008.

④ 这些未做记录的评论是乔纳森·马丁报告的，见“Obama: Bush-Era Diplomacy Is Over," Politico, April 1, 2009, http://www.politicl.com/news/stories/0409/200765.html。

位。1944 年成为美国国务卿的小爱德华·斯特蒂纽斯大概是"生意人式"谈判者的一个典型实例。斯特蒂纽斯此前曾担任通用汽车公司的副总裁和美国钢铁公司的董事长。正如资深外交官查尔斯·波伦所言，弗兰克林·D. 罗斯福总统经常请他"执行一些具体的任务，比如与其他国家的外长一道解决问题。斯特蒂纽斯在从事这项任务过程中具有典型的美国风格，而且有时意识不到政治上的细微差别"。[①] 查尔斯·威尔逊是通用汽车公司贡献的另一名高官，他辞去这个汽车制造业巨头总裁的职位后成为了德怀特·D. 艾森豪威尔总统的国防部长。威尔逊是一位生硬且直言的人，参议院军事委员会曾问到，他是否能想象出这样一种情形，即他作为国防部长是否会做出有违通用汽车公司利益的决定。他回答道，"我想象不出这样的情形来，因为我多年来一直认为对国家好既是对通用汽车公司好，反之亦然"。[②] 在今天的"非职业大使"（从外交系统以外聘用的大使）当中，国务院外交服务研究所所长鲁思·怀特赛德说道，普遍的背景是商业。[③]

即使是那些在外交系统度过其整个职业生涯的谈判者，或者是那些从学术界抽调的谈判者，他们也不反对将他们的行为描述成"生意人式"的。深深地植根于美国最精粹的活动之中的这一术语——正如卡尔文·柯利芝总统著名的言论所讲，"美国要做的就是生意"——的言外之意是，总之当务之急就是取得具体的结果。尽管当"生意人式"在外交方面被用于描述一种直率但并非友好的交流、一种坦诚但并非融洽的接触时，这种使用仍与有目的的和有相对产出的活动相关。因此，它与美国欲从谈判中获得具体和有利结果的野心相呼应。

美国的谈判人员的确愿与对手结下友好关系，但对某些来自有意拉关系的国家——如中国和日本[④]——的谈判者则不然。他们并不把这种关系视为其外交领域中最具威力的武器之一，而且也不把谈判视为确立或发展关系的

---

① Charles Bohlen, Witness to History, 1929 - 1969 (New York: Harper, 1973), p. 179.

② Justin Hyde, "GM's 'Engine Charlie' Wilson Learned to Live with a Misquote," Detroit Free Press, September 14, 2008.

③ Ruth Whiteside, interview, Arlington, Virginia, September 19, 2008, p. 49.

④ 理查德·H. 所罗门在他的研究（《中国的谈判行为》）中强调，在中国看来发展和利用关系十分重要。这一研究的小标题"通过'老朋友'追逐利益"是再恰当不过了。雷蒙德·科恩在第三章"跨文化谈判"中也提出了相似的观点，他在文中讨论了高度结构化的文化（如日本）以及它们所赋予人际关系的首要位置。

首要实践。本书第四部分的部分章节（尤其是渡边幸治对 20 世纪 80 年代末和 90 年代初美日贸易谈判的描述）十分清楚地表明，美国官员对于他们对手的感觉——例如，对挥之不去的被世界超级大国牵着走的历史委屈与耻辱感——并不十分在意。这并不是说人际关系不重要，或无须进行培育和加以利用（这一点将在下一章的开始部分加以讨论），而是说美国官员并不把它们视为管理谈判的核心或视为谈判的目的。

而且，美国也很少参与为了程序而进行的程序，或为了谈判而进行的谈判。[①] 例如，尽管亚洲外交官十分看重东南亚联盟组织（ASEAN）或亚洲地区论坛（ARF）——这些组织更着眼于关系建设而非具体的结果——这类集团组织的价值，但是美国官员有时则将它们视为毫不相干的“空谈车间”。并不是所有美国官员都有如是感觉。科林·鲍威尔在担任国务卿期间每年都参加亚洲地区论坛会议，并且将其描述为对促进地区合作和并行会议——他在这样的会议上取得了一些具体成果，如将十个东盟国家的外长召集到一起签署了一项支持反恐战争的联合声明[②]——“非常非常有用”。然而，鲍威尔的继任者康多利扎·赖斯则有不同的观点。她在任职期间错过了四个亚洲地区论坛会议中的两个，此举被一些亚洲国家视为美国降低对这一地区重视程度的信号。其实，这可能只是反映出她感觉自己的时间用在别的地方比用在空谈上更好。[③] 正如新加坡无任所大使许通美（Tommy Koh）在 2008 年所言，“美国的一些官员将东盟视为空谈车间，是一个无效的地区组织。美国的一些智库和学者也有同样的看法……对于美国官员而言，除非有具体的斩获，否则任何会议是不值得参加的。这或许可以解释为什么在过去四年间美国的高官缺席了东盟一些重要的会议”。[④]

---

① 然而，美国人有时的确为了谈判而谈判。例如，尼克松政府推动北约与华约之间进行的相互均衡裁军谈判，在很大程度上是为了“实现与苏联谈成的裁军协定的执行，以便阻止国会通过曼斯菲尔德参议员提出的大规模单边削减美国在欧洲军事存在的议案”。相互均衡裁军谈判从 1973 年开始，一直延续到 1989 年。参见 Jozef Goldblat, Arms Control: The New Guide to Negotiations and Agreement, 2nd ed.（Thousand Oaks, Calif.: Sage, 2002）, p. 220。

② 引自 Ralph Cossa, “Rice's Unfortunate Choice,” Asia Times, July 28, 2005, http://www.atimes.com/atimes/Southeast_Asia/GG28Ae03.html.

③ 例如，参见 ibid.; and Yoichi Funabashi, “Keeping Up with Asia,” Foreign Affairs（September - October 2008）。

④ Tommy Koh, “The United States and Southeast Asia,” in America's Role in Asia: Asian and American Views, 2008, Asia Foundation（San Francisco: Asia Foundation, 2008）, pp. 42 - 43.

尽管美国谈判人员从不愿安静地坐在那里任由他人主导谈判，但他们也不像自己的一些对手那样在开场白中发表一些带火药味的言辞。例如，一名法国外交官曾经断言，“获胜的总是最先讲话者”。而且，法国人出了名的一个倾向就是在开始谈判时在语言上和在智力上展示出令人眼花缭乱的笛卡尔逻辑来。曾任法国外交部战略和安全事务司长以及法国驻联合国副代表的热拉尔·阿罗德评论道，“法国人是其热衷于将概念与灵动相结合的牺牲品，这在谈判中往往使他们陷入冗长且精彩的对其立场耀眼逻辑的离题解释，而非提出虽不辉煌但却更为有效的修改意见或是文本”。①

美国人往往放弃这些可以炫耀其语言技巧的机会，因为在他们看来谈判中重要的是实质，而不是华丽词藻或精彩论点：话是如何说的或以何种次序说的，不如说了什么和取得了什么成果更重要。

对于美国人来说，实质和结果是至高无上的；能够取得结果的程序也是重要的，但相对来说是次要一些的。在其回忆20世纪90年代中期为调解塞尔维亚人、波斯尼亚人和克罗地亚人达成一项协议而付出不懈努力的文集中，理查德·霍尔布鲁克说道，“在外交领域，程序经常与实质同等重要。”② 然而，作者在全书当中却描绘自己是如何迫使交战双方着眼于外交细节以外的东西，朝向一种双方都能通过谈判结束敌对而得到的具体利益。霍尔布鲁克甚至表现出对盟友极为注重会议应该在何处举行以及由谁来做东这样的“细枝末节”的不耐烦。“如果我们在每次行动之前都与（五国）接触小组进行磋商”，霍尔布鲁克告诉其上司沃伦·克里斯托弗国务卿说，“那就不可能使谈判继续进行，更不用说取得成功了。既然现在美国最终介入了波斯尼亚问题，我们就不能允许接触小组内部的争论使我们偏离目标”。③

在克里斯托弗的支持下，霍尔布鲁克决心一往无前以达成一项和平协议，这促使他发起了一场短暂的、高强度的外交战：无数次的往返飞行于这些巴尔干国家的首都，不间断的谈判，以及发生在最后一分钟的危机。在美国外交史的其他许多章节中，不乏类似的为了得到结果而乐于清除一切障碍

① 引自 Cogan, French Negotiating Behavior, p. 122.

② Richard Holbrooke, To End a War (New York: Random House, 1998; Modern Library edition, 1999), p. 178.

③ Ibid., p. 117.

的例子，其中包括乔治·H. W. 布什总统及詹姆斯·贝克国务卿为赢得对其德国统一政策的支持而做出的巨大努力。[①]

如是高强度努力的目的并不在于使对方确信美国立场的逻辑严密性或哲学的完整性，而是其对双方实际的和具体的益处。[②] 正如亨利·基辛格在其“对地平线的历史性访问”——1994 年出版的《外交》——开始时所宣称的那样，“没有任何国家（比美国）在日常外交实践中更务实了”。[③] 他的观点与他年轻时的完全相同，他在 1956 年曾写道，“美国的领袖地位更便于处理技术问题而不是概念问题，更便于处理经济问题而不是政治问题”。他还提到，在没有概念框架的情况下，问题的处理往往根据具体情况，所强调的是特殊性而不是普遍性。[④] 51 年之后，丹尼斯·罗斯提出了他有关调解的主要规则之一，“将各方的原则置于一旁，集中精力于实用性问题”。[⑤] 这是否就是对于调解人的贤明建议是值得质疑的，但这是精到务实的美国生意人式建议。[⑥]

作为生意人式的谈判者，美国官员自视不仅要强调具体的结果，而且还要通过简洁的方式——通过坦率的对话和进退有度的策略——得到这些结

---

① 例如，罗斯描述了布什和贝克在德国统一问题上的努力，并且称这些努力“就其广度、强度和耗时性而言是非凡的”。参见 Ross, Statecraft, p. 39。

② 法国外交官再次提出一个明显相悖的观点，阿罗德说，“法国人是他们笛卡尔情结的囚徒。他们从宗教的意义理解这一术语，并相信这是理智的”。参见 Cagan, French Negotiation Behavior, p. 11。

③ Henry Kissinger, Diplomacy (New York: Simon and Schuster, 1994; Touchstone edition, 1995) 第 18 页。这句话还包括“在追求其历史道德信念方面更具意识形态性”。美国的谈判人员可能并不在意表达概念的精确性，但是正如在本章后面部分里所讨论的那样，他们当然有可能是铁了心的说教者。

④ Henry Kissinger, “Reflections on American Diplomacy,” Foreign Affairs (October 1956): pp. 54 - 55. 对于基辛格这位在德国接受早期教育的人来说，美国的这一特性不是什么值得赞扬的东西：“影响我们外交政策最为首要的态度是美国的经验主义，及其对方法论确切性的追求。”（第 238 页）他抱怨道，当面对苏联人及其所信仰的马列主义时，“我们的经验主义注定使我们采取一种基本上是反应式的政策”。（第 40 页）

⑤ Ross, Statecraft, p. 250.

⑥ 根据一项对棘手冲突调解案例的研究，“确定各方身份和利益的核心政治问题是避不开的（或不容含糊其辞）；它们必须被纳入解决的问题之中，假如有希望达成一项具有意义的协议。”例如，“回归的权利被巴勒斯坦一方提高到核心原则的位置，以致以色列一方或调解人无法简单地说‘忘了它吧’”。参见 Chester A. Crocker, Fen Osler Hampson, and Pamela Aall, eds., Taming Intractable Conflicts: Mediation in the Hardest Cases (Washington, D. C.: United States Institute of Peace, 2005), pp. 155 - 156。

果。他们把谈判视为一个解释分歧和寻求可接受妥协的机会，一个竞争双方可以通过交换意见寻求互利结果的过程，一种双赢的解决方式而不是一个零和的结果。这种态度反映了同时也得益于若干国内的影响，其中包括工业关系——致力于使劳工纷争管理专业化以及缓解这方面的压力——领域。的确，"纷争"这个词——其含义是有限的和可化解的分歧——被"冲突"所取代。并非巧合的是，赛勒斯·万斯和乔治·舒尔茨这样的著名美国外交家都是从解决劳工纷争中获得的谈判技巧。成为首任美国驻中华人民共和国大使的伦纳德·伍德科克曾经是一名工会领袖。查尔斯·弗里曼大使说道，他是"我所观察到的最高效的美国谈判家……他对谈判的经验是：谈判中没有更高的先驱者，那不是一场诉讼，而是工会与管理方的对峙。工会所关心的是要培育关系而不是要打破关系，因为如果你打破了这种关系，你就摧毁了这公司"。[①]

在美国的外交词典中，其他一些常用的术语在字面上凸显了谈判是一种直率的相互交换这种概念：也就是说沿着相对直的路线朝着一个既定的目标前行。美国人并不是唯一的使用前行这种比喻来形容谈判的人，但他们使用这种比喻比其他大多数人更为频繁。例如，在 1991 年有关中东问题的马德里会议的预备会议上以及在 20 世纪 80 年代的安哥拉—纳米比亚谈判中，[②]美国官员就使用了涉及火车的比喻。涉及火车比喻十分流行，因为它不仅显示了运动，而且还显示了不可阻抗的运动——除了一些灾难性的情况，如"脱轨"或"撞车"。[③] 在前面引用的有关与朝鲜谈判的报告中，克里斯托弗·希尔非常高兴地评论道，"我们感到我们仍然在轨道上"。作为隐喻的历史火车头，火车对于参与谈判的各方代表着一种机会，它们可以登上列车

---

① Freeman, interview, pp. 91 - 92. 斯特普尔顿·罗伊也非常崇拜伍德科克，说他是一位"非常有经验的谈判者"，他"代表了一种非常好的谈判风格的精萃……掌握实质、精确地理解美国国内的政治因素，一种不露声色的谈判风格，这种风格掩盖了他对正在发生的一切的反应"。参见 Roy, interview, p. 8。

② 这些例子和有关运动的比喻转引自 G. R. Berridge, Diplomacy Theory and Practice, 3rd ed. (Basingstoke, England, and New York: Palgrave Macmillan, 2005), pp. 64 - 65。

③ Aita 在"North Korea Talks on Track."一文中转引了希尔的话。本节在开始时曾引用了另一位官员艾伦·约翰逊的观点，他也非常喜欢有关运动的比喻，称赞 WTO 谈判创造出了"巨大的动力"，但同时担心美国政府内部的人员变化可能会导致"许多问题失去方向"。Doug Palmer 在其"WTO: Ag Deal Possible by Dec. 2005,"(Reuters, October 21, 2004) 一文中引用了约翰逊的话。

驶向前去。但是，这个机会是稍纵即逝的，如果谈判各方不愿“登上”美国的建议，它们将会被警告有“错过这趟列车”的危险。例如，在1998年，当避免对负隅顽抗的伊拉克采取军事行动的谈判受阻时，五角大楼的发言人肯尼思·培根预示厄运地宣布：“火车正在驶离车站。如果外交失败的话，我们将寻求不同的选择。”①

火车也不会迷失方向，这或许是它们在美国的联合公报和政策主张中比另一种常见的被隐喻交通工具——汽车——出现得更为频繁的原因所在。当汽车或驾驶作为修辞出现时，它们经常反映的是在规定的进程之中。例如，为了避免人们对美国究竟希望20世纪90年代初与越南进行的有关关系正常化的谈判以及2003年进行的解决以巴冲突的两国方案谈判朝哪个方向走产生怀疑，美国提出了一份“路线图”。

对于“生意人式”的美国人而言，谈判经常被视为是一个分为诸阶段的线性过程。这一程序起始于预备谈判和评估，然后进入正式交换意见的初步互动，再就是相互试探的中期阶段，最终进入一个最后的阶段和一个（应该是）具有约束力的协议。这一概念使人们想到了技术和工程世界，或更广泛地说科学的、理性的和开明的观念。这种观念激励了许多美国的开国元勋，主导着美国的教育体制以及基本的社会观。即便是被用于描述一个谈判过程的词汇也反映出工程师的隐语：问题被确认，解决问题的程序被贯彻了，解决方案被找到了。

应当注意的是，这种态度是生性乐观的。有些国家——如日本——或许是不大情愿走上谈判桌的，甚至有时是颤抖的，期望谈判的范围最小化，并且清楚任何协议都是有利于对方的。② 与之相反，美国官员通常对谈判跃跃欲试，而且预知会有丰厚的结果。1987年6月，就在罗纳德·里根总统即将发表拆除柏林墙的强力演讲时，他被问及是否有可能在秋天举行一场峰会。里根回答道，他从事体育行业以及作为体育播音员的岁月使他“非常迷信于投球手能够以无安打赛局结束比赛”。不过，里根接着又说，“我不敢做出乐观的预测，从来不敢。但我同时也不能否认，我确信举行一个峰会

① 引自CNN，“Diplomacy over Iraq Reaches 11th - hour Urgency,” January 27, 1998, http://www.cnn.com/WORLD/9801/27/un.iraq/index.html.

② 这是迈克尔·布莱克对日本如何与美国进行谈判的评估。参见Blaker, Giarra, and Vogel, Case Studies in Japanese Negotiating Behavior, p.6，以及本书第1-3章中的大部分讨论。

的机会在增大，实际削减军备——尤其是核武器——的机会在增大”。[1] 当然，这种乐观向上的态度得益于美国拥有占据上风的实力和资源这种信念，但它同时也反映了一种植根于历史的乐观主义，以及美国——不像其他许多国家那样——在150多年里从未经历过大规模暴力冲突这一事实。正如基辛格所说，“我们缺乏悲剧性经历”协助塑造了“我们对待外交事务的态度”；美国人在国内习惯于看到“伟大的壮举得到回报”以及“巨大的障碍被克服”。这种态度同时也影响了美国在国际舞台上的行为。[2] 大概没有任何总统比杰拉尔德·福特总统在1975年把这一点说得更好了，他在赫尔辛基欧洲安全与合作会议召开之前说道：

> 我作为一个国家的发言人来到赫尔辛基，这个国家的视野总是向前的，其人民总是要求未来比过去更加光明，其此刻的统一意志和目的是勤奋地工作以促进和平与进步，这不仅是为了我们自己，而且也是为了全人类。[3]

找到解决方案的意志的确是解决争端和结束冲突的关键所在。然而，乐观主义有时会具有天真浪漫的色彩。就像切斯特·A. 克罗克所评论的那样：

> 我们乐观的目标趋向，以及我们为“达成交易”的结果取向驱动力，也反映出了美国人的天真浪漫以及地方风尚。他们以为世界上任何其他人介入谈判是因为他们想达成交易、结束战争，或其他什么的。许多国家开展谈判是因为完全不同的原因——取悦于国内的民众、拖延时间、舒缓美国的压力、为它们的下一步行动做准备、更多地了解我们以及我们的优先关切，等等。如果我们以“能够做”这种心态去处理我们的外交事务，并且认为“它们也跟我们一样”的话，那么我们就毫不奇怪为什么我们旋转自己的车

---

① Quoted in Gerald M. Boyd, “Reagan Optimistic on Soviet Summit,” New York Times, June 12, 1987.

② Kissinger, “Reflections,” p. 41.

③ 福特总统讲话的全文可以在后面的网站得到 http://www. ford. utexas. edu/LIBRARY/speeches/750459. htm。

轮或中国人为什么有时围着我们绕外交圈圈；巴基斯坦人一方面专注地听我们讲话，而另一方面则在阿富汗制造不稳定。①

基辛格在1982年对英国听众发表演讲时也认为乐观主义与天真浪漫之间存在联系：

> 直到最近的几十年，美国的态度中一直包含着这样一种信念，即历史的经验是可以超越的，问题是可以永久解决的，以及和谐是人类的自然状态。因此，我们的外交经常强调国际法这个概念及其仲裁与和平解决的程序，似乎所有的政治纷争都是法律问题，而且以为理性的男男女女总是能够在某些公平的基础上找到一致。②

二、法学家式的谈判者

生意人和法学家的心态在一些方面是相互补充的：倾向于具体的细节而不是抽象的概念，比如倾向于冷静的头脑而不是带火药味的言辞。但是，乐观主义（至少是有关谈判对手的意图）通常不是其中之一。出于气质和训练，法律学家式的谈判者往往摒弃里根总统所喜欢的军控格言——“信任，但需要核实”——的前半部分，而拥护后半部分。

盎格鲁—撒克逊人有关判例法的传统所强调的是诱导式推理与实用主义，而不是诱导式思维与抽象原则。这与美国谈判者典型的方法是相对称的，这种方法将重点集中在手头的问题上，并且强调沿着美国方面提出的路线解决这一问题的实际好处。美国的谈判者为他们的立场汇聚事实和论据以建造出一个压倒性的判例。他们经常做好在枝节问题上作出妥协的准备，只要他们的首要目标没有被牺牲。一个典型的特点就是，他们在每一节谈判过

① 切斯特·A. 克罗克2008年7月13日发给理查德·H. 所罗门和奈杰尔·昆内的电子邮件。

② 引自他1982年5月10日在英国皇家国际问题研究所做的演讲，后再版为“Kissinger's Public Confession as an Agent of British Influence,” Executive Intelligence Review, January 11, 2002, http://www.larouchepub.com/other/2002/2901_kissinger.html。

程中都对意见交流进行仔细的记录，并且还记录下所取得的进展和存在分歧的领域。协议一旦达成，就将被附上一个官方的记录，并且以精确的、具有约束力的和可执行的语言起草。正如新加坡驻华盛顿大使陈庆珠在本书中她所写的一章里所说的那样，参与知识版权谈判的美国谈判者“严格遵循法律条文，绝不允忍协议中有任何语言上的含糊不清。他们要求每一个条款都要表达得准确无误”。[①]

许多美国的谈判者都拥有法律学位——截至2008年6月，有869名现役外交官拥有研究生一级的法律学位[②]——而且其中许多人当过律师，其中包括一些非常著名的人物。乔治·H. W. 布什总统的第一位国务卿詹姆斯·贝克在其一生的前40年中遵循祖父的教诲“努力工作、学习、不介入政治”，把自己的全部精力都集中在了法律行业。但是，当他屈服于政治的诱惑时，他发现自己的专业背景绝对是有帮助的。“我对法律的学习”，他写道，“大概加强了我对行动而非沉思的强调。自那以来的情况就是这样。当我进入政治和公共政策领域，我的法律训练使我处于良好的地位”。[③] 沃伦·克里斯托弗曾领导过奥梅尔维尼与迈尔斯律师事务所（世界最大的律师事务所之一），继而任卡特政府的副国务卿（他当时负责就释放人质问题与伊朗进行谈判），后在克林顿总统的第一任期内任国务卿。在成功的法律职业生涯中养成的习惯在这些年中得到了充分的体现。理查德·霍尔布鲁克对他的前上司是这样评论的：

> 尽管国务院（国防部亦是如此）的官僚文化比其任何一届领导人生存的时间都要长，但是每一任国务卿的个人风格都深深地影响了这个部门对事件的反应。沃伦·克里斯托弗的风格既强调方法，又强调谨慎。正如媒体经常说的那样，他是律师的律师。克里斯托弗总是彬彬有礼，而且善于掩盖自己可能感到的不快或不耐烦。他总喜欢让别人首先提出有关行动路线的建议，而自己则把注

---

① Chan Heng Chee, “Different Forums, Different Styles,” 本书第238页。

② 美国国务院提供的数字；2008年6月，美国国务院外交官的总数量是6500人；外交系统的专家（提供技术、管理或辅助服务的人员）人数大约是5000人。

③ James. A. Baker, III, The politics of Diplomacy: Revolution, war, and Peace. 1989 – 1992 (New York: G. P. Putnam's Sons, 1995), p. 40.

意力集中在其中所暗藏的风险上……克里斯托弗只有在认真权衡之后才形成自己的立场。①

尽管美国谈判者中很少有人像克里斯托弗那样自我克制，但是几乎所有的人都与他一样渴望以威严和含蓄的方式从事谈判。他们十分典型地发挥职业的力量，并且注重打造一种分析缜密和个性如一的信誉，而不是试图通过咆哮或肢体语言胁迫对手，或者通过使诈或提供虚假信息来欺骗他们。②（当然，这一含蓄的风格也有例外的情况，这一点在下一章中将得到讨论。）讨论通常是直截了当的，撒谎、怒吼和使诈都是不允许的。英国前驻联合国常驻代表戴维·汉内在本书中他所撰写的章节中评论道，美国“确实也从其外交官的职业精神和完整人格中获益。美国外交官对你说的谎话并不比其他国家的外交官更多”。这种诚实激发起的“执行者之间的信任与信赖程度”，对于“谈判艺术”来说是精髓。③曾任美国驻6个不同国家大使以及驻联合国代表的托马斯·皮克林也呼应汉内的评估，认为美国外交官很少掩饰自己的观点：

这么说吧：我认为美国谈判者中有这样一种倾向，即他们相信自己所说的代表着真理……现在，我很少听到美国谈判者使用我所认为的故意的、完全虚假的表述……然而，美国人与任何其他谈判者一样也倾向于修饰他们的论据，其中有些人出于某种原因可能对事实并不熟悉。④

另一位美国外交高官斯特普尔顿·罗伊也承认，“美国人也像其他人那

① Holbrooke, To End a War, pp. 79 – 80.

② 谈判对手情绪兴奋、出言不逊或要挟的行为有可能使美国的这一风格走样。一个生动的实例就是，苏联尼基塔·赫鲁晓夫总理于1961年在维也纳与约翰逊·F. 肯尼迪举行的第一峰会上以极具煽动的形式胁迫后者。参见W. Richard Smyser, Kennedy and the Berlin Wall (Lanham, Md.: Rowman and Littlefield, 2009), chapter 5, “I Never Met a Man Like That”。

③ David Hannay, “Negotiating Multilaterally: The Advantages and Disadvantages of the U. S. Approach,” 本书第323页。

④ Thomas Pickering, interview, Washington, D. C., July 16, 2008, pp. 39 – 40.

样说谎，但在谈判的时候，我并不认为这是美国谈判行为的一个特征”。[①]据前助理国务卿菲利斯·奥克利和前副助理国务卿迈克尔·莱克森所言，美国人很少在谈判中撒谎，但是他们往往不把真实的情况全部说出。[②]

事实、数字和签署的文件——而不是情感、传统和渴望——在法律界是有分量的，它们是做好细致入微的功课，以及在做好充分准备、手握起草得当的会谈要点及其支撑数据进入谈判的关键所在。正如许多外国外交官所证实的那样，美国官员在开始一项谈判时通常对手头问题的实质和细节了如指掌；甚至高级别官员对即将参与的谈判也相当了解（尽管在有些总统身上出现过明显相反的情况）。

美国谈判者不仅可以从已经发表的东西中或公开的渠道获取背景资料，而且还能够从美国各情报机构提供的报告或数据中得到。当然，好的情报工作在谈判中是非常有价值的，因为谈判的主题往往处于保密状态或被不确定性所笼罩——例如，不管是与苏联，还是与伊拉克或朝鲜进行的军控谈判。但是，即便是在政治敏感度不是那么强或更为透明的案例中，中央情报局、国家安全局和其他机构提供的数据和评估也能够使美国外交官处于相当的优势。根据美国情报界作用与能力委员会提供的信息，20 世纪 90 年代前半期，“在诸多双边和多边谈判中，美国情报界为美国方面提供了关键的支持”，其中包括从核不扩散谈判到涉及不公平贸易实践以及侵犯人权问题的各种谈判。[③]

长久以来，认真准备一直是美国谈判行为的一大特点。第一次世界大战结束后，当伍德罗·威尔逊前往巴黎和会时，与他同行的是——正如罗伯特·舒尔辛格在本书中他所撰写的章节中所言——一支数百人的队伍，其中包括若干学术专家。[④] 25 年后，罗斯福总统前往雅尔塔时带着一系列为他专

---

① Roy, interview, p. 45.

② Phyllis Oakley, interview, Washington, D. C., August 8, 2008; and Michael Lekson, interview, Washington, D. C., July 28, 2008.

③ Commission on the Roles and Capabilities of the United States Intelligence Community, Preparing for the Twenty-First Century: An Appraisal of U. S. Intelligence (Washington, D. C.: Government Printing Office, 1996), pp. 12 – 13. 当然，也出现过戏剧性的情报失败。这些失败严重地破坏或摧毁了美国的外交和国家安全，其中包括 1941 年未能预见到日本对珍珠港的袭击以及 2002 – 2003 年误读了萨达姆·侯赛因核计划的现状。

④ Robert Schulzinger, “American Presidents and Negotiators,” 本书第 210 页。

门准备的"黑皮书"，其中任何有可能在会议上被讨论的问题都得到了详尽的分析，而且还就美国的立场提出了建议。[①]

美国注意细节的纪录绝非是无瑕疵的。例如，在1945年，当英国、苏联和美国三国就有关波兰问题的一项联合声明进行谈判时，美国人和英国人都没有将注意力集中到苏联在文件的行文中加入了"首先在莫斯科"这样一句话上，该文件描述了谁有权代表波兰临时政府进行谈判。[②] 然而，随着第二次世界大战逐步让位于冷战，这样的错误以后就再没有被经常重复，尤其是与苏联人。在回顾美国1956年——此时，冷战正处于格式化阶段——的外交时，基辛格说道，"我们在确定立场时往往非常注意其法律方面的内容"。[③] 25年之后，基辛格成为了国家安全顾问，他此时在为理查德·尼克松总统访问中国做准备过程中给予了细节相似的关注。基辛格至少花费了18个月的时间为自己——秘密——访问北京做准备，而后又花了数月时间起草那份在尼克松和毛泽东最终宣布两国开始新关系时发布的公报。[④]

在多边谈判中，美国官员有时试图帮助盟国政府做它们的准备工作。例如，在1990年举行的有关德国统一的谈判中，乔治·H. W. 布什政府向西德领导人赫尔穆特·科尔通报了国务卿贝克与苏联外长爱德华·谢瓦尔德纳泽不久前会谈的情况，并且还建议科尔在不久后会见苏联领导人米哈伊尔·戈尔巴乔夫时如何处理语气和实质内容等问题。[⑤]

外国同行对这些行为并非全然不知。土耳其前驻华盛顿大使法鲁克·罗戈格鲁曾提到美国人"在开会前都会做充分的准备。他们有明确的目标和目的，他们的'会谈要点'简明且有针对性。只要谈判顺利，且符合美国各部门之间达成的一致立场，美国官员就表现得很有谈判水平，且效率高"。[⑥] 俄罗斯资深外交官和军控专家尤里·纳扎尔金遇到了许多美国方面的律师，因为在与苏联人进行的军控谈判中法律专家在美国谈判团队中地位

① Bohlen, Witness to History, p. 171. 查尔斯·波伦于1945年在雅尔塔会议和波茨坦会议上担任翻译；他后来成为美国驻苏联大使。

② Ibid., p. 192.

③ Kissinger, "Reflections", p. 46.

④ Henry Kissinger, The White House Years (Boston: Little, Brown, 1979).

⑤ Ross, Statecraft, p. 41.

⑥ Faruk Logoglu, "Negotiating Security: The Pushy Superpower," 本书第258页。

相当显著。[①]“我们的美国同行”，他回忆道，“是非常好的专业人员”。除了一名“彻底被整晕了”的政治任命官员之外，所有其他美国谈判人员“从大使到低级外交官，都是有能力和极其称职的专业人员”。[②]

三、道德家式的谈判者

道德家式的谈判者与生意人式的官员有着天壤之别。后者强调的是实用性胜于原则性，而且认为情感的迸发有碍于交易的达成。然而，道德家式的谈判者却充满了理想主义，并且认为满怀激情地表达这些信念是没有错的。道德家与他法学家的同行有着更多的相似之处。尽管后者可能对道德家将情感与理想带到谈判桌前感到疑惑不解，但是两者对规则都十分关注：法学家希望确保所有各方都要按照同一规则行事，而道德家（对问题国家的道德持悲观态度）则预知其他国家会试图轻视规则。“遏制”这一冷战教条的构建者、偶像式的著名外交乔治·凯南认为，这两种心态之间有着清晰的联系。他在1951年公开抨击了“以法学家—道德家的方式对待国际问题”，[③]并且称这是理想主义的期望、对方法论概念的法理化、在道德方面强加于人、自视正义与廉洁且盛气凌人。[④]

凯南是现实主义学派外交的代表人物之一，他不无担心地说，从美国内战到第二次世界大战，“理想主义”一直主导着美国外交政策的制定。对于凯南这样的现实主义者来说，伍德罗·威尔逊总统是理想主义瑕疵的始作俑者，以至于“威尔逊主义”现在成为了美国在国际事务中理想主义的代名词。另一位著名的现实主义者亨利·基辛格对伍德罗·威尔逊的原则进行了指责：

---

① 例如，John H. McNeill，“U. S. －RSSR Unclear Arms Negotiations：The Process and the Lawyer，” American Journal of International Law 79，no. 1（January 1985）：pp. 52－67。

② Yuri Nazarkin，“Negotiating as a Rival，” 本书第285页。

③ George Kennan，American Diplomacy，1900－1950（Chicago：University of Chicago Press，1951），p. 93.

④ George Kennan，Memoirs，1950－1963（Boston：Little Brown，1967），p. 71.

> 对于威尔逊来说，对美国国际作用的辩护是救世主式的：美国有一种义务，并不是平衡力量，而是在世界范围内传播其原则。……三代人以来，批判者对威尔逊的分析以及结论进行了猛烈的攻击；然而，在这段时间里，威尔逊的原则依然是美国外交政策思想的基石。[①]

因此，当理查德·尼克松——“自西奥多·罗斯福以来第一位以国家安全的名义推行美国外交政策的总统”——试图与勃列日涅夫的俄罗斯和毛的中国进行谈判而不是进行批判时，他在华盛顿面对着强烈的反对，而且发现自己的做法“在美国民众中缺乏情感呼应”。[②] 尼克松在白宫的继承人——不管是吉米·卡特这样的自由主义者，还是罗纳德·里根和乔治·W. 布什这样的保守主义者——都将理想主义置于其外交政策以及公开辩解的首位，而且强调的是美国价值观在国外的推广，而不是一种通过实力对国家利益的追求。

在本书中，我们更倾向于“道德家式的”而不是“理想主义的”这一术语，部分原因是在谈判桌对面倾听美国谈判者说教的人听来，这一术语更像是在说教而不是进行哲学探讨。例如，约翰·福斯特·杜勒斯就没有使他的印度对话者感到亲近，正如印度前外秘拉里特·曼辛格在本书中所提到的那样，“杜勒斯宣称不结盟是‘不道德’的，与美国的友好是不合拍的”。[③] 他又补充说道，“美国官员看上去骄傲自大、自以为是、以恩赐态度待人，而且在文化上感觉迟钝”。[④]

另一个选择用“道德家式的”而不是“理想主义的”或“威尔逊主义”的原因，是这种倾向远远早于给予它最有力表述的总统。的确，在这个国家的形成过程中，美国理想主义与孤立主义——这是一种非福音的和非威尔逊主义的对介入国际事务复杂挑战的厌恶，因为美国人担心这种必要的接触会腐蚀甚或危及美国的价值观和安全——密切相关。美国争取独立的领

---

① Kissinger, Diplomacy, pp. 30, 52.

② Ibid., p. 731.

③ Lalit Mansingh, “Negotiating Bilaterally: India's Evolving Experience with the United States,” 本书第301页。

④ 同上，本书第305页。

袖们毫不怀疑他们事业的道德价值："我们为人类本质的尊严与幸福而战"，本杰明·富兰克林在1777年宣称道。[①] 但是，乔治·华盛顿在他的告别演讲中以及托马斯·杰弗逊在他的就职演说中清楚地说道，年轻的美国必须"避开永久的结盟"或"纠结的结盟"。在整个19世纪，美国经常对西半球和亚洲的弱国采取一种道德的超级高调。在第一次世界大战中，当美国在威尔逊的领导下放弃孤立主义时，它并没有放弃说教的冲动。与之相反，威尔逊把它提高了到新的高度，并且声称美国的命运取决于它实现上帝赋予的将自由的理念传播到其他国家的职责：

> 我们成立这个国家是为了使人们自由，我们并没有把我们的概念和目的仅仅局限于美国，现在我们要使所有的人都自由。如果我们不这样做，美国所有的荣誉就将消失，它所有的力量都将云消雾散。[②]

许多美国总统都回应了这一号召。例如，吉米·卡特1977年6月在诺特丹大学毕业典礼上的演讲中宣称，"这是一个新的世界，我们必须帮助塑造这个世界。这个新的世界呼唤新的美国外交政策——一种基于一贯坚持自己价值观和历史乐观主义的政策"。他"再次重申了对人权作为我们外交政策一个最基本原则的承诺"，接下来对这一政策进行了如是归纳：

> 我们的政策基于一种历史角度的美国作用。我们的政策来自于一种对全球变化的更广泛的观点。我们的政策植根于我们永久不变的道德价值观。我们的政策旨在服务于全人类。我希望，这是一个能够使你们对于自己是美国人而感到骄傲的政策。[③]

在最近的几位总统中，大概是乔治·W. 布什表现出最大的十字军东征

---

① Quoted in H. W. Brands, The First American: The Life and Times of Benjamin Franklin (New York: Doubleday, 2000), p. 632.

② From a speech given in 1919, quoted in Kissinger, Diplomacy, p. 50.

③ Jimmy Cater, "Human Rights and Foreign Policy," http://www. teachingamericanhistory. rog/library/index. asp? documents=727.

热情，他十分清楚地表述了自己决心运用美国实力给予其他国家拥抱他认为是上帝赐予的和广泛存在于美国经验之中的价值观的机会。他在第二个就职演讲中宣称：

> 美国生死攸关的利益和我们最深刻的信念现在合而为一。从我们建国之日起，我们就宣布地球上的每一位男人和女人都拥有权利、尊严和无比的价值，因为他们具有了造物主的形象。多少代人以来，我们一直声明自治的必要性，因为没有人适合做主人，也没有人应当做奴隶。推进这些理想是一项使命，而这一使命造就了我们的国家。这是我们父辈们可敬的成就。现在，它是我们国家安全的紧迫要求，而且也是我们时代的呼唤。
>
> 因此，美国的政策是在每一个国家和每一种文化中寻求和支持民主运动和体制的成长，其最终目的是在我们的世界中终止暴政。
>
> 在所有人类中，美国人永远不会对我们理想的力量感到惊讶。最终，对自由的呼唤将进入到每一个心灵。我们不接受永久暴政的存在，因为我们不接受永久奴隶制的可能。自由将来到那些热爱它的人当中。①

道德家的信心与愿望在很大程度上萌发于美国人的“例外主义”心理——即上帝或上苍独一无二地赋予美国其全球使命的信念，而且还受惠于其历史、建国原则、政治制度或政治经济，以及地理、人口、自然资源及其他物质秉赋。② 根据历史学家理查德·霍夫施塔特的观点，“作为一个国家，我们的命运一直以来不是拥有各种意识形态，而是只有一种”。③ 例外主义在美国整个的历史过程中都展现了出来，从约翰·温思罗普在17世纪提出的新英格兰的清教徒们在“小山上建造起的一座闪光的城市”为世界其他

---

① White House press release, “President Sworn-In to Second Term,” January 20, 2005, http: //www. whitehouse. gov/news/release/2005/01/20050120 – 1. html.

② 例外主义可能是亚历克西·德·托克维尔在1831年最先确认的，但是这一概念目前仍处于公众与学者的热烈讨论之中。例如，参见 Liset, American Exceptionalism。

③ Quoted in Michael Kazin, “The Right’s Unsung Prophet,” Nation, no. 248 (February, 20, 1989), p. 242.

地区树立了一个道德楷模的观点；到18世纪提出的独立战争引进了一个全新的哲学理念和政府体系的说法；到19世纪提出的为在美洲大陆进行领土扩张辩护的天定命运信条；再到20世纪美国决心将十字军东征的矛头指向不信神的和暴虐的共产主义的冷战。

尽管如此，例外主义在国内有其不可知论者、批评者和反对者。在20世纪60年代中期，正当美国对越南战争的介入不断升级时，威廉·富布赖特参议员通过写作告诫美国人说：

> 实力往往与美德纠结在一起，一个大国尤其容易产生实力是上帝眷顾象征的想法，认为上帝赋予它一种照顾其他国家——使它们更富有、更幸福和更聪明，并且以自己光辉的形象重塑它们——的特殊责任。实力与美德纠结在一起，而且倾向于认为自己具有无限的威力。[①]

从20世纪90年代的角度看，亨利·基辛格提出了一个更为相克的观点。他争辩道，尽管“例外主义激发了美国的外交政策，而且给予了美国打赢冷战的坚韧”，但它也带来了“（相互对应的）诱惑”的风险：“美国必须纠正任何错误和平定任何混乱的观念以及潜在的（相矛盾的）退回自我的本能。”“在21世纪的多极世界中”，基辛格说道，例外主义不会很好地服务于美国。[②]

其他一些人也呼应了他的后一种观点，称例外主义培育了一种自我形象，这一形象使美国很难做出妥协。[③] 在一个更为实操的层面上，克林顿总统时期时任副国务卿斯特罗布·塔尔博特拿美国必须服从“共同的道路规则”而不是采取例外主义立场这一例证说事儿：“打造精良的国际承诺以及一个有关介入的全面战略，强化了而不是弱化了我们作为一个国家掌控自己

---

① William Fulbright, The Arrogance of Power (New York: Random House, 1966). 富布赖特还指出，尽管“理性与适度”在美国的外交政策中占据着主导地位，“只要事情进行得很顺利，或只要我们的问题是清楚的、有限的和可控的……但是当某些事件或舆论领袖唤起民众进入一种高亢的情绪状态，我们清教徒的精神就凸显了出来，导致我们透过苛刻和愤怒的道德准则这一扭曲的棱镜看待世界。”

② Kissinger, Diplomacy, pp. 802 – 803.

③ 例如，Ross, Statecraft, p. 175。

命运的能力……它们帮助美国疏通了相互依赖的力量，使它们有利于我们的公民以及那些与我们有共同利益和价值观国家的公民。”① 在作为乔治·W.布什总统国务卿的初期，康多利扎·赖斯倡导弥合“原则与价值观”之间的分歧，以及将“政策结果”与“实际的理想主义”结合起来。这将在理想与结果之间构成“日常操作的政策联系”。②

然而，这种论点和建议很少或只是暂时地触动例外主义态度。许多美国人相信，这一假定的“特殊地位”不仅使美国得以免受对其他国家行为的限制，而且应该得到特殊的照顾。许多外国政府认为这种观点在发生作用。例如，美国拒绝批准《儿童权利公约》（现在已有192个国家批准，但美国没有批准，主要是因为国内的政治纷争）以及有关温室气体的《京都议定书》（美国是这一议定书184个签字国中唯一两个未批准的国家之一）。同样，当克林顿总统不准备将创建国际刑事法庭的《罗马公约》提交给参议院听取意见和获得认可（克林顿知道那是得不到认可的）时，他在国外引起了不少人的惊讶。总之，自1948年联合国大会通过决议要求建立这一机构的半个多世纪以来，美国一直在为成立国际刑事法庭进行谈判。

尽管理想主义的言论时常在总统参与的峰会上而不是在日常的外交活动中听到，但是例外主义的态度从高级别的决策者一直渗透到中级或低级的谈判者，而且能够影响到就各种问题——从核不扩散到贸易，从国际法到环境——进行的谈判。对于那些习惯于与抱有例外主义心态的美国官员进行谈判的外交官来说，这种经历可能是相当熬人的。来自本书撰稿人的两个例子足以表达这种抱怨的实质。渡边幸治在反思日本与美国进行的双边贸易谈判时说道：

> 美国谈判者经常显示出独断专横、自以为是和缺乏耐心的态度，他们往往拿国内的制约因素说事儿，而无视其谈判对手遇到的

① StrobeTalbott, “Globalizatio and Diplomacy: A Practitioner's Perspective,” Foreign Policy, no. 108 (Fall 1997), p. 82. 即便如此，塔尔博特依然强调，“美国在这一新的斗争（稳定力量与不稳定力量之间）中仍能发挥核心作用，正如它在旧的斗争（东西方之间）中那样”；并且争辩说，通过促使其他国家坚持“一种公平和开放的体系”，美国可以推进广泛的崇高事业，其中包括“公平的经济发展”和“民主的推广与加固”（第82－83页）。

② The interview with Condoleezza Rice in the Washington Post, July 31, 2005, http://www.washingtonpost.com/wp-dyn/content/article/2005/07/29/AR2005072901435.html.

国内困难。美国官员常常反复提及国会对要求进口限制和实行反倾销措施的压力，并且引用各种新的贸易立法。与此同时，美国人似乎对已经确立的多边准则——例如，包含在关贸总协定（GATT）中的各种准则——却无动于衷，堂而皇之地采取“我们是唯一的超级大国，所以我们可以随意打破规则”的方式。①

戴维·汉内在评论美国对多边外交的方式时也显示出了相似的愤怒和挫折感。汉内说道，美国在第二次世界大战结束后“显然不是不情愿地被拖入大规模的多边外交和谈判之中”，但是

> 受国会法律的推动和压力，美国例外论的模式开始逐渐成型。在这种理论模式下，美国主张对许多国际组织的其他成员国加强纪律，但他们自己则属于例外。……罗纳德·里根总统和乔治·W.布什总统最多只把（多边外交）视为一种额外的选择，当美国的政策选择遭到抵制时，他们经常把联合国这样的组织当作一个发泄怨气的机构。②

四、超级大国的谈判者

道德家的心态早在美国崛起为全球性大国之前就已经存在了，它的流行是根据不同政府及官员个性的变化以及参与某一谈判各方的关系变化而不断变化的。与之相反，超级大国的心态现在是始终存在的。它是谈判室中的大象，在整个讨论过程中它的存在令对手生畏。尽管它有时安静地站在角落里，但它总是要求得到承认。实质上，超级大国的心态是对美国卓越实力的意识，并且着眼于使用或威胁使用那种实力以实现国家利益。

尽管我们使用“超级大国”这一术语，但参与“跨文化谈判”研究项

---

① Koji Watanabe, “Negotiating Trade: A Bitter Experience for Japanese Negotiators.” 本书第251页。

② Hannay, “Negotiating Multilaterally,” 本书第321－322页。

目的外国官员经常用“霸权的”以取代这一术语。[①] 美国的一些谈判者接受这种表述;[②] 假如不是所有人的话，至少许多人对它望而却步，这不仅是因为他们认为这是轻视别人的，而且还因为他们干脆就不相信他们会倾向于或能够把自己的意志强加于人。美国谈判者与他们的外国对手之间的这一明显的感觉差异，非常清楚地显示出自我形象的矛盾以及实力的不对称。这同时也显示出道德家与超级大国/霸权的心态之间是有某些重合，以至于美国官员视自己正在推广普世的价值而不是在使用无与伦比的实力迫使其他国家接受自己的要求。(法国的谈判者也有类似的将自我利益与普世的真理相结合的趋向。热拉尔·阿罗德说，法国的谈判者“并不认为自己的谈判立场中有捍卫利益的因素，然而却有表达自己垄断的超然理由的必要。他们的确没有看出这样一点，但偶然的是，这一理由准确地证明了他们利益的正确性。”)[③]

冷战期间，美国为自己设定了目标，即在与苏联的对峙中占据优势地位。国务院 1952 年的一份备忘录直白地宣称，“鉴于围绕着苏联和美国的权力两极化，不寻求优势地位就意味着失败。优势地位必须是美国政策的目

① 值得注意的是，这种使用是很普遍的。例如，罗伯特·卡甘在描述或引用外国人对美国的感觉时多次使用了这一术语。比如他提到，“许多人早在 20 世纪 90 年代就把美国视为欺负人的霸权者；在‘9·11’事件之后，又将其视为热衷于自己想法的欺负人的霸权者”。参见 Kagan, “The September 12 Paradigm,” Foreign Affairs (September-October 2008): p. 33。

然而，有些学者争辩道，“霸权的”具有万能的寓意，而这是美国所不具备的。参见 John Mearsheimer, The Tragedy of Great Power Politics (New York: W. W. Norton, 2001)，第 40 页。“霸权的”这一标签也可能挑起令人警惕的政治争论，尤其是在正就美国在当今全球化世界中的地位展开讨论的美国人当中。参见兹比格纽·布热津斯基和曾分别担任过卡特总统和布什总统顾问的理查德·哈斯等人参与的 BBC《分析》节目于 2004 年 7 月 4 日组织的讨论。http: //nwes. bbc. co. uk/nol/shared/spl/hi/programmes/ama; usos/transcripts/07 _ 04 _ 05. text。

在一篇发表于 1998 年的题为《霸权与为其骄傲》的文章中，副国务卿斯特罗布·塔尔博特认为“没有必要对我们的领袖作用进行道歉”。参见“Hegemon and Proud of It,”. Slate, June 27, 1998, http: //www. slate. com/id/2509。

② 菲莉丝·奥克利在回忆她 20 世纪 90 年代中期处理人道主义危机时评论道，“毫无疑问，在与这许多国际组织打交道时我们的确霸权味道十足”。Oakley, interview, p. 27。

③ Quoted in Cogan, French Negotiating Behavior, p. 11.

标。”[①] 40 年之后，随着苏联不久前的分裂，一份五角大楼的内部文件——《防务规划指导》（在负责政策事务的部长助理保罗·沃尔福威茨督办下起草的，并且得到国防部长理查德·切尼的批准）——力劝美国集中精力维护自己世界唯一超级大国的地位。这份文件提出了两个政策目标。一个是“解决地区冲突和不稳定的根源问题”，这会因危及美国或其盟友的利益而“扰乱国际关系”。另一个目标是“防止争夺世界权力的新对手的出现”，以及威慑争夺军事优势的潜在竞争者。[②]

今天，美国依然是全球舞台上最强大的国家，但它决不是万能的。正如当前“全球反恐战争”中战斗的不确定性结果所显示的那样，将看似强大的实力优势转化为实实在在的胜利是何等之难：使用看似能够压倒一切的军事力量的努力，往往会遇到有效的反制措施，甚至挑起不必要的政治反弹或“后坐力”。此外，美国的影响和实力很可能正在下降，至少是相对而言，因为其他国家已经起来挑战美国的政治权威和经济优势，并且制定了有效的军事反制措施。2008 年爆发的全球金融危机显示，尽管美国经济具有产生巨大财富的能力，但是它依然易受严重的冲击——一方面，金融危机使数千万亿美元的财富化为乌有；另一方面，联邦政府推行的经济复兴计划又使美国财物清单上增加了相同数量的债务。尽管如此，美国经济仍然是世界上最大和最具调节能力的。同样，尽管打两场非对称战争——在伊拉克和阿富汗——的必要性严重地考验了美国的军事能力，但美军在全球拓展、常规武器和战术以及补给能力等方面仍然是没有对手的。这一经济和军事的超强地位确保了政治和外交的优势。

这一优势地位必然对谈判产生深远的影响。然而，这种影响的冷峻只有谈判桌的另一边——谈判的对方能够感到。当然，美国官员能意识到自己国家无与伦比的实力及其在任何谈判中给予他们的支撑。但是，绝大多数美国官员并不把自己视为恃强凌弱者，而是占据力量优势地位的生意人式的谈判

① The paper is reproduced in FRUS, 1952 – 54, 2: 64. For Nitze's authorship, see Christopher Layne, The Peace of Illusion: American Grand Strategy from 1940 to the Present (Ithaca: Cornell University Press, 2006) 229 – 279.

② Quoted from " 'Prevent the Reemergence of a New Rival': The Making of the Cheney Regional Defense Strategy, 1991 – 1992," Nuclear Vault, Part of George Washington University's National Security Archive, http: //www. gwu. edu/-nsarchiv/nukevault/ebb245/index. htm.

者——虽然强硬，但是公正。然而，给谈判桌对面的印象却是非常的不同：美国官员彬彬有礼而且非常专业，但他们毕竟代表的是一个霸权主义超级大国——这个超级大国往往不愿进行谈判，而是通过压制和胁迫谈判对手使其接受美国的立场。美国上世纪 80 年代初负责难民计划的助理国务卿理查德·斯迈泽说道，在许多多边谈判中，"美国人出了名的一个特点就是，他们往往认为自己做出了最大贡献，因此可以告诉所有人如何做事情。"[①] 在本书中，土耳其大使法鲁克·罗戈格鲁叙述了在就美国军队可否从土耳其领土进入伊拉克的问题进行谈判的过程中，美国"通过炫耀政治力量压服土耳其一方"的努力。在一次次的会议上，习惯于与低级别美国官员打交道的土耳其官员吃惊地发现，华盛顿的大牌官员齐聚在他们面前：首先是一帮各部的副部长，然后是部长们亲自出面，最后是总统本人。总统还邀请了到访的土耳其外交部长和经济部长前往椭圆形办公室。[②]

超级大国的心态自然与现实主义相关联，后者认为实力是国际舞台上激发各国行为的首要考虑。即便如此，许多美国官员认为把冷静的利益盘算与对美国道德领袖的宣示结合起来并不矛盾。一些外国同行（尤其是那些不习惯于在国际上行使重要力量的国家的同行们）可能认为这一混合十分怪诞或不恰当，但对于沉浸于自己国家例外主义之中的美国人来说，这是很自然的事情。基辛格在提到乔治·舒尔茨国务卿在 1985 年就里根政府支持反共起义政策发表的讲话时说道，"［舒尔茨］在全球范围支持自由与民主的威尔逊式的高调语言受到一种近似马基雅弗利式现实主义的影响……里根政府不仅把援助分发给真正的民主人士……而且还给伊斯兰原教旨主义者……给右翼人士……以及部族军阀。"[③]

然而，有些时候，实力体现为原始的形态，并且带有赤裸裸的威尔逊式的道德准则。近年来最著名的——据说是——例子发生在"9·11"事件之后，据巴基斯坦总统佩尔韦兹·穆沙拉夫说，当时美国副国务卿理查德·阿米蒂奇向巴基斯坦情报局长发出威胁，如果不合作打击"基地"组织，美

① 斯迈泽在 2009 年 4 月 17 日美国和平研究所举行的一次有关加强美国谈判能力的会议上做如是评论。

② Logoglu, "Negotiating Security," 本书第 263 页。

③ Kissinger, Diplomacy, p. 774.

国就将把巴基斯坦炸“回到石器时代”。[①] 阿米蒂奇马上就否认了有关他曾威胁对巴基斯坦采取军事行动的传言。但是，有两件事情是值得注意的：一是穆沙拉夫所言得到全世界的认可，这表明尽管它不够准确，但却被视为与美国的外交特点相吻合——至少当时是这样的。二是阿米蒂奇自己对对话的回忆，正如媒体报道所引用的那样，显示出一名美国官员在迫使对方接受美国要求时绝不容忍要求妥协的暗示和拖延：

> “我以一种直截了当的方式告诉他［阿米蒂奇回忆道］说，这对于美国人来说是一个黑白分明的问题。你要么支持我们，要么反对我们。
>
> 他开始给我讲巴基斯坦的历史……我说，‘你应该与你们的总统沟通一下，看一看你们是否愿意与我们合作’。”
>
> 他说，他告诉穆沙拉夫将军如果回答是肯定的话，他们可以在次日会面，阿米蒂奇将告诉他美国的要求。他说，他告诉巴基斯坦人说“他们是负有责任的”。
>
> “这位将军第二天回来说，他们愿意与我们合作。我递给他一份鲍威尔国务卿和我在头天夜里草拟的内容清单。”[②]

十分清楚，美国人对自己的实力优势感——以及其他国家对这种实力的意识——对于美国谈判者来说是有利的。展示美国的力量，对阿米蒂奇是大有助益的（不管人们接受哪种版本的对话）。其他一些更为细微的有利因素也从这种地位中显露出来。例如，正如吉尔·安德烈阿尼提到的，“作为唯一超级大国的优势就是将证明的重担置于他人身上：除非此事被全面操纵或深深地伤害某人，否则美国人对问题的定性通常是相当有分量的。”[③]

但是，全球优势地位也可能带来自己的问题。例如，戴维·汉内评论道，随着冷战的结束，一系列全新问题“挤进了国际组织的议事日程。针

---

① 例如，the BBC report，“U. S.‘Threatened to Bomb’Pakistan，” September 22，2006，http：//news. bbc. co. uk/2/hi/south_ asia/5369198. stm。

② “Armitage Refutes Musharraf's Claims，” CBS News，September 22，2006，http：//www. cbs. com/stories/2006/09/22/terror/main2035633. shtml.

③ Andreani，“Negotiating with Savior Faire，” 本书第333页。

对这些问题，美国不得不独自来决定是否支持采取集体行动，或阻止采取任何集体反应，或采取忽略态度任其失败……如此重多的需求导致华盛顿的决策机器超负荷运转，也给美国驻联合国大使带来超负荷的工作。[①] 尤里·纳扎尔金采用了一种更加开阔的视野，他认为美国“霸权主义的方式”是对这个国家谈判技能的威胁。他争辩道，如果美国的决策者与外交人员认为他们可以说了算的话，那么他们就没有必要进行谈判和做出妥协了。假如美国的外交政策回归到“平衡谈判的精神且愿意做出让步……那么上世纪 70 年代和 80 年代的谈判者的专业主义和谈判技能将再次成为‘必需的’”。[②]

纳扎尔金——对于前苏联的一位谈判人员来说，这一点大概毫不奇怪——将美国不断增长的对“压力和较力”的依赖追溯到苏联的灭亡。其他一些观察者提出了另一些转折点，最普遍的是“9·11”事件。例如，罗戈格鲁评论道：

> 尽管总体上讲美国的实质是帝国主义的，但是美国在“9·11”事件以前的谈判风格并不总是专横和咄咄逼人的。美国知道自己可以做到慷慨、灵活、耐心和包容。美国行为中的生硬粗鲁的特征并不那么显眼。
>
> 这一切在“9 月 11 日”那天突然终止了。那一天，美国永远失去了其特有的天真。由于永久的伤痛以及易受伤害和不再安全的感受，美国永远不是从前的美国了。[③]

当然，对五角大楼和世贸大厦的恐怖袭击，使美国官员更加倾向于跨过例外主义的自我形象和超级大国的自信与一个受到威胁国家毫不妥协的行为之间那道模糊的界限。国家脆弱的真实场景使美国的谈判人员既不愿意降低美国的要求，同时也对耗时的协议达成和一致性的形成表示不耐烦；它同时还培育出了一种单独行动的愿望，甚至是渴望。正如乔治·W. 布什总统在 2001 年 9 月 20 日对国会的著名演讲中说的，“所有地区的所有国家，现在

① Hannay, “Negotiating Multilaterally,” 本书第 322 页。

② Nazarkin, “Negotiating as a Rival,” 本书第 284 页。

③ Logoglu, “Negotiating Security,” 本书第 257 – 258 页。

需要做出这样一个抉择：你们要么站在我们一边，要么站在恐怖主义分子一边。"[①]

当然，近来这一倾向的一个最显著的事例，就是布什政府在2003年初未得到联合国安理会明确授权采取军事行动的情况下，仍一意孤行地决定入侵伊拉克。（这一插曲将在第三章里加以讨论。）在入侵伊拉克之前和之后，外国领导人也将许多美国的行动视为单边主义的证据，其中包括美国撤出《反导条约》、拒绝签署有关全球变暖的《京都议定书》以及反对成立国际刑事法庭。法国总理利昂内尔·若斯潘在2001年7月宣称，"美国经常以单边的形式行事，因此难以承担它所期望的担当国际社会组织者的作用。"在此6周前，法国外长于贝尔·韦德里纳将"美国的支配地位以及当前缺少平衡力量的状况"描述为"当今全世界的一个主要事实"。他说道，美国的分量"导致它走向霸权，以及拥有了单边主义使命的思想。但是，那是得不到许可的。"[②] 6年后，也就是2007年2月，《华盛顿邮报》报道说，俄罗斯总统弗拉基米尔·普京声称"华盛顿的单边军事策略使世界成为一个更加危险的地方，其程度超过了冷战期间的任何时候。'美国在任何方面都超越了它的国界'，他在这里举行的一个有关国际安全的年会上如是说。'任何人都不再感到安全，因为没有人在国际法的石头墙后能够得到安全。'"[③]

上述每一种观点都是值得争论的，而且每一个观点的提出者也都不是事不关己的观察者。但是，至少可以准确地说，在21世纪初期，美国采取了一种被理查德·哈斯（科林·鲍威尔任国务卿时期国务院的政策规划负责人）形容为"照单抓药式的多边主义"政策。[④] 正如里根政府时期的一位贸易谈判者克莱德·普雷斯托维茨在2002年所指出的那样，"形式经常与内容

---

① George W. Bush, "Address to a Joint Session of Congress and the American People," United States Capital, September 20, 2001, http: //www. whitehouse. gov/news/releases/2001/09/20010920－8. html.

② Quoted in John Vincour, "Going It Alone: U. S. Upsets France," International Herald Tribune, August 18, 2001.

③ Thomas E. Ricks and Craig Whitlock, "Putin Hits U. S. over Unilateral Approach," Washington Post, February 11, 2007.

④ Quoted in Henry C. K. Liu, "US Unilateralism: Nonproliferation and Unilateral Proliferation," Global Research, August 29, 2006, http: //www. globalreaearch. ca/index. h/php? context = viewArticle&code = LIU20060701&articleId = 3089.

同等重要。正如东京的一位编辑所言，‘试想，如果美国公开解释了议定书的缺陷并且提出反建议，而非仅仅批评这个议定书对美国经济不利，人们对美国拒绝《京都议定书》的反应将会是多么不同。’”①

超级大国的心态并非必然就是单边主义的。当乔治·H. W. 布什及其国务卿詹姆斯·贝克寻求对第一次海湾战争的支持时，美国是一个占主导地位的国家。在上世纪90年代的大部分时间里，当美国对其所面临的问题寻求多边解决方案时，它是一个占主导地位的国家。乔治·W. 布什政府在伊拉克战争中得到了几乎30多个国家的军事支持，而且有30多个国家参与了北约领导的在阿富汗的行动。② 的确，在表达主导实力方面，集体行动在某种程度上提供了比单边主义更大的机会。总之，单边主义经常含有无视其他国家的成分，而且优势往往蕴含着利用自己的力量强加、威慑、哄骗、指使其他国家的寓意，以及促成联合、创造外交和政治气势。

但是，就像演员那样，如果超级大国心态受到观众的喜爱，它就不一定会愿意与其他演员互换台词，而是宁愿自己指导行动和决定结局。从谈判桌的另一边来看，美国谈判人员有时似乎是作威作福、锲而不舍和从不妥协。他们不大关心谈判，即相互交换观点、互相做出让步，而是独断专行并且使他们的对手相信美国的立场是正确的或强势的。即便美国谈判代表十分热忱和彬彬有礼，他们有时也会采取要么接受要么走人的立场，或毫不掩饰地表明美国在国际事务中的首要作用。在1998年接受一次电视采访时，马德琳·奥尔布赖特国务卿说道，美国作为“唯一的超级大国”不仅有着独特的责任，而且还有着独特的能力。这一言论在国外引起一片批评之声。她告诉美国广播公司电视台的特德·科佩尔说，“我们站得高，所以看得更远。”③

---

① Clyde Prestowitz, “America the Arrogant: Why Don’t We Listen Anymore?” Washington Post, July 7, 2002.

② 在2004年3月，除美国之外，有来自33个国家的士兵在伊拉克；参见 http://pwhce.org/willing.html#troops。到2006年8月，这一数字下降到21个到27个国家（后一个数字取自国务院的统计）；参见 http://www.globalsecurity.org/military/ops.iraq_orbat_coalition.htm。在2008年3月，北约列出了39个向阿富汗的国际安全辅助力量贡献部队的国家（其中之一是美国）：参见 http://www.nato.int/isaf/structure/nations/index.html。

③ From an interview with Ted Koppel on ABC’s Nightline program, February 20, 1998. A transcript is at http://www.fas.org/news/iraq/1998/02/20/98022004_tpo.html。

美国谈判人员的行为并不总是蛮横的。尤其是当美国承担第三方调解时，他们经常能够一碗水端平，并具有耐心和乐于倾听。然而，在一些双边和多边接触当中，尤其是在遇到国家安全危机时，美国谈判人员只会显示出有限的优雅和谦卑，因为他们——在其上司的指示下——寻求将固化的条件强加于人。在这种情况下，美国谈判人员往往赞成阿米蒂奇的定义："外交是使其他人接受你的方式的艺术。"①

必须记住的是，超级大国心态只是影响美国谈判行为的四种心态中的一种。在有些情况下，尽管美国官员可能倾向于对对手采取强压策略，但其他人则寻求涉及到相互妥协的双赢解决方案。此外，在大多数情况下，外国官员遇到的并不是一种心态的纯粹形式，而是一个四种心态的混合体。

某一特殊混合体的构成将取决于诸多因素，这就使得对美国在某一形势下的谈判行为进行可靠预测成为不可能。但是，一些普通的模式还是清晰可辨的。例如，当关键的利益——尤其是事关国家安全——处于危险之中，超级大国的心态很可能就更为突出；当美国的价值观似乎受到威胁或一项谈判处于公众和国会的极大关注之下（见第五章）时，道德家方式将会更加明显；当谈判涉及经济问题而且国会和媒体对谈判兴趣不高时，当谈判变得持久化和程式化时，以及当谈判的对手是盟友时，生意人和法学家的心态将更加显著。

尽管这四种心态的混合物可能产生出各种不同的行为来，但是变化的范围依然是有其极限的。因此，抓住美国谈判行为实质性特点的一个方法，就是确定什么不是其特点。例如，美国谈判者很少或从不采取屈从或从属的姿态，从不对时间的流逝采取无动于衷的态度，从不允许另一方主导一项协议的措辞，而且从不为了谈判而谈判。

但是，假如外交谈判中的这些行为活动是非美国式的，那么什么类型的行为是道地的美国式的呢？这四种心态到底造成了什么样的特殊谈判活动、特征和特点呢？我们将在后面的三章里回答这些问题。

---

① Quoted in Barbara Slavin, Bitter Friend, Bosom Enemies: Iran, the U. S., and the Twisted Path to Confrontation (New York: St. Martin's Press, 2007), p. 223.

第三章　谈判桌上的讨价还价

上一章详细描述了美国谈判者的合成形象，本章将对美国谈判者谈判行为中的动力因素进行评估：美国的谈判者们如何建立关系、安排诱饵、施加压力、把握时机，以及如何与他们的谈判对话者进行沟通。本章还将简要介绍美国人双边和多边谈判手段中的某些不同之处。

虽然本章将涵盖一系列主题，但主要集中介绍“单轨”谈判（既两个或多个国家官方代表之间的直接谈判），并且只针对正式谈判环境中的美国行为。的确，对这种环境的理解是模糊或短暂的，是实际的，也可是概念性的。外交谈判因时间和地理空间的不同存在广泛差异。早在谈判小组在铺着绿色台面呢、供奉着鲜花和瓶装水的谈判桌前坐下来很长时间之前，谈判就已开始。它们可沿着两条或多条主线同时展开——有时在某个地点谈判秘密问题，其他更多问题在官方指定地点进行交换[①]——并且它们几乎总是涉及远在该正式谈判地点之外的其他人。其结论——如果他们确实能达成协议的话——不是在一个时间而是多个时间确定的：美国谈判队伍确定协议中的各个因素；美国总统或国务卿签署该协议的正式文本；参议院批准协议（如果条约是交易的一部分）；协议开始实施；以及实施完成的时间。

但尽管存在如此的复杂性，将各国政府指定代表之间直接进行的谈判、非直接谈判（即通过中间人或幕后渠道），以及内部进行的谈判（即美国官员之间的谈判）进行区分，对于分析和实际运作都是有用的。正如第四章将要讨论的，由于美国人经常对自己在正式的直接谈判中获胜充满自信，他

---

① 有关美国使用秘密或“幕后渠道”的外交活动将在本书第四章中进行了探讨。

们在谈判之前很少做出努力来加强自身的地位，例如，通过向媒体发布消息为公众创建预期结果或将第三方带入谈判。如同第二章提示和第五章所确认的那样，美国官员在自己人之间的谈判与同外国人进行谈判的行为是不同的。这并不奇怪：不同的谈判者应遵循不同的规则。这里仅举一个例子：第二章所指的超级大国心态可能将国家之间的谈判视为一种竞争，其中，强权既被视为主要武器，也被看作主要目标，但如果是美国官员之间的谈判，他们竞争的目的不是获得强权，而是寻求在总统对某个问题做出裁决或批准之前能听到他们的意见。

一、建立关系

某些国家的官员将谈判视为建立、加强或利用关系的机会。他们会培育和利用个人或国家的关系在谈判中为自己的政府争取有利的交易。例如，中国的谈判者会与外国对手培养“友谊关系”——发展关系——以便“使外国谈判者陷入一种可对之加以利用的境地”[①]。相反，日本官员——尽管他们的国家在经济方面很成功——经常采取一种哀求的姿态，它源自于日本的“阿玛依”传统观念——“等级制关系中弱势的一方期望强大一方能给予仁慈对待”[②]。其他东亚国家谈判者则根据他们国家在地区权力关系中的地位来细心校准自己的谈判立场。

与之形成对照，美国官员则采取更少人性化的立场。从一种公事公办的立场出发，谈判首要和最重要的目的是寻求获得具体成果。建立关系本身不是谈判的要点，并且关系也不能决定美国对谈判对象国的立场。由于是在一个高度社会流动和社会等级分层相对弱化的社会环境中长大，美国官员对谈判对手给予礼遇和平等对待。他们可能不认为其他国家与自己国家是平等的；“优越论”意识的长远影响以及冷战后美国的超越地位并不鼓励国家平等的观念。但在谈判桌上，美国官员宁愿被平等对待，也平等对待对方，而不是双边关系大背景下的弱势或优势者。这种双边关系也不一定可用来确定

---

① Solomon, Chinese Negotiating Behavior, p. 31.

② Cohen, Negotiating across Cultures, p. 89. 科恩在该书中讨论了日本人及其他几个国家应用“阿玛依”战术的情况。

谈判协议中的任何条款。的确，正如约翰·伍德论述美国与新西兰谈判章节中所证明的那样，如果过于追求达到巨大短期利益目标，反而可能给长远关系带来损害。

但美国人并非完全忽视关系或无视个人关系对谈判可能带来的益处。“对另一方的移情作用是谈判的标准基础”，查尔斯·弗里曼如是宣称，此人曾担任美国驻曼谷和北京大使馆的副主管及驻利雅得大使。“如果对方认为你是一个有趣、开朗和举止优雅的人，你然后转过身来显示你尊重他们的知识、欣赏他们的性格、认为他们很有趣，那么你就有了与对方进行讨论的基础，这也将有助于达成解决方案。”① 斯特普尔顿·罗伊持有相同观点，指出“如果另一方不喜欢或不尊重你们的谈判代表，他们将很不情愿与该谈判代表达成协议……反之，如果他们尊重你们的谈判者，对方将会认真对待该谈判代表的判断。”②

虽然美国官员不像某些外国对手那样竭力建立关系，也不大笔投入或过于殷勤地培育关系（见第四章），但也努力与对方人员建立和发展积极的联系。美国决策体系最高层和低层外交人员的行为均大体如此。

（一）最高层面建立关系

长期以来，美国历届总统及其高级助手一直意识到，与他们的对手建立个人关系大有益处。例如，在德国统一前夕，乔治·W.H. 布什总统和詹姆斯·贝克国务卿大力展开人际外交攻势，以争取德、英、法、俄领导人对华盛顿德国统一政策的信任。在12个月的进程中，布什与这些领导人举行了11次双边会谈，并在多边会议上与他们中的某些人会晤多达五六次或更多。③ 贝克在这方面更为积极，与其外国同行会晤多达近30次，每次会晤时间大都长达数小时，其中几次甚至长达一整天。正如贝克在其回忆录《外交政策》中所叙述那样，这些会晤不只是完全的公事公办。人际关系不仅在长时间讨论中形成，而且也在更轻松的社会环境中发展。例如，苏联外长

---

① ［美］弗里曼，采访录，第9、53页。

② ［美］罗伊，采访录，第9页。

③ 布什在利用电话进行外交方面也同样付出了巨大努力。从1990年8月海湾危机开始至结束这段时期，他与土耳其领导人通电话不少于40次。见 Stearns, Talking to Strangers, p. 14.

E. 谢瓦尔德纳泽曾邀请他参观俄罗斯之外的一所俄罗斯东正教神学院，当两人一起点燃蜡烛时，这位国务卿不禁感叹，“这些信仰展示，如同他在怀俄明州赠与我宗教圣像一样，不正是他向我证明：我们的共同点多于政治。”几个星期后，这两人和他们的总统在戴维营“以一种轻松随意的方式”一起讨论宗教问题，穿着坎肩的戈尔巴乔夫不断开着玩笑。正如贝克所强调的那样，“对这场6人进行的会谈而言，戈尔巴乔夫的笑话比公开发表一本以‘外交’为题的专著更恰当。”①

事实上，相互开玩笑有助于布什和贝克当时展开的外交，它有赖于建立互信和相互尊重的关系。这种关系不仅在相互玩笑和频繁会晤中得到培育，而且也通过主动提供建议及使对手的政治生活更为轻松等方式来促进。邓尼斯·罗斯回忆说，布什曾在马耳他峰会上向苏联领导人解释“他如何故意促使美国对柏林墙倒塌采取低调反应——这招致部分美国国内的批评——以便不致使‘您的（政治）生活复杂化’。‘戈尔巴乔夫说他已经注意到这一点并对之很赏识’”。罗斯指出，“当布什提出倡议、双方进行这一意见交换后，戈尔巴乔夫的整个举止发生了变化。”②

布什和贝克的前任——罗纳德·里根和理查德·舒尔茨——也同样认识到个人关系对争取外国支持美国政策的实用价值。事实上，这种政策的实质及其外交计划是由个人关系形成的。20世纪80年代中期至20世纪90年代初期担任负责人权和人道主义事务的助理国务卿理查德·希夫特回忆说：

> 在西方领导人中，玛格丽特·撒切尔是第一个发表评论认为“戈尔巴乔夫是一个可以与之打交道的人”。“最初，美国政府内部对这一看法还存在疑问。但当舒尔茨国务卿与谢瓦尔德纳泽外长建立起紧密的个人关系后，变化也随之发生。正如他在1985年8月与谢瓦尔德纳泽首次会晤后所说：‘总体上，苏联的立场未发生实质变化。但我对谢瓦尔德纳泽的语调感到震惊：它已远不如过去那样对立。这可能只是一种风格的变化，但它也显示，苏联人正在以一种新目光认识自己。’”

---

① Baker, The Politics of Diplomacy, pp. 248 - 254.

② Ross, Statecraft , p. 42. 有关德国统一的讨论引自罗斯所著《国家策略》第二章。

没过多久，谢瓦尔德纳泽与舒尔茨的个人关系变得日益友好。在舒尔茨看来，苏联人的确“在以一种新目光认识自己”，而对这一变化负有首要责任的人正是戈尔巴乔夫。1985 年 11 月，戈尔巴乔夫与罗纳德·里根进行了首次会晤，会谈地点在日内瓦。正如舒尔茨对两位领导人联合举行记者招待会所作的评论，“个人的变化过程非常明显：彼此对对方轻松、随意的态度、微笑、目标意识等一直贯穿始终。”[①]

美国官员与其外国对手之间的这种友谊和伙伴关系意识并非不寻常：还可找到许多例子证明，美国谈判者为建立和保持互信关系和沟通所做的努力。许多观察家高度评价比尔·克林顿总统的感化能力，赞扬他在说服北爱尔兰新教和天主教派时表现出的对他们困境的理解和未来发展的关心。克林顿在 1994 年 11 月首次访问贝尔法斯特时即与新芬党领导人格里·亚当斯热烈握手。为避免英国人对美国直接插手北爱尔兰和平进程的担忧，克林顿决定任命前参议员乔治·米切尔为其“经济特使”，后者最终调停促成“星期五复活节协议”。1998 年共和军恐怖分子在奥马制造汽车爆炸致使 29 人身亡后，克林顿发表讲话说，“我们知道此时此刻任何语言都不是很合适，我们来到这里只是要表达同情，并支持你们拒绝让这种胆怯的罪行剥夺你们未来的决心。”克林顿也促使叙利亚总统哈菲兹·阿尔·阿萨德——以敏锐和精于计算而著称的一位政治家——相信，美国意识到戈兰高地对叙利亚的重要性。[②] 在其任职初期，詹姆斯·贝克与阿萨德会晤时常使用奉承语言，而不是寻求以诚挚的态度来感化和说服阿萨德。而在这次会晤期间，这位叙利亚领导人就承诺将参加 1991 年召开的马德里和平会议。[③]

上述例子说明历届美国总统和国务卿都寻求培养和建立个人关系而不是国家关系，虽然这二者之间的界限非常模糊。和他的许多前任一样，富兰克

① Anatoly Adamishin and Richard Schifter, Human Rights, Perestroika, and the End of the Cold War (Washington D. C.: United States Institute of Peace Press, 2009), pp. 234－235.

② 罗斯回忆道，阿萨德抓住他的手臂大声说，“克林顿总统是一位真正的男人。他以敏锐观察和理解的态度与你谈话。他更理解我们的问题，并致力于解决这些问题。在此之前，我从其他美国总统那里没有感觉到这一点。”见 Ross, Statecraft , p. 200.

③ “在谈判中，奉承几乎总是起作用的，我想唤起阿萨德的自我主义意识，”贝克如是写道。见 Baker, The Politics of Diplomacy, p. 489。

林·D. 罗斯福总统认为，良好的个人关系可克服国家利益的过多考虑——他也因此培养自己与斯大林的个人联系，期望这能帮助自己更好地与“乔大叔”打交道。[①] 50多年后，乔治·W. 布什总统对另一位俄罗斯领导人弗拉基米尔·普京得出了同样的结论。在一次与普京会晤后举行的记者招待会上，当布什被问到他是否认为美国可以信任俄罗斯和普京时，布什做出如下著名回应：

> 我与这人双目对视，我发现他非常坦率和值得信任。我们进行了一次很好的对话。我能够感觉到他的心灵；这是一位竭力服务自己国家及其最佳利益的人。我对这次坦率谈话非常赞赏。
>
> 没有外交闲谈或试图掀翻对方使其失去平衡，只有坦率的谈话。这是一种建设性关系的开端。如果我不信任他，我不会邀请他来我的牧场。(大笑)
>
> 第二，我很欣赏有机会谈论建立一种新关系，我们将继续这种对话……
>
> 朋友不相互摧毁对方，人们的合作不是建立在破坏性的和平基础之上。我们各国正面临21世纪的新威胁。我们所称流氓国家主导的恐怖活动是一种威胁。我表达了我的关切，(普京) 总统对那些侵害其国家边界的国家，以及那些无法阻碍美国自由的国家发展相关能力寻求将我们两国变成其人质的企图也坦率地表达了他的关切。他同意这些观点。[②]

正如后来发展所证明，罗斯福和布什均未能将个人联系转化为政治优势。要说稍有区别的话，这两位美国人都发现自己被苏联和俄罗斯领导人所利用。他们都对美国总统微笑或说笑，但随之却推行敌视或违背美国利益的政策。意识到其前任因错误信任俄罗斯领导人而遭到诸多批评，巴拉克·奥

① 见波伦所著《见证历史》第134－154和171－201页中有关罗斯福首次在德黑兰和波茨坦会议期间与斯大林打交道的内容。

② White House, Office of the Press Secretary, “Press Conference by President Bush and Russian Federation President Putin, Brdo Castle, Brdo Pri Kranju, Slovenia,” June 16, 2001, http://www.whitehouse.gov/news/releases/2001/06/20010618.html.

巴马总统在2009年3月出席20国经济危机对策峰会期间首次会见俄罗斯对手时，采取了一种更加公事公办的态度。

> 奥巴马首次与俄罗斯总统梅德韦杰夫面对面会晤时，彼此微笑和握手，但没有他们前任乔治·W. 布什和弗拉基米尔·普京关系中那种典型的相互拍背动作。
>
> 助手们说，当他们在伦敦20国经济峰会侧室会面时，美国总统仅做了谨慎的努力，即以“非戏剧性的奥巴马”方式，寻求与其俄罗斯对手建立一种更正式的关系。
>
> “我们的战略是制定发展建立在利益基础之上的议程，并且也着重指出我们的分歧处，但并不试图利用这些会议目标来建立某种亲密关系。”参加会议的一位美国官员事后说。[①]

即使国家领导人（和其他高级政治人物）之间的个人关系促进国家关系更加紧密——例如里根与戈尔巴乔夫（及舒尔茨与谢瓦尔德纳泽）引起的心灵颤动——其影响也经常很快消失。此外，当展开具体谈判时，个人关系——无论是各国总统、部长、谈判领队或更低级别官员之间的关系——很少能决定谈判结果，后者通常是通过对国家利益进行严格和艰难评估之后来确定的。

美国总统和国务卿是否愿意花费精力建立关系还取决于意识形态、政治进程及个人性格等各种因素之间的相互作用。具有单边主义倾向的政府很少重视建立个人关系，而个性开朗的总统可能更多寻求建立紧密的个人联系。但如果某位总统既有开朗的个性，又统辖着一个单边主义意识的行政当局，那么会发生什么情况呢？乔治·W. 布什的情况即是一个典型个案。他的行政团队反复表现出单边主义的特性，但他本人与英国的托尼·布莱尔、墨西哥的文森特·福克斯等外国领导人形成紧密的个人关系。显然，激情冲动可能同时引来不同的结果。

如果说当出现某些较可靠的预报因子预示美国高层官员可能特别重视发

---

① Matt Spetalnick and Carene Bohan, “NoSoul - searching, No Colgate in Obama’s G20 Diplomacy,” Reuters, April 1, 2009, http: //www. reuters. com/article/politiclesNews/idUSTRE5305N420090401.

展个人关系时，那么是指相关外国伙伴不仅显示出要建立更紧密关系的意愿，而且还控制着某些对美国具有很大潜在价值的资源。当里根总统确定戈尔巴乔夫是真诚提出建议时，总统给予了支持，因为戈尔巴乔夫掌握着权力并准备结束冷战。换句话来说，美国谈判者们以一种基本的工具主义方式来发展个人关系：与谈判对手的良好关系可帮助美国谈判者达成具体成果才是有价值的。

（二）较低级别美国谈判人员建立关系

以上所说的总统和国务卿建立关系的所有情况几乎也适用于较低级别官员。

例如，里根与戈尔巴乔夫以及舒尔茨与谢瓦尔德纳泽关系加强的变化过程也伴随着相关外交阶梯的降低。理查德·希夫特与安纳托利·阿达米辛建立起了非常密切和富有成果的工作关系，如同他们在 1987 - 1991 年谈判的两大人权问题一样。通过共同合作，两人成功推动了苏联人权领域的改革，例如移民和出于政治目的滥用精神病疗法。“我们同意彼此别打交道，按照安纳托利的说法，如同自由市场内的两个陌生人。”希夫特说，他以一种非公开性和非威胁性的方式向安纳托利递交一些具体个案，并对相关政策表示关切。希夫特认为他们的成功主要因为“我们获得了我们各自直接上司的信任”，同时“我们也成为朋友，并逐渐相互信任。我们两人都清楚，我们是在寻求达成同样的结果”。①

无疑，与谈判对手建立关系的相对重要性在美国人发展关系的意愿方面发挥了作用。面对对手“不希望发展持续关系”时，美国谈判人员不会浪费精力去这么做，但当对手重视并寻求发展长远关系时，他们可能会更倾向于建立和培养这种联系。② 谈判对手的文化准则也能产生影响。例如，美国外交人员发现，中国官员比日本官员更容易与之建立个人关系，后者通常表现出更多的冷淡和讲究礼仪。

---

① Adamishin and Schifter, Human Rights, Perestroika, and the End of the Cold War, pp. 242 -243.

② Nancy Adler, International Dimensions of Organizational Behavior, 4th ed. (Cincinnati: South-Western College Publishing, 2002), p. 209.

缺乏这种联系可能使谈判者的工作更难开展。罗纳德·纽曼在2005－2007年期间担任美国驻阿富汗大使，在此之前还曾出任驻巴林和阿尔及利亚大使。他认为，如果没有个人关系，谈判将面临更多挑战，因为很难“确定对方不能逾越的底线在哪里，而且也很难使对方相信你所说的底线是否真是你方的底线”。①

美国外交机构每3至4年轮换外交官到另一新岗位的政策加剧了建立有用关系方面的挑战。当然，这种流动性意味着，即使美国外交官与其他国家官员建立了良好关系，他们也没有必要使这种关系深化到足以使他们透露可提供对方相关思考以及可用于预防或处理误解的宝贵信息资源。日本外交制度是建立在市场合同基础之上的。许多日本外交官可以在其整个职业生涯期间与对方官员建立和发展人际关系——这种模式得益于日本外交部岗位模式的帮助，它可使外交官能始终与相同任期的外国官员保持联系。美国的外交官员轮换制也令中国外交部官员感到非常恼怒。在付出很大精力建立关系后，他们却发现“老朋友”已经被不熟悉的美国新官员所代替而不得不重新开始新的努力。

这种外交岗位轮换制主要源自20世纪50年代前半期实施的行政改革，其背景是约瑟夫·麦卡锡参议员主导的对国务院工作人员忠诚度的审查。“1946年外交机构法、1949年政府执行机构组织委员会（胡佛委员会）提议的改革，以及1954年布朗大学校长亨利·M. 里斯顿为首的委员会（倡导的改革）的目标是促使国内民事机构熟悉世界事务，同时也防止外交机构与美国生活脱节。”②这一被称为“里斯顿化”的改革努力使许多文职人员并入外交机构，外交部官员增加了约三倍。从此以后，外交机构官员必须在华盛顿呆更长时间，而部分文职人员也被派往国外工作。

“里斯顿化”和“随后的执行政策人员频繁轮换制”被指责为“导致长远政策所需要的有经验人员缺失”。③ 前职业外交官蒙蒂格尔·斯特恩斯提出争议认为：

---

① ［美］罗纳德·纽曼，采访录，华盛顿特区，2008年7月17日，第15－16页。

② Alan K. Henrikson," Elitism," Encyclopedia of American Foreign Policy, http://americanforeighrelations.

③ Richard Bilder, "The Office of the Legal Advisor," American Journal of international Law, 54 (1962), p. 641.

由于现代外交机构官员不断从一个外交岗位轮换到其他岗位，很少人能够在一个岗位上呆足够长时间来避免相关危险。结果，很少人真正成为专家。富兰克林曾驻法国8年多，杰弗逊曾五次签订平均每次约三年的任期合同，而现代美国大使们的类似机会却很有限。美国外交政策的深度认知和连续性的损失是无可估量的。①

不过，里斯顿改革也有积极影响，包括使外交官在华盛顿获得各机构间竞争的经验，以便为未来与外国政府谈判确立目标和战略。虽然相关人员缺乏连续性可能影响谈判的进度，但人际关系的缺乏本身却很少导致谈判失败。

二、安排诱饵

一种工具化的非感性观点认为，美国谈判者的（人际）关系反映在他们使用诱饵的手段上。由于普遍不关心其岗位的哲理连续性（这一点与他们的法国同行不同），美国谈判者在向对方提供激励以便按美国条件达成协议的行动中很少受到约束，特别是当提供的诱饵不会对美国国内造成政治或经济损失，却能产生某些战略利益时。

事实上，由于许多原因，美国谈判者们更愿意提供诱饵而不愿做出妥协。首先，妥协意味着放弃己方珍惜的某些东西，而提供诱饵是向另一方提供对方很珍惜、而对己方可能没有价值或己方拥有的太多的东西。其次，妥协的观念可能使道德家们感到非常不安，并可能引发国内政治反对。相反，通过提供补偿性支付、附带交易或其他甜蜜诱饵来寻求达成交易，却很适合以结果为导向的生意人式的心理。合同上奉为神圣的交换观念则属于法学家世界观的一部分。第三，妥协的意愿可被视为一种软弱的标志（作为一种绥靖让步的形式，它在二战前夕曾臭名昭著），而提供诱饵的能力却展示了财富和强权。第四，由于具备无可匹敌的资源——包括军事能力、政治影响力和经济力量——美国能够通过提供慷慨和广泛的刺激手段来引诱谈判对手达成协议。第五，相关研究提示，诱饵比惩罚措施对外国谈判者更有说服

① ［美］斯特恩斯，《与外国人谈话录》，第26页。

力，特别是当外国对手在国内处于虚弱地位时。①

有时，这种激励可以明显感觉得到，如“日内瓦框架协定”——1994年与北朝鲜谈判签署的一揽子协议。根据该协议，平壤政府将冻结并最终拆除其可用于生产核武器燃料的核设施；作为回报，美国及其联盟伙伴将提供防扩散的轻水反应堆以及每年50万加仑重油燃料。②

其他诱饵可能没有这么明显，但其诱惑力并不低，例如主动提出对某个流氓国家政府给予政治承认，与叛乱组织直接打交道（从而使其获得某种程度的合法性），或承诺支持某个国家在国际贸易或安全组织中获得成员国席位。1967年中东“6日战争”后，美国中断与伊拉克的外交关系。但在20世纪80年代，里根总统却寻求与萨达姆·侯赛因政权接触，以加强伊拉克抗衡伊朗的能力，以及

> 使其脱离苏联人的怀抱，并鼓励其在发展大规模杀伤性武器方面有所克制。伊拉克被从恐怖主义庇护者名单中剔除，并与美国恢复了外交关系。同时，华盛顿向巴格达提供有关伊朗的军事情报，并以信贷担保的形式提供经济援助，以便该国购买美国农产品……（乔治·H.W.）布什政府在其《国家安全指针》文件中重申，美将继续执行接触政策，并“扩大政治和经济方面的激励”。③

美国承诺给予盛情接待和宣传也同样有吸引力。世界上很少有国家领导人能抵御高规格访问华盛顿的诱惑，特别是如果有机会出席总统国宴或被邀请前往戴维营访问。有时，甚至承诺对方与美国高级官员合影也能促成一项交易。美国官员访问外国首都被认为具有非常重要的价值——虽然某些国家比其他国家对之看得更重。1990年，詹姆斯·贝克与中国外长钱其琛会谈时，要求中国支持联合国安理会通过一项有关科威特的决议。作为回报，这

---

① Kenneth N. Waltz, “Globalization and American Power,” National Interest (Spring, 2000), pp. 46-56.

② Shyder, Negotiation on the Edge, p. 6. 应该指出的是，平壤后来并没有遵守该协议条款。北朝鲜政权似乎或经评估后认为该诱饵与其要做出的妥协不相称，或一边收下诱饵，一边又秘密通过其他途径继续发展核项目。

③ Miroslav Nincic, Renegate Regimes: Confronting Deviant Behaviour in World Politics (New York: Columbia University Press, 2006), p. 328.

位中国官员也提出一个要求："钱希望能有一次总统访问以作为支持该决议的回报；贝克仅承诺由一名助理国务卿为他本人下一年的访问做准备。中国人最终投了弃权票，从而为该决议案的通过铺平了道路。"——显然，中国人确定其对该决议案的支持度是与来访美国领导人的级别相对应的![①]

有时，仅仅与一名美国高级官员简短交谈可能带来的个人荣誉也可能消除外国谈判者的不妥协态度。例如，在代顿谈判期间，波斯尼亚联邦总统克里斯米尔·朱巴克因感觉自己受到忽视而拒绝出席签字仪式——直到沃伦·克里斯托弗与他寒暄交谈后才改变主意。理查德·霍尔布鲁克回忆道，"因为受到国务卿本人的注意而感到很满意——后者仅与他交谈了15分钟——朱巴克说他将参加签字。"[②] 美国减少官僚作风和加强声誉的行动也能产生积极效应；甚至两个谈判小组就餐座位安排也可能成为微妙的交易筹码：某些外国谈判小组成员似乎更愿意被安排坐在美国高级官员身旁。在20世纪80年代，数十个外国代表团参与了欧洲安全合作会议的谈判，鲁斯·怀特希德回忆道，当时马克斯·康佩尔曼安排美国代表团的一到两名成员在会谈时"花费一定时间与小国代表"交谈。"他的总体想法是，你绝不知道什么时候在某些非常技术性的小问题上我们可能需要马耳他人的帮助。该项工作（花费时间与小国代表接触）的很大部分内容是收集一些他们想要的小东西，其中大多数对我们都是微不足道的。"[③]

虽然美国的丰富资源允许美国谈判者提供各种诱饵，但美国钱包的深度可能是最有效的刺激手段。当然，其他国家也提供金钱刺激。例如，欧盟就因为其高举大钱包而不是大棒而誉满天下。[④] 仅2007年，其对巴勒斯坦的援助就超过5.5亿欧元。[⑤] 但美国仍是世界上最富裕的国家，美国谈判者们并不反对利用美元来追求国家利益。其中最著名和最昂贵的经济诱饵范例之一是，吉米·卡特总统以提供大批款项和军事援助来鼓励以色列总理梅纳切

① Ross, Statecraft, p. 88.

② Holbrook, To End a War, p. 263.

③ Whiteside, Interview, p. 38.

④ 例如帕拉格·卡纳（Parag Khanna）2008年1月27日在《纽约时报》上发表题为"再见，霸权"的文章中写道："罗伯特·卡根有一句名言说，美国人来自火星，欧洲人来自金星，但实际上欧洲人更可能来自水星——带着一个大钱包。"

⑤ 该数据来自欧盟委员会技术援助办公室，http://www.delwbg.ec.europa.eu.en/cooperation_development/aid2007.htm。

姆·贝京和埃及总统安瓦尔·萨达特签署1979年和平协议。作为对签署协议的奖励，以色列和埃及随后每年分别获得30亿和18亿美元款项，这种援助规模一直持续到20世纪90年代中期。自那以来，援助数额虽有少许降低，但仍是非常巨大的。正如威廉·B. 匡特所评论，“（以色列和埃及）双方均希望美国在对方首都维护己方的观点，并且能对他们在谈判进程中做出的任何让步给予慷慨奖励。”① 在埃及的个案中，正如罗伯特·萨特洛夫和帕特里克·克劳森所解释：

> 这些援助对于平衡埃及在阿拉伯国家中的孤立和安抚安瓦尔·萨达特做出和平战略决策后民众情绪的创伤是必要的。在经济方面，这些援助……也是急需的：埃及的财政支付平衡正摇摇欲坠……援助额度是巨大的，相当于国民生产总值的10%……并且每年都支付。现在回顾，该援助是有效利用外国援助的一个极佳范例，巩固了埃及与美国新战略关系，在困难时期（例如1982年黎巴嫩战争期间）为鼓励履行和平条约提供了重要的激励作用，并最终推动埃及踏上经济改革的征途。”②

财政刺激在与世界贫穷国家谈判中亦同样有效。1990年对伊拉克采取军事行动前夕，贝克在争取国际支持——他将其称为“奥德赛”行动——进程中，与象牙海岸外长西蒙·艾克会晤：

> 他的观点是对的（贝克回忆说）。“我们国家现在关心的不是海湾”，他说，“而是发展，我们正在经历财政危机。7大国已经注意到债务豁免，免除债务将可起到极大的帮助作用。”
>
> 正如实际发生的情况，象牙海岸没有被纳入1986年多伦多7国峰会达成的债务免除计划名单内。“让我看看还能够做点什么”，

---

① William B. Quandt, “Camp David and Peacemaking in the Middle East,” Political Science Quarterly, 101, No. 3 (1986), p. 360.

② Robert Satloff and Patrick Clawson, US. Economic Aid to Egypt: Designing a New, Pro-Growth Package, Policy Watch, No. 324 (Washington, D. C.: Washington Institute for Near East Policy, July 7, 1998), http://www. washingtoninstitute. org/templateC05. php? CID = 1202.

我说道，“我会关注可采取哪些行动，不会影响任何事情，也不会对我们今天讨论的问题采取其他行动——我知道你不是在做这种提示。”当然，我们都有更好的理解。①

一天后，贝克会见罗马尼亚外长时也寻求他的支持。“我没遭遇他的反对”，贝克评论说，“或许是因为上年12月我访问布加勒斯特并对新政府提供了8000万美元的人道主义援助。”②

再举一个例子：在20世纪90年代初期苏联解体后，华盛顿对新独立的乌克兰共和国的前景非常担忧，因为该国当时控制着1800枚苏联核弹头。1993年7月，克林顿政府

主动向这个新生国家提供巨额的一揽子援助，以换取基辅同意销毁部分前苏联核导弹，并将核弹头用船运往俄罗斯。当年晚些时候当乌克兰议会部分议员主张保留核武器时，美国与俄罗斯联手与乌克兰谈判达成一项综合协定：为乌克兰提供经济援助和安全保障，以换取乌克兰同意移交其所有剩余的核武器。③

然而，美国主动提出补偿支付并非永远受欢迎。根据曾担任美国驻中国、新加坡和印度尼西亚大使斯特普尔顿·罗伊的说法，生意人式的美国谈判者们大多认为，他们的对手会和自己一样将谈判视为一种交易。④ 但如果对方心目中的主要交易面临危险或被认为处于危险境地时，对方国家的谈判者可能拒绝进行该项交易。对方政府不愿自己表现为被收买的敏感性不可忽视。在这种情况下，补偿支付可能仍有效力，但主要问题与金融奖励之间的交易必须是隐晦的或完全模糊的。

---

① Baker, The Politics of Diplolmacy, pp. 315 – 316.

② Ibid., p. 316.

③ David Cortright and George A. Lopez, “Bombs, Carrots, and Sticks: The Use of Incentives and Sanctions,” Arms Control Today (March 2005), http://www.armscontrol.org/act/2005_03/Cortright.

④ Roy, interview.

三、施加压力

如同美国的诱惑有着许多不同形式——从较小规模到难以抗拒的极度丰厚——美国谈判者使用的施压技巧也同样层出不穷。在许多——或大多数——情形下，面对对方不愿接受美国的观点、条件或最后日期时，美国官员并不立即使用大棒。他们在开始时可能不会明确亮出高压势头。当法律或政治理由站不住脚时，他们才可能开始集结美国多方面的资源，以便压倒谈判对手或纠集国际支援以加重对方的孤立。

如果对方继续抵抗，美国谈判者可能强调指出不达成协议的代价，威胁中断谈判，或大规模提高要价。如果仍然不能达成协议，他们可能明确威胁要采取某些形式的惩罚或制裁；或如果所有其他手段都失败，他们就可能实施这类威胁。在拧紧外交螺丝的各关键时刻，美国会强行提出必须达成交易的最后日期或发出最后通牒以增加压力。无论对方是否同意让步，美国一方可能突然提高要价，“移动足球门柱”以便回应来自国内国会和某些华盛顿官僚机构或私营利益集团施加的政治压力。

然而，尽管美国谈判者拥有并可使用各种施压杠杆，美国一方也远不是万能的。美国进入谈判程序本身通常就意味着，华盛顿认为此时的谈判是成本效益最高或者在政治上可接受的达成目标的途径，虽然不一定是唯一途径。谈判对手会认识到这一点，并会寻求最大可能的妥协或将妥协的代价降至最低。在某些情况下，对方国内的政治压力可能促使其抵抗美国施加的任何压力。在另外一些情形下，对方可如同柔术专家一样，借用美国力量对付美国压力。例如，当美国谈判者通过提出最后期限的手段施压来寻求达成某项协议时，对方可能乘机提高要价，并拒绝在最后期限签署协议，除非能满足他们的要价。

（一）挂钩行动

由于意识到“所有国际谈判都是一个更广泛谈判体系中的一部分，并且会与其所属体系发生明确或不明确的互动”，[①] 美国谈判者们经常寻求利

---

① Victor Kremenyuk, ed., International Negotiation: Analysis, Approaches, 2nd ed. (San Francisco: Jossey Press, 2002), p. 32.

用这种相互联动。他们寻求在各种问题之间建立“联系”，通过推动一个问题来影响和推动其他问题也取得进展。他们有无数机会这么做，因为美国远比其他国家拥有更广泛的国际利益，并且拥有更强大的能力来维护和推进这些利益。

美国外交官们并不总是愿意利用这种外部联系。在 20 世纪 60 年代后期，理查德·尼克松总统寻求将美苏关系各个不同方面——例如军备控制、中东稳定及越南战争——联系在一起，他的处理方式“引起了激烈争论”。[①] 尼克松的国家安全顾问基辛格回忆说，“这种相互联动的观念在外交政策领域遇到暴风雨般的非议，该领域习惯于将外交政策分割为‘一系列单个的、在不同时期针对各具体问题的独特计划’。”通过“戏剧性地向中国开放”创立的杠杆，尼克松和基辛格得以劝说苏联人接受这种联系，并且——或许更困难的是——说服华盛顿也这样做。[②] 事实上，虽然这种联系行动常使道德家们感到很不舒服，但却成为 20 世纪 70 年代和 80 年代几次重要谈判的主要做法。例如，与苏联谈判人权问题的进展常与美苏关系其他方面联系起来；同样，里根政府负责非洲事务的助理国务卿切尔斯特·克罗克制定的“建设性接触”政策，将支持纳米比亚独立与古巴从安哥拉撤军联系起来。

由于冷战结束使美国地位提升至无可匹敌的程度，其利用外部联动的机会和战术能力也增多。此外，美国谈判对手对被美国优势压倒的担心也进一步加剧，因为“高端”政治（例如安全问题）与“低端”政治（例如环境、贸易和社会问题）之间的区别已经被打破。在冷战后的世界环境中，高端和低端政治的分界线变得很模糊，各领域相互联动也急剧增多。这种模糊性强化了如下观念：由于在世界各地有如此多的利益，美国卷入了所有的事务（并且这种观点很可能是准确的，因为，当美国对某个问题产生了利益联系，该问题将自动转变为国际化问题）。

美国常对某些问题的重要性并不敏感或不关切：在美国议程中占据很微弱位置的某个问题很可能是谈判桌另一边的谈判伙伴特别关注的、事关国家或地区的重大问题。由于不注意或不关心，美国一方很可能忽视那些可能引起对方巨大反响的细小波纹。

---

① Kissinger, Diplomacy, p. 717.

② Ibid., pp. 717 - 718, 719.

吉尔·安德烈阿尼给外国谈判者的忠告是，“联动”战术最好让美国人去做：“这种战术——将实质上没有关系的问题联系在一起——是很糟糕的主意，应尽量避免。它必然会给美国人带来反作用力。他们往往会向你提出一些对你们更至关重要的问题，这样他们就能够在谈判中掌控该抵押品。”①

但“联动”战术在美国人手中也可能产生反作用。1993 年中期在与中国进行有关恢复其最惠贸易国地位的谈判时，克林顿总统决定在批准中国最惠国地位之前，要求后者履行新附加的相关人权条件。部分国会议员也支持这一条件限制，但中国人始终坚持将贸易问题与美国关注的人权问题区分开来。由于商务部、国防部和国务院均急切希望迅速解决这一问题，美国公司企业也支持更新最惠国地位，国会其他成员最终接受了中国立场，以支持美国的商业利益。1994 年这些问题被分开处理。②

（二）动员国际支持

美国给谈判对手施加压力的另一种方式是，动员国际力量支持美国立场，从而使对方面临国际孤立和相对弱势的前景。美国强大的政治力量及其外交机构使美能够经常和有效地协调使用其外交资产。遍布全球各地的外交使团也使美国有机会通过协调方式在世界各国首都宣扬和维护美国立场。由于具有公认的优势地位，美国驻外大使或代办能够接触所在国最高层面的政府官员，并能够利用这种接触推动遥远距离之外正在谈判中的美国个案。20 世纪 90 年代以来，美国驻外机构网络的持续扩大增强了美国现场施压的能量；美国保持的驻外机构数量规模也远超过任何其他国家。③

同时，华盛顿还能够借助美国各种力量杠杆间接影响世界其他地区正在进行的谈判。例如，相关国家大使可能被邀请到国务院讨论谈判中涉及的相关问题，或美国情报机构向该大使展示某些相关资料。

虽然安排国际支持不一定能够迅速产生效力，但可帮助推动某些难对付的国家走向谈判桌或促使不情愿的谈判对手同意达成协议。例如，在 20 世

---

① Andreani, “Negotiating with Savoir Faire,” p. 282.

② Vladimir N. Pregelj, Most-Favored Nation Status of the People’s Republic of China, Congressional Research Service (CRS) Issue Brief No. 92094 (Washington D. C.: CRSA, December 6, 1996), http: //www. fas. org/man/crs/92 -094htm.

③ 正如本书第二章所指出，2008 年美国驻外国大使馆、领事馆和代表团总数达 268 个。

纪90年代中期，克林顿政府寻求通过组织“接触集团”共同对塞尔维亚实施国际压力，即统一协调“接触集团”成员国（美、法、德、英、俄五国）对塞尔维亚的外交行动，以打破米洛舍维奇政府利用某个大国对付其他大国的努力。在波斯尼亚和平外交行动中，美国也曾动员国际压力来针对单个目标——例如美国在代顿的谈判小组劝说英国首相约翰·梅杰和法国总统雅克·希拉克给波斯尼亚总统阿利亚·伊泽特贝戈维奇通电话，以催促后者接受谈判桌上达成的交易。① 美国近几十年来动员国际支持最成功的范例之一是，1990年组成34国联合阵线（包括6个阿拉伯国家），并计划派军队将伊拉克军队驱逐出科威特。尽管达成如此令人印象深刻的外交成就，但劝说萨达姆·侯赛因撤军的谈判最后仍以失败告终——证明需要军事行动来达成预想目标。

在使用外部联系的情形下，如果不对具体形势进行仔细衡量，动员国际支持的努力也可能产生反作用。例如，1998年，克林顿总统谋求中国主席江泽民共同“谴责印度和巴基斯坦（最近进行）的核试验，并提议美、中采取进一步措施对这两个国家施加压力。”斯特罗贝·塔尔博特——当时任副国务卿——回忆说：

> “在几小时内，我收到来自一位（印度）密友的言辞激烈的电子邮件……他认为华盛顿通过打中国牌来对付印度是拙劣的牌技，也是愚蠢的外交行动……他是对的……该事件是一个典型的范例，它说明，如果美国政府寻求与对手国家（不是敌对国家）达成多个或相互对立的政策目标时会发生什么样的情况……我们对印度政策的目标是，改变他们的政策和态度，而不是羞辱、恫吓他们或使其难堪。这样的行动必将促使他们在刚开始的对话中采取更强硬的立场。”②

最近几年，美国动员国际支持的能力有所下降（本章“多方谈判”一

---

① Holbrooke, To End a War, p. 294.

② Strobe Talboot, Engaging India: Diplomacy, Democracy, and the Bomb, rev. ed. (Washington, D. C.: Brookings Institution, 2004), p. 91.

节中有进一步的讨论)。但是，虽然某些其他国家不像以前那样愿意站在美国一边，华盛顿仍比任何其他国家政府拥有更大的动员国际社会支援的能力。

(三) 制裁

制裁——美国对他国加大压力的另一种战术——很少产生反作用，但它们经常不奏效，通常要经过很长时间才能产生预期效果。它们曾长期是美国政府喜欢使用的一种工具：从第一次世界大战至1992年期间，华盛顿先后对不同国家实施了54次制裁。在20世纪90年代，白宫比过去更频繁地采取制裁政策。在1993－1999年期间，美国强制实施了61次制裁计划。2008年9月，美国财政部外国资产控制司实施了18项制裁计划。[①] 从2001至2008年，在美国催促或支持下，联合国安全理事会依据联合国宪章第七章规定，先后对刚果民主共和国、象牙海岸、苏丹、伊朗和北朝鲜，并对恐怖组织以及支持恐怖组织的国家和非国家行为体，以及萨达姆·侯赛因政府高官实施制裁（包括经济制裁、武器禁运或旅行禁令)。[②]

但实施制裁比不实施制裁常常更难实现政策目标；就是起作用，通常也要经过很长时间；很难对制裁目标产生的效果做出准确评估。它们也可能给那些与被制裁国家进行贸易的美国公司带来沉重负担；并且它们的实施通常也表明或导致正在与相关国家进行的谈判的终结或暂停。[③] 由于这些原因，精于计算的谈判者们通常都尽量避免选择制裁，除非所有其他形式的压力（使用军事手段除外）均未能使谈判对手动摇立场。它们对美国谈判者的主要吸引力是作为（美国政府）做给国内相关机构看的一种简便显示方式。但对某些具有道德家心态的美国官员来说，制裁也可作为美国官方对某个外国政府的行为或行动表示不满的一种方式。正如理查德·哈斯所评论，制裁

---

① http://www. ustreas. gov/offices/enforcement/ofac/programs.

② http://www. un. org/sc/committees.

③ 彼得森国际经济研究所2008年发表的一份研究报告的结论是，当时制裁的成功率为34%。见 Gary Clyde Hufbauer, Jeffrey Jay Schott, and Barbara Oegg: Economic Sanctions Reconsidered, 3rd ed. (Washington, D. C.: Peterson Institute for International Economics, 2008), p. 158. 该成功率至少比过去还有所提高。该系列研究报告的1997年版发现，1970年以来美国单方面实施制裁的成功率仅为13%。该研究报告还发现，制裁使美国每年损失（按出口潜力计算）150－190亿美元。

可“满足国内要求采取某些行动的政治要求，并加强了对某些标准的义务责任，如尊重人权或反对武器扩散”。① 另一位研究制裁问题的专家学者乔治·洛佩兹也认为，“制裁使人们可以很便捷地对自己所属机构说，‘上帝啊，我们可做了一些事’。”②

（四）移动球门门柱

美国官员常被指责在谈判中改变他们先前的目标，或在谈判桌上达成协议后，要求对手做出超出协议之外的更多让步或在谈判议程之外的问题上做出让步。例如，1992 年，北朝鲜“反复抱怨……美国附带提出民主、人权和导弹出售等问题作为提升与北朝鲜对话的条件‘是在移动球门门柱’”。③ 两年后，《时代》周刊报道说，即使广受指责的萨达姆·侯赛因政权也受到部分外国外交官的同情，后者同意伊拉克驻联合国大使尼扎尔·哈姆杜恩的说法，即美国要求伊拉克必须满足其新提出的条件才能解除制裁是在“移动球门门柱”。④

还有许多过去和当今的类似情况。例如，2006 年 2 月，印度原子能委员会主席兼原子能部秘书安尼尔·卡科德卡尔指责美国在核协议谈判中“移动球门门柱”。⑤ 针对另一个国家核野心的谈判也引起类似的观点：美国对伊朗核计划的行为被指责为“实质上是在重复其先前确立的行动模式，即每当伊朗做出让步和显示灵活性时，就会遭遇更多新的要求”。⑥

当然，并非所有这种抱怨都有道理。美国也不是行使这种惯例做法的唯

---

① Richard N. Haass, “Sanctions Madness”, Foreign Affairs (November - December 1997).

② 引自迈克尔·保尔森，“美国：制裁历史显示大多数不起作用”，《西雅图知识邮报》(Seattle Post - Intelligencer), 1999 年 5 月 11 日, http: //www. corpwatch. org/article. php? id =14581。

③ Leon Sigal, Disarming Strangers: Nuclear Diplomacy with North Korea (Princeton, N. J.: Princeton University Press, 1998), p. 140.

④ Nancy Gibbs, “A Show of Strength,” Time, October 24, 1994, http: //www. time. com/time. magazine/article/0, 9171, 981645 - 1, 00. html.

⑤ 《印度快报》曾报道卡科德卡尔的相关评论，见：http: //www. wsws. org/articles/2006/feb2006/bush - f28. shtml。

⑥ Cyrus Safdari, “Iran Nuclear Gaolposts Moving Again-Another ‘Paris Agreement’ Fiasco?” Iran Affairs (a blog), http: //www. iranaffairs. com/iran_ affairs/2007/09/moving-nuclear-. html.

一国家。[①] 但是，很显然，提高要价很接近于美国人的普遍做法，而不是一个孤立的现象。对“移动球门门柱”最常见的解释是华盛顿政治精英群体和官僚力量的变化。美国谈判策略通常是在各机构部门之间的激烈讨价还价过程中形成的，但如果由于人事变化和某个或多个部门的意见发生变化而导致执行部门的共识破裂，就可能会通过提高美国底线的方式而重塑谈判策略。

国会对谈判风向支持的变化也会导致美国急剧提高要价。正如第五章中将要讨论到的那样，国会议员——在某些游说集团或机构的压力下——有时会催促美国谈判者在谈判期间寻求越来越大的让步。而一旦某项谈判结束并签署一份协议，国会有时又会竭力要求对协议重新进行谈判。例如，1979年，卡特总统领导的政府曾被国会要求重新谈判《台湾关系法》。该法案促成与台湾建立准外交关系，它是在与中华人民共和国建立正式外交关系前夕谈判形成的。当该法案第一个版本呈交国会时，国会“认为它不够强硬”，斯塔普尔顿·罗伊回忆说，政府不得不对其加强更正，尽管这么做招来已经不高兴的中华人民共和国更多的抱怨。[②]

有时，美国官员会由于某个问题的不准确但实际上是对某项具体谈判或对谈判对象国的关系不满而决定提高赌注。作为美国首席谈判代表，马克斯·坎佩尔曼参加了最终签署“赫尔辛基最后文件”的三年谈判进程，该条约解决的问题包括从确立欧洲国家边界到国际边界划分后的家庭团聚和移民等人权问题。当谈判各方最终准备签署条约时，坎佩尔曼——直到那时他心情一直很好，因为他在确定人权定义文字的艰苦谈判中赢得了几个回合，从而使其成为被国际接受的具有很大影响的原则声明——情不自禁感到美国没有从谈判中获得足够大的回报。他与舒尔茨国务卿和里根总统讨论如何结束谈判：

① 例如，针对伊朗谈判者，一名谈判老手曾评论说，“波斯人在移动球门方面表现得令人难以置信。与伊朗人打交道是一门科学……我和外国同伴们都观察到，他们能够抓住可进行交易的关键点。而每当打开香槟酒瓶塞时，阿里副部长就会打来电话说，‘你知道吗，某某处还有一个问题。’”在这种心理战进程中，伊朗人会使谈判伙伴不知不觉中被推向失去底线的地步。最终，他们会签订一个一个月前绝不会同意的交易。”这些是2009年4月17日在华盛顿美国和平研究所召开的有关加强美国谈判能力的专题讨论会上出现的评论。

② Roy, Interview, p. 25.

“我记得舒尔茨说，‘这一次仅有这些文字就值吗?’里根思考一会儿后说出的一番话是舒尔茨和我都不知道的。他说，‘你们知道吗，当我成为总统后……我要求阿尔（黑格）把俄国大使带来见我。我对大使说，如果他的政府想与我建立更好的关系，我现在已经是总统，我希望他们发出一个信号表明他们想翻开新的篇章，同我们紧密合作。现在让我告诉您这个信号。圣灵降临节信徒……’”

坎佩尔曼继续就“促成一些人”——包括在美国驻莫斯科大使馆避难一年多的7名基督教圣灵降临节信徒——离开苏联的问题与苏方联系。坎佩尔曼决定直言相告：“我没有做任何保留。我告诉苏方联系人塞杰·梅德韦杰夫有关我们三人（里根、舒尔茨和我）如何会面的情况。我说，‘在我们确定这些人离开之前，我们不会同意结束这次会议。’正如我预想的那样，他咆哮道，‘你们不能这么做。这不是正常的行事方式’。”

由于总统的这次谈话，以及美国在其他方面施加的压力，几个月后，这些教徒被允许离开苏联。[①]

最近的另一位移动或试图移动球门门柱的总统是比尔·克林顿。如同本章前面所提到的，他曾寻求推迟批准给予中国贸易最惠国待遇，除非中国同意接受附加的人权条件，但未获得成功。在改变北美自由贸易协定使用范围问题上，克林顿获得更大成功。该协议是乔治·H. W. 布什总统在克林顿赢得总统大选前夕签署的。克林顿进入白宫执政后没有坚持要对北美自由贸易协定进行重新谈判，而是提出增加两个有关环境和美国—加拿大—墨西哥三国劳工政策合作的附加协议。

（五）威胁

美国在谈判桌上的几乎所有行动都包含着某种威胁。美国的谈判对手们很难忽视，谈判桌另一边对手所代表的国家所拥有的资源——军事、经济、政治和外交资源——会影响到他们国家的利益，如果不是伤害的话。他们同时也认识到，美国对其在世界上的地位非常自豪，并相信美国的历史和价值观有理由使其维持广泛影响。有一种说法认为，国际舞台上最弱势的行为者

① Marx Kampelman, interview, Washington, D. C., August 6, 2008, pp. 78, 84.

（如索马里等失败国家和巴勒斯坦当局等准国家组织）没有什么东西可以失去，因而对美国的压力几乎可以置之不理，而某些国际组织内部的从众心理又使某些中、小国家敢于在一个安全的距离之外对美国提出挑战。但大多数谈判伙伴在挑衅华盛顿方面——反对其目标或挫伤其自豪感——尤其在双边相遇时，均采取一种可以理解的谨慎态度。例如，约翰·伍德在与美国官员一道处理一个基本安全问题——核武器政策——时，有一种无法消除的恐惧感。他的美国对手使他毫不怀疑，华盛顿将对新西兰拒绝放弃禁止任何核动力船舰进入其领海的政策采取杀鸡儆猴的的行动。伍德回忆说，“对于某些美国人准备将我们国家拎出来做榜样以恐吓其他国家的担心，比谈判中的任何其他议题更令人夜不能寐。”①

但尽管有这种不言而喻的对外威胁感，美国谈判者并不愿意使用直接威胁——除非感觉自己的重大利益处于危险中，或美国的所有其他施压手段均已用尽。这种自我克制的部分原因来源于自信：预料美国——由于在如此多领域均超过对手——将可通过谈判获得它想要的东西。（相反，某些弱小国家常常比强大国家更倾向于使用威胁手段。例如，北朝鲜常将自己视为谈判中虚弱的一方，而几乎是反射性地使用威胁手段。）② 另一种解释是，美国方面认识到，暗示的或间接的威胁比直接的威胁更有效。同样，其中部分原因是，许多美国谈判者的法律专业背景使他们普遍不赞同公开威胁，因而很少使用这种方式。美国职业外交官属于国际外交友谊关系的一部分，长达数世纪以来的道德规范及其非正式约束力也禁止其成员之间相互不尊重。

不过，当美国官员感觉有必要克服这种职业性限制时，他们也能够选择使用各种直接威胁方式。以下所列的是一份不完全的美国谈判者所使用威胁手段名单：

1. 威胁退出谈判，让相关各方自行决定命运。在代顿谈判的第十三天，理查德·霍尔布鲁克警告波斯尼亚代表团说，“克里斯托弗将考虑结束谈判，如果我们不能取得进展的话”，并亲自给即将前往日本做短期访问的克里斯托弗写信，要求美国人必须传递“明确信息，即当你回来时，我们必

---

① John Wood, “Negotiating within Washington: Thrown in at the Deep End,” 本书第 271 页。

② 辛德认为，金日成的“游击队本能意识”产生了一种适用于北朝鲜的“游击队谈判模式”，即随时以威胁来掩盖或补偿自身的虚弱。见：Synder, Negotiating on the Edge, p. 24, pp. 85 – 86.

须或者已终止辩论或结束谈判”。[1]

2. 威胁让对方承担谈判失败的责任。在1974年以色列—叙利亚脱离军事接触谈判期间，“基辛格威胁以色列要为谈判崩溃承担责任，并威胁要完全退出谈判程序。”[2]

3. 威胁给予处罚或惩罚。在与台湾进行的长期贸易谈判进程中，美国在20世纪90年代初曾威胁要根据贸易法第301条款对台湾实施贸易制裁，除非台湾采取行动阻止台湾公司盗版美国知识产权，如盗版计算机程序和音乐CD盘。[3]

4. 威胁将对方视为敌对一方。正如乔治·W. 布什2001年11月与法国总统希拉克举行联合新闻发布会时所说：“重要的是，随着时间推移，各国必须知道，如果不采取行动，它们将承担责任……在反恐战争中，你们或者站在我们一边，或者与我们为敌。”[4]

5. 威胁采取军事行动。当美国国家安全的根基面临问题时，威胁可能上升到使用武力的程度——从1955年和1958年德怀特·艾森豪威尔总统两次威胁对中国进行核战争以阻止后者攻击台湾[5]，到2002年乔治·W. 布什总统威胁要让萨达姆·侯赛因“面临最严厉后果”，除非他承认拥有大规模

---

① Holbrooke, To End a War, pp. 271, 273.

② Brian Mandell, “The Limits of Mediation, Lessons from the Syrian - Israeli Experience, 1974 - 1994,” in Resolving International Conflicts, Jacob Bercovitch (Boulder, Colo.: Lynne Reinner, 1995), p. 134. 霍尔布鲁克提供了另一个例子：波斯尼亚外长默罕默德·萨奇尔贝宣称，他所代表的一方需要谈判达成一项交易，以作为即将进行的日内瓦谈判的基础。“不可以在不确定条件下进行”，霍尔布鲁克回答道，“我告诉萨奇尔贝说，如果他导致日内瓦谈判失败，美国将要他承担责任，而这只有塞尔维亚人会从中获益。这是一场很尖锐的谈话……并且被其他几个人听到。”见：Holbrooke, To End a War, p. 139。

③ Mark Harris, “Taiwan Acts to Stop Fake Chip Makers,” Electronic Time, April 27, 1998; Chien - pin Li, “Trade Negotiation between the United States and Taiwan,” Asian Survey 34, No. 8 (August 1994), pp. 692 - 705.

④ “Bush says It's Time for Action,” CNN. com, November 6, 2001, http: //archives. cnn. com/2002/S/11/06/ret. bush. coalition/index. html.

⑤ Arthur M. Schlesinger, Jr., The Cycles of American History (New York: Houghton Mifflin, 1999), p. 400.

杀伤性武器。[①]

安全问题不是招致威胁的唯一主题。迄今，作为在谈判中提高赌注的一种高级政治姿态，国会利益很容易鼓励相关美国官员使用威胁手段。这也有助于解释20世纪80年代末和90年代初美国在贸易谈判中使用威胁手段的趋势。在这一阶段，国会非常关注美国与多个其他国家之间的贸易不平衡。根据查尔斯·弗里曼所说的难以忘怀的词句，这些贸易谈判的性质是“照做或者死亡”。[②]

但是，仅采取威胁手段，常常并不能带来预想的回应。正如罗伯特·阿尔特在有关美国强制性外交研究报告中所指出，“惩罚和否决战略很难执行”，因为“目标对象国，尤其是高度机动的对象国，能够……看出，威胁和有限使用（军事力量）是一种无力解决的信号。毕竟，如果强制者很在意其行动目的，为什么要首先亮出拳头?”[③] 阿尔特认为，积极的诱惑也许能更有效——他引用了多个范例：美国1961年在老挝、1962年在古巴、1992年在索马里、1994年在海地、以及1995年在波斯尼亚采取的措施。[④]

美国谈判者经常（但并不总是）显示，他们很清楚，只有打拉并用，威胁才最有效。这种认识对美国官员并不特别，但在美国谈判者的情况中，却有更多的实用含义，因为美国比国际舞台任何其他行为者拥有更多的刺激和威胁手段。此外，拥有压倒优势力量的美国在发出威胁时很少犹豫，忠于职守的美国谈判者则普遍乐于采取激励手段，因此，美国谈判方式的特性较好地推动了美国外交。[⑤]

---

① 在2002年11月北约峰会前夕的一次讲演中，布什总统宣称，“如果他再次否认存在这种武器，他将带着谎言一道进入他的最后阶段，这一次欺骗将不再被容忍。拖延时间或挑衅将会导致最严厉的后果。”见“Bush Threatens Attack over Iraqi ‘Lies’,” Guardian, November 21, 2002。

② Freeman, interview, p. 5.

③ Robert J. Art, “Coercive Diplomacy: What Do We Know?” in The United States and Coercive Diplomacy, ed. Robert J. Art and Patrick M. Cronin (Washington, D. C.: United States Institute of Peace Press, 2003), p. 364.

④ Ibid., p. 396.

⑤ 当然，专家们在如何正确结合应用方面仍存在分歧：当前国务卿詹姆斯·贝克指责克林顿政府与北朝鲜达成“合作框架”为“只有胡萝卜而没有大棒”时，其后任沃伦·克里斯托弗回应说，华盛顿上一年向南朝鲜提供阿帕奇直升机、爱国者导弹和布雷德利战斗运输车则是“完全没有胡萝卜”。见：《华盛顿邮报》，1995年1月25日。

甚至那些好斗的谈判者在面对顽强对手时也清醒地认识到综合使用“胡萝卜和大棒”（奖励和压力）的价值。例如，2007 年 4 月，副国务卿尼古拉·伯恩斯在一次讲演中就布什政府劝说伊朗放弃核武器的战略做了如下评论：

“针对如何与伊朗政府打交道，布什总统已经说了许多次，‘所有选择都摆在桌面上’——军事、经济和政治选择。在那一部分世界中，针对这种形式的危机，你不会希望将军事威胁与外交手段脱离开来。因为我们已经反复见证了许多次。无论是在巴尔干、卢旺达、达尔富尔、当然还有中东，将军事威胁与有效外交相结合是绝对必要的。因此，我们将所有选择都摆在桌面上，但我们主要还是集中于外交。我们不寻求与伊朗冲突。我们相信，如果我们坚持足够长时间，外交会有很好的成功机会。”①

（六）不轻易吓唬人

美国在 20 世纪 90 年代随时对巴尔干战争各方发出武力威胁与西欧大国的行为形成鲜明对照，后者试图对塞尔维亚人使用激励而不是威胁手段，其中部分原因是欧洲历来对使用武力反感，部分是因为欧盟国家对于在如此复杂的冲突中使用军事力量几乎不可能达成共识，还有部分原因是欧洲人在随后实施威胁方面缺乏能力和意志。相反，美国人逐渐认识到有必要通过武力或威胁使用武力来促使塞尔维亚人走向谈判桌以及强迫他们遵守承诺。并且，美国的威胁包含着效力的重要组成部分：可信性。

不仅美国人，而且所有谈判者都非常注重保持自己不吓唬人的声誉。如果不具备这种声誉，美国的威胁就会失去很大份量，它不仅会减少威胁的威慑力，而且还将迫使美国人更频繁实施威胁。

理查德·霍尔布鲁克描述了代顿谈判期间美国代表团违背这一原则后发生的情况。在一场“情绪激动”的开场白后，代表团收拾起自己的行李背

① R. Nicholas Burns, “Carrots and Sticks”, Boston Review (May-June 2007), http://bostonreview.net/BR32.3/burns.php.

包，将其堆放在停车场等待卡车运走，似乎在给出信号要结束谈判。正如霍尔布鲁克所指出，“所有人都看穿了我们的虚张声势；其他人都没有做出要离开的任何动作。当天傍晚，我们放弃了这一动作，将行李背包带回到我们的房间。”①

更能表现美国通常外交特色的插曲是，霍尔布鲁克在与米洛舍维奇谈判有关结束北约轰炸波斯尼亚塞族人阵地时，威胁中止谈判，除非米洛舍维奇的波斯尼亚塞族同伴撤走萨拉热窝周围阵地上的重型武器。“米洛舍维奇停顿了一会儿，似乎在猜测这是否是一种虚张声势……（他的犹豫）几分钟后结束。米洛舍维奇回到我们身边，要求我们和他重新讨论，并说波斯尼亚塞族人准备在我们提出的草案基础上进行谈判。”②

四、盯着钟点

外国对手对美国官员谈判特点了解最多的，是他们的短期打算以及随之而来的紧迫感。在结束美国卷入越南战争的巴黎和谈期间，美国代表团抵达巴黎后只预订了一个星期的旅馆，而他们的越南谈判对手租赁的城堡使用期限是一年。随着谈判进程展开，美国人随后每周更新其食宿订单。③

多种因素可帮助解释这种显著特性。从广义的文化角度来看，美国既是一个对历史相对缺乏兴趣的“年轻”国家，同时又是一个以事务为导向的工业社会，习惯于——与传统的农业经济不同——按照钟点来安排生活：珍惜时间（时间就是金钱）、遵守最后期限，及坚持预定日程计划等等。④

美国政治制度的特性也给该国外交政策注入了急躁的因素。1834 年，亚力克西斯·德·托克奎维尔在美国发表的一段著名评论称，“这种风格引导民主体制听命于冲动而不是谨慎，往往因为一时头脑发热而放弃成熟的计划。”他对民主体制执行有效外交的能力也做了评论。“民主体制必须花费极大努力才能调整重大任务的细节、坚持预定计划并克服种种障碍来执行计

---

① Holbrooke, To End a War, pp. 293 - 294.

② Ibid., p. 151.

③ Adler, International Dimensions of Organizational Behavior, p. 219.

④ 部分学者将文化决定时间的概念分为两大类：多种文化和单一文化。根据米歇尔·雷巴罗恩的观点，来自多种文化的的谈判者倾向于按照弹性时间开始和结束会谈。

划”，德·托克奎维尔评论道，“它无法将手段与秘密相结合或耐心等待结果。”[1] 在过去175年间，美国已经变得更加适应秘密外交（见本书第四章有关幕后渠道的讨论），但同时它也变得更加急躁。

推动美国人紧迫感的更具体因素还包括美国的选举周期。正如本书第五章所评论，所有美国外交官和决策者都很关注选举周期，后者通常决定短期和固定的谈判时间表。他们对媒体和要求对某些重大问题谈判迅速达成结果的政治压力非常敏感，尤其是那些能在国内产生巨大轰动和政治影响的问题。另一个传递短期紧迫感的因素是，缺乏推动执行机构和立法部门相互协调计划的机制。[2] 根据布热津斯基的观点，在国家安全委员会中确立这种计划的努力“导致长期利益服从于短期利益。立法机构几乎完全集中关注国内关心的迫切问题”。[3]

无论出于何种原因，美国谈判者们是以寻求短期成果和关注近期所得而著名，而不愿意为长远关系打好基础，或致力于需要许多年以后才能产生效应的工作。

（一）急迫与最后通牒：上策

急迫和急躁既能给谈判者带来好处，也可能产生不利情况。从正面来讲，它们鼓励官员竭尽全力工作，以创造外交动力、打破僵局和解决困难问题。

急迫和急躁的另一个优势之处是促使官员高度关注机遇之窗。克林顿政府在其执政第一年一直希望欧洲人能自己处理解决波斯尼亚危机，甚至在一些重大事件使波斯尼亚在美国外交议程中大大靠前的情况下，美政府仍拒绝抓紧时机采取果断行动。但突然之间，在斯雷布列尼察的成年男子和儿童遭到大屠杀及克罗地亚人击退塞尔维亚人后，克林顿感觉到这正是解决冲突的机遇之窗。在一次内阁会议上听完其助手们的讲话后，克林顿总统宣布，“我同意托尼（莱克）和马德琳（奥尔布赖特）的意见……未来几个月，我

---

① Alexis De Tocqueville, Democracy in America (Garden City, New York: Doubleday, 1969), pp. 228 - 229.

② Zbigniew Brzezinski, Second Chance: Three Presidents and the Crisis of American Superpower (New York: Basic Books, 2007), p. 19.

③ Ibid.

们必须坐下来解决问题。我们必须在战场上帮助波斯尼亚人。”。①

美国谈判者们竭力将抓住短暂机遇的迫切感传递给对方，使整个谈判进程充满了一种紧迫感。2003 年 2 月，当联合国安理会仍在讨论是否同意支持美国对伊拉克采取军事行动时，美国常驻联合国代表约翰·内格罗蓬特对那些不愿意批准攻击行动的安理会成员警告说，“外交窗口正在关闭。”② 美国谈判者们试图给其谈判对手限定条件——甚至要求那些以发展关系为导向的国家的代表（后者试图在达成交易前抓紧时间建立个人联系）——接受必须加快行动或承认当时正是开展有成果对话的关键时刻。简而言之，美国谈判者先确定机遇之窗，然后推动谈判对手通过这一关口。

新西兰的一位新当选总理刚执政两个月后，华盛顿即对其施压，要求他提出一份允许美国海军舰船进入新西兰海域的计划。“所有以下要求将成为我们与华盛顿讨论的主题——包括一份行动计划、一份时间表，以及配有信号塔的路线图，并且双方将立即展开谈判并在会谈进程中定期评估结果，”约翰·伍德评论说。③

不过，如果与霍尔布鲁克那次留给波斯尼亚总统伊泽贝戈维奇的时间相比，两个月时间几乎是无限长了：

> 当伊泽贝戈维奇仍在争论时，罗斯马利递给我一张纸条警告说，我们今天还剩下 5 分钟来确立机遇“窗口”，在那以后我们将无法离开萨拉热窝而必须等到第二天……
>
> 他还在犹豫。我推给他一支钢笔……
>
> “是这样，总统先生……”，我说道，“我们必须立即离开。如果您现在不签字，战争将会继续下去。”我开始站起身来。
>
> 伊泽贝戈维奇拿起钢笔。他拿笔的手在抖动。最后，他慢慢地和不情愿地签署了文件。我们握过手后，抓起文件跑向机场，留下孟席斯大使向华盛顿打电话报告消息。

---

① Madeleine Albright, Madame Strategy: A Memoir (New York: Hyperion, 2003), p. 241.

② Serge Schmemann, “The World: All Aboard; American's War Train Is Leaving the Station,” New York Times, February 2, 2003, http: //query. nytimes. com/gst/fullpage. html? res = 9B02E4DE1538F931A35751C0A9659C8B63&sec = 7spon = &pagewanted = 1.

③ Wood, “Negotiating within Washington,” p. 224.

美国谈判者喜欢将自己确定的最后期限作为一种手段来迫使对方达成协议。这种紧迫感在小国所代表的一方也许会被理解为一种恐惧，但像美国这种强大国家却经常能够迫使弱势国家遵守其提出的最后期限——常常是在其他事务或排得太满的议事日程压力下达成的。某些最后期限具有象征性意义，它或是想要引起媒体的兴趣，或通过与某个特别领导人谈判的结果相联系来施加压力，或者直接将某个重大事件纪念日作为最后期限。例如，由前美国参议员乔治·米切尔主持的北爱尔兰和平谈判将4月9日确定为目标日期，事实上，协定是在第二天——“星期五复活节”之日达成的，这一天是耶稣复活节日，非常适宜圆满达成一项推动不同族群间和平的协定。

其他的最后期限是根据实际需要而确定的——尽管并非源自谈判对手的观点，而是出于美国国内政治的需要。卡特总统是在中期选举两个月之前召开戴维营峰会，如此确定时间，至少部分是希望会谈成功将能转化为选票。①

> 1988年总统选举的临近同样迫使相关各方寻求在安哥拉—纳米比亚谈判进程获得明显进展。这也增加了对美国谈判代表切斯特·克罗克的压力，因为，尽管罗纳德·里根即将退休，但共和党候选人、副总统乔治·布什明显迫切希望政府能取得尽可能多的外交政策成就，以便为其大选活动造势。对已经主持这一谈判如此长时间的克罗克本人而言，他自然希望在自己离职之前能取得个人成功。②

克罗克后来评论道，即将到来的选举也成为一种很有实用价值的杠杆，使他得以“警告谈判各方将很可能发生人员变化，并可能导致8年来的谈判进程失去连续性”。③

---

① 贝里奇所著《外交》第62页引用威廉·匡特的原话。匡特和贝里奇还指出，卡特急于促使埃及与以色列在即将召开的阿拉伯联盟峰会之前达成一项和平条约，这可能会使萨达姆“惊惶失措”。

② Berridge, Diplomacy, p. 62.

③ Chester A. Crocker, Email, July 13, 2008.

（二）急躁与最后期限：下策

虽然美国人能成功将其紧迫意识转变为强大的谈判压力，同样的急躁也能呈现不利的一面。第一个不利之处是，有时弱势国家能转变形势，尤其当美国谈判者出于政治原因急于达成协议时——例如，美国总统希望通过出访某个国家签署重要协议来向国内外公众展示其外交政策成就。这种情形可使谈判对手利用美国急于求成的心理而拒绝签字，除非美国同意做出让步。又例如，1975 年 10 月，在基辛格访问北京期间，中国人对基辛格施加压力，要求他推迟预定的离开时间，并寻求与他达成一份美国人难以接受的联合公报，以供两个月后福特总统访华时签署。（后来，美国国内政治环境发生变化，形势变得对中国人不利，他们最终接受了美国的立场）。①

第二个不利之处与第一个有联系。当一方提出最后期限后，可能发生三种情况，其中两种是坏结果，对美国唯一有利的情形是对方可能同意按美国条件签署协议。两种坏结果是，首先（如同以上描述的那样），弱势国家要求美国做出让步并获得后者同意；其次是美国拒绝让步，而这将使美面临两种令人不快的选择：在未达成美国目标情况下中止谈判；或继续谈判，从而暴露出其事先提出的、业已失效的最后期限，只是一种虚张声势。

当他们面对一个对时间抱有完全不同看法的谈判对手时——如同经常发生的情况——美国官员的短期急躁行为可能产生第三种不利情形。正如法鲁克·罗戈格鲁所解释那样，这种时间方式的配合不当可能导致严重的误解：

> 准确、按时完成职责、不浪费时间、按计划使用时间、以及对行动缓慢者表现出不耐烦，均为典型的美国文化行为。相反，土耳其人在时间观念上更松散，且常显示出拖延时间的习惯趋向。在 2003 年最初几个月美国为入侵伊拉克做最后准备的阶段，这两种时间观念的混合被证明会产生爆炸性的后果。②

在事先未与土耳其政府协商下，美国派遣满载部队的军舰驶往东地中

① Solomon, Chinese Negotiating Behavior.

② Logoglu, "Negotiating Security," pp. 218 – 219.

海，期望能够在土耳其的港口登陆，并迅速向伊拉克北部开进。与此同时，土耳其政府竭力拖延议会就是否允许美国军队通过土耳其领土进入伊拉克的问题进行投票。而议会最后投票否决，致使数千名美军受阻于土耳其海岸外而束手无策，无法参与入侵行动。正如罗戈格鲁所评论，“时间观念和优先目标的不同，致使双方都犯下严重错误。”

在迫使谈判对手接受其政治制度所不允许的让步时，急躁行为也能产生反作用。例如，纳扎尔金引用的苏联解体后不久举行的第二阶段削减战略武器条约谈判的情况。在谈判期间，老布什总统急于在其第一个任期——后来证明也是唯一的任期——结束之前能达成一个一揽子协议。他给叶利钦总统打电话，催促他命令俄罗斯代表团放弃抵制美国的建议。其短期结果是，达成了一个符合美国利益的条约，并为充分实施该条约确立了一个特别的期限。但在随后的长期岁月里，这个“一边倒”的条约受到俄罗斯杜马议会的抵制，后者花费了7年时间批准条约。该条约也从未获得美国参议院的批准。[①]

（三）不重视历史

一些国家社会非常关注或至少非常尊重过去，而美国人则专注于现在和未来。[②] 这种导向有助于解释为什么美国官员常被指责对其谈判对手的历史无知或不敏感。这种指责有时是有道理的。例如，在本卷中，拉莱特·曼辛格提出，自印巴分治后的几十年间，许多美国官员对印度谈判对手缺乏尊重，在很大程度上是因为“美国人很少了解印度是世界上有着悠久文明的国家之一，对其复杂、多文化、多种宗教、和多样性社会也不理解。印度作为一个充满封建财富、神秘主义和赤贫土地的荒谬形象一直延续到20世纪90年代”。[③]

但某些有关美国人不了解历史的指责是站不住脚的。事实上，美国官员（尤其职业外交官与政府任命的官员不同）很可能对谈判对手国家的历史做

---

① Nazarkin, “Negotiating as a Rival,” p. 249.

② 根据多纳尔·卡尔鲍的观点，美国倾向于以现在和近期未来为导向。见：Donal Carbaugh,, “Some Distinctive Features of U. S. American Conversation,” The Changing Conversation。

③ Mansingh, “Negotiating Bilaterally,” p. 256.

了很多家庭作业或深入研究。不过，他们可能给人留下的印象是很少了解或关心这种历史的分量，因为他们认为，过去的历史与他们着手的任务很少有联系，除非历史本身是谈判的主题。

应该指出的是，这种较少重视历史意义的倾向并不是单方向的，美国人也不详细研究他们自己的历史。虽然历史是美国官员自豪的来源之一，但他们对自己国家历史的认识可能比许多外国谈判对手了解的更少。这种知识和兴趣的缺乏可能与以下事实有关系：虽然美国比大多数其他主权国家独立的历史更长，但美国人的国家认同感比许多其他国家人民更现代，后者的认识可回溯到殖民地之前时代、中世纪、甚至更古老的远古时代。

对历史记录缺乏兴趣甚至延伸到对谈判历史本身。正如本书最后结论章节中所讨论的那样，国务院的惯例和程序并不鼓励仔细编撰或组织保留谈判记录。坐在谈判桌旁的谈判者可能非常了解自己国家的辉煌和灾难史，但他们中的某些人在回到私营部门或从政府部门退休时往往会把自己的备忘录，甚至他们的工作记录，一并带走。

五、跨越谈判桌的对话

（一）英语的优势和译员的问题

英语作为国际外交（及全球科学和商务领域）主要语言的地位对美国和其他英语国家非常有利。美国代表对掌握自己的母语、准确传递自己的思想、以及理解他人所真正表达内容的能力非常自信。霍尔布鲁克回忆说，他曾对“塞族共和国副总统”尼古拉·科尔杰维奇在北约轰炸波斯尼亚塞族武装间歇期间寄来的一封“类似和解”的信件进行研究。该信宣称，科尔杰维奇准备“接受”北约先前提出的条件：

> 我争论说，位于“条件”这个单词之前的任何定冠词和不定冠词的省略是致命的缺失。“条件”之前的“所有”（all）或定冠词“the”在哪里？我指出，该信的作者是研究莎士比亚的学者，完全了解英语单词的确切含义。我们对联合国和华盛顿的人们认真

看待这封愚蠢信件感到非常震惊。①

英语作为外交的标准语言，可帮助解释为什么美国人对研究和利用其他语言似乎很少感兴趣。这种不情愿的态度在美国谈判者中的非职业外交官和未接受过外语严格训练者身上表现得尤为突出。但即使那些能流利讲其他语言者也可能不愿意使用其语言能力。这种不情愿的态度似乎是以对精确性的职业性重视为基础的。根据美国大使斯特普尔顿·罗伊的说法，尽管他的俄语很流利，但他仍情愿与其俄罗斯对话者说英语，以确保能准确执行来自华盛顿的指令。“如果你在谈判中使用其他语言”，罗伊说，“你有可能表达错自己的立场。”②

当然，那些不能流利讲当地语言的美国谈判者可以使用翻译——并且即使那些能流利讲外语的美国谈判者也愿意利用翻译的“缓冲”支持，以换取更多考虑的时间，并有机会调整立场（即由于“不准确翻译”导致的偏差）。根据罗纳德·纽曼的说法，不幸的是，“我们在阿富汗和伊拉克这种国家的翻译人员太少。”即使在那些能找到的翻译中，“也只有很少人合格。”在国务院一级，翻译“非常胜任”，但在其以下各级，翻译的能力依次递减。此外，纽曼评论说，许多美国谈判者，尤其年轻一辈，“并没有受过很好的培训或被教授如何与翻译打交道。”

在与翻译打交道时，美国谈判者必须了解一些基本常识。你必须使用短句，不可在谈话句子中使用附加插入语。你应使用积极动词而不是难懂的行话隐语。我曾经和一位助理国务卿共事，他……使用大量的比拟，而比拟是翻译不了的，我有时向他提醒，最后我做了一些记录。一次，我对他说，“你知道吗，你在这次谈话中使用了‘我回到这一保留意见’和‘跨越卢比孔河’（即破釜沉舟或采取断然行动），你想想那位可怜的翻译会怎么处理这句‘跨越卢比孔河’？是停下来讲述古罗马历史、恺撒的决策以及第一共和国

① Holbrooke, To End a War, p. 128.

② Roy, interview, p. 33.

的覆灭?”①

美国谈判者不懂当地语言或不知道如何有效利用翻译还可能导致其他损失。有时，如果美国官员被简短告知其谈判对手语言的特点，就可能避免严重的交流误解。例如，面对日本人语言的隐晦、省略和模糊等特性，尼克松总统在两国贸易严重不平衡的紧张时期曾错误理解（或故意如此理解?）日本首相的一句话：

> 1969 年，佐藤先生以日本首相身份访问华盛顿，寻求安抚美国人因大量日本纺织品涌入而产生的怒火。这在当时是一个贸易热点问题。日本人必须采取措施抑制出口，理查德·尼克松总统坚持说。
>
> 对此，佐藤先生仰头回答说，“什修西马苏，”按字面理解，这句日语的意思是，“我将尽最大努力”，而译员也正是如此翻译。
>
> 但大多数日本人对这句话的真正理解是：“决不”。
>
> 尼克松先生认为他已经达成一个协议。当日本人继续实施促进出口政策时，有报道说，他将佐藤先生称作骗子。②

当然，也存在以下可能性：尼克松听到了他想听到的，并利用这一语言模糊为其自身利益服务。不过，1977 年 12 月，国务院译员错误翻译卡特总统对波兰听众的讲话时，（除了挑起波兰人的嬉笑之外）从中看不到任何有益之处。卡特宣称“他爱波兰人民”，但他的美国译员所使用的波兰语句表达的意思是，美国总统“向波兰人民求爱”。③ 这种问题也不限于过去。例如，2009 年春天，

---

① Neumann, interview, pp. 45 – 47.

② Clyde Haberman, “Some Japanese (One) Urge Plain Speaking,” New York Time, March 27, 1988, http//query. nytimes. com/gs/fullpage. html? res = 940DE5DF1331F934A15750C0A96E948260.

③ “Transformations: The Spaces between Words,” on the University of Arkansas Web site, http//www. uark. edu/ ~ arsc/FAFa1105/translation. php; Seung Hwa Hong, “Ice bin ein dolmetscher”（我是一名翻译）, Seattle Times, August 14, 2005. 这一错译的确切含义已很难找到，因为各种不同的报道使用了不同的文字。

克林顿·希拉里以国务卿身份首次访欧期间，她在布鲁塞尔对美国全国公共电台记者说，在与俄罗斯人讨论时，“我们将按下重启开关，开始崭新的一页”。她甚至赠送俄罗斯外长拉夫罗夫一个代表重启开关的红色办公桌装饰品，并且两人同时用手指按开关拍下一张合照。她的小礼物上所贴标签的俄文“peregruzka”的原意本应是“重启”，但实际意思却是“超载”——即“过量充电”，而不是“欺骗没有戒备心的顾客”——美国人的错误翻译给俄罗斯外交官带来了一个开玩笑的机会。[①]

（二）欣赏模糊性，但更情愿准确性

虽然日语等语言中的模糊性使美国人很难掌握某些谈话的真实内容，但当美国人发现可以加以利用时，他们对这种模糊性也不反感。“建设性的模糊性”有时也被形容为亨利·基辛格（及其他许多人）的特性，他们认为，有意识地利用语言的模糊性可帮助掩盖分歧，或使双方均可声称赢得了对方的让步，因此可以转向其他更容易解决的问题。[②]

迪安·艾奇逊曾以“矮胖子的话语”来形容那些“可任意想象的”外交词句，例如1941年10月与大不列颠签订的租借协议中的文字。[③] 艾奇逊显然是想起了刘易斯·卡罗尔所著《艾丽斯梦游仙境》中的那段对话：

> “当我说出一个单词时”，矮胖子以一种嘲讽的语气说，“它所指的正是我想说的，不多也不少。”
>
> “问题是”，艾丽斯说，“你使用的文字可能有许多不同的意思。”
>
> “问题是”，矮胖子说，“你应该如何理解——这就够了。”

---

① William Safire, “Reset Button,” New York Times, April 1, 2009.

② G. R. Berridge and Alan James, A Dictionary of Diplomacy, 2nd ed. (Basingstoke, UK: Palgrave-Macmillan, 2003).

③ Dean Acheson, Present at the Creation: My Years in the State Department (New York: W. W. Norton, 1969), p. 31.

不过，美国谈判者通常更情愿毫不含糊地明确表达自己的观点，而不是使用模棱两可的语言。正如人们可以预料的，考虑到许多美国谈判者讲究法律的癖好，他们就像使用解剖刀一样应用其语言，解剖分析对手的提议，同时也明确无误地表达自己的观点。纽曼强调指出，“我们代表团中经常有律师成员”，他们有助于解释为什么美国法律“使你不可能按照对方的想法行事”。[①] 美国谈判者精于计算和坚持在协议中使用缜密的司法语言，以确保对方完全依照美国谈判小组的要求实施协议。尤里·纳扎尔金根据其长期担任军控谈判代表的经验评论说，对方对美国提议的内容很少存在疑问。

> 美国的谈判语言通常是清楚和准确的。尽管美国谈判者经常使用许多商务和运动方面的专业词汇，从而使他们的语言带有某些“美国风味”，但他们总是竭力传递自己的观点。美国谈判者会毫不犹豫地提出许多必要的问题，以便充分理解谈判对手阐述的含义。这为双方更好地相互了解建立了坚实的基础。[②]

并非其他人都像纳扎尔金那样平静面对他们的运动术语。例如，戴维·汉内曾呼吁美国谈判者

> 回避使用运动术语，尤其是在其他地方不盛行的运动术语。美国人（以及英国人在这种问题上）均应避免这种方式。例如，外人不清楚的是，光是理解和解释“重扣”这句英文体育术语就得浪费我们多少时间并可能招致他人多少恼怒。[③]

然而，这种呼吁似乎完全被当成耳旁风。和其他美国公众一样，美国谈判者们感觉自己难以抵抗使用运动术语。“公平竞争场”、“打出全垒打”、“位于一码线”、“把球踢到对方那些家伙的场地”，当然还有“移动球门柱”等等术语能准确表达出自己的意思，尤其如果参与谈话者都是美国官员——

---

① 纽曼的采访谈话记录。不过，纽曼也告诫说，“如果你离开解释来给对方上法律课”，对方可能很快会被惹怒，因此，纽曼建议，“不要使用（律师）”。

② Nazarkin, “Negotiating as a Rival,” p. 239.

③ Hannay, “Negotiating Multilaterally,” p. 274.

从最基层到最高层均无例外。简单举几个例子：国务卿詹姆斯·贝克劝说乔治·H. W. 布什总统不要卷入巴尔干冲突时使用的词句是："我们不可掺和进去。"[①] 当托尼·布莱尔宣布将辞去首相职务的决定后，老布什总统的儿子——乔治·W. 布什总统的评论是，"他将会撞线"。布什总统的国务卿C. 赖斯要求，与北朝鲜谈判时必须有耐心，并解释说，"这只是第一个前半场。比赛时间还有很多。"赖斯指定的与北朝鲜谈判代表克里斯托弗·希尔告诫记者说，"那些人不是美国人……他们不会理解这种隐喻"。他还如此解释他与北朝鲜官员进行的秘密谈判："动作永远都是3码、3码、又3码，然后又总是第4垒和1垒，完成第一个循环后，你再做3码的动作。"[②]

如同大多数符号学家一直认为的那样，政府或个人使用的隐喻能够证明，该政府或个人是如何理解和组织世界的。[③] 美国人喜爱使用体育术语说明，他们将谈判视为一种产生赢者和失败者的竞争程序，但不将它看作是一场战争——或一场不惜一切代价的殊死作战。在体育竞赛中，失败者可活下来，以便在其他日子再战；此外，参与竞争者均遵守共同规则，并且大多数参赛队伍都尊重公平竞争、团队精神和自我纪律等价值信条。

（三）直截了当

体育运动——或至少美国最流行的体育运动——是健康体魄的事务，它们可能涉及某些圈套诡计，但很少发生赤裸裸的欺骗：事实上，美国的体育运动迷——和美国谈判者——更看重直接出击而不是含糊其辞。这些特性表现在美国谈判者使用毫不含糊和直截了当的语言上，而有时候在交流中放弃准确性和明确态度似乎更可取，况且在通常的外交客套中，有些难题可以变得更加隐晦。例如，作为一名职业律师和精于计算的生意人，詹姆斯·贝克在起草一份北约峰会宣言时决定使用更圆滑和间接委婉的外交词汇：该宣言是要向戈尔巴乔夫国内的敌手显示，北约将降低对苏联的威胁态势。法国和

---

① 引自 George F. Will, "A Dog in That Fight?" Newsweek, June 12, 1995, http://www.newsweek.com/id/117559/output/print。

② 这些例子引自："Bush Run White House with Sports Metaphors," Associated Press, July 15, 2007, http://www.msnbc.msn.com/id/19774480。

③ 有关对我们概念体系隐喻性质及其对外交影响的简洁讨论，见：Berridge, Diplomacy, p. 64。

英国政府均反对在该宣言中强调核武器“将真正成为最后手段”的激进做法，但贝克告诉其北约伙伴，“我们不需要稀释这份文件，那样做将会是个错误。在这个问题上我们只有一次投篮机会。这些是不同时期的问题。这不是一次通常的交易”。[①] 在另一个案中，贝克在与法国官员会谈时曾使所有与会者感到不快：他告诉他们，该协议与其所表达的内容与实际情况相差很远。[②]

有时候，为确保对方——尤其是那种习惯于含糊其辞、含蓄、半真半假或歪曲行为方式的一方——认识到哪些情况正处于危急关头，使用直截了当的语言不仅可取，而且也是必要的。霍尔布鲁克发现，在处理巴尔干危机时，这种方式是不可或缺的。一次，他告诉米洛舍维奇，在有关允许受国际战争法庭通缉者参与即将举行的谈判问题上，美国政府希望对方确知“你应了解，我们不会也不能够妥协”：

> “但是你们需要卡拉季奇与穆拉迪奇达成和平”，他回答说。
>
> “那是你们的问题。卡拉季奇和穆拉迪奇不能参加国际会议。如果他们踏上任何欧洲国家领土都将被逮捕。事实上，如果他们来美国，我会很高兴去机场迎接他们，并协助逮捕他们。你已经向我们展示了一张代表他们谈判的授权书。这是你们的问题。”[③]

直截了当的风格还有助于谈判者建立诚实可靠的声誉，从而加强其与对手谈判的地位，后者可能在谈判者的毫不动摇的观点前退缩，但他们可感到放心的是，这种谈判者不会突然对他们提出任何不愉快的问题。20 世纪 80 年代初期曾率领美国代表团参加欧洲安全与合作会议的马克斯·坎珀尔曼阐述了他曾如何主动坦率出击。当一名罗马尼亚代表向坎珀尔曼提议举行会谈时，坎珀尔曼回答说，“只要你们的人违反赫尔辛基最后法律文件，我就不会参加任何会谈。他对于我们的坦诚相告并没有表现出不愉快。”不久以后，坎珀尔曼与罗马尼亚总统尼古拉·齐奥塞斯库会晤。“我对他也很坦

① Baker, Politics of Diplomacy, pp. 258 – 259.

② Ross, Statecraft, p. 212.

③ Holbrooke, To End a War, pp. 140, 107.

诚。我告诉他我很喜欢他的代表。我还告诉他，我们将会出现问题，因为我将对他发起攻击，我将向他坦率提出问题。”作为回应，齐奥塞斯库“站起身来”，将他带到挂在墙上的一幅大型地图前，“难道华盛顿没有人知道在我国家旁边有 20 万（苏联）军队吗?”他还安排坎珀尔曼参观当时已属于苏联一部分的一个罗马尼亚城镇，那里曾是许多美国先辈出生的地方。坎珀尔曼对苏联人也同样不转弯抹角：“我同俄国人一直保持着友好关系。我非常直截了当，非常坦率，没有掩藏秘密。”①

当然，坦率与粗鲁之间的界线可能很模糊，对某些谈判对手而言，美国人的的坦率谈话听上去很傲慢、无礼，甚至带有侮辱性。在很多情形下——尤其当某些非职业外交官出身的美国官员参加贸易谈判时——美国谈判者常被认为超出了讨论的界线或触怒其谈判对手，以至很难或不容易达成最后协议。渡边幸治曾抱怨“美国谈判者在（与日本）贸易谈判中使用对抗性和大发雷霆的方式”。② 书面语言也可能与口头语言一样容易触怒对方或产生相反效应。罗戈格鲁提到，林登·约翰逊总统 1964 年的一封信曾“告诫土耳其总理说，如果土耳其入侵塞浦路斯，北约盟国将不会援助该国抵御苏联袭击。该信函的语言非常严厉。土耳其人的感情受到伤害，他们从此永远不会忘记这一事件，并得出结论认为，必须以超出美国甚至北约的更广阔视野来重新审视其安全需要”。③

美国人也可能仅仅因为其谈话方式与阿拉伯和亚洲等其他国家不同而无意识地冒犯谈判对手。“如果不小心处理，美国人的不拘小节和坦率也可能显得不尊重对方”，罗纳德·纽曼评论说。

> 我们的谈话方式是直来直去，用语相当简洁。许多外国文化没有这样的风格。例如，阿尔及利亚人倾向于逐段而不是逐页阐述，当你说话时，他们会很礼貌地听你说完……然后再做出回答，并希望能同样获得对方的礼遇。但一位典型的美国人会在他们谈话当中直接插入进来，说“这一点很有意思，但我想从另一角度来探讨”

① Kampelman, interview, pp. 41, 43, 49.

② Watanabe, “Negotiating Trade”, p. 206.

③ Logoglu, “Negotiating Security”, p. 215.

真的会激怒他们。这显得非常粗鲁和轻率，有将他们视为你下属的感觉。这不是通过谈判达成协议的方式。①

如果美国谈判者有时不能抑制自己的谈话热情，他们最好能控制住自己的情绪。这种自我克制比失去冷静更能给谈判对手留下深刻印象。例如，一次，作为一名“几乎从不高声说话或显示任何不礼貌行为的谦逊绅士”的沃伦·克里斯托弗竟然拒绝与波斯尼亚外长穆罕默德·萨奇尔贝握手，因为后者违背协议。当时，克里斯托弗“以一种难以掩饰的恼怒声调”责问道，“这里到底发生什么了？……我两小时前刚和你们的总统达成协议。”无疑，萨奇尔贝“大吃一惊”，并很快承诺他会遵守先前达成的协议。②

（四）倾听对方所说却不注意没有谈及的内容

美国谈判者拥有的一个突出声誉是，不仅要确保对方听到自己所说的内容，而且也倾听对方的叙述。在本卷中，罗格戈鲁、安德烈阿尼和曼辛格均褒扬美国谈判者是很好的倾听者，其中曼辛格对斯特罗贝·塔尔博特的赞美之词——“他是一名细心和耐心的倾听者，允许对方充分述说”③——也同样适用于他的许多职业同行。

不过，如果考虑到美国官员率直言谈的文化倾向，他们在捕捉对方未谈及的内容方面却表现得远不完美。他们也很容易遗漏或误解从谈判桌对面匆匆传过来的间接或模糊的信息。总体而言，在中国和日本等以关系为导向的文化中，信息沟通是暗喻而不是直接进行的；信息传递的前后关系与信息的内容同样重要。相反，在美国为代表的个人主义文化中，语言被直接和精确应用，其前后关系不及传递的内容重要。④ 个人主义社会的成员不善于捕捉语言之外的暗示，而这些暗示在群体社会的信息沟通中恰恰可能发挥极其重要的作用。因此，美国谈判者在许多情形中未能领会中国和日本对手的肢体语言，或者未能理解某些无声的、但很有实际意义的信号，如在某些重要仪

---

① Neumann, interview, pp. 12 – 14.

② Holbrooke, To End a War, pp. 182, 183.

③ Mansingh, “Negotiating Bilaterally,” p. 265.

④ ［美］科恩：《跨文化的谈判》（Cohen, Negotiating across Cultures），第 3 章，第 31 – 33 页。

式上的座位安排。基辛格回忆说，当中国发出准备与美国谈判恢复友好关系的信号时，“北京的外交行动是如此微妙和间接，它是传递到我们的头脑中来的。”在1970年中国国庆游行期间，埃德加·斯诺，一名北京认为在华盛顿有很大信誉的美国记者，在天安门检阅台上被安排在毛主席身旁。两个月后，毛接受了斯诺的采访。在采访谈话时，这位中国领导人邀请美国总统访华，但是，正如基辛格所承认，对这两次动作，“我们均未能理解。”①

同样，以关系为导向的文化能够容忍外交来往中的沉默——尤其是在选择表达不同意见的时候，它经常会被视为不礼貌或推迟。正如斯特普尔顿所评论，美国人

> 对谈话中出现的分歧会感到不安。而在中国，或更大范围的亚洲，这却是一种真正的危害，因为对方停顿的时间比美国人安下心来领悟要点的时间更长。交流中有停顿是正常的。因此，你提出一个观点——然后你必须安心坐下来等待对方做出反应。如果这时候突然有人插入进来……你将无法从对方获得你想要的反馈。②

对沉默表示不安还可能导致另一个问题。正如迈克尔·布莱克所解释，

> 日本的文化特性是不愿直接说“不”，并以微笑和点头来表示理解，但不一定是同意。这常导致西方谈判者的误解。因此，日本人经常选择沉默。在日本的社交活动中，沉默是完全可以接受的。实际上，这也是高级官员和德高望重的长者可预料的方式。不过，非日本人往往将日本人以沉默应对谈判对手的提议误解为同意或至少是默认。正如联合国外交官明石康所评论，日本外交官拥有“大耳朵和小嘴巴”。③

罗纳德·纽曼对阿拉伯国家的代表也做过类似评论。他们“不喜欢和

---

① Kissinger, Diplomacy, pp. 725 – 726.

② Roy, interview, p. 66.

③ Blaker, Giarra, and Vogel, Case Studies in Japanese Negotiating Behavior, p. 10.

你发生意见分歧”，他解释说，“当美国人谈话时，他们偶尔也会说‘是’，其表示的意思是，‘是，我理解。’但并不是指‘是’（我同意）。”他还进一步评论说：

> 他们经常会以“我同意，但是”开始做出回应。现在，当美国人听到“我同意”时，实际上他们是想就（所说的）问题做出某些调整修正。因此，当这个短语引出一种完全不同的立场时，美国人有时很难跟上其思路或者……觉得完全不可理解并认为，“你在对我说谎。”①

根据美国外事官员迈克尔·莱克森的说法，美国人通过安排多名谈判小组成员同时出席谈判，以避免遗漏对方话语表达的意思或误解对方的沉默。其设想是，至少其中一人能理解对方所说的真正含义——或哪些内容没有被提及。②

六、多边谈判

（一）多边放大镜

虽然本章针对双边和多边谈判中的美国行为做了许多阐述，多边谈判仍在某些重要的方面表现出较大的差异，其中主要是美国在涉及多边的双边谈判中所发挥作用的放大（或稀释）程度的不同。在某些情况下，这种放大是“真实”的——美国谈判技能中的某些特性和战术表现得特别突出——而在其他一些情况下，只是某种特性显得更加明显。

尤其在政府间国际组织的谈判中，美国更重视达成具体成果而不是发展关系。在这种论坛中，培养专业关系的影响能力对于争取各国投票和就具体政策目标达成必要共识极其重要。由于这一原因，许多国家投入很大精力发

---

① Blaker, Giarra, and Vogel, Case Studies in Japanese Negotiating Behavior, pp. 13, 44 – 45.

② Lekson, interview.

展长远关系，并且长期在同一国际组织中派遣同一批外交官。实际上，其中许多外交官是这些国际组织的常驻代表，并逐渐适应这些组织的行为规范。相反，一名外事官员通常只在某个国际组织中工作几年，又会被分配到其他外交岗位，从而严重限制了他或她发展人际关系或专业联系的能力。同样，美国政府任命的官员也来往调动频繁。在1979－2009的30年间，美国先后任命18人出任常驻联合国代表，而英国和苏联（俄罗斯）任命的常驻代表分别为9人和6人。考虑到许多涉及多边国家的谈判往往要延续多年，美国外交官在这种国际组织中的任期如此之短，意味着可能有多名不同美国官员参与同一谈判。

意识到这一事实可能使美国谈判者更加难以保持耐心，特别是，由于国际组织的决策通常都建立在一致通过的基础之上，因而需要更长时间达成一致。美国官员更倾向于直接宣扬美国立场，而不是参与推动各方立场趋于一致的缓慢进程。菲利斯·奥克利评论说，她在联合国的多边谈判中常常根本不涉及谈判。由于美国是“主要赞助者和重扣选手……我们通常只是向他们宣示我们的立场。因此不会像处理双边问题那样与他们展开大量谈判”。[①]

至少还有另外两种因素加剧了不愿调整美国公开立场的倾向。首先，如同本书第五章详细阐述的那样，美国谈判者通常局限于必须坚持华盛顿各政府机构长时间讨论后做出的谈判策略。“可机动的空间很小”，陈庆珠大使评论说：

> 我们意识到这是美国内部机构间谈判的结果。美国谈判者确定一个立场所花费的时间要多于他们的谈判对手。但是，一旦确定了立场，就没有改变的余地。事实上，与其他各机构的磋商已锁定了美国谈判者的立场。这也是为什么美国谈判者在谈判中反复强调其立场，直至对方接受。[②]

其次，美国谈判者意识到自己不仅被本部门的同事，而且受到国会的注视。国会议员们对国际组织常抱有怀疑态度（这些在第五章中也进行了探

① Oakley, interview, pp. 4－5.

② Chan, “Different Forum, Different Style,” 本书第237页。

讨），将它们的程序和规则视为试图束缚这个全球最伟大国家或榨取这个世界最富有国家的财富。

作为一个超级大国，美国在双边谈判中能更舒适地展开谈判，因为这比在多边谈判环境下更容易展示其政治、经济和军事力量；而在多边论坛中，其外交能量在其他成员国的集体力量面前则相形见绌——许多国家对美国的提议表现出更多的抵制，并对美国立场提出更尖锐的批评，而当它们与这个世界强国进行双边接触时却绝不敢如此表示。当然，这种激烈批评只会加剧国会对多边国际组织的厌恶。

（二）多边主义者中的单边主义者

美国的优越主义和单边主义倾向在国际多边组织中显得特别突出，因为后者的性质强调相互和普遍的义务责任。

美国藐视国际舆论或至少未获得国际舆论明确赞同的一个最突出范例是其决定入侵伊拉克，尽管它并未获得联合国安理会的明确授权——如果萨达姆·侯赛因没有遵守先前的联合国决议的话，将可以对他动武。乔治·W.布什政府最初曾寻求在联合国框架内达成其对伊拉克的政策目标。在2002年9月至11月期间，科林·鲍威尔国务卿竭力争取安理会各成员国通过一个决议，授权美国以军事力量消除伊拉克的大规模杀伤性武器。在争取该决议的谈判进程中，科林·鲍威尔“总共给国外部长级伙伴打电话150次。布什总统也与其他国家元首和政府首脑通电话，但鲍威尔是美国方面的主要谈判者”。[①] 11月8日，安理会一致投票通过第1441号决议。这份语言模糊的决议受到美国官员欢迎，它威胁伊拉克“将面临严重后果，如果继续违背其义务”而拒绝销毁大规模杀伤性武器和某些型号的导弹。[②] 法国驻美大使让-戴维·莱维特宣称，“该项投票是科林·鲍威尔的一个巨大胜利。他是这场长时间谈判的设计师。”[③] 是的，正如查尔斯·科根在对法—美伊拉克外交行动的分析文章中所指出，这一胜利证明，美国更倾向于训诫而不是

① Cogan, French Negotiating Behavior, p. 201.

② 安理会第1441号决议全文见：http://daccessdds. un. org/doc/UNDOC/GEN/N02/682/26/PDF/N0268226. pdf? OpenElement。

③ 引自：Cogan, French Negotiating Behavior, p. 204.

说服：

> 对联合国第1441号决议的长时间讨论显示，美国强调道德评判与法国重视逻辑和理性形成了鲜明对照。美国坚持“我们不能依靠投票”，因为“这是一个虚假问题”，它竭力劝说其他成员国接受其观点，暴露了其自以为是的特性，其他国家，尤其欧洲国家倾向于将此视为一种假装神圣或虚伪。[①]

此外，早在第1441号决议生效之前，布什政府似乎已经下定决心要促成巴格达的“政权改变”。换句话说，美国希望联合国批准和推动其先前确定的计划，而不是帮助形成这些计划。[②] 当联合国武器核查官员报告说伊拉克没有显示与第1441号决议真正合作后，美国提出使用军事力量的时候到了。布什政府的确曾竭力要求通过第二个决议明确授权采取这种行动，但它很不情愿这么做——主要为了帮助英国首相托尼·布莱尔压制国内对即将发生的战争的反对声音。[③] 由于已下决心要按既定方针采取行动，美国自然不会接受智利总统建议的对伊拉克提出30天最后期限来促使后者遵守第1441号决议——该建议被法国接受，后者强烈反对未经联合国明确授权的行动——因为美国的军事入侵计划规定必须在夏季到来之前发动。[④]

这一美国单边主义的范例不像其表面显示的那样明确。美国官员和学者在入侵前后均强调，第1441号决议实际上包含了对不遵守决议的伊拉克采取军事行动的所有必要的授权——换句话说，美国并非未经联合国批准而采取行动。即使如此，事实情况仍然是，布什政府曾寻求安理会通过一项决议

---

① 引自：Cogan，French Negotiating Behavior，p. 204.

② 布什总统决定支持“改变伊拉克政权”政策的确切时间仍存在争议。那些认为早在讨论第1441号决议案之前就已做出决定的说法是根据不同来源信息推论出来的，包括2002年7月23日英国内阁会议纪要的泄露。根据唐宁街的备忘录，英国外交情报司司长理查德·迪尔洛夫最近访问华盛顿后透露的信息，“军事行动现在已被认为不可避免。布什希望通过军事行动推翻萨达姆，理由是他与恐怖主义和大规模杀伤性武器有联系。但这些情报和事实都是与政策连在一起的。国家安全委员会对联合国的程序没有耐心，对公布伊拉克政权的文件记录也缺乏热情。”这份泄露的备忘录于2005年5月1日登载在《星期日泰晤士报》上，见：http：//www. timesonline. co. uk/tol/news/uk/article387374. ece。

③ Cogan，French Negotiating Behavior，p. 209.

④ Cogan，French Negotiating Behavior，p. 211.

明确批准入侵，但未能成功，随后继续实施其入侵行动。在许多外国观察家眼中，美国的行动根本不顾忌缺乏国际社会支持。①

其他有关美国不顾国际共识而自行采取行动的最近的例子还包括，反对东京环境议定书和不遵守国际刑事法庭及渥太华条约禁止使用地雷的禁令——在这些政策问题上，美国在多边国际论坛中是少数派。美国反对这些协定可能是出于其实用主义考虑——例如出于保护美国商业利益考虑或确保美国军队不成为政治背景推动的诉讼目标——但外国观察家们看到一条主线贯穿了所有这些案例：不愿意赞同多边国际机构中的有关主权限制的规定。②

（三）个人品格的影响

科林·鲍威尔寻求安理会成员国广泛支持美国解除伊拉克武装的强力行动，不仅反映了其在谈判桌上的主题，而且也展示了鲍威尔本人的个性。就这一方面而言，有关第1441号决议的谈判突出证明了本卷开始时提出的一个观点，即任何特定环境下的谈判行为，是各种因素综合作用的结果，其中之一是参与会谈的谈判者、尤其是首席谈判代表的个性。这种个人品行的作用在联合国内似乎表现得更为突出。当然，最近几任美国常驻联合国代表均具有很强的个性，且他们各自个性之间也形成强烈对照，并很大程度上影响到他们与纽约的工作关系。例如，珍妮·柯克帕特里克和约翰·博尔顿（分别于1981－1985年和2005－2006年出任美国常驻代表）均以好战和率直敢言而著称；许多外国观察家将她（他）们视为美国民粹主义者不信任

---

① 在世界许多地区，人们广泛同意科菲·安南的判断：该入侵行动“不符合联合国宪章”，因而属于“非法”。见：BBC，“Annan Interview，”September 16，2004，http：//news. bbc. co. uk/2/hi/middle_ east/3661640. stm。

② 美国官员在最初制定这些国际条约方面发挥了重要作用，但现在却不愿意接受它们。“在1899和1907年，美国代表团在精心思考和制定和平解决国际争端公约的基础上，参与创建了国际裁决常设法庭。在这两次会议上，美国人急切提出有必要建立一个国际法庭，在伊莱休·鲁特的催促下，国际法院常设法庭于1920年终于建立，并最终并入联合国宪章规定的国际法庭。”见：James Truslow Adams and R. V. Coleman，ed. Dictionary of American History，Vol. 4，2nd ed. Revised（New York：Charles Scribner’s Sons，1942），p. 232。

外交及外交讨论的象征。[①] 与之形成对照，各国外交官认为弗农·沃尔特斯、托马斯·皮克林、和比尔·理查森（分别于1985－1989、1989－1992和1998－1999年任职）更乐于提供帮助、心胸宽广、并注重建立共识——因此，他们也能更有效地推进美国在联合国的利益。例如，陈庆珠认为，“美国代表或谈判者是否个性强硬或粗暴对待他人，以及是否举止优雅或与人为善，均很重要。珍妮·柯克帕特里克显然不是个受欢迎的人，她被认为过于强硬。她的后任弗农·沃尔特斯是个搞笑、像父辈那样和蔼可亲之人，在联合国很受爱戴。联合国工作人员也很喜欢汤姆·皮克林，他在第一次海湾战争期间动员联合国各成员国，并获支持。”[②] 美国代表的个人品格在联合国内比在双边关系中具有更大重要性——或至少受到更多评论——的原因之一是，许多在联合国总部担任美国主要代表者是来自外交圈之外的美国高级政治人物。大多数国家仅派遣受过培训的外交官代表本国参与在联合国等国家间组织内的谈判，而美国政府常派遣著名政治人物出任谈判代表。被政治任命者既能带来好处（他们一般都很具天赋，在其较短任职期间，被驱使寻求达成特别成就。），也会造成不利之处（没有受过国际事务方面的专业训练，他们可能会发现，要顺利通过相关程序非常困难，并可能因未能遵守机构公约而无意识地招来怨恨）。按照戴维·汉内的话来说，被政治任命者的另一个缺陷之处是，他们有与国内观众交往的倾向：“在公开讲话或声明中严厉指责联合国，在福克斯新闻评论或华盛顿保守主义思想库中可以大行其道，但却可能招致其他国家大使的怒火或对抗，而日常多边外交事务又必须与他们共同处理。”[③]

汉内还指出，虽然美国常驻代表在纽约联合国总部可能是一个陌生人，但他（或她）常常也是政府内阁成员，必须分别花费部分时间在纽约和华盛顿办公，并且考虑到与总统及与国内机构发展关系的重要性，其时间分配常常向后者倾斜。因此，常驻代表既经常超负荷工作，有时又是外交圈中的外人——意味着美国对联合国的注意力、参与度和热情均在减少。

---

① 这是2007年7月，一位欧洲专家在弗吉尼亚沃伦顿市航空大厦举行的美国谈判行为专题研讨会（由美国和平研究所主持）上表达的观点。

② Chan Heng Chee, “Different Forums, Different Style,” 本书第243页。

③ Hannay, “Negotiating Multilaterally,” p. 275.

（四）一种全球视野

如果美国谈判者的个人职业视野有幸带有多边主义的综合特性，那么他们所代表的国家也具有相同的全球视野。作为世界上“不可或缺的大国”，美国在多边国际组织处理的几乎所有问题上都必须采取某种立场。从消极方面来说，这可能给华盛顿带来艰难任务：必须平衡各种竞争性的政策和利益（例如，当某个为美国提供重要石油供应的国家侵犯其公民人权时应怎么办?），并满足国内各方的要求（如能源工业和人权活动家）。它也可能超出美国外交能力之外，尤其因为华盛顿经常不愿意授予驻联合国总部或其他政府间国际组织的谈判者特别权力。从积极方面来说，它使美国能够利用这些联系。由于美国的支持对国际组织许多领域的发展是如此重要，美国通常也能够在华盛顿利益攸关的重大问题上获得许多成员国的支持和回报。

美国在集中丰富资源来加强其谈判地位方面也特别有效。正如本章前面部分所讨论的那样，美国所具备的广泛专业分析网络、情报机构、外交站点、压倒优势的军事能力、以及无可匹敌的政治和经济力量，通常能给美国谈判者带来非常可观的杠杆能力。例如，为寻求联合国安理会成员国支持通过特别决议授权以武力将伊拉克军队驱逐出科威特，贝克国务卿精心组织了三层外交程序：美国常驻联合国代表在纽约（联合国总部）游说，国务院在华盛顿召集外国大使进行外交商讨，以及美国驻海外大使们推动所在国政府支持该提案。①

在20世纪90年代，许多消息灵通的观察家和部分卓越的美国谈判者就曾预言，美国在双边和多边谈判中的方式将会发生变化，以适合全球化带来的新发展，并在已摒弃冷战时代对抗态势的新外交环境中更有效地运作。例如，1997年，美国副国务卿斯特罗贝·塔尔博特宣称，“全球相互依赖正在影响几乎所有国家政府对国际关系的思维方式和外交实践。越多参与这一发展或被其影响，它们也将变化越多。因此，对美国而言，变革的紧迫性也特别强烈。”② 塔尔博特阐述了美国政府为应对日益发展的全球化和相互依赖而进行的各种变革，其中包括国务院将“雇佣一些在国际金融、劳动力市

---

① Ross, Statecraft, pp. 87 – 88.

② Talbott, “Globalization and Diplomacy,” p. 72.

场、环境科学和执法领域有实际经验者在本部门任职”；国务院与政府其他部门和机构，如商务部、国防部和司法部，将展开更紧密的系统合作；以及“我们驻海外的外交官……建立和发展地区及跨地区关系的努力也将达到史无前例的程度”。

但是，仅仅6年之后，就美国谈判行为的变化而言，它更多转向强调其单边主义本能而不是多边主义规则。[①] 随着美国领导入侵和占领伊拉克，许多外国观察家指出，美国已从谈判桌上后退，并预言，美国谈判者或将被解雇，或将他们的生意公文包和法律文件夹扔到谈判室之外，并转而挥舞霸权和道德主义的棍棒和鞭子。

又一个6年过后，这些预言似乎再次发生变化，奥巴马总统强调必须与北朝鲜和伊朗等国家进行外交接触，这些国家曾被排除在乔治·W. 布什政府的外交努力范围之外。“我确实认为，我们愿意与伊朗对话非常重要，这可明确表达我们的分歧所在”，奥巴马首次在白宫接受阿拉伯新闻网采访时如是宣称。“而且，如同我在就职演说中所说，如果伊朗等国家愿意松开他们的拳头，他们将会发现我们伸出的双手。”[②] 在另一个被广泛认为与布什政府的政策决裂的行动中，奥巴马强调应通过外交努力对气候变化和清洁能源等问题上给予更大的国际支持。例如，在其就职演说中，他呼吁世界各富裕国家认识到，它们不能“不顾效益继续消费世界资源。因为世界已经发生变化，我们也必须随之变化”。[③]

在认识到他的这些雄心后，挪威诺贝尔委员会将2009年度诺贝尔和平奖授予奥巴马，嘉奖“他为加强国际外交和各国人民之间的合作所做出的非凡努力”。[④]

从所有这些发展中得出的结论是，政府在某种程度上对国际规则和首席

---

① 罗格戈鲁将这一点归结为文化特性与重大事件的结合：“随着这种利害关系变得更加重要，这种文化特性将更可能发挥作用。在‘9·11’事件后的环境下，国家安全已成为美国头号优先目标。这种高度敏感性也导致美国谈判行为出现偏差，使谈判受到愤怒情绪和失去耐心的影响。”见：Logoglu，“Negotiating Security”，p. 214。

② “Clinton：Engagement in Iran's Hands，” First Read，NBC News，January 27，2009，http：//firstread. msnbc. msn. com/archive/2009/01/27/1762566. aspx。

③ Transcript：“Barack Obama's Inaugural Address，” New York Times，January 20，2009。

④ Nobel Foundation，“The Nobel Peace Prize 2009，” http：//nobelprize. org/nobel_ prizes/peace/laureates/2009。

执行官的个人偏爱做出了回应。然而，谈判习惯根植于长远文化的思想形式。这些习惯是由长久以来坚持和传递下来的机制性因素和美国谈判实践支撑的。换句话说，本章确认的特性和战术将可能出现在美国官员正式谈判中——无论是双边还是多边谈判——或被实际应用，尽管政治或个人的原因可能使其出现某些偏差。[①] 不过，这些行为模式只是更广泛的美国谈判实践全景的一部分，它的组成不仅有正式谈判，而且还包括谈判桌之外的交流和美国人之间的谈判。这正是我们现在要进入的两个主题。

① 到写本书时为止，外交事务权威已经在评论奥巴马政府在一定程度上正在回复到其前任执行的某些政策立场——尽管竞选使它必须与前布什政府的政策行动保持距离。

第四章 谈判桌之外的讨价还价

随着时间推移，谈判空间也向外延伸——转移到正规谈判环境之外，即由政府任命的谈判小组及其他政府官员参加的正规讨论框架之外。

谈判桌之外的谈判可采取许多形式，但所有或几乎所有这类谈判都涉及“间接”这一关键词。[①] 当然，本章集中讨论的三种形式——幕后渠道、大众媒体和款待相关各方——具有同等重要性。

幕后渠道——发生在正式外交渠道之外的私人或秘密接触——也可能是直接外交活动，因为它涉及对谈判中心问题的坦率讨论，但也可是间接的：经常隐蔽性地规避谈判渠道。

相反，当使用大众媒体时，官方谈判小组通常都会直接涉及，但其目的是要向谈判对手简洁传递信息、煽动情绪、向记者吹风以及制造或编造“新闻版面”，以寻求达成谈判议程或对谈判对手施压。

第三种形式——酒店招待——不直接涉及谈判交易中的问题，而是寻求制造一种氛围（或复杂的礼仪场面或轻松随意的客套），它将有利于建立一种更人性化的关系，以期促使谈判对手更容易接受己方的观点或请求。

考虑到前几章中美国谈判者被描述为明快、准确和直率——有时甚至达到粗鲁的程度——间接行动可能被视为美国外交中的一种反常因素。事实上，美国官员一般并不热心支持所有这三种形式。幕后渠道似乎很少会引起

---

① 用“间接”一词来形容“单轨+半轨”或双轨会晤似乎并非很合适。这类倡议行动（例如，在冲突各方之间穿梭斡旋的非正式中间调解者或促进民间社会领导人与交战方之间对话的调停小组）通常是在正规官方谈判框架之外进行的，但它们的目的是补充和支持官方正式谈判，而不是避开或破坏谈判。

不愉快（除非它们的幕后活动曝光可能破坏前台的工作，或由于华盛顿政府各机构间宿怨中的模拟改革竞争对手使前台官员感到压力）。美国谈判者在寻求媒体版面关注方面很少会感到不安；即使这样，他们很少协调安排媒体活动，部分原因是独立思考的美国媒体可能拒绝合作，还有部分原因是美国谈判者认为无论是否有媒体支持都会取得成功。

除部分特殊的例外情况外，在接待客人方面，美国人表现之差确实是臭名昭著。这与其他国家密切关注谈判对手的个人舒适并通过殷勤招待影响对手的做法有很大不同。这种罕见的不情愿态度可能与他们关注实质问题和更愿意采取非正式方式等文化取向有关，也因为公众对政府的“奢侈挥霍”非常反感——其中一个突出例子是，国会反对将公款用于官方招待。

虽然美国谈判者会尽其所能避免利用这三种间接谈判形式，但他们肯定不会忽视其中的两种。事实上，利用幕后渠道和媒体，是美国官员在谈判桌之外使用的最普通方式。我们在本章中讨论第三种方式是由于另一完全不同的原因：因为美国官员仅仅非常有限地使用殷勤招待的方式，而其他大国却会尽其所能充分利用其这方面潜力。精确评估美国人如何以及为什么利用——或不充分利用——这三种形式，可看出美国人的整体谈判行为。

所有这三种方式涉及到“单轨道”行为者——即美国政府官方代表寻求影响其谈判对手。但本章最终却是简单探讨谈判桌之外的、针对其他行为者的方式：公共外交、“单轨+半轨”外交及双轨外交。公共外交，正如其名称所提示，是寻求影响其他国家公众的观点。“单轨+半轨”外交和双轨主动外交行动寻求以非正式方式吸引私人和官方人士参与和提供相关专业咨询、意见和影响。所有这些谈判桌之外的影响方式在以往美国政府参加的谈判中均曾发挥作用，并必将继续发挥作用，虽然其作用通常都非常有限。

一、幕后渠道：一种美式迷恋?

幕后渠道历来都是美国官员喜爱的一种选择。一个多世纪之前，西奥多·罗斯福在指导朴茨茅斯和平会议（虽然他从未参加）期间曾利用多种幕后渠道，并最终通过谈判促成1904－1905年日俄战争结束。由于他的努力，罗斯福总统于1906年被授予诺贝尔和平奖。

从那以后，利用幕后渠道成为美国谈判行为的一大特性——尽管不是一种常规程序，通常官员们会竭力寻求通过其他渠道达成协议，如果前台的正规渠道的效力有限，出现障碍或根本不存在的话。如同炽烈的爱情一样，幕后渠道需要并激发各式各样的亲密言行。秘密约会、坦言透露、中间斡旋、突然揭示、大胆宣告等等所有这类外交幽会可帮助培养建立一种伙伴关系意识，促进老朋友及其伙伴之间的相互信任。但幕后渠道也构成许多类似于爱情中常见的危险。如果关系变坏，它们可能给伙伴留下被背叛的感觉，并激起对方提出指责和报复的愿望。而如果这些秘密被曝光，它们可能给参与者造成“滥交”和不可信任的坏名声。

白宫和国家安全委员会很喜爱使用幕后渠道，因为这使它们能够与国外对手直接接触，并提供可坦率发掘问题根由的机会，而通过外交关系程序则很可能要花费很长时间。幕后渠道的价值还在于：在秘密外交的有利气氛中可部分解决许多谈判中的不确定因素。这些不确定因素包括对方同意坐下来谈判之前向美国提出的相关前提条件，谈判对手中现存或在公开谈判中将被动员的反对派（即破坏者），其他相关各方在公开渠道不能或不便透露和发掘的真实利益和优先目标，谈判结果的不确定因素，以及谈判失败可能给最高层领导人带来政治损害的担忧等等。①

国务院不大喜欢幕后渠道活动，尤其那些完全规避正式谈判程序的行动，因为它们可能破坏主要谈判者的权威。然而，即使在雾谷（美国国务院所在地）也有幕后渠道的支持者。前国务院政策规划办公室主任并曾代表国务卿多次主持对外谈判工作的丹尼斯·罗斯甚至宣称，“幕后渠道是任何谈判的一个必要组成部分”，因为它们有可能“通过非正式承诺、无可援引或参照的方式……发掘对方的行动和具有政治爆炸性的重大问题”。②

然而，幕后渠道并非美国谈判行为的常规特性——至少不符合本书相关术语的性质。罗斯似乎是从广泛角度来确定幕后渠道行动的含义，包括在谈判或调停进程中高层行为者之间任何私下和没有记录的谈话。但这一定义似乎过于宽泛而没有多大帮助。例如，如果公开任命的和平进程调停者与冲突

① 在这一有关不确定性的观点上，我们要感谢安东尼·旺尼斯—圣约翰，他（2009 年 4 月 6 日）给本书作者们发来的电子邮件中提出了这一观点，在他发表的“幕后渠道谈判：秘密环境下的国际交易”一文中也有类似观点，见：Anthony Wanis - St. John，“Back-Channel Negotiation：International Bargaining in the Shadow,” National Journal 22，No. 2（April 2006），pp. 125 - 129。

② Ross，Statecraft，p. 232.

一方的总理之间的私下谈话被认为是幕后渠道活动，那么前台渠道又是由哪些部分组成的呢？这里，“幕后渠道”是指美国官员与外国政府代表或非国家行为者在正式外交机制范围之外进行的秘密或私下接触。著名学者安东尼·旺尼斯－圣约翰将它们定义为“谈判黑市”：①

- 没有前台渠道情形下的幕后渠道与有前台渠道情形下的幕后渠道；
- 需要绝对保密以便有效实施的幕后渠道与那些可容忍一定程度曝光的幕后渠道；
- 辅助官方谈判代表工作的幕后渠道与专门设计用于减少此类工作的幕后渠道；
- 在谈判进程某一特定阶段实施的幕后渠道活动（如谈判之前的活动）与整个谈判进程或大部分进程中展开的幕后渠道活动；②
- 为帮助谈判对手达成协议获得所需要的支持而计划的幕后渠道活动与寻求在对方内部制造分歧并加以利用的幕后活动；
- 为加强对方主要谈判者地位的幕后活动与寻求可替代的对手而进行的幕后渠道活动。

（一）一帆风顺的冷战之路

幕后渠道沟通被特别应用于冷战时期有着多种原因。首先，超级大国的紧张对抗、相互不信任和阴谋性质促使美国决策者选择可否认的、隐蔽的和间接的外交方式。其次，许多共产党国家的高度不透明性使美国人既不知道应与对方阵营的什么人对话，也急切希望能利用对手国家中的潜在分歧。第三，天性喜欢秘密行动的各情报机构拥有很大影响力，有时美国决策者在处理高度敏感的谈判时，也更愿意让情报机构来充当具体的外交政策执行者。

---

① Anthony Wanis-St. John, “Back－Channel Negotiation,” p. 120.

② 安东尼·旺尼斯－圣约翰在给作者的一封电子邮件中提出这一区别。他还认为，有时，前台和幕后渠道也被简短或连续使用。

例如，在20世纪60年代，中央情报局驻巴黎首席代表阿尔·乌尔马被指令向戴高乐传递警告信息：在法国政府高层及戴高乐本人的随员中隐藏着不知名的苏联间谍。华盛顿对苏联渗透法国的怀疑是根据一名俄罗斯叛逃者提供的未经证实的信息而形成的，该信息通过非正规行动方式被直接传递给戴高乐本人。①

再举一个例子：1973年，亨利·基辛格派遣中情局副局长维尔伦·沃尔特斯与巴勒斯坦解放组织代表会晤，而当时美国和巴解组织还没有正式关系。巴解组织“在苏丹杀害了两名美国外交官，沃尔特斯将军受命向巴解组织表明，美国不会容忍这种行为。与巴解组织的会谈被安排在摩洛哥国王哈桑的一个宫殿内进行。沃尔特斯在二战期间曾让国王搭载一辆美国坦克，自那以来一直与他保持联系”。②（沃尔特斯后来成为美国驻联合国大使、无任所大使和驻德国大使，这些均证明，外交和情报界之间有时候保持非常紧密的关系，并且情报官员不仅常担任信使，而且也是被授予特别权力的谈判者。）

幕后渠道不仅存在于华盛顿和各盟国（包括法国这样的麻烦盟国）首都之间，而且存在于美国与敌国之间。例如，在20世纪50年代，苏联情报组织克格勃和格鲁乌竞相“与白宫建立直线联系，后来美国称之为‘幕后渠道’，俄国人则称作‘秘密渠道’”。1960年的一段时间，苏联塔斯社驻华盛顿办事处主任（他通过苏联武官直接向莫斯科报告）与美国总检察长罗伯特·肯尼迪（总统弟弟）之间也建立了这种联系渠道。约翰·F. 肯尼迪总统非常重视来自苏联总理尼基塔·赫鲁晓夫的信息——至少在赫鲁晓夫利用该渠道就苏联在古巴部署核导弹问题欺骗总统之前是这样。即使事件发生后，肯尼迪仍然没有关闭这一渠道，而只是转为通过苏联驻华盛顿大使重新建立类似联系。③

虽然在20世纪60年代初幕后渠道仍很稀有，但到60年代后期已变得很普遍。这要归功于尼克松总统和亨利·基辛格的努力，他们不仅将其视为与外国领导人进行坦率讨论的机会，而且作为一种有效方式来避开美国政府

---

① Cogan, French Negotiating Behavior, p. 143.

② “Vernon Walters, 85, Ambassador to U. N., CIA Official,” Los Angeles Times, February 15, 2002.

③ Schecter, Russian Negotiating Behavior, p. 99; Smyser, Kennedy and the Berlin Wall.

内部某些不赞同尼克松政策或某些行动太慢跟不上其快速外交步伐的个人和机构。[①] 在基辛格担任尼克松的国家安全顾问期间，他领导的国家安全委员会要求许多政府机构和部门向其提供情报和分析资料。所有这些都被用于他所指导的秘密谈判，后者都是与国务院官员执行的谈判同时进行。[②]

基辛格与许多国家——其中最著名的是与中国和苏联——发展了秘密联系。正如苏联驻华盛顿大使安纳托利·多勃雷宁在其回忆录中所评论的：

> 在我担任大使期间（1962－1986年），这种联络方式延续了许多年，其被利用的程度在不同时期也各不相同，虽然在里根时代曾受到很大限制：当时所有联系都是通过国务卿进行……它为个人的行动反应提供了自由，而这也是外交的必要组成部分。它使发掘探索那些不明确的外交领域成为可能，这也是打破冷战时期僵局所必需的。[③]

虽然基辛格的幕后渠道因为绕过国务院而经常削弱正规渠道的权威，[④] 其他美国官员在使用幕后渠道方面却能与国务院的工作保持和谐，他们不是避开美国的机构，而是避开对方阵营中的行动缓慢者和设置障碍者。例如，在20世纪80年代后期举行的古巴从安哥拉撤军谈判中，负责非洲事务的助理国务卿切斯特·A. 克罗克发现，安哥拉外长不愿意与他会谈，除非克罗克宣布美国政府正式承认安哥拉人民解放运动（MPLA）政府为安哥拉合法政府，而当时美国没有这么做。克罗克和他的同事们借助各种中间人，包括尼日利亚商人和莫桑比克政府官员，与安哥拉总统接触，并展开富有成果的

---

① 在20世纪70年代初期举行的有关决定柏林未来的四方会谈期间，基辛格与西德外交政策大师埃贡·巴尔之间建立了一条完备的幕后渠道。正如理查德·斯迈泽所指出，基辛格希望绕过国务院，因为他“认为国务院的专职人员行动太慢，无法达成协议”。见：Smyser, How Germans Negotiate, p. 110。

② Kissinger, White House Years, pp. 238－239.

③ Anatoly Dobrynin, In Confidence: Moscow's Ambassador to America's Six Cold War Presidents (New York: Times Books, 1995), p. 100.

④ GerardSmith, Doubletalk: The Story of the First Strategic Arms Limitation Talk (New York: Doubleday, 1980).

谈判。[①]

还有一些例子显示，如果幕后渠道的工作能与美国其他外交努力平行进行而不是与之对立，其行动同样能顺利进行。丹尼斯·罗斯评论说，在德国统一谈判中，国务院和国家安全委员会官员与俄罗斯及德国外交部长的助手们建立的密切关系，使“美国人能避免误解，出现误解时加以控制，并私下改进决策者的立场态度。如果没有幕后渠道，将很难达成进程管理所必需的信任”。[②] 通过这种方式确认和强调美国立场，幕后渠道可帮助建立互信。

有时，只需要少许警告，幕后渠道的成效就能显现出来。例如，1987年7月，正在忙于促使古巴军队撤出安哥拉的克罗克和他的同事们接待了一名非官方中间人，他带来（菲德尔）卡斯特罗给美国政府最高领导层的口信。该口信可省略这位古巴领导人几个小时的谈话。卡斯特罗很仔细挑选了他的信使，并且准确了解哪一级别的高级官员会收到该口信。他提议古巴也应参加美国与安哥拉人民解放运动的会谈。

虽然多少对这一提议感到吃惊，但克罗克仍竭力利用该信息为美国利益服务。他的“符合外交礼仪”的回复信函不仅发送到哈瓦那，而且也传递给当时驻扎在卢安达的安哥拉人民解放运动政府，后者完全不知道卡斯特罗的这一试探。该回函声称“将完全由安哥拉人民解放运动自行决定让古巴人如何参与他们一边进入谈判”。美国人得以在哈瓦那和卢安达之间插入不和的楔子，同时也将古巴人带入谈判桌。后来的发展没有按照美国人的愿望展开，但也很好地推进了他们的利益。[③]

冷战结束后，幕后渠道活动的数量可能已经减少，但它们肯定仍没有过时。例如，在法美关系中，它们曾被用于讨论20世纪90年代中期法国回归北约军事机构及2003年伊拉克战争危机。这一“蓝线”——爱丽舍宫与白宫之间的直接电信联络——在促进两国总统及美国国家安全顾问和法国同僚之间的良好工作关系方面，发挥了作用。[④]

---

① Chester A. Crocker, Speaking at the cross - cultural negotiation workshop held at Airlie House, Warrenton, Virginia, July 2007.

② Ross, Statecraft, p. 45.

③ Chester A. Crocker, High Noon in Southern Africa: Making Peace in a Rough Neighborhood (New York: W. W. Norton, 1992), pp. 355, 357, 358.

④ Cogan, French Negotiating Behavior, p. 145.

（二）一条危险的路径

虽然幕后渠道具有许多不同的优点——从加强人际关系，到安全提供传递建议的机会：一旦这种建议被对方拒绝也不会使自己在公众面前难堪；以及与那些与美国没有正式关系的国家政府开启联系——它们也有一些缺点。其中之一是，在媒体无孔不入的时代和面对诸多习惯“泄露”信息的政府，很难保密。当某一幕后渠道曝光后，前台渠道一般都会受到伤害或失去信用——或至少会陷入尴尬。理查德·斯迈泽在其对德国谈判行为的研究文章中提到，“一名美国外交官发现自己陷入极大的尴尬境地：基辛格（在20世纪70年代初期四方会谈期间）指令他接受基辛格与巴尔及葛罗米柯（在幕后渠道）达成的苏联立场，而该美国代表仅在几天之前拒绝了莫斯科的同样提议”。[①] 1989年12月，当白宫透露国家安全顾问布伦特·斯考克罗夫特于当年7月——即天安门广场血腥镇压不同政见者仅仅几个星期之后——曾前往中国秘密旅行。该消息曝光不仅使他个人，而且也令整个政府陷入尴尬。斯考克罗夫特受乔治·H. W. 布什总统派遣秘密前往中国，寻求减少双边关系的损害，并要求释放被监禁的持不同政见者。斯考克罗夫特后来回忆说：

> 但我去了那里——这是一次秘密旅行——我到那里后，他（邓小平）说，“我是出于礼节与您会面，因为您是一位老朋友，而不是因为——我现在不是决策者”，这当然不是事实。但他说：“我作为一个老朋友欢迎您，但我想让您知道，这不是你们的事情，这是中国人的内部事务，而您是在进行干预。”
>
> 我回答说：“您是对的，这是中国人的内部事务。但它对世界各地的影响是对美国非常重要的一个问题，这也是为什么我来到这里。”随后，我们进行了很友好的讨论。[②]

---

① Smyser, How Germans Negotiate, p. 110.

② 引自2007年10月3日对斯考克罗夫特的采访谈话，见：The Council of Foreign Relations Web site, http: //cfr. org/publication/14397/hbo_ history_ makers_ series. html. http: //www. cfr. org/publication/14397/hbo_ history_ makers_ series. html。

气氛友好可能是真的，但这次谈话的成果不大。“中国人在释放少数持不同政见者后……”斯考克罗夫特和布什后来写道，“整个（释放持不同政见者的）缓慢程序突然完全停止——我们也无法指出可采取何种步骤来促使我们双边的紧张关系恢复正常化”。[①] 此外，布什政府在谴责中国领导人实施天安门镇压的同时寻求维持与北京的友好关系，这一做法被广泛指责为虚伪。

幕后渠道的另一个风险是，决策者可能只听到自己想听到的内容，而不能认识和接收到对方的真实立场。当然，任何无视政治现实的交易最终都可能流产。罗戈格鲁对伊拉克战争前美国与土耳其幕后渠道活动的探讨很能说明问题：

> 使用幕后渠道的成本是昂贵的。在一种相互强化的对话进程中，美国方面只是听到它所希望听到的，而土耳其方面在伊拉克问题上提供支持的承诺大多很难实现。五角大楼计划派军队越过土耳其进入伊拉克，这需要土耳其议会的批准。我反复提醒我的对手：土耳其议会是民主选举的机构，没有人能够承诺议会对这一影响土耳其国家安全的争议性问题将会如何投票。但是，基于从幕后渠道听到的消息，五角大楼官员坚持认为这是一个已经完成的交易。这一设想最终被证明是错误的。[②]

幕后渠道也可能促成一种美国的相对弱势，并倾向于在对方政府中“招募”合作伙伴，即愿意按照美国条件达成交易的官员，无论他们是否拥有权力来实施其诺言。按照吉尔·安德烈阿尼的话来说：“当遇到外国谈判者的抵制时，美国将考验其在国内的信誉度，并寻求绕过他们或促使其上级否定他们……美国人通常会在你们国内体系中四外试探，以发现抵制力最弱之处。”[③] 某些中东外交官历数了多种美国谈判者的收买嗜好，他们曾在短

---

① George Bush and Brent Scowcroft, A World Transformed (New York: Alfred A. Knopf, 1998), pp. 178 – 179.

② Logoglu, “Negotiating Security,” 本书第 264 页。

③ Andreani, “Negotiating with Soviet Faire,” 本书第 332 页。

短一个星期内，在主渠道之外，建立起3-4条幕后渠道。①

招募合作伙伴也会带来一些危险，其中大部分与以下事实有关，即每当与某个内部纪律松懈、职责界限不明的政府打交道时，这种探索就会增多。其中一种危险是，那些最乐于赞同美国条件者能够按照这些条件实施协议的可能性最低：或者由于他们所在机构缺乏足够权力，或者他们所掌握的权力可能受到侵蚀，如果他们被发现向美国的要求让步。另一种危险是，对方内部分裂缝隙逐渐增大直至分裂成多个相互竞争的团伙，以致无法达成有效协议，更不用说实施协议。第三种危险是，最初的——也可能是权力最大的——对话者采取疏远态度，他们对于自己被“背叛”或因为这种方式受到伤害而深感愤恨，从而或者采取更强硬立场，或者完全取消谈判。最终，美国作为一个可信任和可靠谈判伙伴的声誉也可能受到损害。最后这种风险实际上适用于所有的幕后渠道行动。

应该指出的是，为维护美国利益而选择幕后渠道，犹如双方跳探戈舞。例如，与苏联幕后渠道交易的数量、种类变化和延续时间即充分说明莫斯科的内部斗争及其对传统外交方式的讥讽，如同华盛顿自身各机构间的争斗及随时准备为最后结果而牺牲程序一样。举一个最近的例子：正如罗戈格鲁所承认，虽然布什政府更情愿使用幕后渠道，“特别是2002年底与土耳其新政府接触的初期……土耳其方面因其实际鼓励美国人这么做也负有部分责任，因为埃尔多安总理及其政党不信任政府官僚体系，或至少最初主要依赖他们自己挑选的顾问”。②

二、媒体：变化中的权力平衡?

与亨利·基辛格获得幕后行动大师的称号类似，他在20世纪70年代也被广泛认为是一名利用媒体的大师：通过调整和有选择性地提供有新闻价值的信息，以及通过与著名记者和编辑发展良好关系，他非常卓越地促使重大外交政策问题占据各种媒体版面。例如，伯纳德·卡尔布和马文·卡尔布兄

① 2007年7月在弗吉尼亚州沃伦顿市航空大厦举行的“跨文化谈判”讨论会上一名与会者所做的评论。

② Logoglu, “Negotiating Security,” 本书第264页。

弟俩，作为享有较高声望的记者，被邀请伴随基辛格进行广泛的外交旅行。他们塑造了一个完整的个人形象——一本名为《基辛格》的专著——一位巡游的国务卿，尽管马文·卡尔布被尼克松总统的助手纳入总统的政治“敌人名单”中。

不过，今天，操纵媒体比过去要困难得多。由于通信革命不仅使新闻收集和传播技术发生变化，而且改变了媒体所有权和分配的模式，政府对新闻供应和传播的控制已大大减弱。媒体外接出口的数量和种类也远超过去，其地理触角延伸得更远，并且真正做到每周 7 天、每天 24 小时实时传播“最新新闻”。国际互联网也重塑了全球通信风景。各种组织——从“基地”组织到国际大赦——均可快速和直接将其主张传送至全球观众眼前，而不再需要劝说公共媒体的守门人（媒体编辑以及许多国家的政府）传播它们的议程、关注和意见主张。① 一旦进入公共领域，新的思想意识、信息和假信息将迅速成为成千上万“博客”的原材料，他们能够重塑其读者的理解力并影响传统媒体版面。在因特网时代，“民间新闻业”的概念——它假定，公民和团体应成为媒体版面和民主进程的积极参与者而不再是单纯旁观者——已开始成为现实。

当一个拥有电子录相机的个人进入国际互联网，如果他有幸偶然发现某个有新闻价值的事件，就能够在几分钟内迅速影响全世界对该事件的看法，政府新闻检查官、发言人和编造理论的博士们——更不用说外交官们——将必须费尽心力塑造公共概念。尼古拉斯·伯恩斯在担任克林顿政府国务院发言人期间曾发表评论称：“对重大事件的瞬间报道常需要政府瞬间做出分析……在我们当今时代，由于事件常发生在半个地球之外，在我们接收到国外使馆发回的详细报告和仔细考虑我们的政策选择之前，全国有线电视网（CNN）驻国务院记者斯蒂夫·赫斯特就会要求得到我的反应。”②

与基辛格在职时相比，媒体与决策者之间的力量平衡现在似乎已经发生

---

① 有关对恐怖分子使用国际互联网的详细考察，见：Gabriesl Weimann，Terror on the Internet：The New Arena，The New Challenges，（Washington，D. C.：United States Institute of Peace Press，2006）。

② 伯恩斯写于1996年的这段评论见：Steven Livingston，Clarifying the CNN - Effect：An Examination of Media Effects According to Type of Military Intervention（John F. Kennedy School of Government's John Shorenstein Center on the Press，Politics and Public Policy at Harvard University，1997），p. 2。

逆转。自从1989年天安门广场抗议游行和1992年索马里大饥荒以来，所谓的“CNN效应”已经加强了媒体的力量，使其更容易建立公共压力：通过播放与危机相关的人道灾难形象，迫使美国政府对外国危机和灾难做出反应。[①] 这些电视形象随后又促使公众要求政府采取行动，包括通过提供救援直接减轻灾难，或通过与相关外国政府或党派谈判施加间接压力。

CNN效应可能很强大，但它对任何特定事件影响的时间一般都很短，因此，其对政府决策的影响力似乎被夸大了。[②] 外交政策问题的政治化——经常通过特殊利益集团，如民族聚居地的代表或经济利益集团的努力而促成——能够产生更深远的效应，因为美国媒体通过编辑决定版面登载内容、登载多长时间、以及争取守门人的意见等方式来形成公共讨论的规模。不过，即使美国媒体以这种方式帮助确立了议程，它们也很少能对谈判产生直接影响。

此外，虽然信息技术革命可能极大改变了美国政府与公众的关系，它还没有使这种关系变得面目全非。外交政策行为者，包括白宫、国务院和各谈判者，仍在发展与媒体的联系、有意泄露信息，以及提供不署名的采访，以便使他们关心的问题占据媒体版面。

当然，这种努力的结果并非永远都可预料，尤其是在美国官员争取美国或其他国家独立媒体的时候。例如，在20世纪90年代中期，美国驻加拿大大使、前密歇根州长詹姆斯·布兰查德试图正式结束有关美国—加拿大航空关系的敏感谈判，当时被称为“开放天空协定”。当克林顿总统即将按计划在渥太华举行的公共仪式上签署该协定前夕，对美国杂志征收新税——即后来人们所称的两国“文化战争”的开始——威胁到要将开放天空协定排除

---

① Warren P. Strobel, Late-Breaking Foreign Policy: The New Media's Influence on Peace Operations (Washington, D. C.: United States Institute of Peace Press, 1997).

② 对全国有线电视网（CNN）影响力的一份研究报告指出，“媒体报道的人道主义危机……大多是官方行动引发的，且大多与美国军队的出现有联系”——也就是说，只有在美国政府已经采取行动的情形下，媒体才可发挥作用。见：Livinston, Clarifying the CNN Effect, p. 9. 另一份研究报告则持更多怀疑态度：“本书显示，凯南所称的CNN效应（即新闻媒体的影响已经剥夺了政府决策者的传统职能）根本不存在。对多起事件的考察证明了这一点。在这些事件中，媒体曾被认为发挥了重大作用。”见：Strobel, Late-Breaking Foreign Policy, p. 5。

在媒体首页之外。[①] 布兰查德亲自与加拿大5家主要媒体的记者接触，并就即将签署的航空协定接受他们的"秘密专访"。这些媒体本应在一天后再刊登该新闻情节，但它们立即刊登出来，并直接点了布兰查德的名或称"美国政府的一名高级官员"。

> 这种未经授权向媒体透露消息使加拿大一方非常恼怒，并威胁要取消该交易，但美国方面提出要单方面宣布这一双方已经达成的协议，这一反威胁迫使对方退回到原点。加拿大官员试图停止公布协议以便扼杀该协议的最后努力也因此被瓦解，对媒体泄露的行动实际上促成了该协议的全面公开。[②]

（一）美国媒体的优势

与其他国家官员相比，美国决策者和谈判者在利用媒体方面拥有多种优势。首先，由于媒体市场的全球化性质，世界所有主要新闻载体和报纸都在华盛顿派驻了代表（通常由它们最优秀的记者出任），使美国官员可史无前例地更多接近全球读者。在涉及世界几乎所有地区（北朝鲜和缅甸等极少几个高度控制和封闭的国家除外）的谈判之前、期间和之后，美国官员相信他们的观点将会被对方国家和地区报道——虽然并非永远准确。

这种媒体版面通常有助于促进美国政策宣传，但并非必要条件。迄今，只要美国谈判者执行的政策受到对方国家公众或政府的怨恨或不被对方欢迎，他们在媒体露面也许只会导致当地的敌视并刺激对方国家政府在谈判中采取不妥协立场。此外，美国政府寻求占据外国媒体版面的任何企图都有被视为干预该国内部事务的风险，它将加剧公众的激进观点，并可能使对方更难通融。矛盾的是，在某些发展中国家，美国较少进入当地的电视和广播，可能更有利于美国利益：在媒体中出现可能更受当地精英阶层欢迎，因为他

---

① James Blanchard, Behind the Embassy Door: Canada, Clinton, and Quebec (Toronto: McClelland and Stewart, 1998).

② Robert V. Keeley, ed., First line of Defense: Ambassadors, Embassies, and American Interests Abroad (Washington, D. C.: Ameican Academy of Diplomacy, 2000), p. 57.

们可能更易于接受美国观点，但却不被群众认可，后者对美国影响可能持强烈反对态度。

即便如此，美国谈判者使自己的观点进入其他国家报纸和空中电波的能力仍是一种重要资产。这也是丹尼斯·罗斯希望自己能更充分发掘的资产：

> 回顾克林顿当政岁月的中东和平进程，我认为我在利用媒体为谈判定调、向谈判各方及其公众传递信息等方面是谨慎的。有时，明显表露失去耐心产生的压力可能对双方都有用……我原本可以更多地通过媒体传递信息和信号。①

詹姆斯·贝克国务卿集中许多美国资源——在此情形下也是其后勤能力——向1991年12月苏联垮台后突然获得独立的国家的人民传递了美国积极政策趋向的信息。对于1992年1月下旬举行的向原苏联国家提供国际援助国际协调会议的准备阶段，贝克回忆说，

> 我希望向俄罗斯人、乌克兰人及其他相关国家人民发出明确的支持信号：整个自由世界希望他们在民主、自由市场经济和独立等方面的实验能获得成功。举行此次会议将可部分达成该目标……但我还想增添一点戏剧性以促使媒体在报道这一重大事件方面有所突破。我希望创造一个可由CNN和其他国际媒体传播的故事，以帮助向前苏联国家注入新的希望，同时在美国促进一种公共共识(和私营领域的努力)。玛格丽特·塔特维勒提出了一个完备的手段：给每个新兴民主国家运送一飞机的药品和食物。

美国空军计划运送3800万磅援助物资，则是美国与苏联及其各联邦共和国关系发生重大变化的另一个重要象征。②

外国谈判代表通常不会抓住时机向美国谈判对手施加压力，不仅因为他们缺乏足够资源来执行空中运输人道主义救援物质，而且还因为美国公众对

---

① Ross, Statecraft, p. 185.

② Baker, The Politics of Diplomacy, p. 68.

外交事务的兴趣是断断续续和有选择性的。美国大多数全国性媒体——不仅仅是“有声望的报纸”——在登载国际问题方面很谨慎。地方报纸和电视频道登载得更少。在对某些重大国际新闻主题的谈判中，其他国家或国际组织代表有时也能占据媒体的重要版面。不过，美国谈判者占据媒体版面的现象更为普遍，因为世界媒体的焦点主要集中在华盛顿，这反过来也反映了美国的全球影响。

先前几章中阐述的美国谈判者的特性——例如，自信、专业性、细心准备、积极的英语能力——可帮助他们很好地与新闻媒体打交道。某些美国谈判者是公认的该领域的大师。例如，助理国务卿克里斯托弗·希尔率领美国代表团参加有关北朝鲜核地位六方会谈期间的卓越表现，赢得了约翰·伍德的极高评价：

> 希尔通过新闻媒体宣传其主张的技巧，有力地补充了他对谈判的直接贡献……在每次谈判会议之前或之后都能找到希尔，他平静、有分寸和坚定地阐述美国的谈判立场，公正评价会谈进程和其他各方的立场。在我看来，这是非常美国化的卓越表现，与会的其他谈判者均无法模仿他的这种自信和权威。①

不过，大多数美国外交官却未必具有希尔如此的天赋。过去，外事官员曾被期望在他们专业之外，还应具备对新闻媒体发表讲话的能力，或者在工作中发展这种技能。然而，这种发展一直受到阻碍：国务院和白宫均倾向于严格限制中、低级外交官向媒体、尤其美国媒体发表讲话，以致他们很少有机会锻炼这种技能。在海外，只有极少数外事官员能流利说欧洲之外的语言——如阿拉伯语、波斯语、乌尔都语、印度语和普什图语——从而很难通过地方语言媒体（与精英媒体相对）接近当地公众。但最近几年，国务院一直寻求“以更大的努力提升（美国）外交官在媒体方面的专门技能”，以便纠正这些缺点。正如外事学院院长鲁斯·怀特西德所解释的，“我们提供了大量媒体专业方面的培训”，“从大量摄影实践到模拟训练”，开设新闻管

---

① John Wood, “Use of the News Media” (paper presented at a workshop on American negotiating behavior, Airline House, Warrenton, Virginia, July 27, 2007).

理课程，以及教授使用外语技巧，以便使外交官员能够在电视和无线电采访中回答“困难和紧迫的问题”。[①]

高级职业外交官和政府任命的官员在面对摄像镜头和麦克风时，通常比低级别的外事官员更能表现自如。这种自信和流利的表达是谈判者非常宝贵的资源，他们可能必须在国会听证会上讲话，参加各种非政府组织和外交事务思想库组织的会议和专题研讨会，并向华盛顿总部通电话。他们也可能被要求接受外国和国内媒体的采访，并向记者提供“背景简介”（即非特定主题的采访）。显然，他们经常与记者密切接触，在谈判中对他们很有帮助。[②]

（二）向媒体提供材料

被媒体注意是受欢迎的，但媒体永远处于饥渴中，谈判者如果忽视给它们提供材料，很快就会发现它们的注意力转向了他处或它们的情绪已经变坏。幸运的是，美国官员有许多很好的理由向媒体记者提供健康的养料。

从试图影响公众态度的角度来说，占据媒体版面在谈判的任何阶段都可能有所帮助。在谈判开始之前，美国官员可列出重大相关问题；在谈判进程中，他们可以解释讨论的展开过程，并迅速对反面观点和预料之外的发展做出反应；在结束阶段，他们可对会谈结果进行描述分析，并提出批评或褒扬。向媒体发表讲话的行动——至少如果以坦率和公开方式提出——将可帮助美国谈判者向公众证明其自身的“透明性”。

大多数这类向媒体传递的信息不仅适合于外国公众的意见，而且也适合于美国谈判者希望传递到的所有读者和听众。在大多数谈判中，美国谈判者希望通过媒体向至少六类不同听众传递信息：谈判桌另一边的对方谈判小组、对方的主要决策者（那些人可能不参加会谈），对方国家的公众，第三方国家政府及其公众，国际观点的制造者（如非政府组织），美国公众，以及美国政府及其官僚体系的中的其他行为者。在不同时间和不同谈判中，这些听众的相关重要性也各有不同。在大多数情形中，人们可能认为第一和第

---

① Whiteside, interview.

② 例如，理查德·霍尔布鲁克可通过哥伦比亚广播公司“60分钟”栏目主持人迈克·华莱士，霍尔布鲁克的一位老朋友，向波斯尼亚塞族领导人卡拉季奇传递“一个有用信号”。见：Holbrooke, To End a War, pp. 98 -99。

二组听众最重要。但有趣的是，第五和第六组——即国内听众——也可能特别重要。在各机构之间存在争论（这也是下一章挖掘的主题）的环境下，无论是出于促进本部门利益，还是为了提升他们的职业声誉和议程，或确定美国公众对某项特别政策（在媒体为动力的社会中，外交政策与国内政策经常重叠）的看法，美国谈判者需要花费大量时间通过媒体与美国公众交谈。

此外，通讯联络绝不是单向的。公众从谈判者那里听到的内容也可能帮助形成公众对某项谈判及其相关问题的看法，但公众对谈判者向新闻媒体所谈论内容如何反应，将会通过媒体、国会和其他途径反馈给谈判者，并可能帮助形成他们自己的看法。与此类似，在谈判者、国务卿和总统之间存在一个公共意见“反馈圈”，而国务卿和总统均想知道谈判者是否按照指令正确行事，如果没有，谈判者将会被要求改变进程，甚或被撤换。

有时，美国官员会寻求向某个特定集团简短传递信息。但这是一个困难和危险的任务。尤里·纳扎尔金回忆，1990年4月，《华盛顿邮报》刊出的一篇文章对限制战略武器谈判现状进行评论，其包含的信息只能是来自某个参与这场秘密谈判的代表。此外，该文描述的谈判严重偏向美国立场。无论是寻求对华盛顿产生何种影响，但在莫斯科，它却给那些保守派提供了弹药，后者不仅寻求终止谈判，而且试图损害戈尔巴乔夫的地位及整个与西方缓和进程。最终，戈尔巴乔夫战胜了对手，谈判得以继续进行。但该插曲，纳扎尔金评论说，显示了美国谈判者的一个典型特性：即绝对优先考虑国内需要而不顾及谈判伙伴的问题。①

美国谈判者努力工作以确保其专业准确性，但其发出的语言微妙的信息则是意图对某些特定听众产生影响而又不得罪其他人。他们还巧妙地虚构部分听众的态度，以便影响其他人。例如，1977年，卡特政府发动了一场媒体舆论攻势，目的是争取美国和以色列公众舆论的支持，以便对以色列总理贝京施压，促使其与埃及签订和平协议。②

作为一种使用工具，媒体也可用来制造谈判动力。在20世纪80年代后期的安哥拉和纳米比亚谈判中，克罗克助理国务卿使用的媒体战术是：

---

① Nazarkin, “Negotiating as a Rival,” 本书第290页。

② Berridge, Diplomacy, p. 68.

> 一旦出现突破机会的明显迹象，则在新闻媒体上发表乐观意见。随后，任何一方如果放弃或表现出阻碍谈判的行为，将会成为许多有影响势力的攻击目标……这将有助于问题的解决……。"一旦达成某种动能，克罗克先生会竭力推动谈判列车不断加快向前推进，对记者简短通报谈判正在如何进行，以及正如何接近达成协议。如果某些参与谈判者试图停止或离开列车，他们将会被描绘为破坏者。"①

根据查尔斯·弗里曼的说法，克里斯托弗·希尔"（在六方会谈期间）利用媒体的关注来制造一种向前推动的意识，它可能是准确的，也可能是不准确的，但却使他得以继续进行可能被华盛顿的新保守派们打断的谈判进程"。②

如果克罗克和希尔没有深入参与谈判的安排，他们是不可能如此成功地利用这种战术的。这种正在进行中的谈判动力和语言的微妙差异，需要有第一手现场信息，它也解释了为什么美国派往国外重要谈判队伍中总会包括一名新闻官员。

（三）媒体集体发声，不是闪电袭击

在 2003 年美国入侵伊拉克前夕对媒体的细心应对，以及在伊拉克战争期间五角大楼针对与媒体接触的严格纪律显示，在特定环境下，仍有可能对媒体实施控制。在这一个案中，媒体几乎完全依赖美国情报部门战前对伊拉克大规模杀伤性武器的相关报告，在激烈战争和最紧张动荡期间，环境对任何记者都极端危险，如果他们不与美国部队一道行动。但是，正如媒体登载有关美国军人在阿布格里监狱对伊拉克战俘实施酷刑和羞辱虐待的照片所证明，虽然媒体优势可被控制，但却不可能长时间遏制——尤其在当今每周 7 天、每天 24 小时全天候新闻滚动报道时代，实时报道、无数新闻出口和公民记者能够通过难以预料的渠道发布信息，从而推动主流出口的新闻议程。

认识到外交生活中的这种不方便的现实，也就部分解释了为什么美国谈

---

① Berridge, Diplomacy, p. 68.

② Freeman, interview, pp. 73 – 74.

判者很少寻求协调操纵媒体活动。正如以上所探讨的那样，他们也曾试图以各种方式通过媒体给谈判对手施加压力，但在2003年却很少发现他们曾努力推动国内或国际媒体登载有关伊拉克大规模杀伤性武器的威胁，因为华盛顿将该问题视为对美国家利益至关重要而有所保留。

约翰·伍德回忆，在20世纪80年代后半期，美国官员曾推动媒体发表了一系列有关新西兰的负面故事，但没有在媒体上持续发动凌厉攻势：

> 美国政府倾向于回应性地利用媒体，以便对新西兰的重大事件、报道和政府声明做出回应，且通常都是一种神经性的自然反应，即直接登载来自新西兰的有关错误描述美国观点的材料或记录。这种通过媒体等代理机构频繁提出指责和反驳的做法，既耗费华盛顿官员的时间，也很难处理，并且有时对谈判进程也会带来干扰。

不愿意发动媒体战还由于他们相信这种努力一般都没有必要，因为美国拥有足够力量通过政府程序达到其谈判目标，无需通过大众媒体产生的公共压力来施加影响。类似的自信也有助于解释其另一种很奇怪的认识：不愿意将酒店招待作为谈判管理的一个组成部分。

三、酒店招待：一种粗俗的富足

一名美国高级外交官曾评论道："法国谈判者以事务性的心态通过提供美食好酒来争取人心。称之为酒席外交……利用所有华丽的法国文化和烹饪技艺令你感到惊叹。"①

中国人是这方面行家，他们"有意识地通过殷勤招待、观光、烹饪和音乐，令来自远方的客人感到目眩神迷……在享用北京烤鸭和茅台酒宴之后，基辛格发现自己在半夜同对方谈判'上海公报'。正如他后来的结论所

① 引自：Cogan, French Negotiating Behavior, p. 148。

说，‘没有什么是偶然的，但所有一切似乎又都是自然发生的’”。[①] 他对他的中国东道主说俏皮话道：“在享用过北京烤鸭宴后，我将会同意任何事情。”

“对俄罗斯谈判者来说”，杰罗德·谢克特写道，“精心准备的午餐、数小时的鸡尾酒和晚餐提供了进行个人评估、刺探立场和解决僵局的机会”。[②]

但说到美国人的招待，一位常驻华盛顿的大使遗憾地评论道，“要一杯咖啡都难”。

很少有外国外交官对美国官员为其谈判对手提供的正常招待印象深刻，或有一种消遣和极度兴奋的感觉。相反，许多人指责他们受到的招待远次于其他国家的正常水平，其中许多国家远没有美国那样强大和富裕。酒店招待——是一个有广泛含义的术语，包括以正式和非正式方式为访问者提供接待、食宿和娱乐等安排——被许多国家精心设计为谈判进程的一部分。

为什么美国轻视酒店招待的作用？这种吝啬部分应归结为该国清教徒的历史传统和民粹主义意识，前者反感所有形式的奢华，后者则批评政府的任何奢侈铺张。罗纳德·纽曼大使评论说，

> 美国的招待“看似便宜”的部分原因是因为我们没有这笔资金，但也因为我们没有类似的习俗（以酒席招待外国客人）……阿拉伯人、伊朗人和阿富汗人，如果依照他们的方式，餐桌上的菜肴将会堆积如山，只有其中的很小部分可被简单聚餐消费掉……在

---

① 所罗门所著《中国人的谈判行为》，第62－63页（Solomon，Chinese Negotiating Behavior）。基辛格的谈判对手周恩来曾指令全聚德，北京最好餐馆之一，为秘密会谈准备了一个12道菜的北京烤鸭宴。“在谈判的第一个上午，当谈判进入僵局时已接近中午，周这时提议，‘我们最好先吃饭，不然烤鸭要变凉了’……周把基辛格带到全聚德品尝烤鸭，介绍如何吃鸭子的要点，随后又喝了几杯中国最好的茅台酒。当天下午，基辛格在会谈开始时说，美国不能抛弃自己的‘朋友’（台湾），周回答道，‘我能否提问，你们担心失去哪一种朋友……？’这次会谈解决了几个关键要点，其他的，如同他们所说，都是历史问题。”见“周总理的烤鸭外交”，中国全聚德网站，http：//www. quanjude. com. cn/history_ info. php? auto_ id = 139。

② Schecter，Russian Negotiating Behavior，p. 94. 北朝鲜官员似乎与他们的俄国同行一样酷爱烈酒。玛德琳·奥尔布赖特论述北朝鲜特使在华盛顿特区招待的一次晚宴。这顿晚餐“非常放松，或许是太放松了。我那天晚上竭力抵挡北朝鲜代表团的攻击性饮酒方式，它似乎需要不断重新灌满酒杯和持续干杯”。见：Albright：，Madame Secretary，p. 584。

> 某些情况下，存在惊人的浪费……
>
> 我们是在一种应将自己盘子中食物吃干净的环境中长大的。“在中国还有饥饿的儿童”——那种道德……
>
> （我们的是）一种非常不同的传统。因此，从这个意义上来说，是的，我们的方式在他们看来是比较便宜。而他们在我们眼中则显得有些挥金如土。①

生意人式的心态也起到了某种作用，迄今，它导致美国人并不将谈判视为一种建立和发展关系的进程，而是一种达成交易的方式，并且只需“出售牛排而不是烤肉的丝丝声”就能达成。由于集中精力于谈判实质问题，他们很少关注是否应抓住机会以盛大庆典和浮华场面来给来访者留下印象，而是通过紧凑的会议程序和仔细斟酌处理的议定书来对他们实施操纵。

一些外国官员对其美国对手的招待明显表现出一种不以为然。根据这种观点，美国人完全有能力成为殷勤好客的东道主，也没有根本原因反对这么做，但他们就是不将此视为一种可以协调的谈判程序的组成因素。正如纽曼所说：“我并不认为那些东西对最后结果能起多大作用，虽然关系也很重要。”不过，绝非所有美国官员都这么认为。例如，托马斯·皮克林大使提出，大使们“被期望做大量的招待工作”，它“对建立关系、结识他人、建立新联系等非常有效”。② 但更多证据显示，纽曼的观点仍占据大多数。

负责管理的副国务卿帕特里克·肯尼迪形容国务卿的招待很“得体”：“它正好足够，既不节省，也不奢侈。”③ 这种态度也因国务院酒店招待的严格规定和财政账户的限制而得到加强——后者本身即反映了国会对“奢华”招待的反对立场。令人注目的是，美国驻海外使团的招待费账单是直接由领导使团的美国大使本人支付。他（或她）然后到国务院寻求报销，后者会仔细核查账单收据。如果某个大使在呈上单据寻求报销时，当年预算中用于“驻外使团和非执行机构符合规定的采购费用”已经用完，该收据只会被盖上“可以支付，但资金缺乏时除外”的印章。然后，该收据只能被大使用

① Neumann, interview, pp. 59 – 61.

② Pickering, interview, p. 55.

③ Patrick Kennedy, interview, Washington, D. C., July 16, 2008, p. 2.

于个人减税！肯尼迪指出，国务院“确实没有一个可用来进行酒店招待的场所——位于布莱尔大厦中、仅有八层的杰克逊宫（国务院总部所在地）——完全不同于巴黎的科尔伯特大酒店”。[①] 在许多情况下，这种窘境是通过任命富有的政治大使前往巴黎和伦敦等影响突出的岗位就职来平衡，他们可动用私人资源来弥补国务院招待费用的短缺。

外交礼节也不是美国人很注重、或至少不是始终注重的活动。尤其对那些来自注重礼仪和礼节国家的官员来说，如果他们的大使或外长踏上美国领土后没有受到正式欢迎，很可能被认为是侮辱。当外国代表，尤其是那些将要与美国国务院官员进行会谈但却不在国务院正式计划名单内的外国代表，遭遇美国政府安全检查程序时，他们的情绪会爆发为愤怒和怨恨。一次，某个亚洲国家国防部长在刚刚结束与华盛顿高级官员的建设性会谈后，却在纽约机场登上回国飞机之前被搜查和拘留。“在那里，就在那些整个谈判期间为他执行警卫任务的安全人员的面前，他被剥光衣服搜查，被拘留了半个小时，然后又被反复搜查。此次成功谈判建立起来的所有善意都因为这段插曲而消散殆尽。”[②] 在另一个例子中，一位在中美关系正常化早期阶段很受尊重的中国高级外交官，在美国国内某个机场被要求进行电子扫描机的安全检查，只是在与国务院一名高级官员通电话后才避免了一场对抗，该官员最终被允许免除电子扫描安全检查。

在另一个案中，当事人遭遇的侮辱程度似乎要小一些——美国军事警卫人员命令参加代顿谈判的法国高级代表走出他乘坐的汽车，随后被一只受过搜寻爆炸物训练的狼狗近身检查。对出席代顿会谈的外国高级代表进行搜查的影响不仅因为它发生在会谈期间，而且因为它发生在此次会谈的所在地：美国东道主们此时正在“做出其最具雄心的努力”要为“拆除仇恨和厌恶

---

① Patrick Kennedy, interview, Washington, D. C., July 16, 2008, p. 2. 科尔伯特大厅是建在塞纳河对岸协和广场的国民议会大楼的一部分，是一个能一次招待300人的华丽大厅。法国人也在“凯多塞大厦、爱丽舍宫、马提尼宫等金碧辉煌的场所招待外交官和来访的外宾。这些地点的气氛非常固定和正规，必须遵守严格的衣着规范，不得以简单名字打招呼”。位于凯旋门附近的克莱伯会议中心是另一个令人印象深刻的国际会议场所。见：Cogan, French Negotiating Behavior, p. 147。

② 这是一位前印度驻美大使亲口告诉本书作者的。

的障碍”提供机遇。①

（一）淳朴的招待

美国人轻视外交招待似乎反映了美国文化的本质。这倒并不是说美国人在文化上就不好客——每年数百万外国游客肯定不会同意这一点——而是美国人在招待传统上倾向于采取简单、非正式、和不炫耀的方式，不搞复杂和客套的礼节。由于来自一个崇尚简朴而不是盛大场面的国家，大多数美国人更愿意在一种松快和非正规环境下与对手建立关系，而不愿置身于华丽大国的精心圈套或资产阶级的优雅环境中。1993 年，在日内瓦与北朝鲜谈判的美国谈判小组确定，了解对手的最好方式是举行一次披萨餐会来欢迎来自平壤的代表团。② 1980 年，在马德里欧洲安全合作会议谈判期间，美国代表团“在招待方面花费了大量时间”，但“只有很少的钱”，鲁斯·怀特赛德回忆道。代表团团长马克斯·坎珀尔曼提供了“多场电影晚会”，其内容是西部牛仔影片和墨西哥风味食品。“这是俄罗斯代表团全体成员可允许参加的很少几个场合之一”，怀特赛德回忆说，“他们真的很喜欢来”。③

对合适的对话者来说，非正式性可在掩饰中“以自由滑行的方式”进入谈判，正如约翰·伍德对其与美国中层官员进行交流所做的评论：“经常是一对一，或很少几人的小组。通常都在办公室之外，且常采用喝咖啡、午餐或饮酒方式进行（唯一不变的例外：都是由新西兰大使馆花钱做东）。”④

---

① Holbrook: To End a War, p. 244. 霍尔布鲁克以一种近乎轻浮的神态讲述这一事件，指出这位法国人拒绝霍尔布鲁克的道歉。“声称‘这种侮辱不只是针对他本人，而是针对整个法国’。他将不离开基地参加我们的会餐——但他要对华盛顿提出正式抗议并考虑要返回巴黎，声称‘我可不愿被狗嗅’。”他将（狗嗅这一）单词 sniffed 发音为 sneefed（在其《结束一场战争》一书中，霍尔布鲁克曾有 2－3 处讥笑外国官员的蹩脚英语发音，这种讥笑来自一名职业外交官确实令人震惊，它也更多证实了部分美国谈判对手对美国文化缺乏敏感性的抱怨）。

② Synder, Negotiating on the Edge, p. 57. 这种有节制的做法是否真的给北朝鲜人留下深刻印象不是很清楚。当北朝鲜人首次在日内瓦主持美朝会谈时，他们提供了“精美的咖啡室休息环境”。不过，辛德的观点认为，披萨餐会“有利于谈判进程的展开，通过双方官员非正式接触和建立联系有助于关系正常化”。

③ Whiteside, interview, p. 39.

④ Wood, “Negotiating in Washington,” p. 229.

（二）备受瞩目的例外

非正式和节俭可能是普遍规则，但也有令人瞩目的例外。美国总统会见其他国家元首和政府首脑是高贵威严的大事，按照欧洲模式的外交礼仪和礼节进行——至少在摄影机停止转动之前是这样。① 白宫对外国贵宾的招待是奢侈和华丽的，虽然并非总是如同部分贵宾所期望的那样炫耀。②

在首都之外——例如，马里兰州的总统乡村度假胜地戴维营——会晤的正规性可能较低，但仍能体现出极高的招待规格，如果它符合以下两个条件或其中之一：（1）讨论的问题是华盛顿外交议程中的顶级或接近于顶级的重大问题；（2）总统和其他美国高级官员参与。前者可解释为什么来自中东的谈判者对美国招待质量的评价比许多其他国家外交官要高得多。③

被邀请到总统乡村修养地戴维营是很受重视的，可有效反映出美国对被邀请者的支持程度，以及美国对当前某个重大问题达成协议的承诺水平。几乎可以肯定的是，这一位于山区附近的避暑胜地帮助卡特总统促成了萨达特总统与贝京总理于1978年签署埃以和平协议。但在2000年，它对克林顿总统却没有起到类似程度的帮助作用，虽然他曾仔细分阶段地寻求“提升1978年戴维营峰会的积极气氛”：

> 巴拉克被安排住在前埃及总统安瓦尔·萨达特住过的“多哥伍德”小屋，阿拉法特被安排在“伯奇”住所下榻——它稍微靠近克林顿居住的“阿斯蓬”，也是三栋房子中最宽大的一栋，这一微妙展示善意的安排也是为了减轻阿拉法特对落入陷阱的担心——

---

① 应该指出的是，华盛顿的酒店招待是由特别账户提供资金，与国务院海外使团的招待费用是分开的。

② 1949年10月，在其首次美国之行期间，印度总理尼赫鲁“对美国人在社交谈话中炫耀他们的财富大吃一惊。他发现杜鲁门在白宫宴会上的谈话根本缺乏刺激性，其主题竟然是肯塔基威士忌酒的优点！”见曼辛格所著《双边谈判》（Mansingh, “Negotiating Bilaterally,”），第256页。

③ 2007年7月，在弗吉尼亚州沃伦顿航空大厦举行的CCN专题讨论会上出现了这些不同的评估。

前以色列总理梅纳切姆·贝京曾使用过该小屋。[①]

根据丹尼斯·罗斯的说法，“1990 年 2 月邀请（赫尔穆特）科尔到戴维营——也是德国总理被首次邀请到那里——对加强‘2+4 谈判进程’至关重要……它也使这位总理获得一项明确无误的承诺：统一后的新德国必须是北约的一个成员国”。[②]

正如理查德·霍尔布鲁克所说，戴维营最初曾被考虑，但最后被否决作为代顿谈判地点的原因，就在于它被认为“太靠近华盛顿、地点太小、且太多‘总统色彩’，以及太容易被确认为 1978 年埃以谈判的翻版”。最终确定的地址虽然比总统森林休假胜地逊色不少，但对它的细心挑选却透露出一种演出技巧的考虑，即人们可能不会对一个被公认不重视外交礼仪国家的官员期待太多，如果不是戏剧性的话。赖特·帕特森空军基地提供了“美国力量的一个实体象征”，但同时也为“五位来访官员提供了住所，它们围绕一个停车场中心排列，彼此之间仅相隔几英尺”。这些“未被人提到的”建筑是“足够用，但是否优雅却很难说”。不过，它们完全适合“真正的近距离会谈；我们只需要 1 分钟就可以从一位总统住处走到另一位总统那里”。[③]

> 当时，它听上去真不像一个举行国际会议的地方。正如多布斯为《华盛顿邮报》撰写的评论所说，“这不是戴维营”。当我们告诉米洛舍维奇 10 月 17 日的消息后，他半开玩笑地抗议说，他不想“‘像一个牧师一样被关起来’……这些欧洲人习惯于在更奢华环境下谈判，他们完全不知道代顿是哪个地方，并对这个位于‘美国中部某个地方’的地址公开表示不快”。卡尔·比尔特也对军事基地的强硬形象感到担心。但我认为，有关美国空军力量的联想提示没有什么害处。[④]

① Clayton E. Swisher, The Truth about Camp David: The Untold Story about the Collapse of the Middle East Peace Process (New York: Nation Books, 2004), p. 252.

② Ross, Statecraft, p. 40.

③ Holbrook: To End a War, pp. 204, 233.

④ Ibid., p. 204.

霍尔布鲁克的辩护说明，与纯朴招待的情形类似，美国谈判者并非人们所想象的那样不重视给对手留下深刻印象。他们希望制造的印象不是一种奢华和极端优雅的外交伙伴，而是一个有明确目标和实干的国家，一个知道自己力量、决心争取具体结果的国家，不大愿意做礼节性的奉承，或以奢侈的宴会使对话者感到敬畏。美国人在谈判桌之外的谈判行为与其在正式谈判环境下的行为没有多大不同。

四、谈判桌之外的其他形式

牵涉到非政府群体或个人的 3 种谈判桌之外的外交形式——公共外交、双轨外交、和“单轨 + 半轨”外交——对单轨外交官员的工作均有意义。但它们各自对正式谈判的价值都是有限的。就公共外交而言，其对谈判的影响非常间接，几乎不可能做出评估。“单轨 + 半轨”和双轨的外交努力可与谈判进程微弱地联系在一起，但那些下决心自己掌控谈判的官员对之也常常抱以怀疑的态度。

（一）公共外交

美国公共外交咨询委员会将公共外交定义为，“寻求理解、告知和影响外国公众，以支持（美国）外交政策目标”。① 本杰明·富兰克林曾以亲自署名和各种化名发表介绍美国独立文章的方式间接呼吁英、法公众支持。自那以来，这种努力一直是代表美国付诸实施的。② 在二战和冷战时期，公共外交已开始采用机构形式展开，建立了“美国之音”（“美国之音”成立于 1942 年）和美国信息署等机构（美国信息署成立于 1953 年，1999 年撤消后被并入国务院，其大部分职能由负责公共外交和公共事务的副国务卿领导）。“公共外交”这一术语在 20 世纪 60 年代中期开始被广泛使用，它是

① United States Advisory Commission on Public Diplomacy, Getting the People Part Right: A Report on the Human Resources Dimension of U. S. Public Diplomacy (Washington, D. C.: United States Advisory Commission on Public Diplomacy, 2008), p. 2.

② Injy Galal, "The History and Future of U. S. Public Diplomacy," Global Media Journal 4, No. 7 (Fall 2005), http: //ics. leeds. ac. Uk/papers/vp01. cfm? outfit = pmt&folder = 7&paper = 2837.

将宣传与公共关系相结合、“向全世界讲述美国故事”的综合体系——以便在国外社会中促进美国的有利影响，尤其是美国文化和价值观的影响力。

公共外交可以采取许多不同形式，包括通过交流、提供学生奖学金和展览等形式促进双边文化、学术和民间社会的联系；通过各种文化交流项目，其中大多数由国务院（以前则由美国信息署）主办或出资；以及通过“美国之音”等大众媒体的广播和电视节目来影响外国听众的观点。后一种形式与本章开始部分所探讨的利用媒体问题有联系，但在某些方面也存在区别，且对谈判者的帮助有限。首先，公共外交有更广泛和更分散的长远目标，而不只是影响某项特定谈判的结果。其次，它通常需要很长时间（比许多谈判进程时间更长）才能产生任何可见的影响。第三，公共外交行动很少是由美国谈判小组组织和协调进行的。事实上，“美国之音”节目完全是由“美国之音”自身管理部门编辑控制的，并且，有时它的广播与政府对某个特定问题的政策是相互冲突的，从而给谈判对手及其政府带来有关美国政策意向的错误信号。

公共外交总体上对美国谈判者当然会有所帮助：通过长期宣传可能促使外国公众认为美国官员的的观点是可信的，并且觉得他（或她）的意图与当地的利益一致。它对某些相对较长时间或备受关注的重大谈判会有影响，例如，美国争取国际支持德国统一和第一次海湾战争期间的外交努力，但对这种影响力也很难衡量。此外，迄今人们对其有效性的估计也只是，公共外交只有在一种对美国漠不关心或同情它的环境下才能发挥作用。一位学者在20世纪60年代中期的著述中评论道，“公共外交无法在一种敌对的政治气候下发挥作用，因为在这种环境下，美国的行动和价值观是非常不得人心的”。[①] 在2005年的评论中，该作者断言，“无论公共外交或任何其他软实力都无法克服当今使用硬实力的后果”，尤其今日全球媒体能使公众迅速关注到美国行动与公共外交所宣扬的美国价值观之间存在的明显矛盾。[②]

这一论点也得到民意测验结果的有力证实——这些资料也指出了国际公共舆论的变化无常的性质。2007年，皮尤全球态度项目对24个国家的民意

---

① Ron Robin, “Requiem for Public Diplomacy?” American Quarterly 57, No. 2 (2005), p. 346.

② Ibid., p. 351.

调查发现，只有 10 个国家的多数公众对美国持支持态度，其他 14 个国家倾向于不支持。不过，仅仅两年后，不少于 16 个国家的多数公众转而对美国持赞同态度，持不支持立场者占多数的国家只有 8 个，比上次调查时几乎减少了一半。根据皮尤全球态度项目 2009 年 7 月发表的报告，“美国形象在世界大多数国家”的明显改善，“反映出全球对巴拉克·奥巴马的信任。现在，许多国家对美国的看法与 10 年前乔治·W. 布什当政之前的看法一样积极”。①

这种突然和重大的观点改变——显然受到华盛顿公布的议程变化和公众对高级领导人看法改变的推动——突出表明了公共外交所面临的外部挑战的特性。

（二）双轨外交

公共外交一般是针对大多数观众，包括全体民众，而双轨外交和“单轨 + 半轨外交”则试图影响占人口较少部分的精英阶层的观点。所有这些轨道的活动只是近几年才风行起来，反映出那些推动现代冲突的问题的复杂性，以及参与冲突的各种行为者的日益增多。它们受公众欢迎也证明越来越多人相信——主要是非政府组织的人们——有必要“由第三方的高层部门填充解决冲突工作的空白”。②

“双轨”外交是约瑟夫·蒙特维尔发明的一个术语，他对之定义为：“对立群体或国家成员之间非官方和非正式的互动：它们各自具有发展战略目标，试图影响公众意见，并组织用于解决冲突的人力和物质资源。”③ 这种互动通常受到某些非正式中间人的推动，与他们联合行动的是一些“与

① Pew Global Attitudes Project, Confidence in Obama Lifts U. S. Image around the World: Most Muslim Publics Not So Easily Moved (report released July 23, 2009), http: //pewglobal. org/reports/display. php? ReportID = 264.

② Diana Chigas, “Negotiating Intractable Conflicts: The Contributions of Unofficial Intermediaries,” Grasping the Nettle: Analyzing Cases of Intractable Conflicts, ed. Chester A. Crocker, Fen Osler Hampson, and Pamela Aall (Washington, D. C.: United States Institute of Peace Press, 2005), p. 126.

③ Joseph Montville, “Transnationalism and the Role of Track - Two Diplomacy,” Approaches to Peace: An Intellectual Map, ed. W. Scott Thompson and Kenneth M. Jensen, with Richard N. Smith and Kimber M. Schraub (Washington, D. C.: United States Institute of Peace Press, 2005), p. 262.

冲突各方有联系的非官方的有影响力人士”，如国会议员、学者、退休外交官、非政府组织领导人、记者及政治活动家。[①]

从美国官员角度来看，这些努力对于构思应对难以逾越的困难问题的解决方案和动员有影响力的精英阶层支持其谈判目标，具有特殊的帮助作用。新主意可被直接或间接引入谈判进程。国务院经常鼓励创建新的计划，从而将许多对现存问题有相关经验（而美国官员不具备这种经验）的重要人士，或本身不是政府官员，但与相关高级官员有密切联系的人士集合在一起。

历史上最著名和影响最深远的双轨外交行动之一是，达特默思学院1960年举行的达特默思会议。此次会议试图在美、苏有影响力的公民之间建立某种程度的相互理解。在随后40年间，这些与会者——他们中的所有人与各自国家决策者有紧密联系，其中部分人自己后来也成为决策者——建立起活泼和范围广泛的对话，帮助美国和苏联政府避免误解，克服分歧以及形成新的合作形式。达特默思的直接影响可从“1963年部分禁止核试验条约、1961年苏联重新评估美国中程核武器立场、1983年美苏重启谈判以及苏联对中东冲突的立场变化等发展”中感觉到。[②] 其间接影响也是多方面的，包括鼓励与会者、决策圈和广大公众发展共同语言并创建新思想和新合作形式。达特默思模式还鼓励其他类似的双轨创新行动，如塔吉克国际对话和美中对话。[③]

从跨文化角度来看，部分美国官员愿意考虑将双轨外交的成果引入官方谈判是很有趣的，表明了他们对专家意见的合法尊重和对新思想的开放态度。但是，许多其他美国官员远不情愿支持双轨外交努力，因为它们在其控制之外，并可能使官方谈判进程复杂化。例如，双轨外交为那些被排除在正式谈判进程之外者提供参与渠道，也可能为某些人提供机会反对官方谈判者达成的交易条件。此外，双轨外交意味着政府在某种程度上同意第三方的活动（或是为了向某个外国政府传递信息、或向冲突一方征求信息，或探索共同问题），这可能给美国政府带来风险：如果第三方超越授权将会使华盛顿陷入尴尬。它带来的另一个问题是，华盛顿必须在众多个人和组织中确定

① Chigas, “Negotiating Intractable Conflicts,” p. 133.

② James Voorhees, Dialogue Sustained: The Multilevel Peace Process and the Dartmouth Conference (Washington, D. C.: United States Institute of Peace Press, 2005), p. 345.

③ Ibid., pp. 351 – 355.

谁适宜担当这种双轨外交角色——华盛顿常常并不愿意做出这种极具政治敏感性的决定。当被问及双轨讨论是否对美国谈判者有帮助作用时，菲利斯·奥克利回答说，“嗯，这取决于具体环境……我不认为会很快产生回报。它实际上是为未来打基础的一个进程”。[①]

（三）“单轨+半轨”外交

对“单轨+半轨”外交的定义有各种不同版本，但它们均与双轨外交有区别，因为它可能涉及政府官员。罗杰·费希尔称之为“替代”的谈判，通常是由政府和非政府专家人员或相关常务委员会成员参加的非正式的工作会议。[②] 这些会议会产生或探测某些思想主张（他们是在“放飞测试气球”），或为某项特定谈判的目标建立政治支持。大多数定义均为非正式的第三方——非政府组织或个人——设计了一个角色：担当不偏袒任何一方的谈判推动者或中间人。正如戴安娜·齐加斯提出的以下定义：

> 在“单轨+半轨”外交活动中，非官方行为者（前政府官员和社会、宗教组织，如天主教会和贵格会教派）与政府官方代表一道推动和平解决冲突。“单轨+半轨”外交行动一般采取以下两种方式：直接居中调解，即官方调解人寻求通过调解手段推动解决冲突或某个争议中的问题；或采取协商方式，即非官方的第三方以不偏袒任何一方的方式促进相关决策者或谈判者进行对话以便解决问题。[③]

这种外交行动的最著名范例之一是，总部设在罗马的天主教世俗组织

---

① Oakley, interview, p. 53.

② Roger Fisher, “The Structure of Negotiation: An Alternative Model,” Negotiation Journal (July 1986), pp. 233 – 235.

③ Chigas, “Negotiating Intractable Conflicts,” p. 130. 其他有关“单轨+半轨”外交的讨论和定义可在以下文献中找到：Jeffrey Mapendere, “Track-One-and-a-Half Diplomacy and the Complementarity of Tracks,” Culture of Peace Online Journal 2, No. 1, pp. 69 – 74, http://www.copj.ca/pdfs/Jeffrey.pdf; Susan Allen Nan, “Track-One-and-a-Half Diplomacy: Contributions to Georgian – South Ossetian Peacemaking,” Paving the Way, ed. R. J. Fisher (Lanham, Md.: Lexington Books, 2005), pp. 161 – 173。

"圣埃吉第奥社团"（Community of Sant' Egidio）在20世纪90年代初期为推动莫桑比克冲突各方进行对话做出的成功努力。另一个例子源自美国和平研究所所做的工作：美国国务院曾要求它帮助菲律宾政府与莫罗伊斯兰解放阵线进行和平谈判。"国务院认为，该研究所作为一个具有准政府地位的行为者更适宜承担这种'单轨+半轨'外交任务，它比政府官方机构更容易与各方展开广泛接触。"① 在2003－2007年期间，和平研究所组织实施了"菲律宾促进项目"，帮助相关各方推出创造性的解决困难问题方案，如对"祖传领地"的定义，发起并组织对话以推动各宗教信仰间的合作，以及为当地历史教师和民间社会领导人进行培训。② 考虑到美国政府在该地区推行的反恐行动目标，国务院很难与棉兰老地区穆斯林社会展开合作。"菲律宾促进项目"计划最初也受到当地叛乱组织的怀疑，但他们逐渐与莫罗伊斯兰解放阵线和菲律宾政府展开富有成果的对话。③

美国人在其他一些"单轨+半轨"外交行动中也扮演了主要角色，但几乎都是以非官方调停者或中间人的身份展开活动——前总统吉米·卡特和设在埃默里大学的卡特中心就是这种"单轨+半轨"外交行动的卓越执行者。美国政府很少作为一方参与"单轨+半轨"外交性质的谈判。当它实际参加时，它或者行动非常短暂——例如，在美军入侵海地之前，由前美国官员组成的两党小组被派往该国劝说海地军政府和平放弃权力④——或以模糊的形式出现，例如，1994年，吉米·卡特前往平壤与金日成会晤，以缓和美国与北朝鲜政府之间的紧张关系。

---

① G. Eugene Martin and Astrid S. Tuminez, Toward Peace in the Southern Philippines, Special Report No. 202 (Washington, D. C.: United States Institute of Peace Press, February 2008), p. 1, http://usip. org/pubs/specialreports/sr202. pdf.

② Ibid., p. 2.

③ 当美国驻马尼拉大使馆撤回对这一"单轨+半轨"行动的支持后，该项目最后被（过早地）中止，而菲律宾官方抵制与莫罗伊斯兰解放阵线达成的协议也使谈判遭到破坏。

④ 海地插曲是否符合"单轨+半轨"外交仍值得探讨。杰弗里·马蓬迪尔在卡特中心担任"解决冲突项目"副主任期间曾撰文（见 Mapendere, "Track-One-and-a-Half Diplomacy," p. 72）指出，吉米·卡特，该三人小组成员之一，是应海地领导人拉乌尔·塞德拉斯邀请前往太子港的。但也有其他说法称，该小组是克林顿总统派遣的——这样就很接近单轨外交行动而不是"单轨+半轨"性质的外交努力。见：Robert J. Art and Patrick M. Cronin, "Coercive Diplomacy," Leashing the Dog of War: Conflict Management in a Divided World, ed. Chester A. Crocker, Fen Osler Hampson, and Pamela Aall (Washington, D. C.: United States Institute of Peace Press, 2007), pp. 304－305。

当美国与另一个国家政府之间的通讯长期中断，双边关系处于敌对状态环境下，“单轨 + 半轨”外交努力将与双轨计划行动一样，对美国官员具有很大的潜在价值。但即使在这种环境下，美国官员也不愿意将谈判控制权让与他人，即使是前美国总统（或许尤其不愿意转让给后者）。克林顿政府支持卡特访问平壤，但后来又感觉这位前总统在那里的行为超越了其被授予的权限。“吉米 · 卡特从平壤返回华盛顿后受到的冷遇接待表明，非官方调解人可能被认为是在干预相关政府部门或调停者的政策。”①

如果卡特总统的朝鲜之行证明了为什么美国谈判者很少并且很不情愿使用“单轨 + 半轨”外交模式，那么，这同一范例也展示了美国谈判行为的一个更普遍现象：美国人之间在决定和实施谈判战略方面存在竞争。几乎所有国家在这种问题上都存在某种程度的内部争论，但在华盛顿，这种争论的规模和强度却使美国自身陷入一种联盟争斗。正如下一章所阐述的那样，各机构间的对立竞争、立法机构与政府执行机构之间的斗争、内阁成员之间的内斗，以及代表团内部的分歧等等均表明，美国人自己之间谈判的激烈和残酷程度超过了他们与任何其他国家的谈判。

---

① Diana Chigas, “Capacities and Limits of NGOs as Conflict Managers,” Leashing the Dog of War, p. 557.

第五章 美国人与美国人谈判

冷静参加外事谈判的美国人很快就认识到一个事实，“他们最困难的谈判任务是与华盛顿的谈判”，[①] 托马斯·皮克林评论道，他是最具有经验的美国大使之一。新加坡高级外交官陈庆珠的评论更加直率：“如果要我说出一个比例，我会说美国的谈判有 20% 是与外国进行的，却有 80% 发生在国内各部门之间。”[②] 即使对那些饱经风霜的外交官来说，与政府各执行机构谈判或与国会打交道，历来都是很大挑战。正如雷蒙德·塞茨大使所指出：

> 美国政府是很分散的。我们遵循的特别方式令外国人大惑不解。我们喜欢我们的制度，因为它非常民主，但它经常缺乏效率和混乱：有许多执行部门和机构在相互竞争，白宫忙于处理政治问题，缺乏负责决策的内阁机构，并且还有国会的利益。这也是无法改正的事情，或许应该改进它，但了解我们政府的性质是对一个大使的基本要求，如果他要在这一领域有效工作的话。[③]

由于认识到这一事实，外事学院提供了“正式谈判前在各机构间进行协调”及与国会关系的相关培训课程。正如鲁斯·怀特赛德所指出，美国外交官必须“始终盯着国会”，因为“当一天结束后，你会遇到许多对你感

---

① Pickering, interview, p. 10.

② Chan Heng Chee, “Different Forums, Different Styles,” 本书第 236 页。

③ Raymond Seitz, *First Line of Defense*: *Ambassadors*, *Embassies*, *and American Interests Abroad* (Washington, D. C.: American Academy of Diplomacy, 2000), p. 51.

兴趣的国会人员，他们知道你正在谈判，并喋喋不休地告诉你什么能做，什么不能做”。[①] 外交官员也必须了解国内体制：在谈判之前和谈判期间，美国官员必须与之接触，如果他想避免自己在谈判桌上的行为令他们感到不解或失望的话。

外交谈判的这种内部方面因素对美国并不奇特。即使在专制政府中，不同派别和个人也会在幕后竞争确定国家的谈判议程和战略，如果不是直接控制谈判行动的话。在民主政体中，竞争倾向更加公开并牵涉到更多参与者，虽然公开程度和涉及多少人取决于各国的制度和统治传统。例如，日本作为一个高度多元化的社会，公共政策决策“是通过高度斗争性的官僚体制和推动共识的发展程序”达成的，它们由相对虚弱的执行机构、拥有极大权势的政府官僚、利益集团和关注具体问题的国会“部落”议员共同执行。[②] 日本谈判者的实践结果与美国官员的经历非常相似：

> 达成（内部政策）共识的需要意味着，日本确定谈判立场的进程很缓慢，并且在谈判进程中被严格限制不得脱离该立场。它进入谈判时可机动的空间很小，基本上排除了利用交易替换、欺骗和马基雅维里式的不择手段等战术手段。可预料的妥协让步早在国内确定谈判立场的共识形成过程中已经确立。当面临对方在谈判中提出让步要求时，日本人可能会说：“我们已经这么做了！”[③]

然而，尽管民主国家具有这些共同之处，美国民主体制与其他国家体制的区别是显而易见的。美国人之间的谈判方式反映了美国国内力量、文化模式和机构分布的独特性。在美国，政府各机构间的分权，决定了其内部谈判的程度必然超过其他国家。菲利斯·奥克利评论说：“外国人经常对美国政府的多权力中心感到大惑不解。”[④] 它们反映出该国的体制和政治因素：华盛顿官僚内部谈判目的不是要达成共识（如日本政治文化那样），而是争取相关赌金保管者——尤其是总统——的支持。此外，政策的形成是根据选举

① Whiteside, interview, p. 25.

② Blaker, Giarra, and Vogel, *Japanese Negotiating 'Behavior'*, pp. 10 – 11.

③ Ibid., p. 11.

④ Oakley, interview, p. 7.

时钟的滴答声来确定的，每次国会选举后都要重新进行校订，而每当新政府进入白宫后，则要完全重新确定。

由于意识到必须平衡国际和国内政策目标，政府执行机构寻求保持最大可能的谈判灵活性。由于与总统所持的整体国家立场不同，国会议员通常更关注他们自己选区和某些特别利益集团的利益。因此，国会常常寻求限制执行机构的灵活性。迪安·艾奇逊是第一个领导本部门与国会就外交政策问题打交道者，根据他的说法：

> 执行机构提出行动计划和建议；立法机构提出批评意见、限制、修订或否决……一旦人们认为国会将会提出很受欢迎的计划，总统则会持更保守的谨慎态度……不过，那些催促行动的重大问题的复杂性和紧迫性，以及各选区性质的不同，使总统成为积极和创新的计划发动者，而国会议员则成为更加保守的抑制者。①

虽然开始或结束与外国谈判的决定权由总统掌握，但国会和政府执行机构常常能合作决定某些特别谈判的“底线”。②

本章探索美国政府制度的结构和内部动力如何帮助确定谈判目标、时间表和战术。它首先检查国会的影响作用。这种作用是宪法明文规定的，带有美国公众偏狭观点的色彩，也深受某些美国总统的厌恶——但对美国谈判者却并非不能带来益处。本章随后将评估美国选举对美国与外国政府谈判行为的影响，尤其是选举周期和政府变化对谈判本身、谈判立场的延续性以及机制性记忆的影响。从国会山和白宫的新古典光辉到雾谷（国务院所在地）、五角大楼及华盛顿其他官僚机构的走廊和办公室，本章将对这些机构竞相向总统进言和对谈判者进行控制等情况进行探讨。谈判者寻求特定结果的挑战在于，如何从所有这些赌金保管者中确定最关键者，并确保总统能适当接触相关问题。

在谈判之前和谈判期间，美国谈判者通常会受到华盛顿所发生情况的影响。但他们并不能因为这种美国谈判产生的谈判指导方针、目标和结果的影

① Acheson, *Present at the Creation*, p. 99.

② Neumann, interview, pp. 12, 15 – 16; Pickering, interview, pp. 69 – 71.

响而避免受到指责。相反，如同本章最后部分所解释的那样，美国外交官在政治上容易受伤害的程度仅在很少几个其他民主国家可见——这种脆弱性，至少部分而言，是美国对与外国进行谈判的整体行业的矛盾心理所造成的。

一、束缚与激励：国会的影响

美国国会通过各种方式影响政府的谈判行动。在二战之前，国务院很少就外交政策问题与国会协商，除非——按宪法规定——某项政策涉及到条约谈判。不过，自 1943 年以来，在战后欧洲复兴计划项目的费用需要迅速获得国会批准的情况下，国会对外交事务获得了更大发言权。今天，通过年度预算审批程序和执行监督职责，国会已能够对具体谈判目标和实施行使强大的影响力。

从谈判者角度来看，国会似乎经常只想让外交官的日子更加难过：反对他们费尽心机达成的条约，限制外交机动空间，以及批评与外国达成的合乎实际的妥协。不过，如果对外谈判中的某个问题涉及某些议员或其选区的利益，国会也能够给谈判者提供有力杠杆，并且强烈鼓励使用它。

（一）强大的宪法作用

从总统开始直至最低一级外交官，美国谈判者必须遵守美国宪法中对外交政策行为的相关条文规定。他们也从美国过去的谈判实践和最高法院的判决——后者帮助形成各届政府的权威和职责范围——中获得新附加的指导方针。虽然总统受宪法授权发起和指导与外国政府的谈判，但任何条约必须至少获得参议院 2/3 成员的批准。对于那些非自动生效的条约，国会经常必须通过相关立法来批准总统签署的条约。因此，总统及其领导的政府必须时刻观察国会可能出现对美国谈判立场的反对态度，以防止参议院在审批进程中修改条约条款。如果条约条款发生变动，执行机构必须就条约重开谈判——实际就是移动相关解决方案的目标门柱。

参议院——在许多情况下反映了美国公众对与外国达成协议的谨慎态度——经常利用宪法授予其的对条约的职责，限制执行机构在国际舞台上的机动空间。参议院在其自己的网站上强调指出，在美国成立后的最初 200 年间，参议院对其收到的150份条约中的约10%没有给予批准。其中的23份被否决，因为它们没有获得所需的参议院2/3多数的批准。“在大多数情况下，当参议院领导认为无法获得参议院多数批准时，参议院根本就不对其进行投票表决。通常，这些条约最终被撤回。”① 在其他某些条约个案中，参议院附加了保留意见、非正式协议和相关声明，它们被统称为“RUDs”。有43份条约从未生效，因为对它们的相关保留立场或修订对总统和其他国家、或条约相关国家来说，是无法接受的。另外85份提交参议院的条约后来被撤回，因为没有对之采取任何行动。参议院内部的委员会程序意味着，执行机构提交的条约语言可能永远无法使其付诸表决。某些条约被参议院外交委员会搁置数年、甚至数十年而未对之采取任何行动。② 如果总统不将国会反对的条约提交给下届国会批准，该条约即被认为已经撤回。

历届总统曾寻求通过各种方式避开国会的限制。例如，尤其自二战结束以来，他们越来越多地选择“行政协议”的模式，后者从理论上不需要获得参议院的正式批准，虽然就哪些问题可通过谈判达成行政协议这一点上仍存在激烈争议。今天，美国是5000多份国际行政协议的一方，但与外国签署的条约仅有900份。

二战期间，建立联合国善后救济总署的谈判突出说明，在谈判进程初期与参议院进行协商是明智的。1943年，当杜鲁门领导的联合国宣言起草委员会向国会提交其设想计划时，时任副国务卿的迪安·艾奇逊预料对方不会对之产生多大兴趣。毕竟，总统在简单通报国会某些议员后，没有产生多少反应。艾奇逊回忆说，他预料“可能如同红十字会引起的评论那样寥寥无几，但（我）完全错了”。例如，阿瑟·范登堡参议员因为没有与他进行广泛协商而气得脸色发青，而当他被告知该协议草案将不会被提交国会批准时，他开始大发雷霆。在对这一政治风波进行反思时，艾奇逊强调指出，政府的错误——后来再没有重复过——是“未能促使国会参与这一伟大行动”。③

国会参与外交事务不只限于决定是否批准对外条约。长期以来，“钱袋

① http://www.senate.gov/artandhistory/history/common/beifeing/Treaties.htm.

② 同上。

③ Acheson, *Present at the Creation*, pp. 70 – 71.

的权力”一直是国会的主要杠杆，而后者也是唯一由宪法授权对外贸征税和实施管理的机构。国会利用这一杠杆寻求限制执行机构的内外政策权力。当国际问题牵涉到贸易或预算问题时，国会就特别注意运用其权力。不过，参议院外交关系委员会和众议院外交委员会——以及它们属下的多个小组委员会——不只限于关注预算问题。它们也开始行使有关对外事务的更广泛的职能：从批准总统提交的驻外大使人选提名、监督外援项目、到评估维和使命等各个方面。国会在其他外交政策决策领域也有其立法作用。例如，1973年战争权力决议案就是试图扩大国会在战争决策权方面的影响力。①

当美国谈判者的誓词涉及到物质和人力资源时，国会表现出最明显的兴趣。“决不能想当然地认为可获得国会支持”，前美国驻联合国大使理查德·霍尔布鲁克评论说。“没有它的支持，几乎不可能就某个争议性问题制定和实施政策——而将美国军队置于危险境地则导致了最大的争议”。霍尔布鲁克和他的同伴在酝酿代顿和谈期间再次领教了这种教训。当时，国会对克林顿政府政策的批评不断升级，1995 年 10 月 30 日，众议院“给政府当头一棒”，“以三比一的比例投票通过一项不具约束力的决议案，要求政府在获得国会批准之前不得在波斯尼亚部署军队”。②

面对这种反对，克林顿政府试图就该问题重新建立框架，以便劝说国会议员及美国公众接受政府议程的智慧。乔治·H. W. 布什也被迫以同样方式策划第一次海湾战争。面对时任国务卿詹姆斯·贝克所形容的“政府无法对总统以武力将伊拉克军队驱逐出科威特的政策提供前后一致的合理解释”的局面，美国公众也难以相信有必要部署美国军队。③ 因此，布什政府寻求说服国会相信，它已经做出了除以战争手段推翻伊拉克政府之外的一切其他努力，以确保国会通过相关决议案支持美国使用武力，而这种决议案也能帮

---

① 实际上，某些观察家认为，该决议案对总统权力并没有多大限制，因为总统仍可发动为期 90 天的任何战争。见米勒公共事务中心发表的《国家战争权力委员会报告》（*National War Powers Commission Report*, Charlottesville, Va.: Miller Center of Public Affairs, University of Virginia, July 2008），第 21 页。2008 年，由沃伦·克里斯托弗和詹姆斯·贝克领导的委员会呼吁废除这一旧法令，并通过出台新的战争权力法案来明确各部门的协商责任和权力。见卡伦·德杨，“前国务卿提议新的战争权力政策，”（Karen De Young, “Ex-Secretaries Suggest New War Powers Policy,”），《华盛顿邮报》，2008 年 7 月 9 日。

② Holbrook, *To End a War*, pp. 173, 225.

③ Baker, *Politics of Diplomacy*, p. 336.

助美国公众减轻对该政策的怀疑。布什和贝克给萨达姆·侯赛因提供最后一个和谈解决危机的机会，是为了向国内批评者证明，他们已经如同布什总统反复说过的那样“在和平道路上走完了最后一英里”。正如贝克所回忆，“只有在提供这些会谈后，我们才有希望促使国内就发动战争问题达成必要共识”。[①] 但该提议给政府的对外谈判却带来了不利影响。

> 该提议导致我们的许多欧洲和阿拉伯盟国猜测，我们真的不想使用武力并在竭力寻找一条避开冲突的途径。必须保守秘密也产生了一种混乱的预感，我们花费了好几天才将其消除。很可能萨达姆也错误地将我们的提议视为一种软弱的迹象……
>
> 我们的部分国际盟友，尤其沙特和科威特，非常担心会谈可能导致如下恶梦景象：萨达姆率领其军队毫发无损地撤离科威特。他们对自己毫不知情也感到非常不快。[②]

贝克不得不向联盟成员国解释说，他认为会谈将会失败。当他“1月9日在日内瓦（与伊拉克副总理塔里克·阿齐兹）的会谈未能取得突破后，国会的反对立场开始瓦解”。[③] 五年后，克林顿政府也同样面临国会反对部署美国军队（这次是在波斯尼亚），并且与布什和贝克一样，克林顿和他的国务卿沃伦·克里斯托弗也不得不花费几个月时间劝说国会支持向海外派遣美国大兵。

国会不仅直接，而且也间接施加影响。例如，如同渡边幸治所评论，对某个问题的日益政治化可对谈判进程带来重大影响：

> 由于国会也时常讨论贸易谈判，贸易谈判必定被政治化，从而很难达成生意人式的解决方案……（在上世纪80年代与日本进行的高度政治化的贸易谈判中）美国谈判者常常采取高压和咄咄逼人的态势，不断提出一个又一个新要求，迫使日本不情愿地同意做

① Baker, *Politics of Diplomacy*, p. 350.

② Ibid., pp. 351-352.

③ Ibid., p. 344.

出一系列让步，其中某些让步给日本经济带来长期的不利影响。[①]

国会不仅集体施加影响，而且也通过议员个人实施影响。一个著名例子是，查理·威尔逊众议员在阿富汗—苏联战争期间在阿富汗境内进行的秘密行动。这一卓越范例说明，一名国会议员能够达成多大的成就。[②] 还有许多其他参议员和众议员以不同方式使外界感觉到他们的存在。众议员或参议员经常就他们个人或选区感兴趣的问题发表公开评论，或进行私下游说。他们能够迅速促使当地或全国的搜寻灯光集中照射到某个先前被媒体和公众忽视的国家或问题上。例如，2007 年 1 月，汤姆·兰托斯，众议院外交委员会主席，在国会听证会上要求布什政府中止正在进行中的与马来西亚自由贸易协定谈判，除非马来西亚 SKS 集团公司停止实施与国营的伊朗全国石油公司达成的一项总额高达 160 亿美元的开发伊朗南部油田的交易。[③] SKS—伊朗谈判交易继续进行，但兰托斯的干预使自由贸易协定谈判更加复杂化。

总的来说，美国国会对外交政策的影响力可能超过世界任何其他国家的立法机构。但这对美国是有利还是不利，仍是一个有争议的问题，并且在很大程度上取决于争议者是为国会山还是为雾谷服务。老资格外交官查尔斯·弗里曼对国会作用的看法自然是否定的。“外交政策本质上就是一种秘密行动”，弗里曼宣称，“它涉及什么是可能的，什么是不可能的，以及什么时候可能，什么时候不可能等复杂判断”。弗里曼断言，只有执行机构能够做出这种判断，因为“国会本质上就是变化无常的，它没有一个共同观点或单一观点……它对对方情况也了解不多。我认为，它无法做到感情投入，因为外国人并不投票”。国会也缺乏辨别能力，因为立法机构能够禁止或授权，但不能够执行和实施行动。“立法机构的本质是建立严格参数。而在现实世界中，这些参数经常产生反作用。”弗里曼的结论认为，“权力分立……对我们有效执行外交政策是一种障碍，它在我们所称的‘枪声大作’

---

① Watanabe, “Negotiating Trade,” p. 205.

② George Crile, *Charlie Wilson's War: The Extraordinary Story of the Largest Covert Operation in History* (New York: Atlantic Monthly Press, 2003).

③ “U. S. Threats to Halt FTA Negotiations,” Malaysian, February 2, 2007, http: //the-malaysian. blogspot. com/2007/02/us-threats—to-halt/franegotiations, html.

期间并不起多大作用，但在‘枪声相对稀少’时期，它的作用却越来越大”。[①]

诚然，在国会采取猜疑和公开批评态度或直接参与政府行动的情况下，强有力和灵活的外交政策是很难实施的。亨利·基辛格——一个不欢迎外界干预其工作的人——对他所称的亨利·杰克逊参议员的“精炼老道的操纵技巧”自然很不欣赏，后者利用“其操纵各政府机构的手段”对连续几届政府的对苏政策以及与苏联的谈判形成了有效束缚。[②] 针对1974年贸易法的“杰克逊—瓦尼克修正案”规定，延长苏联最惠贸易国地位必须与允许所有希望离开苏联的犹太人移民的政策行动挂钩。

杰克逊—瓦尼克修正案的支持者们将其鼓吹为应该做的“正确”的事情，是一种保护个人权利、反对专制政府压迫的行动。事实上，在大多数情况下，国会在外交领域的行动更多是受到政治和道义的推动，而不是出于现实可行性考虑。在过分简单化的风险下，国会——在美国人之间谈判的框架内——可被视为代表美国谈判中的道义的一面，而白宫和国务院则显示了其事务性和霸权的思想方式。蒙蒂格尔·斯特恩斯，一位前任大使，评论说，“国会议员很容易对外国内外政策行动做出道德判断，且不用在国内担负多少政治责任”。为说明其论点，他进一步指出，“1976年，国会授权国务院发表年度报告，以对所有接受美国军事、经济援助的国家的人权纪录进行评估。卡特政府对这一举动表示欢迎”，因为它支持了政府的人权政策重点，但外交官们指出，“政府在准确衡量相关标准和客观应用方面将面临困难”。[③] 斯特恩斯还评论说，“1973年，基辛格这位超现实主义者在参议院外交关系委员会面前寻求批准其担任国务卿时…也感到有必要口头赞美”美国外交政策的道德含义，他庄严宣称，“在我们整个历史中，我们一直认为，我们的所作所为均基于我们自己深刻的道德价值观之上。除非美国具有超越自身的意义，否则她对自己是不真诚的。从这一精神意义上说，美国绝不是孤立主义者”。[④]

---

① Charles Freeman interview, pp. 61 – 63.

② Kissinger, *Diplomacy*, p. 747.

③ Monteagle Stearns, *Talking to Strangers: Improving American Diplomacy at Home and Abroad* (Princeton, N. J.: Princeton University Press, 1994), pp. 9 – 10.

④ Ibid., p. 47.

（二）一种孤立的天性

正如基辛格非常了解的那样，除精神特性之外，美国在许多其他方面一直是孤立主义的典范。直到第一次世界大战之前，它一直避免与欧洲"结盟"，并且在战争结束后又很快恢复其孤立主义立场。国会历来有鼓吹孤立主义的传统，其破坏美国谈判者成果的最著名范例是，曾两次拒绝批准凡尔赛条约，并拒绝参加国联，从而使伍德罗·威尔逊总统促使美国成为新国际集体安全体系堡垒的梦想破灭——而且还应指出的是，国会使美国外交官们很少有机会在两次世界大战之间的岁月里开展多边外交。

自那以后，孤立主义的运气一直上下浮动。珍珠港事件后它被摔入水中，而在冷战期间更是沉入水底。但在20世纪90年代初期又开始浮到水面，在"9·11"事件后再度消失。在所有这些不同时期，国会持续显示了一种孤立的天性，并影响到美国谈判者的工作。

国会经常对联合国的工作表现出特别兴趣——或特别反感。外国大使们有时也寻求与国会接触，并向其议员保证，联合国及其他多边组织的决策不会伤害美国利益。但是，国会对联合国抱有如此深的怀疑，必须极其敏感小心地处理联合国层面的谈判。外国代表注意到，在联合国与美国人竭力谈判后，他们感觉自己似乎被拖到国会面前参加其听证会。[①]

考虑到国会对联合国机构的较大财政投入，国会对联合国价值的怀疑态度给纽约美国外交官的工作也带来了很大影响。由于美国官员清楚地知道国会一直在对他们进行密切监督，因而他们常常不愿意与联合国伙伴进行讨价还价、为长远利益做出牺牲、或为达成一些稍欠完美的协议而努力。由于同样原因，国会如果对联合国总部发生的情况感兴趣，也能给那里的美国谈判者带来相当大的帮助。在乔治·W. 布什政府时期，参、众两院通过的相关立法，使美国驻联合国常任代表约翰·博尔顿能够大力推动对联合国体制进行重大改革。2005年，众议院外交委员会主席亨利·海德制定的《联合国改革法案》威胁要将美国提供给联合国的资金——占联合国年度预算20%以上——削减一半，除非它的管理模式发生重大变化。虽然该法案在众议院

---

① 2007年7月，在弗吉尼亚州沃伦顿市航空大厦举行的跨文化谈判专题讨论会上，一些前外国官员表达了这种观点。

获得通过，但却因在参议院被搁浅而从未成为法律。即使如此，这一立法背景使博尔顿在2005年推动联合国改革进程中得以发挥重大影响。

由于此前国会曾提出要减少对这一世界机构的支持或提出附加条件，博尔顿的威胁具有很强的可信性。例如，1986年针对“外交关系授权法”的卡斯鲍姆—所罗门修正案，实际上使美国在1986和1987财政年度减少了约20%的贡献支出。[①]

1994年，克林顿政府试图与国会领导人达成一项“大交易”；其方式是通过谈判与联合国达成一揽子改革协议，以换取议员们同意支付所有或大部分美国欠款。[②] 该交易最终于1999年达成。当美国的条件获得满足后，美国于2001年开始正常支付。

不过，国会的孤立主义天性对美国外交政策的影响程度也不可过高估计。当面对一位决心在国际舞台实施干预的总统时，国会只能做——或希望做——这么多。当美国自身利益面临危险时，国会也能接受总统提出的全球接触政策。富兰克林·D. 罗斯福和乔治·W. 布什的政治立场是如此不同，但他们均宣称，美国国内自由和安全取决于美国保护国外的自由和安全。1942年2月23日，罗斯福总统在其“炉边谈话”中提出，“当前的伟大斗争日益告诉我们，世界任何地区的个人自由和财产安全取决于这些地区的权力、自由和公正的安全”。[③] 66年后，布什在其第二份国情咨文中宣布，“为我们公民的建立繁荣未来……取决于抗击国外敌人和推进世界各困难地区的自由”。[④]

当然，这种声明共同表达了美国社会中盛行的道义动力，同时也可被视为其海外干预的现实理由——或某些外国听众看来，是在为展示超级大国力量进行合理化辩护。无论这些海外接触理由的背后动力是什么，它们常常占据了优势。华盛顿总统可能确实警告不可“卷入外国事务”，但“美国现在已是承担了数千项国际义务责任的一方，这些义务被一一列入2007年版

---

① Edward C. Luke, “Reforming the United Nations: Lessons from a History in Progress,” *International Relations Studies and the United Nations*, Occasional Papers No. 1 (2003), p. 34.

② Ibid., p. 44.

③ 这篇广播讲话的全文可在以下网页中找到：http://en.wikisource.org/wiki/Roosevelt's_Fireside_Chat,_23_February_1942。

④ 该讲话全文来自以下网页：http://www.whitehouse.gov/news/releases/2008/01/20080128-13.html。

《有效条约集》的510页长卷中”。[①] 尽管民主和共和两党均拥有源远流长的孤立主义意识，但过去一个世纪以来，历届总统领导美国卷入海外冲突已超过100多次。[②]

（三）利益集团的间接影响

国会拥有影响谈判的能力意味着，那些能影响国会的人——院外活动集团游说者、特殊利益集团、国外散居者和移民团体——亦能够对谈判施加影响，尽管是间接的。[③] 在美国，少数族群院外活动集团不仅数量可观，而且在许多情况下有完备组织，能够以投票和提供竞选资金的方式，向那些支持其海外弟兄的政治家提供选举支持。有时，总统本人也很留意这种院外活动集团的影响力。例如，根据一位学者的观点，爱尔兰裔美国人在鼓励克林顿总统亲自参与解决北爱尔兰争端方面发挥了重要作用。[④]（不过，人们也知道，一些总统向其谈判对手夸大了少数族群游说集团的影响）。[⑤]

参议员和众议员有时也会为少数族群院外活动集团的事业服务，他们实

---

① Ted Widmer, *The Ark of the Liberties* (New York: Hill and Wang, 2008), xviii.

② Ibid.

③ 少数族群院外活动集团对美国外交政策的影响决不是最近才有的新现象。见托马斯·安布罗西奥主编的《民族身份集团与美国外交政策》(Thomas Ambrosio, ed., Ethnic Identity Groups and U.S. Foreign Policy, Westport, Conn.: Praeger, 2002)。

④ 约瑟夫·奥格拉迪：“美国爱尔兰政策的诞生：克林顿与过去决裂”，(Joseph O'Grady, “An Irish Policy in the U. S. A.: Clinton's Break with the Past,” *Foreign Affairs*, No. 3 (1996), pp. 2 - 8)。另一本研究专著也注意到爱尔兰裔美国人的相关努力——尤其在1845 - 1847年爱尔兰土豆大饥荒后——以“促使华盛顿与伦敦冲突，期望以此争取爱尔兰独立”。见：Tony Smith, *Foreign Attachments: The Power of Ethnic Groups in the Making of American Foreign Policy* (Cambridge, Mass.: Harvard University Press, 2000), p. 48。

⑤ 例如，对1943年富兰克林·D. 罗斯福总统与斯大林一次谈话的原因进行的探讨透露，罗斯福告诉斯大林说，接受苏联统治波兰可能导致失去600 - 700万波兰裔美国人的选票，但他不会为之所动——尽管这差不多正是他在雅尔塔会议上做出的让步。见：Warren F. Kimball, “Principle and Compromises: Churchill, Roosevelt and Eastern Europe”, Paper presented at the Annual Churchill Conference, Boston, October 1995, http://www.winstonchurchill.org/learn/biography/the-war-leader/yalta-1945, p. 164. “事实上”，金鲍尔写道，“罗斯福在与斯大林的谈话中极大夸大了‘波兰选票’的数量，他所称的600 - 700万波兰裔美国人——阿瑟·施莱辛格称之为‘凭空捏造的罗斯福式夸张言辞’——实际上不到该数字的一半，其中许多人并不是投票选举人。或许，这种夸张更多是一种精心设计的手法而不是阐述实际情况，因为这使罗斯福得以逃避为以下政治现实承担责任：即他、丘吉尔和斯大林的红军在短期内即将造成的现实是，波兰的独立将取决于莫斯科的自我克制而不是英美的共同保证”。

际上经常通过引入新的立法或其他手段，限制执行机构对游说集团相关利益问题的政策选择。院外游说者成功影响谈判的例子包括1974年对土耳其实施禁运，该行动得到希腊裔游说者及杰克逊—瓦尼克修正案的支持，后者更是得到美国犹太团体的强烈支持——当时，包括斯塔普尔顿·罗伊在内的许多美国官员认为这是国会限制外交机动空间最突出的一个范例。[①] 菲利斯·奥克利回忆说，她在进行有关滞留香港越南难民问题谈判时，"时刻"都能感受到越南人社团施加的政治压力：他们"在加利福尼亚拥有许多投票能力"，并且通过难民声援组织、退伍军人协会及其他非政府组织"在美国建立起非常强大的政治力量"。[②] 更近的例子包括《叙利亚责任法》（2003年）、《加强台湾安全法》（2000年）和《支持自由法第907条》（1992年），后者是直接针对阿塞拜疆的法案，反映了亚美尼亚人社团在美国的影响力。[③]

在某些情况下，还可直接对政府施压，要求它不同某个特定国家谈判。国会对任何试图接近菲德尔·卡斯特罗的行动一直持激烈批评态度，虽然其行动只是一些吹毛求疵的动作。在20世纪90年代，被统称为"赫尔姆斯—伯顿法"的两项法规寻求加紧对古巴制裁。不过，在21世纪初期，随着菲德尔·卡斯特罗健康衰退和逐渐放弃权力，先后出台的其他立法则试图推动该国的民主发展，并以各种方式向古巴人民提供支持。[④]

不过，通过这种复杂的利益集团来影响外交政策是很不寻常的——在古巴个案中，它反映了近60年来美国出现的各种古巴人组织的不同意见。更普遍的现象是，各种利益集团寻求通过国会影响美国谈判议程，以便获得更直接和更实在的利益。即便如此，这种利益也经常被——或至少被谈判者自己——隐藏在原则的特洛伊木马中。渡边幸治讲述了20世纪80年代后期至20世纪90年代初期日本与美国举行的消除战略障碍计划谈判的情形。战略障碍谈判的初衷是要根除损害两国经济利益的结构性障碍。美国谈判者——

① "（国会施压）最明显的个案是杰克逊—瓦尼克修正案的通过，国会通过该修正案将有关犹太移民的条款强加给我们。"见：罗伊，采访记录（Roy, interview），第26页。

② Oakley, interview, p. 18.

③ Brezezinski, *Second Chance*, p. 198.

④ Mark P. Sullivan, *Cuba: Issues for the 109th Congress*, CRC Report for Congress (Congressional Research Service, December 19, 2006, pp. 13 - 14), http: //www. au. af. mil/au/awc/awcgate/crs/r132730. pdf.

在国会压力下——竭力要求日本改变限制建立大型百货公司、超市和其他大型商场的法律。渡边指出，“美国的压力促使日本经济和贸易部决定修改法规”。不过，随后发生的情况表明，以美国为基地的“RUs 玩具公司”此前一直要求美国贸易代表和国会帮助其在日本开设商场。今天，日本已经有不少于25家“RUs 玩具公司”开设的商场。①

（四）关系的两面性

外国外交官——以及许多美国官员——倾向于认为，国会作为一方，白宫、国务院和其他美国谈判机构作为另一方，这二者之间的关系基本上是对立的：国会只会摧毁、反对或破坏美国谈判者的工作。不过，在许多情形下，二者之间其实是一种相互补充和支持的关系。

首先，国会是宪法制度中权力牵制和平衡的基石。正如陈庆珠所指出，“权力分割为重新检验政策提供了机会”，并且可避免“做出轻率和鲁莽的决定决策”。美国谈判者“更关注他们签订的协议如何在华盛顿起作用，特别是那些需要国会批准的条约和协议”。“对美国而言，同时也对谈判的另一方而言，特别是在双边自由贸易区谈判中，测试市场以及了解市场所能接纳的程度是谈判过程中一个重要的组成部分。”②

其次，正如约翰·博尔顿坚决推动联合国改革过程中所显示的那样，国会既能限制美国谈判者的灵活性，也能为其提供有价值的杠杆辅助作用。美国谈判者经常利用菲利斯·奥克利所称的“国会对我们监视的阴影作为一种手段来影响谈判对手的行为”。③

查尔斯·弗里曼大使甚至如此指出：

> 根据我自己的观察和切身体验，美国谈判风格中最突出的因素是，倾向于将美国政治向国外延伸：即直接援引国会威胁。也就是说，（美国谈判者对谈判对手说）“国会山上有这么一帮疯狂的家伙，他们完全缺乏理性、行为乖僻、且行动难以预料，如果你不多

---

① Watanabe, “Negotiating Trade,” p. 206.

② Chan Heng Chee, “Different Forums, Different Style,” 本书第236页。

③ Oakley, interview, p. 31.

少敷衍他们一些，像我这样好说话的人可就要被赶出来了，而你们也将要面对（不愉快的）后果”。

这几乎达到一种自我拙劣模仿的程度。例如，根据我自身的体验，吉姆·贝克从没有采用其他不同的国际谈判技巧——除了同一方式的不同变种：“你们的朋友，总统，将会在国会陷入尴尬，如果你们不这么做的话。”因此，这是一种非常强制性的手段，而完全不是劝说，但却因为将它归咎于其他人而软化了这种强制威胁。①

这种威胁方式确实被经常使用。例如，根据斯塔普尔顿·罗伊的回忆，在与中国谈判领事条约时，仅简单强调“现实客观环境意味着国会不会接受这么一项条款”，即回绝了中国人的某项要求（当然是经过一段较长的通知阶段）。② 不过，这种说辞有时也染上了一种诡诈的色彩，因为迄今，谈判者——或至少谈判者的上级——能够对国会所能接受的结果直接或间接施加某些影响。国会远不像总统那样容易受欺骗，它对总统及其助手所关注外交政策问题的要求和观点，并非充耳不闻。国会是否接受这些观点将取决于各种因素，包括问题的紧迫性，及政府与立法机构之间相互政治理解和同情所达到的程度。但在合适条件下，总统可鼓励国会对某个特定问题采取特别立场，然后派遣一名特使催促外国政府接受美国仔细设计的、符合该立场的新建议。

在与外国政府谈判进程中，政府利用国会杠杆作用的另一种方式是，请求国会领导人对该国政府的利益表达一定程度的同情。新西兰大使约翰·伍德回忆说，在他的国家，没有人“充分意识到当时的政府让国会领导人如此频繁和有效地为我们说话，催促他们不要损害一个如此友好的国家和盟邦的利益”——没有人，也就是说，直到由于新西兰持续拒绝解除对美国核动力舰船进入其领海的禁令而感到恼怒的美国政府“决定不再以这种方式进行干预”为止。③

---

① Freeman, interview, pp. 7 – 8.

② Roy, interview, p. 22.

③ Wood, “Negotiating with Washington,” p. 227.

二、滴答作响的时钟：选举周期的影响

美国政治制度中另一个能限制或增强美国谈判者力量的因素是选举，尤其是选举年历以及大选后政府变化的影响。正如历史学家罗伯特·舒尔辛格所评论，美国谈判者“是在总统任期的时间钟表的滴答声响范围内行动的”。

（一）选举年历

美国人的紧迫意识以及他们在尽可能短时期内提出、设计和隐瞒谈判协定的行事方式，分别受到众议院、白宫和参议院的选举周期——分别为2年、4年和6年——以及总统两届任期限制的推动。正如威廉·匡特所评论，这种制度的合理性“几乎完全体现在国内”（使议员始终接触和了解其选区选民情绪的变化）而很少有助于良好外交政策的制定和实施。

> 事实上，（选举周期）经常意味着，总统在其任期内拥有执行合理和有效外交政策所需的经验和权力，但其拥有的时间却很有限。我们为之付出的代价是，外交政策过于以短期考虑为导向，在这方面，狭隘的国内政治考虑常常代替了健康的战略思考，而高层职位如此频繁变化也导致持续性和连贯性的丢失。①

由于深切意识到他们只有4年或最多8年时间在国际舞台上留下自己的印记，并且国会选举结果可能危及对政府外交政策的政治支持，历任总统都有一种迅速行动的冲动。所有总统刚上任时都希望或计划，重新塑造国际环境的现实状态，但在进入任期第二年后，通常会推出策略上更加集中的议程。当总统任期即将结束时，他们非常清楚外交政策的成败对国内政治可能

① William B. Quandt, “The Electoral Cycle and the Conduct of Foreign Policy,” *Political Science Quarterly* 101, No. 5 (1986), p. 826.

带来的影响。[①] 在他们第二个任期结束之际（如果他们获得另一届任期），总统希望留下一份永久性外交政策遗产的考虑可能促使其做最后一分钟努力，寻求成功结束谈判，尤其是那些他们曾投入极大政治和个人资本，或涉及国内重大政治争议的问题。正如菲利斯·奥克利所指出，这种紧迫意识也延伸为国务院内被政治任命者的意识，他们清醒认识到，“3 年或最多 4 年……你只有这么多时间”。[②] 职业外事官员则是在 3 - 4 年岗位轮换期的时限下展开工作。他们也无法逃避一种无处不在的意识：机遇的时钟漏沙永远都是空的，美国外交官是在“光阴似箭”这一座右铭的指示牌下运作的。

最近几十年来，很少有几届政府能逃避一种狂热的愿望：在国际舞台上留下他们所创造的一个或多个重大成功的印记。例如，2002 年 10 月，玛德琳·奥尔布赖特前往平壤旅行——使她成为首位访问北朝鲜的美国国务卿——以便为一位总统的访问探测水温，而这离 2001 年 1 月比尔·克林顿离开白宫还不到 3 个月的时间。克林顿几乎就要成行——目的是签署一份联合声明，以促使北朝鲜销毁其可打到日本及更远射程目标的导弹——最终选择不去是因为在其离任前还有更紧迫的“针对以色列和巴勒斯坦的工作必须完成”。[③] 当年 7 月，克林顿在戴维营与巴勒斯坦和以色列领导人秘密举行会议，以便就持续阻碍和平进程的“最后地位”问题达成协议，但这次大胆行动最终未能成功。与此类似，乔治·W. 布什总统上任后整整 7 年一直避免对解决以巴冲突投入外交精力，但在其任期最后一年却发起了一次重要的中东和平会议——同样未取得任何成果。

这种“时间迅速消逝”的意识是一把双刃剑。迄今它给美国带来的利益是，美国外交官可据此向对方施加压力——在很大程度上是真实的——即强调，除非能相对快速达成协议，否则可能永远都无法达成。如同第 3 章中所讨论的那样，1988 年 12 月，当纳米比亚—安哥拉谈判遇到最后一系列障碍时，美国首席谈判代表切斯特·A. 克罗克助理国务卿“公开提出，（美国）新政府的出现很可能意味着人事和基本政策评估将发生变化”，“美国

---

① 匡特对历届总统 4 年（或 8 年）任期内的外交政策特性进行了详细描述。见同上，第 830 - 835 页。

② Oakley, interview, p. 54.

③ ［美］奥尔布赖特：《战略夫人》（*Albright*, *Madame Strategy*），第 597 页。有关奥尔布赖特的平壤之行以及对克林顿可能访问北朝鲜的叙述见其自传第 27 章。

调停者要求安哥拉人、古巴人和南非人不要浪费过去数年来的努力”。[①] 不到两个星期后，协议被签署。此外，根据次内阁级的美国谈判者——他们一直在幕后辛勤工作，竭力推动这一曾被忽视的谈判——的观点，总统的密切参与可给停滞的谈判带来急需的权力推动，从而获得更多政治关注并最终被推向成功。

但时间的紧迫压力也可能导致其他影响。首先，总统在任期终结前迫切希望建立外交成就遗产，这有可能剥夺美国谈判者为说服或拖疲对手所需要的时间。其次，它加强了选择以短期目标代替长远解决方案的倾向。第三，它也给谈判对手提供了他们乐于利用的杠杆。第四个问题是，它鼓励的匆忙行动可能带来反作用。例如，克林顿试图强行就以巴冲突中的最终地位问题达成协议，但遭到广泛批评，原因就是政府动手太晚以致很难成功，而他的失败不仅使以色列和巴勒斯坦，而且也使下届美国政府不愿意展开进一步谈判。丹尼尔·库尔茨和斯科特·拉森斯基写道，“克林顿提出有关以巴和平的最大胆设想——所谓的克林顿参数——的时间太晚。它是在其任期的最后阶段提出来的，并且邀请了除下届政府之外的所有其他各方参与支持建立和平”。[②] “2007 年，布什为首的第 43 届政府建议组织一次大型国际会议，以支持重启以巴和谈——但这些行动均已为时太晚，因为，相关各方已经决定等待下一届美国政府的支持。”[③]

正如威廉·匡特所评论，“选举年很少会出现外交政策方面的重大胜利。卡特处理伊朗人质危机的行动以失败告终；里根在 250 名陆战队官兵死亡后，很不体面地从黎巴嫩撤军”。尼克松是“这方面的唯一例外”，但匡特将这一成功很大程度上归功于尼克松曾担任 8 年副总统，“因此，当他进入椭圆型办公室执政时，远比其他总统更多了解世界事务”。[④]

---

① Chester A. Crocker, “Peacemaking in Southern Africa: The Namibia-Angola Settlement of 1988,” in *Herding Cats: Multiparty Mediation in a Complex World*, Chester A. Crocker, Fen Osler Hampson, and Pamela Aall ed. (Washington, D. C.: United States Institute of Peace Press, 1999), p. 229.

② Kurtzer and Lasensky, *Negotiating Arab-Israeli Peace*, p. 35.

③ Ibid., pp. 50 – 51.

④ Quandt, “The Electoral Cycle and the Conduct of Foreign Policy,” p. 835.

（二）政府换届

在一场选举过后，外国冲突的现实发展及其给谈判者带来的问题并没有消失。相反，如果白宫出现了一位新总统（尤其是缺乏外交事务经验的总统），谈判者将至少面临三大困难——以及新的机遇。

第一个困难是，新政府常常要花费数月时间才能够真正开始有效运转。在过渡期间，谈判可能停滞或漏洞百出，因为华盛顿不关注、不决策、缺乏政策指导或耽搁拖延。理查德·希夫特——与其苏联谈判对手安纳托利·阿达米申一样——认为，里根政府向布什政府过渡期间，在推动美苏关系方面失去了关键的一年时间。在这一年里，新一批外交政策顾问和官员就美国对苏总体政策，尤其是对米哈伊尔·戈尔巴乔夫及其“公开性”政策重新进行了评估。最终，新国务卿詹姆斯·贝克和新总统决定延续前任实施的支持戈尔巴乔夫的政策，但当他们得出这一结论时，这位苏联总理在国内的地位正在螺旋般地下降，与此同时，美国人既没有给予支持，也没有提供咨询意见：

> 舒尔茨国务卿在离职前曾非常关注新政府的思想意识，新国家安全顾问伯恩斯·斯考克罗夫特等“现实主义者”将发挥重要作用。虽然布什总统和贝克国务卿不属于“现实主义”派，但他们对里根—舒尔茨执行的暂时停止发展美苏关系政策的合理性非常怀疑，因为这将需要对政策“从上到下”进行彻底重新评估。与此同时，如同他所指出的那样，戈尔巴乔夫总统感觉自己像一个被遗弃在教堂的新娘一样形单影只。①

第二个困难是，谈判中已经取得的进展很可能被新政府重新评估，如果不是彻底抛弃的话。并且，新政府还可能决定实施一种完全不同的新政策。事实上，新总统政策的主要决定性因素常常是“除前任总统政策之外的任何其他东西”。例如，根据2007年4月《纽约时报》的一篇文章，

---

① Adamishin and Schifter, *Human Right*, *Perestroika*, *and the End of the Cold War*, p. 251.

> 布什政府曾严格坚持一种所谓的 ABC 政策——除克林顿之外的任何其他方式……布什政府官员 2001 年上台执政后竭力使自己与前任政府的政策区别开来。布什总统采取的重大行动之一是取消了国务院中东特使……几天之后，（白宫发言人）弗莱舍先生给了克林顿方式又一记闷棍，（指责它为该地区制造了）“无法实现的期望……导致了暴力”。①

在某些长期谈判中，美国的政策可能多次发生变化。舒尔辛格以前后经历数十年的《海洋法条约》谈判为例说明，“国内政治动力的变化会如何影响到某项特定谈判的结果”。在卡特总统任职期间，参议院拒绝批准该条约；里根将它收回；克林顿对其条款重新进行谈判后，参议院仍拒绝给予批准；并且在乔治 · W. 布什整个 8 年任职期间仍然未获得批准。②

即使上一届政府的政策传递给新一届政府后，其实施方式也可能不同。卡特政府早期的道德主义及后期日益强硬的外交色调被里根政府早期的好战姿态所取代，如同克林顿政府的多边主义言辞被布什政府的单边主义主张所取代一样。因此，从事谈判工作的美国谈判者还必须表现出极大的灵活性，以便使自己适应这种政策色调和风格的变化，从而不致危及其作为一名可信赖和连贯一致的谈判者的信誉。

第三个困难是，随着一批政治任命官员的离职，有关机构的工作记录恐将丢失，包括永久消除其电脑中的文件或将它们带走——通常是存入总统图书馆——包括许多特定谈判的记录。这些文件随后被分散存入各类档案中，使后来的谈判者很难（如果不是不可能）调出或收集这些记录，以确定某项长期谈判的确切历史。按照弗里曼大使诙谐的说法，美国政治制度的性质“使政府每隔 4 至 8 年可获得一种外部遮蔽，（使我们）幸运地不了解我们如何违背自己说过的话”。③ 例如，1967 年 5 月，在埃及—以色列紧张日益升级的“六日战争”前夕，以色列提醒美国官员，当以色列 10 年前从西奈

① Helence Cooper, “Look Who's Reboarding That Clintonian Shuttle,” *New York Times*, April 1, 2007, http://www.nytimes.com/2007/04/01/wekinreview/01cooper.html?_r=2&oref=slogin.

② Schulzinger, “American Presidents and Their Negotiators,” p. 178.

③ Freeman, interview, p. 23.

半岛撤军时，艾森豪威尔政府曾对以色列做出相关承诺。但国务院没有任何这种保证的记录，因此不得不派遣一名研究人员前往堪萨斯州阿比林市艾森豪威尔总统图书馆搜寻相关文件。调出这些文件共花费了 3 至 4 天时间。[①] 正如前美国驻以色列大使和国务院政策规划司主任塞缪尔·刘易斯所说，“最难做的事情之一是，走进外交部与某人交谈，了解到他们（就某个问题）研究了 40 年，并且他们拥有所有相关文件。你对该问题研究了一年，而你却没有文件，并且国务院也没有”。[②]

这种档案记录的无序，似乎很难支持一种墨守法规的思想方式——直到人们认识到，历史实际上是随着每一届新政府上台而重新开始的。每届政府执政后都拒绝保留前任政府的成果文件和记录。与此形成对照，中国的档案记录制度却非常卓越。例如，1975 年，亨利·基辛格在与邓小平谈判时，重述了他先前与毛泽东谈话时对他所说的某个问题。不过，基辛格错误引用了毛的原话——坐在邓身后的一名中国官员在其笔记本中忠实地记录了毛谈话的内容，并立即向邓指出了错误所在。[③]

各机构间的内斗也可能破坏良好的文件记录行事方式。“（乔治·W. 布什）政府内部的幕后争斗是如此紧张，它甚至导致正常记录程序的中断”，一份研究美国中东外交政策的报告评论说。“研究小组被反复告知，在克林顿政府和布什第 43 届政府执政时期，详细的文件记录并不总能得到保留和分享……在阿以冲突中，细致保留文件记录至关重要，因为相关各方——尤其以色列——都积极这么做。”[④]

三、各机构间竞争的影响

美国谈判小组的机动空间，不仅受到国会批准的必要性和选举时间表的限制，而且也受到华盛顿各外事机构间错综复杂竞争性质的制约。国务院、

① 2007 年 7 月，在弗吉尼亚州沃伦顿市航空大厦内举行的、由美国和平研究所主办的“美国谈判行为专题讨论会”上，伊塔马尔·拉宾洛维奇（Itamar Rabinovich）讲述了这一事件。

② 2009 年 4 月 17 日，在华盛顿特区美国和平研究所举办的关于加强美国谈判能力的专题会议上，刘易斯发表了这些评论。

③ 引自作者本人收集的材料。

④ Kurtzer and Lasensky, *Negotiating Arab-Israeli Peace*, p. 54.

国防部、财政部、司法部、美国国际开发署、国家安全委员会、中央情报局、美国贸易代表办公室——以及它们各自的附属机构——均与国际谈判利害攸关。这种利害关系的规模则依据谈判主题及谈判对手身份的差异而各自不同。但是，涉及最大利害关系的机构在确定和实施谈判战略进程中，并不一定拥有最大发言权。

相反，当未来某项国际谈判计划在华盛顿雷达屏幕上出现后，部分或所有外交事务机构均被动员起来，它们之间经常就确定这种国际谈判程序的目标和战略，展开紧张和长期的谈判。最终赢得胜利的部门是那些能成功说服总统——如果总统没有参与，则说服其最高级助手——相信其方案将能产生最大外交或政治利益的机构。

不过，各机构间的斗争很少随着总统的决定而结束。一旦谈判战略被确定，一个由各竞争机构的代表组成的谈判小组将被授权执行该战略，而这些代表也将相互监督，以确保主要谈判者能严格遵循在华盛顿确定的谈判程序。他们通常将在谈判桌上组成一个联合阵线，但他们对各自机构的忠诚更超过对谈判小组的义务，并且小组成员需经常向他们各自的机构报告进展情况，从而为他们各自的老板提供弹药，以便在华盛顿为争夺优势而继续争斗。

（一）一种具有争议性的体制

现代形式的美国外交政策官僚体制是在富兰克林·D. 罗斯福担任总统期间形成的，当时有多个机构和政府雇佣的数千名专家参与外交政策的制定。罗伯特·舒尔辛格评论说，“罗斯福……通过其个人魅力和狡诈手段，主持这个庞大的官僚体系。他放任和鼓励政府各机构之间进行竞争。只有他本人充分掌握全部信息并清醒了解其外交行动的最终目标。他直到最后一分钟才做出决定”。[①]

几乎70年后的今天，这一制度的许多特性仍然非常明显，有的甚至还表现出夸张的形式。诚然，分歧——包括短期和永久性的分歧——是能够被分辨的。部分总统对外交政策或具体问题的兴趣远少于罗斯福，并允许其部分助手行使很大决策权。官僚体系变得更加复杂和表现出更少的灵活性。参

① Schulzinger, “American Presidents and their Negotiations,” p. 170.

与外交政策争论的行为者数量日益增多，诸如美国贸易代表办公室等机构在它们主管问题的谈判中也发挥了重要作用。1947 年，杜鲁门总统建立的国家安全委员会，为各机构讨论外交政策问题和协调政策提供了一个论坛。不过，在许多重要方面，该制度并未发生变化：总统仍然行使决定性权力，各机构仍然竞相劝说总统相信它们建议的战略是最有利和最便于实施的。

在许多情形下，如同美国和外国观察家们所认识到的，美国最困难的谈判是美国谈判小组离开华盛顿之前各机构之间发生的激烈争论。这种困难的程度掺杂着部分参与者个人和机构之间的激烈和长期矛盾。在 21 世纪的最初几年，最紧张——或最明显的——机构间对抗发生在国防部（及副总统办公室）与国务院之间。法鲁克·罗格戈鲁称之为“入侵伊拉克之前的几个月期间发生在国务院和国防部之间的深刻分歧和脱节”。和许多其他外国大使的体验一样，罗格戈鲁主要不是同国务院人员打交道，相反，从 2002 年初至 2003 年初，他与政府的大部分谈话是通过五角大楼进行的。“国务院基本上离开了舞台。似乎雾谷已经放弃了伊拉克问题，而完全交由五角大楼管理宣传……这种政府各部之间的奇怪脱节意味着，政府是在自身能力削减的情况下处理伊拉克问题，失去了国务院的知识和经验等方面的优势。”①

国务院—国防部之间的竞争并非最近才发生的事情。在里根政府时期，国防部长卡斯珀·温伯格与国务卿乔治·舒尔茨之间展开了激烈争斗。美国驻联合国大使珍妮·柯克帕特里克称，他们两人之间的紧张是“显而易见的”。1984 年 12 月，《时代》周刊报道说，“几个月来，舒尔茨和温伯格就某些最重大的美国政策问题向里根提供了相互矛盾的建议。最近，他们甚至达到展开公开辩论的地步……分歧的部分原因是机构性的：国务院的外交官和五角大楼的高级军官经常从不同的利益角度观察世界。五角大楼坚持对外交事务拥有发言权也是一个长期的痛点”。② 如同尖锐的政策分歧一样，个人的敌意也起到火上浇油的作用。例如，温伯格坚决不同意使用武力，除非符合一系列严格的条件。这种态度令舒尔茨感到恼火。他在其回忆录中评论说，“如同我听到他所说，对温伯格而言，应不停地建设我们的军事力量，

---

① Logoglu, “Negotiating Security,” p. 216.

② George Church, Bruce van Voors, and Johanna McGeary, “Force and Personality,” *Times*, December 24, 1984, http://www.time.com/time/magazine/article/0, 9171, 951381 - 2, 00.html.

但决不使用它”；温伯格的信条是：“处于瘫痪边缘亦建议不采取行动。”① 这种对抗蔓延到多项正在进行的谈判中，包括与苏联进行的军备控制会谈。（这种冲突在 20 世纪 90 年代的巴尔干冲突期间也有某种程度的回应。在其回忆录《我的美国之旅》一书中，科林·鲍威尔讲述了他担任参谋长联席会议主席期间与国务卿马德琳·奥尔布赖特进行的一次讨论，“你们一直谈论的这种军事力量优势有什么意义，如果我们不能使用它？”她问道。“我感到自己就要血脉喷张”，鲍威尔写道。“美国大兵不是玩具兵，可被任意在一种全球游戏棋盘上移动。”）②

6 年后，军备控制成为国务院—国防部爆发对抗的另一个焦点。尤里·纳扎尔金，从一名苏联人的角度，讲述了 1990 年发生的一个故事：“作为反对正在华盛顿进行的削减战略武器条约谈判的博弈行动的一部分”，国防部长切尼散布了一条信息，指责国务卿贝克被苏联人操纵。③ 切尼可能没有做这件事，但它反映了美国官僚彼此争斗的声名狼藉，纳扎尔金和他的伙伴认为，一种简单的误解被切尼在华盛顿内部政治斗争中加以利用。

虽然这种机构间争斗有时公开进行，但它们更多是在幕后进行，而展现在谈判对手面前的是一个团结的美国谈判队伍形象。此外，虽然各机构之间出现意见分歧不可避免，但有时这些分歧很小，统一战线的形象实际上准确反映了一种坚实的共识。例如，约翰·伍德预料，“一旦美国政府按下国家安全的开关按钮，新西兰代表将要面对一个由美国各主要相关机构组成的联合阵线”。他的预料是对的。在新西兰禁止美国核动力或核武器装备舰船进入其领海的整个谈判过程中，没有“明显迹象显示……这种各机构间的看法分歧，后者有时给外国谈判者提供了较大行动空间以争取从美国体制内获得更多细微差别和无声的谈判结果”。④ 正如本书第一章所指出，美国文化的一大特性是，一旦领队或教练宣布开赛，球队——尽管存在内部争斗——将会以协调一致的方式投入行动。

---

① George P. Shultz, *Turmoil and Triumph: My Years as Secretary of State* (New York: Scribner's, 1993).

② Colin Powell, *My American Journey: An Autobiography* (New York: Random House, 2005), p. 609.

③ Nazarkin, “Negotiating as a Rival,” p. 248.

④ Wood, “Negotiating within Washington,” p. 225.

不过，伍德的经历并非外国外交官经常能遭遇到的，或许多美国圈内者认为属于典型的情况。以下叙述具有更大的代表性——它建立在里根图书馆和玛格丽特·撒切尔基金会存档文件的基础上——反映了 1981 年 7 月美国外交政策决策体制的内部气氛，当时刚进入里根总统第一任期中的第 7 个月，因而人们有理由认为当时仍是政府内各主角之间的蜜月时期：

> 各机构间的竞争，以及总统在 4 月的刺杀行动中幸免于难，已经对第一年产生了很深影响。当国家安全委员会于 1981 年 7 月 6 日开会（就苏联建设西伯利亚天然气管道以便向西欧输送天然气的问题）讨论应采取哪些先期步骤时，政策的确定似乎仍很遥远，如果不是完全无法可及的话：阿尔·黑格的国务院和卡斯珀·温伯格的五角大楼之间的矛盾是如此尖锐，他们甚至不能就书面阐述关键问题达成一致，摆在桌上的选择可做 180 次变更，10 个相关机构对所有问题都持有自己的不同看法。而时间却非常紧迫，因为总统必须在 7 月 19 – 21 日召开的渥太华 7 国首脑会议上向各盟国提交一份相关政策纲要。①

在这一个案中，如同许多其他个案，每个机构的目标是争取自己偏爱的政策能在当日占据优势，这意味着要竭力劝说总统采取该政策。但是，总统并非永远都置身于这种争吵之外。实际上，他有时也会成为某个机构运动的目标——不是劝说他采取某项新政策，而是使其支持的政策失去可信性。基辛格讲述了外交政策官僚机构中“克里姆林宫专家”和“武器控制专家”如何激烈反对尼克松总统将军备谈判与政治问题挂钩的计划，“通过向新闻媒体泄露……诋毁（总统的）该项计划。虽然没有经过‘授权’，但这些泄露的内容从未被官方否认……这些日积月累的压力……从来不是当面提出来的挑战，而是通过一系列策略性的日常评论促使该问题逐步接近这些官僚们所希望的立场”。②

---

① Margaret Thatcher Foundation, “The Polish Crisis of 1981 – 1982,” http://www.margaretthatcher.org/archive/us-regan%20 (Poland).asp.

② Kissinger, *Diplomacy*, p. 718.

虽然总统并非永远都能置身于这种官僚斗争之外，但正是总统的权力影响到这种斗争的激烈程度。事实上，决定政府内部各机构间竞争强度的最重要因素是，总统如何“玩弄”这种体制，以及他是否鼓励或不鼓励内阁级官员之间的竞争。如同富兰克林·D. 罗斯福操纵内阁政治的狡猾手段那样，其他某些总统也积极推动竞争。在宣布如何挑选外交政策高级职位候选人时，当选总统巴拉克·奥巴马被提问“他将如何促使其精心建立的团队避免‘团伙竞争’而保持平稳运转”。奥巴马回答说，“他希望出现‘激烈讨论’，并称他自己是一名‘热烈崇尚强烈个性和强有力意见者’……将会出现不同的策略，和不同的评估和判断。这就是我所期望的；也是我所欢迎的。这也是为什么我要求他们加入团队的原因”。①

其他总统也可能会偏爱某个特定机构并可能授予其较大权力。尤其在其第一任总统任期期间，乔治·W. 布什总统允许副总统办公室和国防部可对外交决策程序施加较大影响权。② 还有一些总统会采取放任的态度。例如，里根总统不鼓励，但容忍舒尔茨国务卿和温伯格国防部长之间的紧张竞争。③

过去几十年来，华盛顿采取了各种计划行动来减少外交政策机构间的紧张，并建立更加统一和协调的工作方式。1947 年国家安全委员会的建立就是在这方面采取的最成功的一个重大步骤，但从某种程度上说，国家安全委

① 卡伦·德·杨和迈克尔·D. 希尔，“奥巴马提名国家安全团队”（Karen De Young and Michael D. Shear, “Obam Names National Security Team,”），《华盛顿邮报》，2008 年 12 月 2 日。奥巴马的竞选对手，约翰·麦凯恩参议员在进行总统竞选时也表达了类似的思想主张，称他欢迎在决策机构内出现“不同意见”，和保持“一定程度的紧张”，因为这可确保一名候选人或总统“在充分了解信息的基础上做出决策”。见：Adam Nagourney and Jim Rutenberg, “Embracing a Free-Form Style, McCain Leads a Camp Divided,” *New York Times*, August 10, 2008。

② “切尼和国防部长唐纳德·拉姆斯菲尔德竭力保持对高层决策酝酿、尤其对伊拉克等重大问题，保持重大影响力。”引自 I. M. 德斯勒对唐纳德·罗斯科普夫所著有关国家安全委员会运作的新作《统治世界》一书的评论；同时参看：” The Power Brokers,” *Foreign Affairs*, (September-October 2005), http://www.foreignaffairs.org/20050901fareviewessay84513/i-m-desler/the-power-brokers.ftml。

③ Strobe Talbott, “America Abroad,” *Times*, August 28, 1989, http://www.time.com/time/magazine/article/0,9171,958426.00.html.

员会只是为各机构进行政策竞争提供了另一个舞台。[①] 1989 年，为加强其工作效力，国家安全委员会成立了“首长委员会”（与国家安全委员会不同的是，总统和副总统不参加该委员会会议，但其主要助手参加），以作为“审议涉及国家安全政策问题的各机构间高级论坛”。[②]（同时，还成立了“副手委员会”和 8 个政策协调委员会）。在许多情形下，该委员会的较小规模精简了决策程序，但未能终止各机构间的竞争。鲍勃·伍德沃德所著《进攻计划》讲述了 2003 年发动伊拉克战争前夕准备阶段的一些内幕情况，并透露，科林·鲍威尔国务卿多次在首长委员会会议上，对战后管理计划的不足以及入侵后“各种难以预料和非主动造成的后果”表示担忧，但未能推动对该重大问题进行讨论。在一次会议上，副总统切尼将鲍威尔的提问撇到一旁，而只是简单回答说：“这不是问题。”首长委员会可能起到一种阀门作用：让各主角发表自己的观点，但所有报告均显示它并非如此运作。真正的决策仍是在总统出席的会议上被一一确定。

（二）谈判队伍的组成

人事和专业摩擦历来是美国谈判小组行为的组成部分，正如舒尔辛格讲述的有关麦迪逊总统 1814 年派往根特与英国进行谈判的五人代表团的故事所透露的那样：

> 约翰·昆西·亚当斯对其他专员的悠闲享受感到非常恼火。他抱怨道：“在用完餐后，他们还坐下来喝酒、抽雪茄烟。”克莱告诉他不要自命不凡，称外交官的部分工作就是提供和享受招待。亚当斯后来也加入他们，出席根特居民为美国人提供的戏剧、招待、餐会和纸牌游戏。[③]

---

① 由圈内人士撰写的揭示国家安全委员会内幕的著作是唐纳德·罗思科普夫所著：《管理世界：国家安全委员会的内幕与美国强权的设计师》（Donald Rothkopf, *Running the World: The Inside Story of the National Security Council and the Architects of American Power*），公共事务出版社，纽约，2005 年。

② National Security Presidential Directive No. 1, “Organization of the National Security Council System,” February 13, 2001, http://www.fas.org/irp/offdocs/nspd/nspd-1.htm.

③ Schulzinger, “American Presidents and Their Negotiations,” p. 162.

如果谈判小组由来自两个或多个机构的代表组成，那么他们对各自机构的忠诚所引发的矛盾可能进一步加剧这种具有感染性的人事冲突。事实上，由各机构人员组成的小组经常反映了这些机构——及其领导人——之间的对抗，并促使这种竞争永久化。

但这种内部分歧并非不可避免。各机构针对谈判目标和战略的争斗和分歧程度并不必然被带进执行华盛顿战略的谈判队伍中。欧盟驻前南斯拉夫特使卡尔·比尔特评论说，“当美国解决了在华盛顿的内部混乱后，是有能力采取行动的……欧洲人善于相互协调，而美国人在这方面却不行。但我们的内部协调占据了我们所有的时间，而你们在确定共同行动方面则更加果断”。[①]

克罗克认为，由各机构组成的队伍可能非常有效率，如同他们在20世纪90年代波斯尼亚和平进程，和他领导的20世纪80年代安哥拉和平谈判，以及纳米比亚独立谈判等行动中所展示的那样。他还指出，乔治·W. 布什政府“于2003年底使用类似方式（在英国协助下）促使利比亚放弃发展大规模杀伤性武器，并在2005年开启苏丹北南协议谈判这种模式也部分成功地推动了与北朝鲜进行的“六方会谈”。克罗克解释说，由各机构共同组成的的谈判队伍

> 可使政府高级官员避免连续数月忙于处理这些每日（如果不是每个小时）出现的政治策略问题。不过，这种模式只有在执行机构相对团结、首席特使被授予实际职权的情况下才能取得成功，并且，负责推动该进程者必须性格坚定，能够在波涛汹涌的政治环境、国会、政府机构间及外交深水中行动自如。它的成功取决于目标的明确、代表团领队被授予职责，以及来自最高层的支持。[②]

在大多数情形下，美国谈判队伍表现出一种团结一致的形象，尤其当他们的领导竭力在团队中注入一种纪律和共同目标意识时，更是如此。霍尔布

---

① 引自霍尔布鲁克著作：《结束一场战争》，第242页。

② Crocker, “The Art of Peace: Bringing Diplomacy Back to Washington,” *Foreign Affairs* (July-August 2007), http: //www. foreignaffairs. org/20070701fareviewessay86414/chester-a-crocker/the-art-of-peace-bringing/diplomacy-back-to-washingtong. html.

鲁克领导的波斯尼亚谈判小组即组织严密和具有高度纪律性：

> 我们7人之间的充分相互信任和公开性是必要的，如果我们想避免浪费精力的内部派系争斗和通往华盛顿的幕后渠道活动。这给以下机构——国家安全委员会、参谋长联席会议、国防部长办公室——的代表带来了困难：他们之间经常缺乏信任、相互竞争，并且他们的代表通常每日都要向其国内机构发送秘密报告……我们成功避免了这一问题，部分是因为我们的团队很小，还有部分原因是我们共享所有内部信息，并建立了紧密或甚至很亲近的个人关系。①

另一个相对精干的团队是丹尼斯·罗斯组建的参与阿以和谈的谈判小组，(在出发之前) 它每天开会"计划我们要做什么，并确保政府内部发生的情况不会与我们的外交需求背道而驰"。② 不过，根据一位负责中东和平进程的美国外交部门的评估，该团队被广泛认为"太封闭，与国务院的传统和机构间的支持严重脱节"。此外，该团队"拥有以色列问题高级专家，但在处理阿拉伯问题方面的经验和专长却十分欠缺"。结果，它被阿拉伯人视为偏向以色列，而且不具备足够的跨文化专长：

> 在克林顿时代末期，缺乏跨文化谈判技巧的问题是如此严重，以至于国务院的顶级阿拉伯语翻译、一位聪明和联系广泛的人士也被纳入与阿拉伯高官打交道的敏感外交部门。该决策似乎是一种权宜之计，因为他们认识到，缺乏阿拉伯问题专家，将妨碍美国的外交行动。③

罗斯和霍尔布鲁克的谈判团队均非常小，因为他们要处理的问题程序非常敏感，政府也非常关注他们竭力寻求结束的冲突。不过，在那些敏感性较低的谈判中，通常会从各官僚部门抽调许多工作人员充实谈判队伍。由于要

---

① Holbrooke, *To End a War*, p. 111.

② Ross, *Statecraft*, p. 139.

③ Kurtzer and Lasensky, *Negotiating Arab-Israeli Peace*, pp. 52 – 53.

充分反映出准备阶段的法律和事务方面的需求、职业敏锐性，以及事实和数据的力量，团队配备的人员不仅包括经验丰富的外交官，而且还包括熟悉谈判主题的律师和技术专家。如同威尔逊总统率领数百名工作人员前往巴黎进行《凡尔赛条约》谈判一样，80 年后，克林顿总统“从贸易代表办公室、国务院、商务部和财政部抽调了大量专家参加起草（180 个成员国组成的）世界贸易组织宪章，后者于 1999 年获批准通过”。①

跨专业团队的动力不仅是文化方面的，就如同多部门组成的团队的合理性不只是政治方面的一样。正如斯特罗贝 · 塔尔博特担任副国务卿期间所评论的，“过渡时期问题的多样性、重要性和复杂性”要求国务院“重新考虑我们招募和培训”人员的方式，以便拓宽美国外交官的专业背景和技术能力。塔尔博特还指出，“全球化也更多要求美国政府其他部门和机构为追求美国海外利益发挥积极作用——并且要求国务院与它们展开更多系统化合作。在经济、防务和执法等重大问题上，这种合作一直非常紧密”。②

即使在跨部门团队中，其中某个部门通常也会发挥领导作用。在这种个案中，美国谈判行动的风格将很可能反映出该主要机构的内部文化及主要谈判者的个性。例如，美国贸易代表办公室在贸易谈判行动中以其好斗性、对抗性和耐心等风格而闻名。渡边幸治评论说，“美国贸易代表处的谈判者一直受到国会的密切监督，这使他们更加咄咄逼人地对待其谈判对手，更加不关注日本的考虑，并且也更少倾向于妥协。国务院和财政部通常采取相对温和的手段，更愿意着眼于更广泛的双边关系，而且也更少愿意为推进某个特定问题而危及这种关系”。③

（三）简捷和严厉的约束

18 和 19 世纪，美国官员代表在政府与外国官员谈判协议时，经常享有很大的行动自由和权力，尤其当他们远离美国或无法与华盛顿取得实际联系时。随着通讯条件的改进，外交官的自主权也随之萎缩。今天，像马修 · 佩

① Schulzinger, “American Presidents and Negotiators,” p. 181.

② Talbott, “Globalization and Diplomacy,” p. 75.

③ Watannabe, “Negotiating Trade,” p. 206.

里准将在19世纪50年代与日本谈判时享有的那种自由挥洒度确实已很罕见了。[①]

不过，地理上接近华盛顿也大大限制了谈判者的灵活性。“我常感觉，与自己国家首都处于同一时区对美国谈判者来说是一个障碍”，戴维·汉内评论说，这实际也源自他作为英国驻联合国常驻代表的个人切身体验和对美国驻纽约联合国外交官“笨拙和反应缓慢”的真实写照。英国外交部允许其驻联合国使团在决定如何追求具体政策的最佳目标时可发挥灵活性，而在纽约联合国总部的美国谈判者“经常很慢或很迟才收到指令及在华盛顿制定的详细文本，而调解各部门之间紧张所花费的时间要超过那些被要求鉴署具体政策文件者之间协调观点的时间”。[②]

不过，即使在遥远时区之外的谈判者也发现，华盛顿通常对他们亦实施简捷和严厉的约束。很少有谈判者能够像马克斯·坎珀尔曼在20世纪80年代初期参加《赫尔辛基最后文件》谈判期间那样，被卡特和里根总统授予如此大的自由机动权。坎珀尔曼在采取战术性步骤之前，“从未向华盛顿请求批准”。“我认为”，坎珀尔曼说，“美国知道我在做什么，并且喜欢我所做的事情”。[③] 更典型的情况是理查德·伯特的经历，他是20世纪80年代初期参加日内瓦削减战略武器条约谈判的美国首席谈判代表。伯特“就如何解决症结问题向政府提出建议。他希望与他的苏联谈判对手尤里·纳扎尔金达成意向性协议，结果却经常收到国家安全顾问布伦特·斯考克罗夫特的个人指示而被华盛顿否决”。[④]

当然，如此缺乏机动空间并未逃过谈判桌另一端对手的注意。事实上，这是它对美国谈判行为评估中最普遍的限制因素之一。并且，如同吉尔·安德烈阿尼所做的如下评述：外国官员习惯于将这种刻板归咎于华盛顿的决策

---

① Schulzinger, “American Presidents and Their Negotiators,” 本书第207页。

② Hannay, “Negotiating Multilaterally,” 本书第325页。

③ Kampelman, interview. 另一个例子是霍尔布鲁克的经历。在波斯尼亚谈判期间，如同他自己认为的那样，他被克里斯托弗国务卿授予非同寻常的权力和职责。见：Holbrooke, *To End a War*, p. 115, p. 239。

④ Nazarkin, “Negotiating as a Rival,” 本书第293页，其中，他引用了迈克尔·R. 贝希洛斯和斯特罗布·塔尔博特著作的观点。见：Michael R. Beschloss and Strobe Talbott, *At the Highest Levels: The Inside Stories of the End of the Cold War* (Boston and London: Little, Brown, 1993,), p. 373。

程序。“迟到的要求”不会受到任何国家谈判者的欢迎，安德烈阿尼评论说，“它们尤其会使美国人感到恼怒，因为他们的决策程序缓慢而又笨拙，并且他们考虑其他国家立场的能力也很有限。他们不喜欢突变，尤其是其结果将导致华盛顿好不容易做出的决定被推翻重来的时候”。[①] 安德烈阿尼还指出，“那些当初最反对你们观点的美国官员会利用你迟到的要求所引起的愤怒改变美国此前的立场，而且设计出你更不喜欢的东西来”。——正如法国试图让一名欧洲人而不是美国人担任北约南欧战区司令时所发生的情形一样。[②]

四、便利的目标：美国谈判者的政治脆弱性

（一）牛仔和替罪羊的角色

> 大象的个头可能很大，但它有感情。你首先要关照的是美国谈判者自身的感情。他们经常凭借自己的信誉在其国内表达对你的关切，因此他们也希望你能对他们的谈判立场给予一定的回旋余地以作为回报。他们带回来的可能是不充分的，甚至微不足道到恼人的程度。但是，有时他们为在华盛顿得到这些让步已经花费了心血。因此在认为它们微不足道之前，你首先应当承认你的对手——他们可能已为这些让步付出了代价——所做出的努力。[③]

安德烈阿尼对外国谈判者的以上忠告使人们注意到这样一个现实，即虽然美国谈判者似乎对对方的论点毫不动心或对他们的请求非常冷淡，但美国

---

① Andreani, “Negotiating with Savior Faire,” 本书第 331 页。约翰·伍德也提出了类似的观点。根据伍德的说法：“美国官员在谈判桌上显示出一种很强烈的倾向，即公开亮出接近于甚或直接就是其底线的立场，并不明确或明确解释说，‘这是从我们的体制中能够给你们的最好结果，你们最好相信这一点’。”见：Wood, “Negotiating within Washington,” pp. 225 – 226。

② 法美就北约南欧战区司令人选发生争论的详情见：Charles Cogan, *French Negotiating Behavior*, pp. 163 – 186。

③ Andreani, “Negotiating with Savior Faire,” 本书第 336 页。

官员自己亦远不能避开其国内同胞的批评。

这种脆弱性本身很难说非常突出，对专业不胜任的指责在所有领域的工作行动中是常见的例行公事。不过，在美国谈判者的个案中，射向他们的批评之箭常常是带刺的指责：不是批评他们的专业缺点，而是指责其不守纪律、不服从上级、甚至政治上不忠或文化上的不端行为。当然，被政治任命者——根据他们的政治忠诚被选中——自然成为政治批评的目标。但为什么职业外交官也会招来这么多的板砖呢？

其中一个原因是机构性质的，它源自于20世纪20年代建立专业外事机构后，存在于外交官和政治家之间的结构性紧张。自那以来，外交官成为一个分离的阶级和一个拥有自己职业操守的独特角色，他们所关心的不一定与国会山或白宫一致。事实上，如同本章前面所探讨的那样，政治家与职业人员的利益经常会发生冲突：国会或总统寻求维护含糊的美国利益，而职业外交官寻求获得必要的谈判可允许误差，以便达成实际协议——这通常就必需有妥协。在这种形势下，政界有时会毫不惊奇地将外交界视为达成其政治目标的一种障碍——并且会毫不犹豫地表达这种观点。

对职业官员批评的第二种解释是，他们是很便于攻击的目标。外交官在国内没有机构能够保护他们不受到无端指责，例如被指责在与某个或另一个外国对手谈判时立场过于软弱，等等。有时，甚至国务院也只能为其外交官提供微弱的政治支持。

第三种解释与美国人对谈判的基本矛盾心理以及本书第二章所探讨的美国优越论意识有关。谈判本身被美国人视为一种涉及妥协而不是坚决恪守原则的行为。对外交的看法甚至更糟，因为它可能涉嫌以美国价值观和利益来交换可疑价值的外国利益。从价值观和利益的角度来看，外交官个人，无论他们的个人品行如何，很容易受到指控，仅仅因为他们是在原则和实用主义之间进行交易的美国代理人。

蒙蒂格尔·斯特恩斯注意到总统和国务卿的一种有趣倾向：通过将自己包装为美国西部开拓者的形象来逃避这种批评。

> 从气质和传统角度，我们不大可能将外交视为通过除武力之外的手段达成国家目标的行动，而更可能认为通过武力更能可靠达成这些妥协目标。在这种环境下，总统和国务卿在讨论美国外交政策

时经常借助西部边疆的形象，并不奇怪。迪安·腊斯克在评论古巴导弹危机时说，“我们相互两眼瞪着对方，而对方那家伙眨眼了”；在接受意大利记者采访谈话时，亨利·基辛格将自己比喻为一名“孤独的牛仔”；尼克松政府发言人将从越南撤退战略形容为“从酒吧枪战中归来”。以上这些个案中使用的语言，意在提示不妥协外交和单独行动的能力。①

不过，回溯到西部边疆时代，外交官们——即使那些行为如同“孤独牛仔”者——也没有逃脱遭受批评。舒尔辛格引用了尼古拉斯·特里斯特的例子，后者于1845年被詹姆斯·K. 波尔克总统派遣谈判结束美国与墨西哥战争。当华盛顿的政治气候发生变化后，特里斯特被召回。“但是，特里斯特没有理睬召回命令”，并与墨西哥签订了和平条约。该条约“导致波尔克和特里斯特所属的民主党分裂。波尔克的总统生涯在混乱中结束，而特里斯特回国后亦遭遇金融破产，并在政治上陷入被遗忘的境地”。②

斯特恩斯将欧洲与美国进行了对比：在欧洲，外交政策失败的责任由最初设计政策的政府承担，而在美国，“美国职业官员有时被立法机构（和法院）判定为政策失败或涉嫌非法的政策承担的责任要超过那些对其行动授权的政治官员”。斯特恩斯宣称，在美国体制中，“存在将决策失败的责任转嫁给职业官员的诱惑，如同布什（第41届）政府向萨达姆·侯赛因示好政策随海湾战争爆发而失败后，曾试图做的那样”。③ 一些人认为，由于布什政府未能预料萨达姆·侯赛因入侵科威特，1989年担任美国驻伊大使的阿普里尔·格拉斯皮被当成替罪羊。格拉斯皮在萨达姆动武前曾与他会晤，随后伊军在伊拉克南部集结，并随之开进科威特。她告诉萨达姆，美国对阿拉伯国家之间的冲突没有明确立场，并说，伊拉克与科威特争端应通过和平方式解决。2008年3月，在接受黎巴嫩《生活报》采访时，格拉斯皮说，她对被指责为萨达姆入侵开绿灯并不怨恨：“事情已经过去了，没有人愿承担责任。我很乐意承担这一责任。或许我没有能够使萨达姆·侯赛因相信我

① Stearns, *Talking to Strangers*, pp. 5 – 6.

② Schulzinger, “American Presidents and Negotiators,” 本书第206页。

③ Stearns, *Talking to Strangers*, p. 43.

们将会做我们说过要做的事。但坦白地说，世界上没人能够说服他。”[1]

在同一届政府中，温斯顿·洛德大使也因1989年2月总统访华期间处事失当而受到国家安全顾问布伦特·斯考克罗夫特的指责。在该个案中，中国主要持不同政见者和人权活动家方励之被邀请出席总统的告别宴会，但却在当晚被中国警察阻止出席。这一事件使总统感到非常尴尬，他曾竭尽全力处理与中国的关系。洛德对自己因这一不合时宜的事件而被当作替罪羊感到异常愤怒。他声称，邀请这位中国持不同政见者事先得到白宫和国务院高级官员批准，并且据报道，他也向斯考克罗夫特发送了一封密信做出类似抗议。[2]

（二）所在地派、叛徒和堕落者

长期以来，谈判者被指责的一项罪名是他们的“教区主义”或“所在地主义”。或许首位招来这种指责的美国外交官是本杰明·富兰克林，他对法国东道主的同情，曾促使一名当代美国外交官拉尔夫·艾萨德宣称：“对美国的政治拯救取决于召回富兰克林博士。”[3]

两百年后，如同斯特恩斯所评论，对所在地派的指控“仍被安在美国外交官的头上，因为他们注定对某种外国文化的了解要超出其应有的程度”。[4] 有时，这种指控来自国外。例如，2003年，巴西的一名政治职位候选人判断，美国大使唐纳·赫林纳克的行为符合外交官所称的“所在地主义”的症状：他公开赞扬全球反战运动，并建议巴西政府与伊拉克驻巴西大使会晤，“而仅几个星期前，美国国务卿科林·鲍威尔刚要求所有国家驱逐萨达姆·侯赛因的外交官”。[5]

这种指责常常来自更接近国内的美国官员。在1973年东巴基斯坦危机期间，基辛格感觉美国驻印度大使弗兰克·基廷已沦为所在地派的牺牲者，

---

① Glenn Kessler, “Ex-Envoy Details Hussein Meeting,” *Washington Post*, April 3, 2008.

② James Mann, *About Face: A History of America's Curious Relationship with China, from Nixon to Clinton* (New York: Alfred A. Knopf, 1999), pp. 180 – 183.

③ Stearns, *Talking to Strangers*, p. 26.

④ Ibid.

⑤ Gerald Brant, “How Brazil's Lula Is Fooling the World,” *Brazzil*, May 2003, http: //www. brazzil. com/p13omay03. htm.

他未能看穿新德里对与巴基斯坦达成和平缺乏诚意。[①] 根据查尔斯·弗里曼的观点，所在地派今天仍然存在且生活得很好，虽然由于外交事务局的遏制而采取了更复杂的形式：

> 与外国文化相对的次文化是他们的兴趣焦点。中国问题专家倾向于采取乐观和战略性思维。俄罗斯问题专家大多是悲观、绝望和剑走偏锋的态度。日本问题专家则更多表现出微妙、软性和非对抗行为方式……与其他某个特定文化谈判的经历……（导致谈判者）适应对方文化，并吸收了与他们互动者的文化性格。[②]

对所在地派的指责很少或根本不会影响谈判者的行为——相反，它们可能加强他（或她）的立场及与对方国家代表的谈判效率，并且这些谈判者被认为支持后者的利益。不过，有时候这种指控，即使没有完全展开，也可能削弱谈判者与其他国家对手，以及与谈判者自己的伙伴和上级交往的信用，并导致被调换岗位。即使如此，它们对其人格和职业的伤害也要低于被指责政治不忠，后者从最好程度说，将会导致谈判者分心、被孤立，和担心做任何可能被视为符合这种指控的事情，最坏的结果则可能是其职业生涯的突然中断。

约瑟夫·麦卡锡参议员搜寻行政机构内共产党人的岁月，是美国谈判者最容易受到政治伤害的时期。有多种理由使外交官成为麦卡锡“追杀女巫”行动的便利目标，并且都与其职业性质有关：他们与外国有广泛接触，并且常常在外国生活多年；他们接触到美国政治体制最高层，但又不完全属于该制度的一部分；他们从事谈判，而这又必然涉及提出妥协让步，或最少试图理解对方的观点。

一个遭受特别激烈攻击的小圈子被称作“中国通”——大约十几名中国问题学者和外交官——他们被指责以诋毁蒋介石国民党政府的手段，使中国于1949年“落入”共产党之手。在蒋介石的美国支持者鼓励下，麦卡锡

---

① 根据前美国驻印度和巴基斯坦大使安东尼·奎因顿的叙述。见 Khalid Hasan, General Yahya Agreed to Withdraw Forces," Daily Times, July 3, 2005。

② Freeman, interview, pp. 87 – 88.

及其联盟于1950年开始对国务院远东司进行抨击，声称该机构是由那些“忠于共产主义思想和计划者，而不是本半球崇尚自由和上帝威严的人员所组成”。一次，麦卡锡声称他有一份200多人的名单，他们仍在制定美国外交政策，虽然“国务卿知道他们都是共产党员”。[①] 在随后4年的国会听证会上，“中国通”们被指责破坏美国防止国民党政府垮台的努力，并试图使共产党特务渗透进美国情报机构，以便颠覆美国。尽管缺乏任何有关他们“罪行”的证据——他们只是强调中国共产党人不是苏联的傀儡，并可能在即将来临的内战中击败国民党政府——许多“中国通”被开除出国务院，最著名的就是“约翰”机构。在20世纪50年代，1000名涉嫌同性恋的国务院官员也被清除。[②]

20世纪50年代发生的爱国主义偏执狂和社会歇斯底里已经消退，职业外交官很少会受到类似于参议员约瑟夫·麦卡锡和肯尼斯·惠里罗织的政治不忠罪名的指控。不过，对外交官的政治攻击继续以其他形式存在，谈判者仍要面对来自各个政治角落的各种批评。例如，2007年2月，曾在多届政府任职的约翰·博尔顿公开指责同北朝鲜进行核项目会谈的美国首席代表克里斯托弗·希尔正在与北朝鲜进行“非常糟糕的交易”。尽管希尔的谈判大纲已经获得总统和国务卿的批准，博尔顿仍直接向这位职业外交官发泄自己的怒火：

> 我将要说的是，我希望总统还没有被充分通报。他有几个小时考虑这一点。它确实向全世界潜在的扩散者传递了一个错误信号：如果你能坚持足够长时间，使国务院的谈判者筋疲力尽，最终你将会得到奖赏，在这一个案中，只需要部分拆除他们的核项目，就能获得大量船来的重油。[③]

---

① E. J. Kahn, *The China Hands: America's Foreign Service officers and What Befell Them* (New York: Viking, 1975).

② 有关此次清除的详情见：David K. Johnson, *The Lavender Scare: The Cold War Persecution of Gays and Lesbians in the Federal Government* (Chicago: University of Chicago Press, 2004)。

③ 引自博尔顿与美国有线电视公司沃尔夫·布里茨的采访谈话，2007年2月12日播报，见：http://sweetnesslight.com/archive/john-bolton-blasts-north-korean-nuclear-weapons-deal。

第三部分
历史的视角

第六章　美国历届总统及其谈判者（1776－2009）

罗伯特·D. 舒尔辛格

过去两个多世纪以来，面对持续扩大的国际环境挑战，美国历届总统及其主要顾问，在庞大复杂的官僚体系支持下，均直接处理外交政策问题并取得了不同程度的成功。在18和19世纪，华盛顿与美国海外谈判者之间的通讯联络很缓慢，美国外交官在谈判过程中有较大的个人发挥空间。但是，随着20世纪的通讯革命和美欧崛起成为全球大国，总统更深入地参与指导海外特使的行动。在某些特定环境下——尤其在危机形势下——总统还亲自参与谈判。总统在确定外交政策框架、构建制定和执行政策的官僚体系方面，也发挥了重要作用。

当然，在任何特定时期，总统参与国际谈判的程度也各不相同，并受到总统的个性、外交政策经验、处理风格，以及——但不是最后——他对美国在世界事务中作用的看法的影响。通常，总统集中关注“高级政策”问题，主要是有关国家安全、战争与和平、及重大经济问题。“低级政策”问题则主要是有关贸易和商务、移民、科学、技术、环境等策略问题。事实上，大多数担任美国谈判者的官员与总统没有直接关系。

总统与谈判者之间的关系——直接或间接关系——主要由三大因素组成：

·总统对外交特使的信任。当总统对美国谈判者很信任并将他们视为关系密切的个人顾问时，这种外交官通常有权签订协定。但有些时候，总统与特使关系会发生疏远、失去对其信任或完全藐视他们。在这样情形下，这些外交官或不光彩地回国，或任其在强大政治风暴中无助挣扎。

· 公众对总统外交政策的信任。当总统的外交政策目标或方式很受民众欢迎时，美国谈判者通常拥有达成协议所必需的政治支持。但当公众转而反对总统的外交政策时，谈判就可能被瓦解，协议也无法达成。

· 谈判者对在华盛顿的上级和对公众的影响能力。有时，美国特使也能成功动员公共舆论支持其谈判立场，或借助国会中的盟友和新闻媒体支持其立场。

总统及其谈判者是在一定政治环境下运作，这种环境的基调和发展能够极大影响外交政策计划的内容和步伐。国际问题的重要性在美国政治中是起伏波动的；当公众受到某个外交问题的感染时，总统及其高级顾问的策略行动空间可能会受到严格限制。总统选举周期和政党执政轮替也同样推动政策计划出台——或受到总统寻求在任期结束前达成特定目标的驱使，或受国会变化的影响，或现任政府与其前任政策拉开距离所致。

国内政治与地缘政治大环境之间的互动也会影响美国总统的外交政策和手段方式。当总统和公众感到相对安全，并认为他们能够影响世界政治现实时，美国人会选择缓和的谈判方式。当美国感到其安全受到威胁或受某种重大经济发展趋向的威胁时，美国的谈判方式则会表现得更加强硬和严厉。当成为拥有明显优势的世界大国时期，美国也努力传播美国意识形态——常被概述为“自由”、“民主”、和“促进人权”。在这种环境下，美国外交政策则竭力推动海外生活方式转型，美国官员亦对外国政府施压，促使其追随美国领导。

尽管存在许多构成美国不同时期谈判行为的变化因素——通讯技术的变化、意识形态的兴衰、军事力量平衡的重新评估、以及专业外交机构的发展——但有一个因素是不变的：总统的首要作用。作为首席执行官，他（及在未来某个时候，她）不仅提出其政府的政策目标，而且，至关重要的是，确立官僚运作程序——各机构间体系——从而可在其框架内制定和实施政策。某些总统还鼓励竞争或在其高级顾问之间制造紧张——但却发现，在许多情况下，各官僚对手之间的竞争产生了破坏性的政策冲突。其他一些总统则与这种内部竞争拉开距离，但也经常导致消极影响。还有一些总统则完全控制外交政策程序，强化官僚纪律，并加强管理白宫范围之外的外交政策制定和实施。

这些方式各异的总统外交政策领导模式，正是本章将要进入的主题。

一、个人外交时代（1776－1898）

从共和政体建立至19世纪末，总统参与谈判相对较少。外交活动主要由非专业外交人员执行，他们在谈判中也常有较大的行动自由。其中许多人具备很高的技能，并很快能发现其他文化和模式的细微差异。许多人与总统或其他美国高级官员关系密切，但也有一些人没有这种关系。有时，这些非专业外交官推出明确的政治议程。美国经常从相互竞争的各部门机构中抽调人员组成谈判队伍。

在与外国对手谈判之前先进行内部谈判的美国谈判模式，是在革命战争期间——即在总统和美利坚合众国诞生之前——建立起来的。在18世纪七八十年代，美国驻巴黎外交官员首先创下在任外交官相互争吵的先例。本杰明·富兰克林是最著名的美国外交代表。他以自己杰出的科学成就、哲学思辨、注重实践性、朴实的智慧，尤其他身上体现出来的共和新思想模式，令法国人着迷。他经常在法国各地对其敬仰赞叹的民众前露面。有评论如此赞扬他的科学和政治天才："他从浩瀚天空攫取雷电，从暴君中手中夺走君权。"①

富兰克林在法国闻名遐迩及其强烈的亲法情绪也很糟糕地遗传给他的美国同事。约翰·亚当斯，一名成功的律师和著名的革命小册子作家，缺乏富兰克林的活泼天性；同时，亚当斯的笨拙也令富兰克林感到困扰。亚当斯很反感富兰克林"持续奢侈浪费"的生活方式。他无法忍受"全欧洲的眼光均集中投向富兰克林，将其视为美国在欧洲最重要的角色……无论李（阿瑟·李，另一位外交专员）还是我自己均未被视为举足轻重的人物"。② 李也认为，富兰克林过于亲法。至少在战争开始时，他确实是亲法的，当时，

① H. W. Brands, *The First American: The Life and Times of Benjamin Franklin* (New York: Doubleday, 2000), p. 551.

② Ibid., p. 549.

美国的事业取决于能否成功谈判争取到一个军事同盟和商务条约。但随着美国人在战场上时运的改变——部分也由于法国的援助——富兰克林的魅力也征服了英国的和平谈判者。1783年巴黎协定是富兰克林个人的胜利。他的成功应归功于他与法、英官员的个人联系，同时也因为他倍受费城国会的高度尊敬。

在19世纪上半期的和平谈判中，美国谈判者内部及外交官与总统之间的冲突也构成了这一时期的特色。1814年，詹姆斯·麦迪逊总统派遣了一个五人代表团前往根特与英国人谈判。他从不同地区和不同党派，及有不同背景者中挑选候选人。来自肯塔基州的代表亨利·克莱从战争开始时就是鹰派，并一直竭力推动这场冲突。约翰·昆西·亚当斯是一位杰出人物，其父亲约翰·亚当斯曾与富兰克林一同出使巴黎，并曾担任美国驻俄大使。乔纳森·拉塞尔是驻瑞士大使。阿尔伯特·加拉廷是出生于瑞士的金融家和前美国财政部长。詹姆斯·艾什顿·贝阿德是来自特拉华州的参议员。约翰·昆西·亚当斯对他的其他专员伙伴的悠闲享受很是恼怒。他抱怨说，“他们用完餐后还要坐下来接着品尝劣质酒，抽雪茄烟”。[①] 克莱告诉他不要过于一本正经，称外交官的部分工作就是提供和享受招待。亚当斯随后也加入他们的行列，出席根特居民为美国人提供的戏剧演出、招待会、晚餐会和纸牌游戏。美国代表团比英国人拥有更大优势。由于美国首都华盛顿远在3000海里之外，美国代表拥有充分权力制定条约，而英国人在所有问题上都要向伦敦报告（事实上，美国谈判小组完全自行做出决定而无视对他们最初指令中的多条规定）。在经过几个月的来往意见交换后，双方同意达成和平条约，恢复战前状态。[②]

在1846-1848年美国—墨西哥战争期间，出现了一种新的模式。在这场冲突中，美国唯一的谈判代表——尼古拉斯·特里斯特——一直严格按照国内的指令行事，但他对最初使命的责任最终导致他与詹姆斯·K. 波尔克总统之间出现麻烦，后者对墨西哥领土的胃口随着战争进程不断增大。这位

---

① Samuel Flagg Bemis, *John Quincy Adams and the Foundations of American Foreign Policy* (New York: Knopf, 1949), p. 191.

② Bradford Perkins, *The Creation of a Republic Empire, 1776-1865*, vol. 1 of *The Cambridge History of American Foreign Relations*, ed. Warren Cohen (New York: Cambridge University Press, 1993), p. 143.

总统失去对其特使的信任，并下令将他召回；但这位外交官完全无视召他回国的命令，并在未获得政府授权的情况下，继续谈判达成一项条约。

特里斯特是一名与政界有联系的、经验丰富的外交官。他与托马斯·杰弗逊的孙女结婚后，在哈瓦那担任领事 8 年，能说西班牙语。他曾是安德鲁·杰克逊总统的主要助手，1845 年担任国务院首席秘书。在 1847 年战争期间，波尔克派遣他随同军队前往墨西哥，以谈判一项和平解决方案，包括割让得克萨斯州和收购加利福尼亚州。波尔克挑选他是因为对其无可指责的民主党思想主张的信任。总统相信，他能够挫败温菲尔德·斯科特将军——一名狂热的辉格党人并很可能成为 1948 年总统竞选者——试图通过战争胜利为自己建立威信的努力。特里斯特和民主党确实与斯科特有过冲突，但战争却促使这名外交官与将军建立起伙伴关系。他们的合作令波尔克怒火中烧，现在他希望获得的墨西哥领土比他最初指令特里斯特寻求购买的更多。与他同时代的许多美国人一样，特里斯特对黑皮肤的墨西哥人表现出种族主义的藐视，并给他们贴上“退化的民族”的标签。但他最终仍认为，无论是长期占领或完全吞并墨西哥（如同扩张主义者鼓吹的那样）都将会招致国际谴责，并将终结“杰弗逊的和平共和国理念”。①

特里斯特继续与墨西哥总统曼努尔·德拉·蓬纳谈判。蓬纳是继墨西哥在战场上遭遇失败后被墨西哥国会任命为总统的。他先前也曾担任过这一职务，现在他准备出售其部分国土。他发现特里斯特非常彬彬有礼，并很欣赏他说西班牙语的能力。特里斯特为结束战争取得的明显成功进一步惹恼波尔克。他写道，特里斯特“非常笨拙地处理谈判问题，而且缺乏能力”。②

根据波尔克的命令，詹姆斯·布坎南国务卿将特里斯特召回华盛顿。但是，特里斯特没有理睬召回命令，并基本按照波尔克最初指令的框架与墨西哥达成和平条约。瓜达卢佩—伊达尔戈条约在美国国内很受欢迎，但它也导致波尔克和特里斯特所属的民主党分裂。波尔克的总统生涯在混乱中结束，特里斯特回国后亦遭遇金融破产，并在政治上陷入被遗忘的境地。他的谈判是成功的，但他感觉很像一场失败。特里斯特的故事非同寻常，很少有美国

---

① Wallace Ohrt, *Defiant Peacemaker*: *Nicholas in the Mexican War* (College Station, Tex.: Texas A&M Press, 1977), p. 136.

② Ibid.

谈判者在被上级撤销职务后仍能达成其外交目标。他在战争期间远离华盛顿以及战场形势变化，使他能够将问题牢牢掌控在自己手中。

在19世纪中期，华盛顿与其他国家的远距离和通讯困难也使其他部分外交官得以在很少受首都监视的情况下展开谈判。在19世纪四五十年代，当美国的扩张触角伸到东亚后，美国特使凯莱布·库欣和马修·佩里在与中国和日本官员打交道时就发挥了很大的灵活机动性。库欣在英国鸦片战争后来到中国，他告诉一位波士顿人说，他的使命是“代表文明，并且在可能情况下，亚洲3亿劳动力市场的大门应向美国开放”。[①] 在《望厦条约》——臭名昭著的不平等条约之一——中，他通过谈判获得英国以武力强取的治外法权。

佩里前往日本的使命源自墨西哥战争后美国获得了多个墨西哥太平洋海岸线的港口。1848年，财政部长罗伯特·沃克强调指出，“随着我们最近获得太平洋沿岸，亚洲突然之间成为我们的邻居。这一大片平静的大洋邀请我们的蒸汽船驶入一条商务航线，其贸易量可能比所有欧洲国家加起来还要大”。[②] 丹尼尔·韦伯斯特国务卿是一位著名的辉格党领导人，他希望奴隶制各州与自由制各州之间的激烈对抗能够被海外贸易扩张所抑制。韦伯斯特派遣佩里给日本天皇转交米勒德·菲尔莫尔总统的一封信。在信中，菲尔莫尔试图以美国军事和现代技术的威力吓唬日本人。他指出，“我们的蒸汽船可在不到20天内抵达你们的快乐家园”。美国希望从日本人“那里获得一些煤”，“我们的蒸汽船从加利福尼亚到中国的航程必须使用这些煤”。菲尔莫尔要求“允许我们的人与您的人民进行贸易，但我们不会给他们授权违反陛下帝国的任何法律”。[③] 佩里在出发前曾向部分研究日本的作家咨询。韦伯斯特授予他“充分的自由处理权”，这意味着他可用武力胁迫日本，以达成一项商务条约。[④]

佩里于1853年来到日本，既带来了礼物，也带来了威胁。他刚一到达

---

① John M. Belohovak, *Broken Glass: Caleb Cushing and the Shattering of the Union* (Kent, Ohio: Kent State University Press, 2005), p. 155.

② Walter LaFeber, *The Clash: A History of US-Japanese Relations* (New York: Norton, 1977), p. 11.

③ Ibid., p. 12.

④ Ibid.

即要求将菲尔莫尔的信件传递给日本天皇，然后很快驶往中国，并告诉日本人，他将会带来更多战船与日本人交战，如果他们不同意达成条约的话。1854年，他率领一支更大的舰队回来，试图用武力和美国技术——以电报机和一部小型蒸汽列车的形式——威吓日本人。日本人不情愿地同意签订一份条约，向美国舰船开放两个港口，并接受美国在日本设立一个领事馆。

二、作为大国进行谈判（1898－1932）

从内战至19世纪90年代，外交事务以外的问题占据了历届美国总统的大多数时间和精力。但从19世纪进入20世纪之际，美国工业力量加强了美国在世界舞台上的地位。美国总统开始更深入地接触外交事务，公众对美国外交关系和外交行动也表现出更大兴趣。美国与欧洲和亚洲其他大国展开激烈竞争，以谋取海外帝国、领土和影响。

具有讽刺意味的是，领导美国向全球大国过渡的那个人从未去过外国。作为前众议员和俄亥俄——一个日益发展的工业源头——的州长，威廉·麦金利总统对国际事务，尤其是贸易和经济问题，表现出强烈兴趣。事实上，在其第一个总统任期，美国对世界各地的出口几乎翻了一倍，从1896年的8.33亿美元增加到1901年的14.88亿美元。[①] 麦金利在西美战争中的作用，标志着总统外交出现多种值得关注的变化：首先，在冲突发生之前、期间和之后，他必须与一种新的强大的公共压力抗争，这种压力因城市新闻报纸链条的抨击得到加强，其政治影响力也日益增大；其次，在战争期间，他能够（并且愿意）直接控制美国外交政策，并通过一个装配有电话和电报终端连线的特别“作战室”掌控美军事战略；第三，他亲自在结束战争的谈判中发挥作用，因为他知道，他的国务卿威廉·戴，来自俄亥俄州的一位老朋友，对外部世界了解很少。虽然麦金利主要依靠美国驻英大使海约翰向英、法和驻巴黎的西班牙官员解释美国立场，但麦金利认为，和平条约将能确定美国扩张主义地缘政治作用的参数。他在华盛顿亲自指导谈判。

麦金利的继承者西奥多·罗斯福，从一开始就假定，美国是一个与欧洲国家并驾齐驱的大国。他在世界许多地区维护美国利益。他还急剧扩大美国

---

① Kevin Philips, *William McKinley* (New York: Times Books, 2003), p. 87.

海外行动，将美国力量和思想投放到那些与美国没有直接关系的国际争端中。在罗斯福总统之后的一个世纪，许多后继总统都遵循罗斯福的政策实践：帮助其他国家解决那些可能威胁世界稳定和美国利益安全的争端。

罗斯福调解了一场可能导致其他大国开战的战争和争端：1905 年夏组织了一次国际会议，以解决日俄战争。会议地点设在气候宜人的港口城市——新罕布什尔州的朴茨茅斯——而不是令人热得头昏的华盛顿。罗斯福本人没有去朴茨茅斯，但他多次在长岛家中会见日本和俄罗斯大使。他很同情日本，并作为中间人推动达成一个解决方案，使他们的军事成功合法化。第二年，在解决法德摩洛哥之争的阿尔赫西拉斯会议上，罗斯福也发挥了重要作用。在会议期间，罗斯福主要依赖美国驻意大利大使亨利·怀特表达美国观点，后者此前曾在多个国家的任职经历，使他成为 20 世纪初美国最专业的外交官。在华盛顿，总统利用其与德国大使斯佩克·冯·斯泰恩伯格男爵的私人关系（他昵称他为“斯佩基”）达成了一项协定。①

伍德罗·威尔逊政府标志着，美国日益扩大的海外权力和存在，与优越主义思想意识的完美结合。威尔逊宣称，其政府的“新外交”将建立在民主原则和美国个人自由思想的基础之上，并将公开和透明。至少在原则上，美国将放弃使用武装力量对付弱小国家，促进和平解决争端、并鼓励经济相互依存。作为一名前大学校长和充满个人魅力的演讲者，威尔逊将高度思想意识与激情结合在一起。他与驻外美国大使和几任国务卿的关系则比较复杂。他经常使用个人代表，并让学术专家参与制定计划。但最重要的是，他亲自指导谈判。

在美国多次以高压手段确定墨西哥总统的努力失败后，威尔逊对墨西哥革命采取了军事干预。在这一进程中，威尔逊将亨利·兰尼大使召回，另外派遣他的一位私人朋友，前明尼苏达州长约翰·林达和《纽约时报》记者威廉·贝阿德·黑尔前往墨西哥监视当地发展。威尔逊总统一度曾警告欧洲大国不要支持墨西哥内战中的任何一方。但威廉·詹宁斯·布赖恩国务卿拒绝向海外大使发送电报传达这一指令。布赖恩担心欧洲国家的直接干预。其努力被国务卿瓦解后，威尔逊在一份广泛流传的讲演中阐述其对墨西哥政

① Howard K. Beale, *Theodore Roosevelt and the Rise of America to World Power* (Baltimore: Johns Hopkins University Press, 1956), p. 384.

策，他在讲演中承诺墨西哥将很快摆脱“外国利益”，实际是指英国银行和石油公司。

威尔逊参与最深的谈判发生在第一次世界大战时期。他表达了美国对此次战争及国际冲突原因的立场，指出秘密外交和联盟对抗是其中的重要原因。当美国对德宣战时，威尔逊坚持认为它的国家是以一个联系国而不是盟国的身份参战，因为他希望将美国置于道德高地，而这将使他能够推动战后重建全球事务秩序的计划。他号召对世界政治进行激进改革的主张，使他在世界各地极受欢迎，或至少暂时受到欢迎。不过，其雄心勃勃的计划也更多拉开了他与国内外传统外交官员的距离，而国会对其未来计划日益增多的怀疑最终使他的战略归于失败。

1919 年，威尔逊率领美国代表团出席巴黎和会。数百名工作人员随他而行，包括数十名地理、经济、政治和世界事务专家，他们组成一个被称为咨询团的准政府机构，其任务是为谈判提供专业和非党派的咨询意见。不幸的是，威尔逊的代表团中没有包括任何共和党政治领导人，这也限制了国内两党对他建立和平努力的支持。

威尔逊直接呼吁欧洲公众迫使他们的领导人批准他提出的改革世界秩序的观点。一位在巴黎定居的美国人说，“公众的热情和炽热情感是我所感受过的巴黎人最引人注目的一次展现”。不过，法国领导人的反应却比较复杂。法国外交部长说：“我们非常感谢您给我们带来正确形式的和平。”但总理乔治·克莱蒙梭告诉威尔逊说：“我们也给世界带来了我们的崇高观点和意愿，它们和您表达的如此动听的观念是一样的。我们变成现在这样是因为我们是由世界强手塑造的，我们必须生活在这个强权世界中，并且我们能够生存下来仅仅因为我们是一个非常强硬的团伙。”①

随着和会的展开，威尔逊亲自与大不列颠、法国和意大利领导人进行谈判，他在有关自由及普遍和平计划中的许多关键问题上做出妥协，以便获得欧洲领导人同意其提出的建立一个国家联盟的建议，它将使旧模式的军事竞争联盟被一个集体安全体系所替代。威尔逊越来越少听从美国代表团其他官员的意见，包括其信赖的豪斯上校。咨询团提出了长达数千页有关边界、政

---

① Margaret Macmillan, *Paris, 1919: Six Months That Changed the World* (New York: Random House, 2001), p. 16.

治机构、战败国赔偿及新国际组织国联的结构等计划。但令咨询团成员极度失望的是，他们的建议很少被带入最后和平条约中。

美英代表团中许多受到威尔逊改革主义思想鼓舞的成员，也转而坚决反对他为争取对国联的支持所做出政治妥协。他们抱怨说，他一直都独自这么做，在谈判中被那些不赞同其国际改革主张的欧洲领导人击败。约翰·梅纳德·凯恩斯，英国财政部代表团的一名思想敏锐和言辞锋利的年轻成员，也严厉指责威尔逊不敌其对手的精明算计，“总统在欧洲人当中反应迟缓是显而易见的”。凯恩斯后来写道，“很少有其他一流政治家比这位总统更不适应该会议室中的智慧交锋”。①

威尔逊促成的《凡尔赛条约》从未获得参议院批准。之所以失败是因为威尔逊的热心支持者们对他在巴黎从其理想主义议程中后退大失所望。此外，1918 年重新获得国会控制权的共和党对威尔逊的自由国际主义从最好角度来说也是很冷淡的，不愿意在 1920 年大选前让他和他的党派获得这一胜利。美国公众最初对威尔逊 1919 年发表的要求批准条约的讲演反应良好。他说，如果不能获得批准，将会“让全世界伤心”。② 然而，在经历一次中风后，他对公众和国会意见的影响能力消失了。威尔逊曾希望，1920 年大选裁决应是对国联和《凡尔赛条约》的一次庄严的全民公决，但结果却是，美国不需要为充当国际事务仲裁者而着手实施一项雄心勃勃的计划。

外交事务专家们对威尔逊以总统身份独自把持谈判既感到不快，也为美国建立专业外交机构的趋势提供了动力。自 20 世纪初以来，鼓吹加强美国权力者、国际法改革者以及那些推动建立一个总体国际组织者均主张，美国需要有一个常规的外交官团队。改革者们指出，欧洲国家为其驻外使馆配备的工作人员都是职业外交官，通晓所在国语言和文化，且具有外交实践经验。相反，美国驻海外代表大多是从总统的朋友和政治支持者中挑选的，不到 100 人（那时候驻外人员中还没有女性）是职业外交官或领事。1924 年通过的“罗杰斯法案”决定建立美国外交机构，由外交和领事分支机构组成。自那以后，美国驻外使团配备的专业人员日益增多。

---

① John Maynard Keynes, *The Economic Consequences of the Peace* (New York: Harcourt, Brace and Howe, 1920), p. 43.

② John Milton Cooper, *Breaking the Heart of the World: Woodrow Wilson and the Fight for the League of Nations* (New York: Cambridge University Press, 2001), p. 433.

职业外事官员将许多技巧带入他们的外交岗位。他们接受过国际事务教育，渴望学习和了解其他民族的文化、语言、政治、经济和社会。不过，外交机构专业化也在职业外交官和国内政治程序之间制造了结构性的紧张。历届总统及其白宫顾问、国会议员以及新闻媒体的著名记者常表达对外事官员的轻蔑。在国内对外交事务争论高度紧张时期，对外事机构的批评有时转变为指责其成员不忠或鼓吹有违美国利益的政策。

20世纪20年代的共和党总统较少实施高层外交，并更多依赖各领域的专家。前两位总统，沃伦·哈丁和卡尔文·柯立芝，均为见识有限和缺乏国际经验者，他们将外交事务大多交由其国务卿处理。赫伯特·胡佛则既有才干又做过很多旅行。但大萧条完全占据了其总统任期的精力，很少有时间接触国际事务。

哈丁和柯立芝从世界商界中招募特使，以帮助他们避免与墨西哥就美国公司在墨国内领土上开采石油问题而发生对抗的潜在危险。1923年，柯立芝任命J. P. 摩根的伙伴托马斯·拉蒙特为特使，以寻求恢复自1917年美国军事干预而中断的外交关系。1927年，柯立芝抵制了美国石油公司执行官们提出的以军事干预恢复其钻井权力的建议。他选择了和解的方式。1927年，他挑选了大学时结识的老朋友德怀特·莫罗出任驻墨西哥大使，寻求达成某种交易，以避免美国银行家和石油公司与墨西哥政府对抗。对莫罗的任命——与任命J. P. 摩根（他为墨西哥应付大部分外债提供了资金）的伙伴拉蒙特一样——最初也使某些人感到大为吃惊，因为这牵涉到内在的利益冲突（《时代》周刊报道说，幽默的新罕布什尔州参议员乔治·希金森·摩西称，莫罗的的任职是“资本的任命”）。①但莫罗作为一名精通时势的处理问题高手，很快令美、墨两国的批评者噤声：他通过谈判达成的协议承认美国人在1917年墨西哥实施民族主义宪法之前获得对石油和相关矿业财产的所有权。② 莫罗有效利用了银行家的谈判技巧和渠道——人际关系、对其对手民族敏感性的认识、以及寻求达成一项带来经济利益的协议的期盼。不过，他达成的交易并非永久性的，1938年，当更加激进的墨西哥新政府决定禁

① “The Cabinet: Morrow and Tomorrow,” *Times*, October 3, 1927.

② Claude M. Fuess, *Calvin Coolidge: The Man from Vermont* (Boston: Little Brown, 1940), pp. 408－414.

止外国人拥有或租赁墨西哥石油资产后，该交易也随之寿终正寝。尽管如此，通过追求有节制的目标，莫罗避免了美墨关系的一场危机，给双方均带来经济利益。

三、现代外交官僚体系的发展（1933－1945）

现代美国外交体系成形于富兰克林·D. 罗斯福总统当政时期。其基础是在新政时期打下的，整体结构则是在二战期间逐步建立完成的。罗斯福本人也深深卷入制定外交政策、决定军事战略及与盟国领导人谈判等事务中。他每日对具体问题关注的时间只有几小时，而将主要注意力集中于政治思考。多个政府部门在制定美国外交政策方面发挥了作用。战争部、国务院、财政部、战略情报局（成立于1941年——即中央情报局的前身），以及白宫都向国外派遣官员。战争期间，财政部、战争部和战略情报局分别提出了一份占领德国计划；国务院和战争部对日本的未来有不同的看法；国务院和财政部对新国际经济和金融秩序也存在分歧，但后来分歧得到解决。战争部、国务院和白宫则对东南亚未来存在不同看法；国务院与白宫对联合国——国联的继承者——的组成形式也有微妙分歧。数千名专家——外交官、军官、国际问题教授、历史学家、地理学家、经济学家、科学家、记者、宗教领导人以及工商企业执行官——参与制定了各种提案。他们大多数为政府工作。战争还促使非政府组织对外交事务的兴趣增多。以纽约为基地的外交关系委员会——它最初源自1919年巴黎和会咨询委员会——就战后世界性问题向国务院和战争部提供了数百份研究报告。

罗斯福主持这个庞大官僚体系的运作，并机智和挥洒自如地参与许多非政府组织的活动。他乐于鼓励政府各部和机构之间的竞争。只有他掌握完整信息并清楚了解其外交政策的最终目标。他直到最后一分钟才做出决策，以保持主动和控制。当凯恩斯1941年夏来到华盛顿谈判租赁条约，他被各部门之间的竞争以及总统实施的掌控深深打动。他报告说："在一场延续数星期的谈判中，形势一直是变化的，直到最后一分钟……我把他们（美国人）比喻为蜜蜂一样，几个星期来一直四处飞舞……最终，或许由于白色蜂群中的蜜蜂王后发出了某种微弱的、难以发现的味道，他们突然蜂拥扑向同一地点，形成一个紧密和难以穿透的球状体。”①

这一进程是无序的，但它产生的结果形成了二战后的世界。在大型多边会议上，美国谈判者们表现得最成功：他们的人员最多，装备着涵盖范围最广的背景材料，并向其伙伴提供最多物质和军事方面的奖励。联合国，创建于邓巴顿橡树园会议和旧金山会议（分别于1944和1945年召开）的国际组织，被确定为战后国际安全体系的中心。在（1944年）布雷顿森林会议上成立的国际货币基金组织和国际重建与发展银行（世界银行），成为建立经济秩序的主要工具。美、英、法对战后德国占领区的管理方式大多是在1944-1945年期间召开的欧洲咨询委员会会议上确定下来的。美国谈判者们在这些会议上取得极大成功，他们通过其人数优势和提出的诸多详细建议、及其确定议程的能力，使会议按照他们设计的方案进行。

罗斯福雇佣了许多来自政府内外的人员担任谈判者。他与其属下两名国务卿科德尔·赫尔（1933-1944）和爱德华·斯退丁纽斯（1944-1945）关系均不紧密。新成立的外交事务署的许多成员给他留下的印象是，他们难以沟通和缺乏远见。结果，他派遣自己信任的特别顾问执行一些重大敏感的外交使命。哈里·霍普金斯在二战期间多次与英国人和苏联人谈判。美国驻莫斯科大使艾夫里尔·哈里曼，一名成功的商业执行官和银行家，与苏联领导人约瑟夫·斯大林建立了良好的私人关系，这也有助于在战时政策问题上与这个困难的盟国沟通。

罗斯福了解国际事务，进行过广泛旅行，对自己作为一个谈判者的技巧充满自信。他赞同威尔逊的政策目标，但认为威尔逊作为一个外交家却是失败的。在罗斯福看来，威尔逊与其对手关系过于疏远。罗斯福非常卓越地在国际首脑会议中开展个人外交。他喜欢在家中或奇异环境下会见政府领导人。他也喜爱逗乐和开玩笑。从1941年8月大西洋首脑会议首次与温斯顿·丘吉尔会面开始，以及通过后者的多次来白宫访问和战时首脑会议，以及1945年2月雅尔塔三巨头的最后一次会议，罗斯福同丘吉尔建立了非常紧密的友好关系。在他们首次面对面会晤后，丘吉尔向内阁报告说，“我同

① Christopher Thorne, *Allies of a Kind: The United States, Britain, and the War against Japan, 1941-1945* (New York: Oxford University Press, 1978), p. 115.

我们的伟大朋友建立起了温暖和有深度的个人关系”。[1]

罗斯福与斯大林之间的关系最为复杂。总统有时当着苏联领导人的面取笑丘吉尔，表明美国并不赞同这位英国领导人对共产主义和苏联长期采取的敌对立场。对英国国际地位下降非常敏感的丘吉尔，也感觉到这种针刺般的屈辱。罗斯福经常——也许不是真诚地——告诉新闻媒体他与自己的朋友丘吉尔的分歧以及他如何与斯大林看法一致。在从雅尔塔回国旅途中，他在美国“昆西号”战舰上告诉记者，他如何提出战后对法属印度支那实施国际托管的可能性：“斯大林喜欢这个主意”，他说，“中国人也喜欢这个主意。英国人不喜欢它，这可能使他们的帝国分裂”。（虽然印度支那是法国的，丘吉尔担心，一个欧洲帝国的非殖民化，可能会为大英帝国在亚洲部分的终结建立一个前例。）

战争部长亨利·史汀生也不喜欢国际托管法属印度支那的主张，因为他希望能与英、法军事合作，以便促成二战后东南亚地区的稳定。该计划从未产生成果，因为罗斯福在与其他主要战时领导人充分探讨其主张和达成协议之前突然去世。他预料到战后联合伙伴国之间会出现分歧，但他相信，他与丘吉尔和斯大林之间的个人关系以及美国可使用的巨大资源将能维持联盟的团结。

四、遏制和共识时代的谈判（1945－1968）

罗斯福的继承者，哈里·杜鲁门总统，既没有罗斯福与其他世界领导人的那种个人关系，也缺乏他那种驾驭美国政府官僚体系的大师手腕。杜鲁门远比罗斯福更依赖下属。乔治·F. 凯南是一名职业外事官员和苏联问题专家之一，他提出的观点帮助形成对扩张主义的苏联进行“遏制”的政策。杜鲁门似乎常表现出害怕他的第二任国务卿乔治·C. 马歇尔（1947－1949年在职）。他还严重依赖国务卿迪安·艾奇逊的咨询帮助，后者在杜鲁门执政时期（1949－1953）一直统领外交事务。（艾奇逊在其回忆录中描述了他对杜鲁门偶尔的欺骗行为的恼怒——包括这位总统主动支持英国首相克莱蒙

① Warren Kimball, *Forged in War: Roosevelt, Churchill, and the Second World War* (Chicago: Ivan Dee, 1997), p. 98.

特·艾德礼的提议：美、英两国在相互协商之前决不使用核武器。正如艾奇逊在探讨自己不喜欢首脑会议的原因时所说，“当一个国家的元首或政府首脑犯下大错时，他已经越过了他的目标线”。）[①] 在杜鲁门当政时期，随着世界进入美苏冷战对抗的过渡阶段，战时的胜利者在战后保持和谐的希望破灭了。杜鲁门仅在1945年7月在波茨坦与斯大林会面一次。这两位领导人的个人交往似乎很好（杜鲁门认为斯大林聪明，阅读广泛，做事有准备，并且很喜欢逗笑），但在战争损失赔偿和德国未来等问题上，双方出现公开分歧。

和艾奇逊一样，杜鲁门不喜欢罗斯福处理外交事务时表现出来的非正式性和个性。在这一点上，他们并不孤单。一些专家委员会已开始主张改革以减少混乱和混合信号，以及多线授权方式，而所有这些都是罗斯福喜欢的政策模式。国会做出的回应是，通过立法加强职业外交官的地位，并更加明确地规定外交授权界线。“1946年外事法”承诺为外交官提供更大发展机会，可升职至大使级。“1947年国家安全法”大举重组外交机构，目的是减少各部门之间的竞争，为总统提供一种有序的程序以接收国际问题咨询。它从组织上将空军从陆军部分离出来，并将武装部队各军种（陆军、空军、海军、和海军陆战队）统一置于新成立的国防部的文职部长领导之下。它规定，成立中央情报局接替战时成立的战略情报局，负责收集和分析情报信息，并指导海外的秘密行动。根据该法成立的国家安全委员会的总部也设在白宫，以协调所有涉及外交事务机构的行动。

在战时军事领导人德怀特·艾森豪威尔担任总统第一任期间，美国官员发现解决冷战问题的前景非常渺茫，因而继续利用国际论坛争取公众支持反对苏联的行动。艾森豪威尔本人在其任职的最后几年，竭力寻求与苏联领导人尼基塔·赫鲁晓夫缓和，但这种努力却因为双方根深蒂固的相互不信任和敌对而最终失败。原定于1960年5月在巴黎举行的首脑会议也因为赫鲁晓夫公开谴责美国派遣无人驾驶侦察机高空越过苏联领土而在召开之前告吹。

冷战时期日益增长的外交活动使美国政府官员在保留谈话记录、协议及对外国政府的承诺文件等方面非常困难。许多谅解备忘录没有被编撰成需参

---

① Dean Acheson, *Present at the Creation: My Years at the State of Department* (New York: Norton, 1969), pp. 480, 484.

议院批准的条约，甚至对政府具有约束力的行政性协定也没有交给他们。当某个党派的政府被另一党派的政府取代时，问题会变得更加尖锐：官方会谈记录常会被离任总统带出华盛顿而放置在某个总统图书馆里。例如，1957年，在以色列1956年成功袭击西奈半岛的埃及军队后，美国坚持要求以色列从其占领的领土上撤走。约翰·福斯特·杜勒斯国务卿向以色列外长格尔达·梅厄保证，美国将开放蒂朗海峡，以便为以色列南部港口城市埃拉特提供海上通道。1967年5月，当埃及总统加梅尔·阿布德尔·纳赛尔对所有前往埃拉特的船只关闭海峡水道时，以色列外长阿布巴·伊巴恩（Abba Eban）提醒迪安·腊斯克国务卿：杜勒斯国务卿曾保证前往埃拉特港的水道安全。国务院搜寻档案后没有发现这种承诺的记录。该项保证文件最终在堪萨斯州阿比林市艾森豪威尔总统图书馆内被找到。

同样，当艾森豪威尔1959年9月在戴维营会见赫鲁晓夫时，这位苏联共产党主席说，他被委托前来签署一项和平协定，以确认德意志民主共和国对西柏林通道的控制权。随后，当约翰·F. 肯尼迪总统1961年5月在维也纳会见赫鲁晓夫时，他对赫鲁晓夫强硬提出通过一项正式条约解决西柏林通道问题的要求感到震惊。肯尼迪并不清楚这位苏联领导人曾对他的前任说过什么，而白宫也没有找到有关赫鲁晓夫与艾森豪威尔这一谈话的任何记录。

在冷战的几个最紧张时期，美国利用秘密渠道和派遣特使，促使危机从战争边缘后退。在1962年10月的导弹危机中，肯尼迪总统和他的弟弟司法部长罗伯特·F. 肯尼迪通过多种非正规关系与苏联领导人联系。除了罗伯特·肯尼迪与苏联大使安纳托利·多勃雷宁的“离线”会晤外，白宫还通过美国广播公司新闻记者约翰·斯卡利向苏联情报人员传递最敏感的情报信息，以转达美国提出的结束危机的建议。与艾森豪威尔不一样，肯尼迪对自己随员的依赖超过了内阁正式会议，不愿意将权力委托给椭圆形办公室之外的人，而更信任一小部分亲信助手。肯尼迪对国务院的态度尤其严厉，他在1961年曾对记者休·赛迪说，国务院“是一碗糨糊，那里所有的人只会不停地微笑。我认为我们需要更少的微笑，更多的强硬”。[①] 肯尼迪经常依赖其信赖的几名高级顾问，如艾夫里尔·哈里曼等人。1963年7月，他派遣

① Arthur Schlesinger, Jr., *A Thousand Days*: *John F. Kennedy in the White House* (Boston: Houghton Mifflin, 1965), p. 406.

哈里曼前往莫斯科进行有关禁止核试验条约的谈判。1968 年，哈里曼还担任林顿·B. 约翰逊总统的主要谈判者与北越谈判，以寻求结束在越南的战争。

五、从谈判时代到冷战结束（1968－1989）

越南战争使约翰逊总统不知所措。自杜鲁门政府以来，美国两大党就遏制苏联及其盟国的必要性达成的共识，一直是美国外交政策的指针。但这一共识却因对东南亚长期冲突的分歧而受到侵蚀。理查德·M. 尼克松因获得那些对越南僵局极度失望的选民的支持而赢得 1968 年总统大选。在竞选期间，他声称自己有一个结束战争的秘密计划。在其就职演说中，他宣称，“在经过一个对抗时期后，我们正在进入一个谈判时代”。[①] 尼克松怀疑，联邦政府机构，尤其是国务院存在政治偏向。他和他的国家安全顾问亨利·基辛格，集中控制白宫的外交行动。

与苏联缓和是尼克松在谈判时代的战略核心。在全球战略平衡发生重大变化的新形势下，作为针对苏联的一种施压行动，他在与苏联人保持紧密联系的同时，秘密展开接触中国共产党领导人的外交行动。基辛格与苏联大使多勃雷宁开启了冷战时期最著名的幕后渠道。两人常常晚上在苏联大使馆会面。他们彼此称呼对方“亨利”和“安纳托利”，并且就着伏特加酒能聊上几个小时。基辛格明确表示，重大问题都是通过他来传递，而不是威廉·罗杰斯国务卿或国务院的其他专业谈判者。军备控制是这种新关系的中心因素，基辛格告诉苏联特使，是他和总统而不是美国军备控制官方代表团做出重大决策。多勃雷宁报告克里姆林宫，基辛格要求他指示正在与美国军备控制与裁军谈判负责人杰拉德·史密斯会谈的苏联武器控制谈判小组负责人弗拉迪米尔·塞米诺夫，“不要告诉史密斯有关我们在秘密渠道中的所有讨论

① Richard M. Nixon, “Inaugural Address,” January 20, 1969, John T. Woolley and Gerhard Peters, *The American Presidency Project* (Santa Barbara, Calif.: University of California (hosted), Gerhard Peters (database)), http://www.presidency.ucsb.edu/ws/?pid=29644.

情况”。（史密斯）不知道这个渠道的任何情况，基辛格说。①

1971年7月中旬，尼克松通过派遣基辛格前往北京进行中美关系正常化谈判，并以此加大对苏联谈判的力度。基辛格和中国外长周恩来发现，他们在抗击苏联“霸权”和避开彼此国家外交官僚体系展开外交活动这两大问题上有共识。基辛格称，周是他结识的印象最深的官员之一。在首次与周秘密会谈时，基辛格说，尼克松要求对他的首次使命保密，“这样我们可以免受官僚阻碍进行会晤，也不受过去约束，并能保持最大可能的自由度”。②他们同意，尼克松将于1972年2月访问中国。美中接触的消息曝光，令苏联领导人感到震惊，并很快同意于1972年5月在莫斯科举行尼克松—勃列日涅夫峰会。

尽管在莫斯科峰会前进行了几个月的精心准备，但会议仍显得很匆忙，质量也很勉强。这正是尼克松所希望的。他告诉基辛格，在峰会期间签署多项协议之前，不必将所有程序都完成，以便提高对国内的影响。结果，在峰会上，尼克松和基辛格与他们的苏联对手夜以继日地工作。他们把罗杰斯国务卿排除在双边会谈之外（如同尼克松2月访华期间一样）。尼克松与勃列日涅夫在莫斯科签署了多个双边协议，并签署了限制部署反弹道导弹条约。

加强与中国和苏联新关系只是尼克松谈判时代的重大外交行动之一。1969至1976年，基辛格一直是美国的首席谈判者。他通过各种前台和幕后渠道与对手和朋友谈判，除了与苏联缓和及戏剧性地打通与中国关系外，基辛格还与越南谈判达成一个最终失败的和平协定、启动了以色列与其两个邻国埃及和叙利亚的和平进程。这种旋风般的高调活动使基辛格在国内外的声望超过之前的任何美国官员，或许本杰明·富兰克林是唯一的例外。

伴随着尼克松政府的日渐衰败下，基辛格作为一名外交奇才的地位也受到削弱。1972年夏，缓和政策在国内极受欢迎，但尼克松和基辛格的保密和严格控制却侵蚀了民众对其外交政策的最初热情。在1973－1974年期间，面对苏联的根深蒂固的不信任及其军事能力发展，国内对缓和政策的反对声

---

① 亨利·基辛格与安纳托利·多勃雷宁谈话备忘录，1971年3月12日，见：*Soviet American Relations: The Détente Years, 1969－1972*（Washington, D. C.: Government Printing Office, 2007）, p. 207。

② 《周恩来与基辛格会谈备忘录》，1971年7月9日，见：*Foreign Relations of the United States, 1969－1972*（Washington, D. C.: Government Printing Office, 2006）, p. 361。

急剧上升。部分反对者批评尼克松和基辛格无视莫斯科侵犯其公民人权。亨利·M. 杰克逊参议员提出了苏联限制移民问题。1974 年，国会通过了杰克逊－瓦尼克提出的对贸易扩张法的修正案，该法案禁止延长苏联的最惠贸易国地位，除非它允许犹太人和其他宗教少数民族自由移民。基辛格对一些著名记者说，杰克逊参议员——该修正案的主要推动者——是为了其个人的政治目的而操纵苏联犹太人的命运。当国会开始讨论杰克逊－瓦尼克提案时，基辛格指出——普遍支持缓和的新闻媒体则报道——被批准移民的犹太人已经从过去平均每年 5 万人下降至 2 万人以下。1974 年 6 月，在尼克松与勃列日涅夫举行的最后一次首脑会议上，基辛格和尼克松均向苏联领导人解释说，杰克逊－瓦尼克修正案只是一个很小的国内问题，他们不会让它阻碍已大大改进的美苏关系。这种认为美国国内对苏联违反人权的指责将会消退的预告，后来被证明是不准确的。在杰拉德·R. 福特政府时期，反对缓和的声音日益增多。1975 年夏季，杰克逊的反缓和立场获得前加利福尼亚州长罗纳德·里根的支持，后者准备在争取共和党总统候选人提名问题上向福特挑战。杰克逊、里根和一些保守派专栏作家抨击福特拒绝在白宫接见苏联著名持不同政见者、作家亚历山大·索尔仁尼琴。他们严厉指责福特前往赫尔辛基签署欧洲安全与合作会议最后文件。与此同时，大赦国际等人权组织和《人权观察》等刊物的主持者开始在全世界吸引人们更多关注人权事业，产生了巨大的公众压力，并为非政府组织更大程度参与外交政策活动奠定了基础。

自基辛格离职后，美国国内就美国外交政策目标和方式的政治争议持续激化。在随后的各届政府中，没有人能像基辛格那样占据外交舞台中心。继任的美国新政府有时也会继续前任开始的谈判，但在其他时间，他们往往会中止谈判工作或放弃先前达成的协议，以期获得与其国内政治立场更接近的成果。随着共和党和民主党轮流接替总统职位，其他国家官员有时也不能确定他们认定的由前届美国政府做出的承诺是否会被下一届政府实施。

1976 年，吉米·卡特在参加总统竞选期间，公开指责尼克松和基辛格嗜好保密、促使外交政策集中化、在白宫之外进行谈判，以及对其他国家侵犯人权漠不关心。成为总统后，他支持有关苏美缓和有助于减少核战争危险的观点，同时，促使苏联加入国际人权体系。苏联领导人对卡特感到非常疑惑，因为他似乎既比其前任更易于妥协，也更好战。苏联人怀疑，卡特对军备控制不是很认真。直到三年后，美国和苏联才就限制战略武器会谈第二阶段条约达成一致，而这与基辛格1976年竭力达成的交易很相近。1979年5月，卡特与勃列日涅夫举行了他们之间唯一一次峰会。当时，卡特的政治地位正在消退，勃列日涅夫也是疾病缠身。塞勒斯·万斯国务卿告诫总统不要期望从苏联领导人那里得到多少收获。万斯说，“就核心问题进行实质谈判”是不可能的，因为勃列日涅夫“年事已高、很人性化和容易动感情”。[①]尽管卡特和勃列日涅夫签署了第二阶段限制战略武器条约，但卡特在国内的政治地位是如此虚弱，以至于从未将该条约送交参议院批准。

与此同时，卡特通过继续进行前任政府遗留下来的谈判而获得一些外交成功。他雇佣一名特别谈判代表，商业执行官索尔·利诺维茨，执行和完成了有关将巴拿马运河归还巴拿马政府的两项条约的谈判工作。他催促继续进行尼克松政府时期开始的有关海洋法条约的谈判。他挑选曾在尼克松政府中担任多项要职的埃利奥特·理查森出任美国首席代表，参加海洋法谈判。来自环境保护署、国务院、国防部、财政部、商务部、和司法部的代表之间以及与工商界和数十个非政府组织的代表之间也进行了谈判，并最终产生了一个综合安全、商业、矿业和环境利益的妥协方案——反映出国际问题的日益复杂性。

随后进行的长达数十年的海洋法条约谈判也证明，国内政治动力的变化能够影响具体的谈判结果。随着谈判的展开，国内政治观点开始转向反对该条约。部分批评意见指责它可能限制美国私营企业的业务发展前景。1979年，参议院拒绝批准该条约；卡特的后任，罗纳德·里根，以该条约可能剥夺美国私营公司从深海海床矿业中获利的权利为由而撤回对它的支持考虑。11年后，在克林顿政府执政初期，美国重新参加多国海洋法谈判。海军催促批准该条约，以保护美国军舰通行的权利。1994年10月，即国会选举仅几个星期之前（共和党在这次选举中夺得对国会参、众两院的多数席位），克林顿将条约提交国会批准。共和党重新占据多数的参议院否决批准该条约；2009年，它仍未获得批准。

卡特个人外交所取得的最令人印象深刻的成功是，他在以色列和埃及之

① Melvyn P. Leffler, *For the Soul of Mankind: The United States, the Soviet Union, and the Cold War* (New York: Hill and Wang, 2007), p. 315.

间进行调停，促使两国关系正常化。1978 年 9 月，在以色列总理梅纳根·贝京与埃及总统安瓦尔·萨达特在戴维营长达 12 天的峰会期间，卡特对双方均表示了他个人的同情，并与萨达特发展建立了友谊关系。他知道分歧的细节。他主动提出在双方缔结正式协定后，将对它们提供数十亿美元的援助。他随后前往以色列和埃及首都做访问旅行，以确保戴维营框架协议正式转化为和平条约。卡特亲自参与中东和平建设成为他的许多后任（虽然不是所有后继者）的总统外交模式。

罗纳德·里根在 1980 年总统大选中击败卡特后，卡特似乎不可能成为任何行动的模式。在其第一个任期中，里根改变了对苏联的缓和政策，对武器控制条约的价值表示怀疑，并因将苏联称作“邪恶帝国”而加剧了与莫斯科的紧张关系。然而，当米哈伊·戈尔巴乔夫 1985 年成为苏联共产党总书记后，他急剧转变了路线。美国总统与苏联领导人之间定期会晤曾是尼克松和福特政府的外交政策特色，现在，这种会晤又重新开始。里根在 4 年中共与戈尔巴乔夫会晤 5 次，包括 1987 年在华盛顿签署从欧洲撤走所有中程核导弹的条约。里根称该协定是“战后历史上的一个里程碑”，戈尔巴乔夫也将之形容为两国“建立了一座通往未来的桥梁”。在与戈尔巴乔夫对话时，里根谈到了两个超级大国之间的意识形态分歧以及他对合作的愿望：“在我们之间，存在深刻的政治和经济哲学竞争，使我们成为所有人类未来具有最大重要性的戏剧中的主角。”而今，和他之前的尼克松一样，里根说，现在正是“从对抗转向合作的时候……如果必要，我们可以作为位于同一圈子中的两名摔跤手而共存，但我们更愿意作为伙伴和朋友共存”。[①] 他们真的成为了朋友。当 1988 年 6 月和 12 月，两位领导人分别在莫斯科和纽约会面时，他们彼此称对方为“罗恩”和“米哈伊”。

里根政府在环保领域也令人吃惊地进行了政策调整。1987 年，它从过去反对环境保护国际协议，转变为带头参与有关处理影响大气臭氧层物质的“蒙特利尔议定书”的谈判。美国首席谈判代表理查德·贝尼迪克是一名职业外事官员，他埋头钻研有关碳氟化合物（CFCs）导致地球气候变化的科学，组织了一支由国务院和环境保护署官员及科学家组成的小组，那些科学

① Melvyn P. Leffler, *For the Soul of Mankind: The United States, the Soviet Union, and the Cold War* (New York: Hill and Wang, 2007), p. 401.

家“被调离实验室转而进入谈判程序”。他回忆说，他们“不得不承担起一项不大习惯的承诺：为他们科学发现的政策含义共同承担责任”。①

贝尼迪克定期向白宫国内政策委员会报告，以维持总统的支持。然而，有时他还得提防内政部长唐纳德·霍德尔在白宫和媒体上要求解除其主要谈判代表的企图。霍德尔的举动最终失败，里根总统签署的一份备忘录表达了他对美国谈判立场的支持（贝尼迪克后来揣测里根的决定是否与数月前所做的切除面部皮肤癌的手术有联系）。②

美国谈判者与联合国环境项目组（UNEP）合作推动公众对碳氟化合物危险的认识。国务院向60多个美国驻外使馆通报有关条约谈判进程，并指令它们利用当地新闻媒体促使公众更多认识臭氧层消失的问题。谈判者们最终达成一个具有灵活性和推动力的条约，以应对全球环境条件的变化。在条约签署时，联合国环境项目负责人穆斯塔法·托尔帕预言，对环境条件变化的这种政策调整“将很可能成为未来控制温室气体和应对气候变化的制度性机构的蓝图”。

六、冷战后的世界

在20世纪90年代，随着苏联崩溃，美国成为世界上无可争议的超级大国。这一时代的各届总统与国际领导人的个人关系已成为他们各自外交政策和谈判的中心，他们日益频繁地参与大型多边国际聚会，以应对复杂的经济、科学和社会问题。此外，虽然美国在军事上占据压倒性优势，但与苏联意识形态冲突的终结使华盛顿更需要为其使用军事力量寻求合法性。在1991年海湾战争、1995年波斯尼亚战争和1999年科索沃战争中，美国动员组织了大规模国际联盟来支持其使用武力。在1991年2月海湾战争中击败伊拉克后，乔治·H. W. 布什总统召集了一次国际和平会议，以解决整个中东地区冲突。中东和平会议于1991年10月在马德里举行，来自以色列、埃

① Richard Elliot Benedick, *Ozone Diplomacy: New Directions in Safeguarding the Planet*, enlarged edition (Cambridge Harvard University Press, 1998), p. 5.

② Richard Elliot Benedick, “Science, Diplomacy, and the Montereal Protocol,” *The Encyclopedia of the Earth*, http: //www. eoearth. org/science_ diplomacu_ and_ the_ Montereal_ protocol.

及、约旦、叙利亚和巴勒斯坦解放组织的代表集聚在同一谈判桌旁。它为以色列和巴解组织达成奥斯陆协定铺平了道路，双方于1993年9月13日在白宫草坪正式签署了该和约。

在采取军事行动后，克林顿总统也主持召开了和平会议。继1995年对波斯尼亚轰炸之后，美国呼吁波斯尼亚和塞尔维亚领导人参加在俄亥俄州代顿市赖特－帕特森空军基地举行的和会，并充当中间人以促使结束波斯尼亚内战。选择远离华盛顿的一个孤立场所有助于此次谈判，并最终成功建立了独立的波斯尼亚。作为谈判主持人，理查德·霍尔布鲁克助理国务卿与斯洛博丹·米洛舍维奇建立了个人关系。通过戏弄、引诱和威胁等手段对这位塞尔维亚领导人实施高压，以便达成解决方案。在经过6天轰炸之后，霍尔布鲁克于11月6日告诉米洛舍维奇说，"你可以在代顿享受，但我们美国人想回家，在11月15日之前我们不能继续呆在这里"。后来，米洛舍维奇面对有关各族群按照美国人所称的哥伦比亚特区模式对首都萨拉热窝共享权利的方案，踌躇不决。这位塞尔维亚领导人说，"这些人将会为由谁统治市区各中心的问题而相互厮杀"。由于对米洛舍维奇拒绝交易忍无可忍，霍尔布鲁克从米洛舍维奇手中一把抓过那份特区草案，将它扔进一个烟灰盘内，并告诉他，"如果你不喜欢这份提议，这就是我们要对它做的。但这也是事情的结束。我们将回到我们最初的提议——维持一个不可分裂的波斯尼亚"。霍尔布鲁克说，米洛舍维奇当场笑了，并说他会重新考虑。[①] 两星期后，美国人主持了一个仪式：塞尔维亚人和波斯尼亚人同意在波斯尼亚分权。4年之后，霍尔布鲁克未能说服米洛舍维奇从科索沃省——在那里，阿尔巴尼亚族科索沃人在塞尔维亚人统治之下正在遭受磨难——撤走其国家军队。美国随后组织了连续6星期的北约轰炸，迫使塞尔维亚人撤出科索沃。

在"9·11"事件前的冷战后时期，美国谈判的问题持续超出了传统安全关注范围。美国谈判者的数量不断增多，他们的特长也变得更加专业化。贸易和环境问题成为突出主题。例如，1992年，乔治·H. W. 布什总统不大情愿地参加了联合国召开的具有历史里程碑意义的里约热内卢国际环境会议，后者吸引了100多个国家领导人与会。布什政府还于1991年和1992年与加拿大和墨西哥谈判北美自由贸易协定问题。根据大多数民主党议员和民

① Richard Holbrooke, *To End a War* (New York: Random House, 1998), pp. 248－249.

主党支持的利益集团的目标，克林顿政府促使国会通过了有关北美自由贸易协定的立法。克林顿还集中了大量来自贸易代表办公室、国务院、商务部和财政部的专家，共同参与起草180个国家组成的世界贸易组织的宪章，后者于1999年获得批准。

这一实践令人回忆起，伍德罗·威尔逊总统和富兰克林·罗斯福总统基于技术专家支持和相关事实、数据和法律条文等进行的谈判。在第二次世界大战期间及20世纪90年代——在这些时期，美国拥有无可匹敌的力量——各届总统雇佣专家广泛制定详细的各种协议，以重新确定国际关系秩序。正如某些早先时代发生的情况一样，克林顿的宏伟设计——支持全球化——被证明并未受到其自己党内主要力量的欢迎。1997年，克林顿政府还雇佣了数十名环境科学家参与起草有关气候变化的东京议定书。但随后华盛顿的政治气候发生了变化，由共和党控制的国会拒绝批准该协定。

在其执政的最后一年，克林顿为推动以色列与巴勒斯坦民族权力机构（PNA）达成和平所投入的时间和精力超出了任何其他国内外问题。他主要依赖一个特别指定的中东专家小组的意见。丹尼斯·罗斯、丹尼尔·库尔泽和阿罗恩·戴维·米勒三人早在20世纪80年代就曾在前几位总统和国务卿属下研究中东问题。第四位，马丁·英迪克，在成为国家安全委员会工作人员之前，曾是一名鼓吹支持以色列的学者。克林顿与以色列总理埃胡德·巴拉克和巴勒斯坦民族权力机构主席亚希尔·阿拉法特在戴维营举行了两星期峰会。克林顿使出了恭维、劝说和讨价还价等各种手段，但与1978年卡特总统的成就不同，他未能促使这两位领导人达成协议。

当戴维营第二阶段会议在阴霾气氛中失败后，克林顿继续亲自参与中东和平谈判直到其在位的最后日子。2000年9月，西岸和加沙地带爆发了反对以色列占领的血腥起义。克林顿派遣玛德琳·奥尔布赖特国务卿前往中东和欧洲，寻求停止当地战斗，促使巴拉克和阿拉法特回到谈判桌。12月，克林顿提出了一份美国提案，以缩小巴拉克与阿拉法特在几个最棘手问题上的分歧：以色列与独立巴勒斯坦国之间的边界、耶路撒冷最终地位和巴勒斯坦难民前途问题。

前几届总统均避免提出类似最后解决蓝图的草案，但克林顿决定在其离任不到一个月时间内争取突破僵局。结束长达一个世纪之久的冲突的前景似乎近在咫尺，但他的个人努力失败了。巴拉克失去了在国内的政治支持，而阿拉法特在错综复杂的阿拉伯国家政治中也缺乏对其达成协议的支持。克林顿惊愕地发现，他的亲自参与、个人魅力和作为美国总统的声望仍不足以拉近以色列和新生的巴勒斯坦国之间的距离。

2001年9月11日的恐怖主义袭击令这个国家和乔治·W. 布什政府感到震惊，并促使其以一种武断的情绪进行自卫。在经历了初期国内外对美国政府的同情和支持后，布什总统对穆斯林世界极端分子带来的史无前例的安全威胁做出了进攻性的回应。2002年针对阿富汗塔利班政权的军事行动吸引了广泛支持；但政府随后消除伊拉克萨达姆·侯赛因政权的行动却未获得联合国的明确支持，尽管萨达姆多次断然拒绝联合国通过的要求对其受怀疑的大规模杀伤性武器项目进行无障碍国际核查的决议。美国利用国际论坛提出这一问题，而不是谈判达成针对伊拉克的共同立场。2003年2月，国务卿科林·L. 鲍威尔在联合国安理会上展示了相关摄影图像和载获的电话录音。他对世人保证说，这些材料证明萨达姆正在隐藏大规模杀伤性武器。

然而，鲍威尔没能说服联合国通过一项明确授权使用武力的决议。联合国首席武器核查官汉斯·布利克斯本人也反对通过这样一个决议，因为萨达姆当时已允许联合国核查小组前往某些被怀疑藏有受禁武器的地点进行核查。面对法国、俄罗斯和中国的否决，安理会拒绝通过决议授权美国对伊拉克使用武力。法国外长多米尼克·德维尔潘在安理会发表讲话时警告美国："在一个如此不稳定的地区爆发军事力量冲突，只会加剧紧张和分裂，而这正是恐怖分子所希望的。"① 这些话在安理会会议室内引起一阵欢呼和掌声，亦令美国大使约翰·内格罗蓬特极度反感。②

随着萨达姆核武器项目虚假情报的曝光，萨达姆政权迅速倒台后暴力和动荡的持续升级、以及对强制推动一个穆斯林国家政权变更和实施民主统治的怀疑，使公众对美国国际立场的支持下降至一个前所未有的低水平。

尽管如此，布什政府仍竭力继续推行全球"反恐战争"。由于这个世界唯一的军事和经济超级大国拥有强大的资源，尽管与90多个国家建立了合作网络，美国政府似乎已下定决心在单边主义基础上维护美国安全——它的

① Dominique de Villepin, Address on Iraq before the UN Security Council, March 19, 2003, http: //www. un. int. /france/documents_ anglais/030319_ cs_ villepin_ irak. htm.

② "Envoys Abandon Scripts on Iraq and Bring Emotion to UN Floor," *New York Times*, February 15, 2003.

宣传言辞、它对被拘留者的拷打政策，以及一些影响巨大的严重错误，如对阿布格莱监狱伊拉克囚犯的虐待，致使世界大多数舆论转而反对它。

布什第一个任期的一大特色是不屑于与敌对国家政权——“邪恶轴心”国家北朝鲜、伊朗和伊拉克——进行谈判，并对有关气候变化的东京议定书等多个具有重大影响的国际协定持反对态度。这位总统还停止了中东和平的外交努力。他认为，他的前任克林顿总统将太多个人声誉和精力用于推动以巴达成和平协议，而这些努力却以失败而告终。

但进入第二任期后，乔治·W. 布什又退回到以解决问题为导向的传统外交模式。他成功激活有关北朝鲜问题的“六方会谈”，支持欧洲与伊朗政府接触及就该国的核项目展开谈判，派遣国务卿康多利扎·赖斯前往中东推动恢复阿以和平进程。2007 年 11 月，随着其任期最后一年的接近，这位总统邀请40 多个国家和国际组织代表参加在马里兰州安纳波利斯召开的国际会议，试图达成一个解决全球问题的框架协议。这些努力，和大多数前任政府一样，未能达成目标，但它们却给其后任政府留下了一个继续解决这些问题的框架。

在2008 年总统竞选期间，民主党候选人巴拉克·奥巴马推出了一个外交政策平台，以便与其所称的布什政府的失败政策划清界限。奥巴马发誓要与北朝鲜和伊朗等敌对国家进行双边接触，促使美国外交重新焕发活力。他寻求协调国际努力共同回应突然出现的全球经济危机，并特别重视气候变化和能源安全等非军事安全问题。上任执政后，他将美国驻联合国大使提升到内阁级，并任命了多名具有很大政治影响力的特使集中处理中东和平进程，与伊朗接触、应对来自“阿富巴”（阿富汗和巴基斯坦）的后伊拉克时代安全挑战，关注苏丹达尔富尔地区的种族灭绝，及气候变化等重大问题。某些持怀疑态度的观察家认为，行为高调的特别代表的增多，削弱了希拉里·克林顿国务卿的地位。她反驳了这种批评，称“如果不派遣具有重要地位和丰富经验者在现场每日处理某些我们当今最困难的问题，将是外交上的失策”。①

这些外交计划能否成功解决对美国安全和外交政策利益的极端复杂挑

① 希拉里·克林顿国务卿，与戴维·格里戈利的采访谈话，见：*Meet the Press*, NBC, July 26, 2009, http://www.msnbe.msn.com/id/32142102/ns/meet_the_press/page/3/。

战，只能随着时间推移逐渐显现出来。直到撰写本章内容时，我们能够确切说出的是，以一种可经时间考验的方式向新政府过渡，将会产生某些特别设计的、有别于前任明显错误的新计划。作为候选人和总统，奥巴马已经强调了回归高姿态外交行动模式，以追求结果的必要性，即便超越标准官僚程序也在所不惜。通过民意调查来衡量，这个国家——及世界——是欢迎这些变化的。但考虑到政府面临的一系列复杂挑战，其能否成功将取决于这些计划实际产生的具体结果。

七、结　论

从共和政体成立到21世纪初，美国历届总统及其谈判者已经建立和发展了具有自己独特风格的与其他国家外交互动的模式。当一个政府给下一届政府让位——尤其当执政党发生轮替变化时——由于新总统对其认为的前任的错误或癖好的排斥，常发生对外交政策和外交行动方式的重大调整。不过，这些变化常常是短暂的，有时更多是口头的而不是实质性的，并且在谈判方式上总能保持很大程度的连续性。例如，几乎所有总统均敏感意识到自己任期的期限，因而在大选周期内，集中精力追求快速结果。而随着总统在任期最后几个月因国内问题而声望消退，外交政策计划常常担负起建立完满“合法”成就的任务。

几个世纪以来，涉及美国利益的国际谈判数量和复杂性已急剧扩大。但即使在这点上，连续性也更多于变化。在共和政体的第一个世纪，美国谈判者对外解释他们国家的民主政治机制、其不断发展的经济、新技术和持续扩大的领土，这些均极大地增强了他们在外交来往中的地位。随着美国力量和国际接触在20世纪的持续扩大，美国谈判者更倾向于将自己立场建立在美国特性的基础之上。在冷战和冷战后时代，他们从美国强大的军事和经济实力、坚实的政治体制及其具有全球吸引力的文化中，吸取力量。在20世纪末和21世纪初的许多情形下，美国谈判者常明确或不明确地强调美国政治和社会的特别或独特性质。这种假设的例外论促使美国谈判者倾向于催促甚或要求其谈判伙伴适应生意人式的、以结果为导向的美国经济体制方式，如果不是强制外国政府与美国标准和美国民主政治习俗保持一致的话。

另一个不变因素是权力分立的政治制度的影响。总统是外交政策和国家安全的最高领导，但国会通过实施调查、批准大使任命、批准条约及财政控制等权力，在外交事务中也能发挥影响。公众对外交事务也有发言权，尤其当涉及经济问题或战争与和平问题时。大众观点，如果被重要的新闻媒体放大或登载，常能确定外交议程，或更改总统及其他执行部门官员与外国政府谈判中追寻的目标。

在过去100年中，美国建立和发展了一支受过良好教育的、与外国政府进行谈判的官员团队。他们是来自政府各机构的文职和军事人员。除了这些专业人员之外，美国政府也经常从私营领域的个人吸取相关技艺和政治观点，后者常作为短期任职的高级官员而将这些优势带入政府。这些男人和女人常相互激烈竞争，以争取政策影响力和外交参与。这种竞争有助于形成各机构间程序的特点，并且常意味着，美国政府各部门和利益集团之间的谈判更多于美国与其他国籍对手间的谈判。所有总统寻求通过现存官僚体系外的渠道处理危机或争取谈判突破，以及将熟知情况的下级官员排除在外等倾向，给职业外交官带来更复杂的形势。肯尼迪总统处理古巴导弹危机和尼克松总统处理与中国打通关系的方式更多是一种常规而不是例外。

尽管美国政府的组织结构十分复杂和宽泛，但美国谈判者的行动却极具个性。这种谈判行为的个性化对总统及其高级外交顾问来说非常重要。就文字的传统意义而言，他们是政治家。他们喜欢面对面会晤，并且在能否与某个外国对手做交易这一点上，他们相信自己的判断。他们更倾向于支持那些建立在业务和法律基础之上的具体协议。最重要的是，他们喜欢更早而不是更晚达成结果。美国总统及其谈判者历来都是，并且将继续会没有耐心。无论他们是民主党人或共和党人，现实主义者或例外论者，都将在总统任期的时间钟表的滴答声响范围内行动。

第四部分
外国的视角

第七章　不同论坛　不同风格

陈庆珠

任何与美国谈判过的人都清楚地知道美国是世界上唯一的超级大国，唯一的霸权国。美国认识到自己的实力，总在试图施加与其实力相称的影响。这些年来，在谈判桌上它遭遇到了无数次对它主导权的抵制，越来越难以在谈判上达成自己的目标。美国是一个崇尚自由的国家，并不遗余力地宣传其价值观。美国视其价值观为“真理”，认为世界上所有人都需要并乐于接受其价值观。美国的独特之处在于其外交政策主要是推销这些价值观。美国人深信，应该运用美国的实力来改变世界。虽然伊拉克战争使得这种认知有所减弱，但美国人仍然坚信美国价值观是最优越和最值得推广的。

自天定命运论问世以来，在获得新土地与殖民新领地方面，美国的实力从来没有被利用过。直到 20 世纪，在获取世界市场方面，它也没有被明显地利用过。现存世界秩序是第二次世界大战的产物，美国参与二战决定了战争的胜负，为战后建立以促进自由、民主、世俗和自由市场为目标的体系奠定了基础。事实上，美国的实力主要用在维持以美国为中心的有利于西方的国际秩序上。这些目标在冷战期间尤其表现明显，而维持这些目标的动力现在仍然是主要推动力，尤其是当代新崛起的权力中心正在挑战美国的主导地位及现存的法治秩序。

美国是唯一超级大国这个事实决定了其谈判风格与行为。美国是世界上最大的经济体，拥有最强的军事实力，是技术创新与创新观念的发源地。现在我来说几句可能震惊某些读者的话：美国人从不真正地与别人谈判，他们也不知道如何谈好判。美国人经常是在论坛及谈判桌上开门见山地提出他们的观点，期待对方接受或者适应其立场。总之，他们总是在说服对方，直到对方接受他们的提议。

当我把我的论点呈给美国国务院一位官员时，他说："你是对的。我们不会谈判。我们只跟我们自己谈判。谈判总是在我们内部进行，在跨部门之间进行。这很耗人，所以当我向你们呈交一个提议时，我经常会说：'嗨，这是我们所能呈现的最好提议。你们最好接受它。'"另一位曾在美国国防部任职的官员完全同意这个观点。如果要我说出一个比例，我会说美国的谈判有20%是与外国进行的，却有80%发生在国内各部门之间。

美国的政治结构极大地影响了美国谈判者的风格与行为。美国宪法中并没写有美国是超级大国的文字，因为这肯定不利于一个超级大国的外交政策行为。一些研究宪法的美国学者当然会提出相反的观点，即美国权力制衡体系的目的就是为了防止美国做出轻率和鲁莽的决定，权力分割为重新检验政策提供了机会。事实上，美国行政部门及他们的谈判者更关注他们签订的协议如何在华盛顿起作用，特别是那些需要国会批准的条约和协议。正如许多观察家所注意到的，美国助理国务卿克里斯托弗·希尔在六方会谈中被迫进行两场谈判：一是与其他五方进行谈判；二是与他自己的行政部门谈判。对美国而言，同时也对谈判的另一方而言，特别是在双边自由贸易区谈判中，测试市场以及了解市场所能接纳的程度是谈判过程中一个重要的组成部分。

美国谈判的风格与行为根据美国官员参与的不同论坛而改变。双边谈判的风格不同于地区多边谈判，同样，与多边不同机构诸如联合国的谈判风格也不同。美国对不同的谈判对象采用不同的谈判风格，比如与友邦、竞争国、同盟国或者敌对国之间的谈判风格也有所不同。

在与友邦或同盟国的谈判中，美国理所当然地认为他们拥有共同的战略目标，只是争论的细节有所不同。在某种程度上可以说，他们之间的协议显示了谈判双方之间存在紧密的关系，这样达成协议本身就具有政治意义。比如，《美国—以色列自由贸易协议》以及《美国—约旦自由贸易协议》被人理解为是具有很强的政治性和战略性的协议，旨在强化双边关系。当美国与新加坡谈判时，美国认为双方具有共同的战略目标。实际上，新加坡是一个崇尚自由市场观的国家，与美国相似。

在与多边机构谈判时，美国的态度不仅随双边谈判对象的不同而不同，而且也因谈判机构的性质与地位的不同而不同。例如，美国视东盟为一个值得美国关注的重要地区组织，尤其是双边谈判不涉及协议或者具有法律意义上的文件时。联合国是一个完全不同的多边论坛，里面不仅包括同盟国和友邦，还包括那些国家利益与美国为敌的国家。因此，美国谈判人在与联合国谈判时就采取不同的态度。

本章主要讨论这些不同的态度。以下对美国谈判风格和行为的观察和分析是基于我作为新加坡驻联合国代表及驻美国大使所总结的经验，以及我参与的《美国—新加坡自由贸易协议与战略框架协议》谈判和新加坡与东盟和亚太经合组织（APEC）之间相关问题处理的经验。为了掌握更多情况，我也曾与新加坡的谈判团队讨论过这些谈判细节问题。

一、双边谈判：美国—新加坡自由贸易协议

无论在多边还是双边论坛中，美国的谈判风格是遵循法律条文的，并且完全职业化。美国官员非常清楚他或她的职责所在，回旋的余地很小。我们意识到这是美国内部机构间谈判的结果。美国谈判者确定一个立场所花费的时间要多于他们的谈判对手。但是，一旦美国谈判者确定了立场，就没有改变的余地。事实上，与其他各机构的磋商已锁定了美国谈判者的立场。这就是为什么美国谈判者总是在谈判中反复强调其立场，直至对方接受。协议中没有模棱两可之意，美国人追求准确无误（新加坡人也是如此，虽然其谈判者更可能被允许有一些模棱两可的空间）。当讨论各自国家核心利益时，大多数国家的谈判者都会遵循法律条文，而美国人则在每一个具有约束力的问题上都严格遵循法律条文。

这些特征表现在《美国—新加坡自由贸易协议》的谈判上。该协议谈判起始于2000年克林顿总统任期内，结束于2003年小布什总统任期内。我亲身经历了知识产权（IP）的一些谈判，亲眼见证了美国谈判者严格遵循法律条文，绝不允许协议中有任何语言上的含糊不清。他们要求每一个条款都要表达得准确无误。虽然美国和新加坡都是崇尚公开透明和法治原则的国家，但在知识产权谈判中，一个经济更为发达的国家与一个经济较不发达的国家的态度还是稍有不同。更为发达的国家作为领袖和创新者，寻求进入市场并保护其知识产权。较不发达的国家寻求保护本地工业和消费者的利益，还不太适应知识产权创新所有权的概念，如果有新的安排，就会给本地工业

和消费者增加额外的成本。新加坡希望谈判有更多的余地，宣称新加坡要达到更高的标准尚需要一段时间。最终，双方都做了妥协。但谈判本身很激烈，新加坡不得不做出调整。它认识到知识产权体系是美国在自由贸易协议中的核心利益。美国意识到，新加坡理解建设现代知识经济型国家所需的必要条件，并因为拥有共同利益而将成为与美国建立合作典范的最佳伙伴。

在自由贸易协议谈判中，口香糖问题被广泛地宣传。虽然这对于美国而言并不是个太大的问题，只是象征市场准入的问题，而对新加坡来说却是个严重问题，是关于一个主权国家能否按照社会原则来做出决定的问题。1991年，刚刚营运的新加坡地铁公司因为有位乘客将口香糖吐在控制地铁自动门的电子眼上而导致地铁停运。新加坡政府随即决定在新加坡全境禁止销售口香糖。因为在新加坡口香糖从来没有像在美国那样成为一种标志性的糖果，所以在新加坡禁止口香糖并没有引起什么不满情绪。

在谈判中，个人性格起重要作用，这清楚地反映在口香糖问题中。我与美国贸易谈判副代表小乔恩·亨茨曼以及贸易谈判代表罗伯特·佐利克都有过工作接触。他们两人都对新加坡的敏感问题表示理解，也都与我们交上了朋友。最终，我们达成了适当的市场准入共识，也就是说，允许用于医疗目的的无糖口香糖进入新加坡市场，因为双方都不希望这个问题成为阻碍自由贸易协议谈判成功的因素。新加坡在社会原则方面做出了一些让步，美国得到了半块面包：新加坡接受了市场准入的原则。换句话说，美国做出了妥协，前提是新加坡也得做出让步，因为美国谈判者认识到，要想让新加坡完全取消口香糖禁令是极其困难的。

我们没有预料到的是，妨碍协议达成的主要因素竟然会是资金控制问题。美国财政部要求新加坡遵循纯粹的自由市场原则，坚持在协议中写入禁止任何形式的资金控制的条款。自亚洲金融危机发生以来，在亚洲没有一个国家政府敢于在处理汇率危机中放弃灵活的汇率政策。新加坡希望在服务贸易总协定允许保留的工具箱里拿到一些工具。资金的自由流动是小布什政府的核心信条，特别是在其财政部。这不仅是思想意识问题，还是涉及到美国商业利益的问题。这个僵局最终被打破，因为双方都不再就资金控制是否是合法的宏观经济政策而争论不休，而是集中讨论了新加坡如何补偿受损害的投资者的问题。

总体而言，自由贸易协议谈判对新加坡是个好的经验。新加坡与美国作为朋友一起坐下来谈判，离开谈判桌时也是朋友。两个国家很相似，都是开放型经济，对国际经济体系有相同的看法。它们是两个朋友之间在各有取舍的基础上达成的交易。在知识产权谈判的案例中，罗伯特·佐利克就没有过于追求完美。

新加坡谈判者从这个经验中学到了很多关于美国政治运作的事情。美国商业公司为自己企业利益游说的成功案例以及美国政府部门为真正的市场利益谈判的技巧，给新加坡谈判者留下了深刻的印象。

在自由贸易协议谈判的案例中，美国采取了一种强硬而务实的态度。它对新加坡也会采取变通的政策，条件是新加坡也要采取灵活的政策。双方都向前迈进了一步。美国将新加坡视为未来更多谈判的模版。它对知识产权谈判采取比较强硬的态度，但对待口香糖案例并没有过于苛刻，因为它本身不是新加坡阻止市场准入的问题。双方都在资金控制问题上做出了妥协，以避免谈判破裂。

二、地区论坛：与东盟谈判

美国在与东南亚国家联盟（东盟）谈判时表现出了比与联合国多边谈判更多的耐心与和解。东盟与美国具有长期接触的历史，自二战后就鼎力合作，包括20世纪60年代和70年代美国在东南亚的军事行动。

东盟最初是由5个倡导自由经济的非共产主义国家在东南亚组成的地区组织（包括印度尼西亚、马来西亚、菲律宾、新加坡和泰国）。在冷战期间，东盟一直被认为是美国和西方盟国的朋友，并由此发展成为由10个国家组成的地区组织。一些东盟成员国，如泰国和菲律宾还是美国的协议盟友，新加坡是美国亲密的战略合作伙伴。马来西亚和印度尼西亚是温和的穆斯林国家，其对美国的重要性自2001年“9·11”事件后大为加强。共产主义国家越南加盟东盟被认为是一件好事，因为该国家正在走向经济开放之路并积极加入地区一体化进程。由于缅甸政权的性质以及以往的记录，缅甸加入东盟对美国与该组织合作而言是件颇有争议的事。

鉴于东盟成员国的多样性，即它们拥有不同的政治制度和不同的经济发展水平，没有一个美国政府愿意与东盟签订协议。美国与东盟自由贸易协议谈判一直在谈，但只能在遥远的未来才能谈实质性问题，即使谈的话。在小布什总统第二任期间，虽然双方就建立“美国—东盟强化伙伴关系”进行了商谈，但这与其说是协议，不如说是目的陈述。美国与东盟成员国缅甸不可能签订任何具有法律意义的协议。虽然美国贸易代表办公室在2005年启动了签订《美国—东盟贸易和投资框架协议》的进程，它只是个进程，而没有任何固定的时间表。为避免与国会发生矛盾，包括国会反对与缅甸签订协议，美国只把《美国—东盟贸易和投资框架协议》作为谅解备忘录而没有视为一份具有法律意义的文件。即使这样，美国贸易代表办公室还开始着手与东盟进行三方面的合作：东盟一站式服务（ASW），通过制定共同关税文件和减少过关手续为东盟和美国企业减少了成本；药物政策协调；以及帮助东盟国家进入美国市场的卫生与植物检疫（SPS）政策。将来准备商谈的合作还包括保护知识产权（IPR）的实践，投资与服务自由化的实践以及关于多芯片集成电路的多边协议等等，所有与美国商业利益密切相关的措施。

美国贸易代表办公室试图帮助东盟国家实现更高的透明度与国际标准，这样反过来也会促进美国商品和企业进入东盟市场，同时还将激励外国直接投资，帮助东盟出口到美国市场。东盟将成为一个更强健、更好的投资与贸易地区。美国贸易代表办公室的官员清楚地了解他们所要达到的目的。他们多次访问东盟成员国，兜售他们的观点。一些成员国认为条件尚未成熟。鉴于东盟的多样化，该地区组织还没有能力及时将谈判孵化为成果。作为正在商谈的计划，贸易与投资框架反映了美国—东盟谈判艰难的现实。

同样，《实施东盟—美国强化伙伴关系的行动计划》更多的是目的陈述而不是协议或条约。该文件包括一份美国和东盟都急需的优先合作项目清单。合作涉及政治、安全和经济合作，卫生，奖学金，交通，技术，运输，能源以及环境管理等领域。合作重点放在促进良治与打击腐败、知识产权保护以及东盟中小企业与美国公司之间的合作。东盟成员国渴望得到美国的奖学金、灾难管理援助和提高治疗传染病能力等项目。双方彼此之间互有需求。由于这主要涉及援助和促进发展的合作，也没有协议意义上的责任，也就没太大必要进行传统意义上的谈判。谈判主要是讨论一系列双方想合作的领域。鉴于东盟由10个国家组成，双方都认为有些领域的合作实施起来比较难。

双方实行这两个动议的目的是强调美国在该地区的存在，尤其在中国、印度、韩国和日本提升其地区外交地位的时候。这种竞争和地区大背景也许会促进多种利益的存在。因为美国知道从东盟能得到什么，所以动议所追求的目标和结果是务实的。美国代表来到该地区，倾听各种关切，回去撰写草案，试图兼顾多种利益。作为希望和目的陈述，这两个协议并不是严格意义上的谈判，不会产生对双方有法律约束的自由贸易协议或条约。

三、联合国

美国可能认为联合国是最难与其谈判的对象。联合国成员国，特别是弱小国家认为美国态度强硬而且咄咄逼人。我认为美国不得不这样，因为它在国内有太多利益要协调，也因为很多利益集团反对（如果不是敌对的）美国在该论坛的地位。实际上，美国常常受到联合国成员国尖锐的批评，而这些国家在华盛顿从来不敢在双边会谈中批评美国。没有联合国这个平台的掩饰，在一对一论坛背景下，这些国家通常会以更为慎重的语气与美国交谈。

在联合国内，美国的谈判行为受到极大的考验。尤其在安理会内，美国有一系列清晰的利益需要保护。这些利益涉及武力使用、维和、核扩散以及对以色列、伊朗和伊拉克的政策。联合国事务还要向众多选民交代——非政府组织、国会、媒体、智库和政府。结果是，美国谈判者必须试图满足所有这些选民的需求。这也许能解释为什么美国认真斟酌协议内容，要求协议文字清晰，不允许有歧义。联合国，尤其是安理会的文件是法律文件；每个成员国都有义务实施并提供相应的财政捐款。因此，提出每一项措施时都需要小心谨慎。美国尤为如此，因为美国是联合国的最大捐助国，支付联合国22%的常规预算，在维和预算上的比例更大。在联合国工作的美国外交家必须保证不能擅越职权，避免国会追责。

美国并不重视联合国的作用。作为超级大国，它更愿意进行双边谈判，因为多边谈判会限制美国施加更大的影响。超级大国们并不像小国那样需要多边机构。美国外交家们的业绩都是在双边职业岗位上做出来的，而不是在多边机构的岗位上。美国在联合国谈判的弱点表现在它没有能力了解地区组织，如不结盟运动（77国集团），以及不了解这些组织是如何运作的。我知道这一点是因为我与美国外交家多次谈论过。美国不知道如何去游说，或者游说得太迟。它常常游说低级官员，根本够不上对象国的政策制定者，或者它经常通过电子邮件来游说！当它努力游说时，它也经常过于直截了当

（如2006年在联合国安理会选举中游说成员国选危地马拉而不是委内瑞拉）或者居高临下，只能引起游说对象的厌恶。

有些国家喜欢美国的谈判风格，美国外交官开门见山地表明他们的红线。新加坡认为美国的风格是坦诚、直接的，新加坡自己也相当坦诚和直接，知道自己的红线。其他国家并不那么开放、坦诚，他们的立场总是在变，回旋的余地一直在缩小。有人告诉我，在2005年约翰·博尔顿担任美国常驻联合国代表之后，与美国谈判的余地是零（约翰·博尔顿被认为是个思想家和新保守主义者）。在他任期内，他对你公开提出的条件就是红线。最低限的立场成为了最高限的立场。我认为博尔顿的继任者扎尔梅·哈利勒扎德大使与他的风格迥然不同，后者使对方感到有回旋的余地。有人告诉我他很受欢迎，他的行为似乎表明他在倾听对方的关切。但最终，这两个外交家所采取的立场没有什么本质区别。

当然，人的个性极大地影响着谈判风格和进程。美国代表或谈判者是否对人采取粗暴和强硬的态度有关，或者与他或她的性格是否和蔼快乐有关。珍尼·柯克帕特里克显然不是个受欢迎的人，她被认为过于强硬。她的后任弗农·沃尔特斯是个搞笑、像父辈那样和蔼可亲之人，在联合国很受爱戴。联合国工作人员也很喜欢汤姆·皮克林，他在第一次海湾战争期间动员联合国各成员国，并获支持。当然，美国的权势如此之大，以至于它的观点通常最终占上风。但这本身是成员国是否喜欢你才对你让步，或者它们是否当时附和你过后却怨恨你的问题。

博尔顿大使在他名为《投降不是选择》的书里，详细地叙述了他如何在联合国进行谈判的过程，[①] 阐述了我所陈述的关于谈判风格的观点。博尔顿大使8月1日抵达联合国上任。他很清楚他要完成的使命，马上开始就即将在9月中旬召开的世界峰会上宣读的最终文件进行谈判。该文件概括介绍了联合国机构的改革远景——从美国的角度，即一个更高效、更易于管理和更为审慎的联合国。美国希望取代现存的人权委员会。它还反对由联合国资助第二次德班反种族歧视大会，即使大多数成员国支持召开该大会。

美国为自己的立场辩护，声称第二次德班大会是反犹太的。历经8个月

---

① John R. Bolton, *Surrender Is Not an Option*: *Defending America at the United Nations and abroad* (New York): Threshold Editions, 2007.

谈判之后，博尔顿大使在文件即将定稿之前一个月提出了自己的要求。他提出300多个修改之处，都经过了华盛顿跨部门审核程序。他对文件长达40来页表示反对，希望删减到3－4页。博尔顿还反对使用“促进者”程序，此人的职责是在非正式场合协调有兴趣的国家或者领导工作小组撰写文件条款。这是联合国行之有效的固定程序，目的是高效率地征求意见，达到“最大程度上的共识”。事实上，博尔顿建议直接举行将各国领导人排除在外的多边谈判，认为这才是真正意义上的谈判，而联合国文件却充斥着“垃圾语言”。问题是文件语言代表了在棘手问题上193个成员国经过乏味冗长过程而达成的谨慎且不完美的妥协。

自然，由于在重新讨论整个文件蹒跚来迟，博尔顿及其观点并没有受到联合国其他成员国的欢迎。最终，美国坚持为各国元首提供一份3－4页的文件。随着峰会的临近，多边谈判继续进行，也没达成协议，博尔顿的建议没有被采纳。

博尔顿大使推动联合国预算改革是另一个采取单边主义进行谈判的例子。随着联合国开支与腐败的增多，特别是“石油换食品”的丑闻，美国国会强烈要求联合国进行改革，否则美国将减少对联合国的分摊会费。2005年国会议员亨利·海德提出的议案威胁说，如果联合国不能满足议案提出的39个条件中的32个，美国将削减50%其所分摊的联合国会费。

博尔顿希望通过聚焦预算评估来进行管理改革。在博尔顿的授意下，2005年12月已开始实行预算限额，但随着全球危机与冲突的持续爆发及新指令的出现，2006年6月底发展中国家感觉有必要提高预算限额。由于全部决定通常由联合国大会第五次委员会达成共识才能做出，美国的意见是至关重要的，特别是因为美国是联合国最大的资助国。在这种情况下，欧盟从中搭桥，希望美国与77国集团达成妥协，但遭到美国反对。博尔顿希望撤消这些指令，包括“政治敏感性”的指令。实际上，他说，如果可能，他将重新就联合国整个项目进行谈判，评估联合国的每一个行动和指令。77国集团希望无条件提高6个月的预算限额。虽然美国能够赢得联合国第二大资助国日本以及其他JUSKCANZ国家（日本、美国、韩国、加拿大和新西兰的缩写）的支持，但77国集团有数量上的优势。最终，美国在JUSKCANZ其他国家及欧盟的支持下，投票反对提高预算限额。然而，77国集团因人数众多还是赢得了动议。

尽管扎尔梅·哈利勒扎德大使是个很随和的工作伙伴，但联合国工作人员还是注意到，就议题谈判本身而言，他的谈判立场与他的前任没什么不同。2007 年第 62 次联合国大会第五次委员会以 141 对 1 票通过了常规预算案，随后在全体会议上是 142 对 1 票。谈判比较艰难，但谈判本身目的性强，充满合作精神。最终，美国不能接受议案中为第二次德班大会提供资助的条款。这是美国与 77 国集团的本质区别。第五次委员会的投票具有重大意义，因为它是继 1988 年后第一次投票，也是 1946 年第一次联合国大会后的第二次投票。预算通常以共识的方式确定下来。哈利勒扎德大使后来对记者说，美国反对该议案并不是出于预算的考虑，更多的是担心第二次德班大会是反犹太人的。

四、结 论

美国人带着清晰的立场和目的来到谈判桌前，因为他们早已就议案在不同机构内部进行过磋商并达成共识。他们不倾向于在谈判桌上改变自己的立场，因为这样做会破坏内部共识。这样就给谈判伙伴一种印象，即美国是不妥协的、强硬的。但是正如我所注意到的那样，美国在谈判桌上对盟友与对敌对国采取的态度是不同的，不同的态度同样适用于友好的多边论坛或敌对的论坛上。

即使在与友邦谈判时，美国谈判者也只是在迫使对方先让步的条件下才表现出灵活性。美国采取的是强硬立场，但如果结果对其有战略优势，它最终也会妥协，正如它在《美国—新加坡自由贸易协议》谈判中表现的那样。而在本章没有论及的与朝鲜的六方会谈中，我们看到的是一个更容易妥协的美国，它希望通过妥协得到满意的结果，这是布什政府最想得到的。助理国务卿克里斯托弗·希尔创造性地寻找既可以被接受又能得以维持的妥协方案。他还设法赢得了朝鲜、中国、韩国以及白宫的信任。

美国人需要反思的问题是，美国的谈判风格是否可以或者应该有所改变，以便更好地达成他们的目的，同时在全球赢得更大的影响以及强化与其他国家的关系。我个人认为，美国的立场可以也应该改变。它是风格的问题。毕竟，个人性格在外交和谈判中起着相当大的作用。凡是美国取得谈判成功的地方，往往是美国更多地倾向于采取多边协商与妥协的时候，而不是采取单边主义立场的时候。

在巴拉克·奥巴马总统任期的第一个年头，奥巴马总统清晰展示了一种处理全球事务的新方式。他反对单边主义，更多强调对话的作用，甚至与"无赖国家"对话，与其他国家协商，与多边机构论坛合作，因为正如他于2009年在联合国大会上所讲的那样，"我深深感到，与人类历史上任何一个时期相比，在2009年各个国家及其人民之间都更具有共同的利益"。① 在奥巴马总统领导下，美国重新与联合国合作，支付了它所分摊的会费，加入了人权委员会。这是个好的开端。只有时间会证明这是否意味着美国的谈判风格将会比以前有所改变，或者有更大的改变。

① "Remarks by the President to the United Nations General Assembly," Office of the Press Secretary, White House, September 23, 2009, http://www.whitehouse.gov/the_press_office/Remarks-by-the-President-to-the-United-Nations-General-Assembly.

第八章　贸易谈判：日本谈判者的痛苦经历

渡边幸治

迈克·曼斯菲尔德在 1977 年至 1988 年任美国驻日本大使，经常说“日美关系是世界上绝无仅有的最重要的双边关系”。[①] 很多人，特别是日本人与他持相同的观点。世界上最大两个经济体——日本和美国的关系涉及经济相互依赖以及亲密的安全同盟。除加拿大之外，日本是美国最大的贸易伙伴。美国无例外地是日本最大的贸易伙伴。而且，这两个国家的安全关系在亚洲是和平与安全的关键。

尽管有密切的安全和经济关系，但在 20 世纪 80 年代和 90 年代，两个经济巨人之间的贸易摩擦持续存在。它是如此严重以至于许多美国人开始认为，对美国而言，“日本经济实力比苏联军事力量构成了更大的威胁”。[②] 摩擦的起因不是个秘密：两国之间的贸易不平衡。

一、贸易争端的背景

自 1970 年以来，日本—美国经济谈判的时间表说明了两国谈判者在过去 40 年里所谈判的议题（见下表）。该表格还显示了谈判激烈程度的浮动变化，自 70 年代开始，在 80 年代后期和 90 年代达成高潮。随着美国对日

---

① 曼斯菲尔德大使从 80 年代初开始使用这种描述，Mike Mansfield, *My Recollections* (Tokoyo: Nihon Keizai Shimbun, 1999), p. 89。

② “Rethinking Japan,” *Business Week*, August 7, 1989, p. 51.

本贸易赤字不断增加，美国在谈判中对日本施加的压力也越来越大。[①] 当美国经济在20世纪80年代开始进入衰退时，那种压力越来越激烈。

日美经济谈判时间表（1970－2007年）

1970－1972年：纺织业——出口控制

1972－1974年：钢铁——自愿出口限制（VER）

1973－1979年：GATT东京回合谈判

1977年：彩色电视——有秩序的市场安排（VER）

1978年：牛肉和柑橘——开放/扩展日本进口协议

1980－1999年：电信——日本电报电话公司采购安排

1981－1984年：汽车——VER

1985－1986年：电子、医疗设备，药品、电信、森林产品，交通设备—市场导向的关于特定产业（MOSS）的讨论

1985年：广场协议

1986年：半导体协议

1987－1993年：机床——VER

1988年：牛肉和柑橘——最终协议，出口配额被废止

1989年：移动电话——移动电话协议

1989年：结构性障碍动议（SCC）启动——就众多问题进行广泛的讨论，诸如价格机制、排他性商业行为、政府监管、出口促进、储蓄投资模式

1989年：建筑市场、电信、人造卫星、超级计算机、森林产品——美国贸易代表办公室要求的所有议题

1990年：结构性障碍动议最终报告

1991年：半导体——为新协议而开启的谈判

1993年：知识产权、政府采购、保险、平板玻璃、金融服务、汽车与配件——宫泽喜一与克林顿同意启动“全面（框架）磋商”。

1996年：GATT乌拉圭回合谈判结束；世界贸易组织成立

---

① 日本占美国贸易赤字的份额从1980年的50.4%增长到1981年的70.8%，1984年临时降低到31.4%，之后持续增长到1991年的66.4%，在1996年之前从未下降到30%以下。See Department of Commerce, “Japan’s Share in the U. S. Trade Deficit,” in Ministry of Foreign Affairs, “Japan-U. S. Economic Relationship,” http://www.mofa.go.jp/region/n-america/us/economy/relation.pdf。

1997 年：半导体——达成协议

1998 年：强化放松监管与竞争政策动议启动

2001 年：日本—美国经济增长伙伴关系启动

2002－2007 年：管制改革与竞争政策动议

在20世纪70年代，日本的制造业变得富有竞争力，日本大幅度增加了对美国的出口。这使得美国国会不断对政府施加压力，要求限制进口日本的产品。因此开始了美国所喜欢说的日本“自愿”限制出口美国配额的谈判进程。激烈的谈判首先导致对纺织业、其次是钢铁业的出口限制，随后对彩色电视进入美国市场进行“有秩序的市场安排”。

20世纪70年代末期，为应对日益增长的贸易不平衡，美国加大对日本的压力，迫使日本开放农业市场，特别是开放其牛肉和柑橘市场。这对日本人既是个崭新又是个糟糕的安排，因为日本是美国最大的农产品进口国，而美国农业部以前一直在照顾日本的利益。

下一个谈判的议题是自愿限制日本汽车出口配额。谈判在1981年开始，持续了4年，在此期间，日本汽车生产商不得不限制他们对美国的出口，最终导致他们将大部分生产厂家搬移到美国。

在20世纪80年代初短暂的下滑之后，随后整个十年，日本在美国贸易赤字中的份额持续上升，在1989年几乎达到45%，之后，在一年稍微下降后，急剧攀升到1991年的66%强。自80年代中期以来，美国对日本贸易谈判的态度变得越来越政治化，反映出美国统治集团对美国未来经济的担忧，也反映出一个共识，即美国认为日本对美国经济构成了严重威胁。

尽管1985年签订了广场协议，导致美元对日元的汇率急剧下跌，但美国贸易平衡并没有因此有所改变。70多年来第一次，美国变成了债务国，而日本成为最大的债权国。美国人开始指责日本经济体系太封闭，抱怨美国体系对外国进口商品太开放。

1985年，两国开始了市场导向的关于特定产业的谈判，旨在开放日本的电子、医疗设备、药品、电信、森林产品和交通设备等市场。半导体和移动电话也在讨论之中。

1989－1990年，结构性障碍动议启动。该动议基本的假设是，贸易不平衡反映出双方结构性障碍。因此结构性障碍动议涉及双向谈判：美方提出诸如日本的储蓄投资模式、价格机制、排他性商业行为以及日本式的商业集团（keiretsu）等问题；日方提出诸如美国储蓄投资模式、公司行为、出口促进、劳工培训以及研究与开发等问题。

1993 年，新当选的美国总统比尔·克林顿与日本首相宫泽喜一同意建立“日—美新经济伙伴关系框架”，承诺两国将进行谈判，在知识产权、保险、平板玻璃、汽车和汽车配件领域减少贸易不平衡，促进合作。该协议的主要特征是就建立“政策努力的客观标准”而达成妥协，这是在日本拒绝了美国坚持要达成具体结果及为管理贸易引入数值指标之后形成的。

然而，在 20 世纪 90 年代中期，贸易谈判的白热化开始降温，反映在日美经济关系中的大规模结构调整中，随着美国经济振兴与日本经济低迷，美国已不把日本看作是威胁了。

二、从贸易谈判学习到的教训

与美国这三年的谈判是一次令人沮丧的痛苦经历，印象深刻，难以忘怀。它使日本谈判者从美国同行那学到了五种经验教训。

（一）教训一：贸易谈判是不同的：没有公平交易

美国官员在贸易和经济谈判中所使用的方法，完全不同于其在安全事务谈判中所使用的方法。大体上，美国将贸易和经济谈判视为一种零和游戏，其中一方有所得另一方就有所失。而在安全领域中，美国将日本视为盟友，是与美国利益相吻合的伙伴。在贸易谈判中，美国通过威胁限制从日本进口商品，逼日本做出让步，而美国自己从不让一分利。

（二）教训二：超级大国以自我为中心

即使在贸易谈判中，美国也流露出作为唯一超级大国强烈的自豪感和权力意识。美国谈判者经常显示出独断专横、自以为是和缺乏耐心的态度，他们往往拿国内的制约因素说事儿，而无视其谈判对手遇到的国内困难。美国官员常常反复提及国会对要求进口限制和实行反倾销措施的压力，并且引用各种新的贸易立法。与此同时，美国似乎对已经确立的多边准则——例如，包含关贸总协定（GATT）中的各种准则——却无动于衷，堂而皇之地采取“我们是唯一的超级大国，所以我们可以随意打破规则”的方式。这种单边主义倾向在1995年世界卫生组织成立后大幅度收敛，因为该组织建立了一个争端解决机制。

（三）教训三：国会利益使谈判者变得更咄咄逼人

因为贸易谈判的起源多半在国会，贸易谈判常常变得政治化，越来越难以取得生意人式的解决方法。这种政治化倾向正式开始于20世纪80年代，当时美国国会强烈要求政府动用《1974年贸易法》里的301条款来制裁日本（该条款允许美国对那些有实际行为或制定政策而阻碍或限制美国商业发展的国家实施制裁）。随着美国经济下滑及与日本贸易不平衡，美国开始实施贸易战。正如上面表格所显示的那样，该时期突出表现了美国301条款所鼓励的强硬态度的谈判，诸如在建筑市场、电信、人造卫星、超级计算机、森林产品等等。大多数美国谈判者专横跋扈、咄咄逼人，提出一个接一个要求，迫使日本不情愿地做出一系列让步，有些让步对日本经济具有负面和长期作用。例如，面对301条款的威胁，日本不得不同意开放其商业人造卫星市场，这一举动长期损害了日本人造卫星工业的竞争力。

在结构性障碍动议里，我参与了其中的谈判，日本反对美国国会将其指定为301条款国家，但日本也同意讨论结构和系统性问题，如日益增长的日本公共投资的水平以及鼓励日本公众少储蓄多消费等问题。结构性障碍动议是一个前所未有的活动，表现在它是一个双向谈判，并且每一方都有干涉对方国内事务的嫌疑，美国指责日本的厨房太小，而日本批评美国的饭厅太大。

美国国会特别关心结构性障碍动议的进程，尤其因为美国大公司都关注此动议，来自美国的压力迫使美国谈判者提出一些令日本谈判者大吃一惊的要求。例如，美方提出的一个问题涉及日本的分配制度以及日本的限制成立大规模商店（百货商场、超级市场等等）的法律，该法律的目的是保护日本的中小型商店。日本内部舆论也有分歧，表现在是否修改法律。来自美方的压力促使日本通产省决定修改法律。随后，总部设在美国的玩具反斗店直接请美国贸易代表办公室和国会帮其在日本开分店。今天，日本有至少25

个玩具反斗店。

（四）教训四：不同机构谈判风格不同

美国国务院曾经在与日本的谈判中起主导作用，但自20世纪80年代以来，美国贸易代表办公室开始起主导作用。这一变化对谈判的性质和内容都有影响，因为美国贸易代表办公室的谈判者不是外交官，而且受国会监督，这使他们在对待他们外国同行的态度上更咄咄逼人，更多地忽略日本的关切，不容易妥协让步。国务院和财政部在态度上更温和，较多关注更大意义上的双边关系，不愿意因单一问题逼迫对方做决定而危害双边关系。他们与美国贸易代表办公室相比较起来，自然不太关注301条款：事实上，他们在筹办结构性障碍动议方面做出了贡献，使它更独立发挥作用，不受301条款的约束。

（五）教训五：名人个性影响谈判

20世纪90年代中期的日美安全谈判在很大程度上受到诸如威廉·佩里和约瑟夫·奈等名人在智慧、方法和领导能力方面的影响。这些人在巩固与日本关系上做出了重大贡献，特别在冲绳发生美国士兵强奸日本妇女悲剧事件之后。美国人在安全谈判上表现出来的合作和友好态度与在贸易谈判上所表现出来的针锋相对、脾气暴躁的态度形成鲜明反差。如上所述，美国贸易谈判者不是外交家。在90年代，大多数贸易谈判者是律师出身。律师一般被训练成为不具备清晰谈判目标的人，而是过分注意过程以及提出论据以支持可能出现的结果。这个特点使得美国与日本的贸易谈判往往出现一种倾向，即随着谈判的进行，谈判者越来越偏离谈判的目标。

美国谈判者并不需要表现得彬彬有礼或者取悦于人以赢得他们日本同行的赞赏。但是，他们必须精明，知道在什么时候见好就收。例如，有一个美国谈判者拥有小恶霸的头衔，在谈判时常戴一顶棒球帽。日本谈判者很少有人喜欢他，至少在谈判开始时。不过最终他却是个很有效率的谈判者，总是设法使谈判在预计的轨道上进行，在美国人达到他们的目标后就终止谈判。我记得他有突然打断谈判的习惯，目的是让他们美国人有机会开小会统一思想，以便进行下一步谈判，以此确保他总能代表美国谈判小组的一致意见。

谈到个人性格问题，通常认为美日关系受益于下面几位极受尊敬的美国大使，诸如迈克·曼斯菲尔德、沃特·蒙代尔、霍华德·贝克和汤姆·福利，他们都是有影响力的政治家，可以拿起电话直接与美国总统或者国务卿交谈。在贸易谈判中，特别要提到曼斯菲尔德大使，他在70年代末期和80年代劝说美日和平解决了各种贸易争端。

三、从安全谈判中学到的教训

日本外交官在贸易谈判中学到美国谈判行为5种惨痛教训的同时，也在安全谈判中学到了同样惨痛的第6种教训。特别是，在美国人几乎总是开门见山陈述他们的兴趣和要求时，他们在讨论预算及其他金融问题时则更为直接了当。事实上，美国人在提交议案时也特别直率。

在这方面对日本最著名也是刻骨铭心的例子发生在1990－1991年第一次海湾战争中。当1990年萨达姆入侵科威特时，应华盛顿请求，日本希望为美国领导的多国部队提供物质支持，包括空中和海上运输、医疗救援队及医疗设备以及其他援助。但结果是，日本没有能力实施这项计划，因为政府和国会都没有准备好参加此类的国际军事行动。至于空中和海上运输，由于宪法原因，使用军事资源是不可能的事，政府请求征用民用空中和海上交通工具也被公司和工会拒绝，原因很简单，没有先例以及担忧卷入战争。

我本人参与了这次失败的运作，它是我外交职业生涯中最沮丧的经历。我们这种沮丧心情后来变得加剧了：美国财政部突然要求我们支付90亿美元现金，作为未能对沙漠风暴行动做贡献而给予的补偿。日本同意支付该笔现金款，通过征税来筹集资金。更糟糕的是，当科威特政府在《纽约时报》刊登一页广告，感谢那些帮助解放科威特的国家时，日本的名字却没有上榜。

这才是真正的创伤，它给我们上了一堂痛苦的课，告诫我们今后针对类似行动要做好充分准备。当“9·11”事件发生后，日本立即决定派遣海军军舰到印度洋，为美国和其他盟国军舰提供燃料和新鲜水。此外，2003年当美国决定入侵伊拉克时，日本也派遣自卫队去伊拉克，提供后勤和人道主义援助。

最近，美国又唐突地向日本递交一份巨大的军事开支清单，表现出美国的一种模式。日本和美国同意将美国海军陆战队从冲绳迁移到关岛。出乎意料的是，有报道说美国要求日本支付250亿美元用来支付军事基地搬迁费用。我问我的同事们："美国军事基地搬迁要他国支付费用有没有先例?"我收到的答案简单明了，"没有"。最终，日本同意支付60亿美元。

四、走向新时代：从贸易摩擦到合作

20世纪80年代末和90年代初的贸易谈判给日本外交官和官僚留下了痛苦的回忆。然而幸运的是，这种痛苦的回忆，例如在支援试验战斗机（FSX fighter aircraft）和半导体谈判上的痛苦回忆已被更加协调合作的关系所取代。有四个原因促成了这种改变。

第一，日本在美国贸易赤字中的比例下降了，目前只占10%多一点。随着日本的比例下降，中国的比例上升了，2006年几乎占30%。正如在80年代和90年代与日本谈判交涉一样，美国现在已开始与中国谈判商量解决他们之间的贸易赤字问题。

第二，日本和美国变得经济上互相依赖。相互投资得到鼓励，例如在汽车工业。许多公司竞相建立合资公司来生产新产品；例如，波音公司新的787客机流水线有30%的部件（特别是碳素纤维组件）在日本生产。

第三，世界贸易组织1995年确立的争端解决机制成功地缓解了贸易争端的激烈性。如果该机制在80年代确立的话，那么有一半涉及到301条款的贸易争端问题就可以申诉到贸易关税总协定（GATT），日本就有可能赢得至少一半的案件。

第四，也可能是最重要的因素，即日本经济不再对美国构成威胁。在80年代，美国经济持续低迷而日本经济持续增长。更使美国蒙羞的是，那些年日本有时不体谅美国的感受，例如一家日本公司就买下了纽约的洛克菲勒中心。那个年代一去不复返了。90年代在日本陷入经济停滞时，美国设法实现经济转型，集中发展信息工业和富有竞争力的服务业。

有两点值得注意。首先，当美国在贸易谈判上的行为被指责为蛮横和自私时，那种行为模式在很大程度上是由日本谈判方式及日本官僚制度内部的决策过程所造成的。日本谈判小组由不同政府机构的人员组成，谈判小组运作依赖绝对的共识。在谈判中达成共识是件耗时耗力的事。此外，日本官僚习惯用怀疑的目光看待迅速达成共识的谈判小组，如果谈判得到快速解决，则被认为是日本谈判者没有尽力或者没有花费足够的时间，往往达成“退而求其次”的解决方案。这种谈判风格很可能引起美国人的反感与不耐烦，因为美国人都希望看到谈判能够快速达成。

其次，虽然日本谈判者不喜欢来自美国人的压力与不耐烦，但美国人的压力与不耐烦当然加速了日本经济的改革和开放。如果没有美国的压力，这个积极的过程可能不会马上发生。这种意识帮助减轻了20世纪80年代和90年代艰难谈判中的某些痛苦成分。

第九章　谈判安全：一意孤行的超级大国

法鲁克·罗戈格鲁

在 2001 年 9 月 11 日的袭击之前，美国外交政策总目标是，通过防范国外的潜在威胁以保护和维护国家安全以及使世界更顺从美国的利益。美国的海外行动大多数是帮助解决地区矛盾，提升美国经济利益，促进民主，保护人权。国内安全没有受到太多关注。相反，美国决策者集中关注解决中东问题、高加索问题和巴尔干问题。保障美国获得廉价石油和天然气资源是美国的首要关切。

“9·11”事件之前美国外交政策的特点是不太使用武力，更注重运用外交和多边手段来解决问题。欧洲—大西洋团结是健康的，为跨大西洋合作提供了基础。俄罗斯联邦处在低潮期；尽管中国和印度处在冉冉升起的地平线上，它们尚不足以对美国在全球的影响力构成威胁。换句话说，美国正在享受无对手的超级大国的好处，在国内倍感安全，在全球充当领袖的角色。在单极世界里，生活对美国而言是太美好了。

尽管总体上讲美国的实质是帝国主义的，但是美国在“9·11”事件以前谈判风格并不总是专横和咄咄逼人的。美国知道自己可以做到慷慨、灵活、耐心和包容。美国行为中的生硬粗鲁的特征并不那么显眼。

这一切在“9 月 11 日”那天突然终止了。那一天，美国永远失去了其特有的天真。由于永久的伤痛以及易受伤害和不再安全的感受，美国永远不是从前的美国了。国家安全历来是美国人关心的头等大事，以前认为是主要来自其他国家的动荡及侵略，现在转化为生死攸关的国内问题。观念上的变化使国家工作的重点有所调整，促成了国土安全部的成立，这在历史上是史无前例的。此外，美国还对情报机构进行了重组。

在本章中，依据我与美国外交官及官员打交道的第一手经验，我试图分析“9·11”事件后美国人对国家安全的态度，重点分析“9·11”事件如何影响美国谈判者的特定行为。

一、“9·11”事件后的新世界

美国官员和外交家通常具备的品质特征有不耐烦、傲慢、专心倾听、孤立、守法、单纯、友好、灵活、冒险、务实、准备充分及合作精神。[①] 多年来，我发现这些各种各样的有时是矛盾的品质特征真正概括了美国的外交行为。美国人在开会前都会做充分的准备。他们有明确的目标和目的，他们的“会谈要点”简单且有针对性。只要谈判顺利，且符合美国各部门之间达成的一致立场，美国官员就表现得很有谈判水平，且效率高。美国官员比较友好、不拘礼仪、直率。他们的时间观念非常强，注重结果，效率高，不太关注谈判之外的活动或者对话者的文化特质。美国外交一个主要的长处是使用英语语言。使用的语言常常是清晰、简洁、功能性强。他们在谈判桌上的行为明显依据法律办事，往往偏爱使用美国法律中的概念。

据大家所言，“9·11”事件深深影响了乔治·W. 布什政府及美国人处理问题的风格与习惯，特别是安全问题。国家安全成为美国外交的主要推动力。布什总统在其《2002 年国家安全战略》前言中讲到，美国进入了一个新世界，在这个新世界里，“通向和平与安全的唯一之路”是“行动之路”。[②]《2006 年国家安全战略》开头就耸人听闻地指出，“美国正处在战争之中”。总统把保卫美国人民的安全作为其“最庄重的义务”。[③] 今天，美国仍然是交战国，与阿富汗和伊拉克开战。即使政府更迭以及随之而来的辞藻

① John W. McDonald, “An American View of the U. S. Negotiating Style,” *American Diplomacy*, March 2001, http://www. unc. edu/depts/diplomat/archives_ roll/2001_ 03_ 06/mcdonald_ gegot/medonald_ negot. html. For a very concise description of American negotiating behavior, see Nigel Quinney, *U. S. Negotiating Behavior*, Special Report no. 94 (Washington, D. C.: United States Institute of Peace Press, 2000).

② *The National Security Strategy of the United States of America* (Washington, D. C.: White House, 2002), introduction and p. 31.

③ Ibid. (Washington, D. C.: White House, 2006), introduction.

上的变化，战争这个背景所产生的心理毫无疑问继续以多种形式影响着美国谈判风格。

"9·11"事件强化了美国例外主义，并将政府管理交给了美国二流的外交官。美国利用超级大国地位的欲望以及国家单边行动的倾向变得越来越强。由于"9·11"事件，美国人感到自己被侵犯了。布什政府为了应对恐怖主义的挑战，开始觉得为达到目的可以不择手段。

这一心理的改变在布什政府决定侵略萨达姆·侯赛因统治的伊拉克时表现得最为明显。在2003年3月伊拉克战争开始前的一段时间里，美国确实试图寻求其在欧洲及各地的盟友的支持，包括联合国的支持。美国非常渴望得到国际支持，就连率先支持对伊拉克动武的新保守主义思想家也认为有必要寻求国际支持，以赢得开战合法性。美国曾试图劝说其欧洲同盟国，但两个欧洲大国德国和法国反应冷淡。华盛顿也曾在联合国做工作，试图寻求更广泛的联盟对付萨达姆，但终究没有达到所要寻求的效果。指责布什政府一开始就独自行动是不公平的，或者说美国人只是在国际社会面前摆摆样子也是不妥的。如果欧洲主要大国对华盛顿的提案表现得更积极一些，联合国安理会顺利通过相关决议，那么很有可能占领伊拉克的故事就会是另外一种景象，或者有更好的一面。

关于伊拉克战争这个美国—欧洲—联合国的轶事给我们的教训是，当美国没有通过标准的外交行动达到它需要的目的时，美国领导人与外交家的行为会变得更"美国化"，其文化特性起了更大作用。用他们的谈判对手的话来说，昔日"友好伙伴"变成"丑陋的美国人"。当然，在各国文化中，当事情一切顺利时，好的品质就会出现，反之亦然。在美国谈判者这个案例中，起初他们的热情与诚恳依赖于他们愿望的程度。这种行为反映了美国人的童真特性：当一个人的期待值较高时，他的情绪就好，但当一个人达不到其目的时，他就会心神意乱，焦躁不安。当涉及重要的厉害关系时，这种文化特性就会更容易表现出来。在后"9·11"事件背景下，国家安全成为美国的头等大事。反过来，这种强化了的敏感性使美国谈判者的行为变得扭曲，使谈判易受情绪失控和失去耐心的影响。

美国外交行动进展顺利的一个显著例子是土耳其总统图尔古特·厄扎尔做出的参加1991年反对萨达姆战争的快速决定，他关闭了从伊拉克通往土耳其的石油管道。这些行为是不请自来的，可能是为了在后萨达姆时代为土耳其赢得一份资本。当然，这一举动使土耳其总统赢得了老布什的友谊，友谊之深、发展之快以至于在厄扎尔逝世前，他们一直是亲密朋友。

二、土耳其经验

“9 · 11”事件之后两星期，我作为土耳其驻美大使赴华盛顿上任，2005 年底任期结束。这正好是土美关系最具挑战性的一段时期。美国“反恐战”及伊拉克问题主导着美国的议事日程。2001 年底之前，美国想推翻萨达姆的意图已经非常明显。作为与伊拉克有长段陆地国界线的美国盟友、伙伴与朋友，在反对伊拉克的任何最终行动上，土耳其都是一个主要的角色。

这种状况使土美关系进入了一个痛苦谈判的阶段，2002 年初开始缓慢进行，之后持续加快进程，在 2003 年 3 月的前几周达到顶峰。虽然技术谈判主要在安卡拉进行，但高层政治会面大部分都在华盛顿举行，我有机会观察到了美国官员处理伊拉克问题的方式，他们态度的强硬与软弱，以及美国文化对整个过程的影响。

美国作为全球超级大国，在确定利益、优先次序及实施时间表上与地区强国土耳其有所不同。两国在认识程度及角度上的不同使得它们有时很难达成共识，即使它们拥有相似观点。一旦美国在特定问题上确定了其政策目标，它就会坚持不懈地追求这些目标。

土美安全关系可以追溯到二战结束时期，当时苏联在拒绝与土耳其续签《1923 年友好条约》的背景下，要求土耳其开放其海峡。随着冷战的开始，鉴于土耳其及其海峡的战略重要性，也为了实施杜鲁门主义的遏制政策，美国人开始支持土耳其，土耳其成了马歇尔计划的受益国。1952 年土耳其加入北约，很大程度上是对土耳其派军队去朝鲜与共产党作战的回报。冷战帮助土耳其与美国建立起了持续牢固的安全关系，其中土耳其在大西洋联盟中起了关键的东部前哨的作用。这种防御/安全关系进而发展成为一张复杂的关系网，土耳其得到美国相当多的军事援助。

然而，土美关系也充满麻烦和考验。第一次考验来自 1962 年古巴导弹危机。当时美国与苏联秘密达成协议，从土耳其撤回其导弹部署以换取苏联将导弹撤出古巴。美国事先并没有与土耳其协商。尽管撤走“朱庇特”导弹没有危及土耳其的安全，但此事件给土耳其造成一种长久印象，即美国不是可以完全信赖的。第二次考验来自1964年林登·约翰逊总统写给土耳其总理的一封信，信中说，如果土耳其侵略塞浦路斯在先，那么苏联若袭击土耳其，北约将不会帮助保卫土耳其。该信用辞激烈。土耳其人被深深伤害了，也不会忘记该事件，总结经验得出的结论是，土耳其应该采取更广泛的防御措施，超出美国甚至北约保护的范围。第三次考验来自美国的武器禁运（1975－1978年），当时的背景是1974年土耳其干预塞浦路斯以援救和保护土耳其族塞浦路斯人，反对希腊族塞浦路斯人对土耳其族人的清洗。土耳其人从禁运总结出教训，即议会游说者（此案例是希腊游说者，在亚美尼亚人的帮助下）可以影响美国的政策选择。最近的两次考验是1990－1991年海湾危机与2003年美国侵略伊拉克之前。两次都是土耳其祈求北约帮助，防止可能出现的来自伊拉克的报复行动。北约的回应不积极，比较缓慢。土耳其人责怪美国人没有强烈要求其欧洲盟友认真对待土耳其的请求。

西化的土耳其拥有世俗式民主与强大的军队，在很多方面是美国重要的盟友和伙伴。今天，土耳其与美国在中东、伊拉克、伊朗、阿富汗、高加索、巴尔干和中亚地区拥有共同的安全利益和能源利益。然而，这些负面记忆——土耳其人将其看作是美国人的背叛、迟疑不决、背弃庄重诺言、遗弃——使土美安全关系变得脆弱、敏感，尽管该关系对双方都很重要。

土耳其与美国因规模政治上的不同而导致分歧的一个明显例子是侵略伊拉克案例。布什政府在下定决心推翻萨达姆政权时就寻求土耳其的支持。起初，美国的态度是慎重的，注重土耳其的意见与需求。但随着攻击日期的临近（美国人知道而土耳其人不知道），美国人变得日益强硬起来。他们首先运用软实力来哄骗土耳其。虽然按惯例，白宫只对国家元首或总理开放，但布什总统在2002年12月对塔伊普·埃尔多安开了个先例，即使他当时只是政党主席，布什仍邀请他造访白宫。（埃尔多安的政党在土耳其刚赢得大选，还不是土耳其政府领导人——那是几个月之后的事了）。布什总统为了秉承白宫传统，只在罗斯福厅接待埃尔多安，而没有在其椭圆型办公室内。

三、美国外交的典型模式

战前阶段出现的几种有趣的行为模式值得关注，因为它们解释了美国外交的运转方式。一个就是在入侵伊拉克之前几个月，国务院与国防部之间分歧较大，互不沟通。一般而言，一个外国大使的大部分时间会消耗在国务院大楼里。但这次对我来说是个例外。从 2002 年初到 2003 年前几个月，土耳其使馆与美国政府进行的大部分对话都在五角大楼内举行，在那里我经常被约见。大部分约谈内容与国务院无关，仿佛伊拉克问题已交由五角大楼全权负责。鉴于情况特殊，我特别留心专门定期向美国国务院通报我与五角大楼官员的会谈情况。

奇怪的跨部门不衔接现象意味着美国政府处理该问题的能力正在减弱，借鉴不了国务院的智慧与经验。美国在伊拉克犯的错误大部分归咎于五角大楼在占领期间没有管理一个国家的能力。一个负面的收获是，在关键时刻美国没有派高级代表团访问土耳其以寻求支持。国务院被撇在一边，而国防部长唐纳德·拉姆斯菲尔德却呆在华盛顿。鉴于国务卿鲍威尔在土耳其赢得的地位和声望，如果他访问安卡拉，寻求土耳其领导人的支持，那么土耳其议会就是否允许美军借境袭击伊拉克所表决的结果就会有很大的不同。

另一个典型的行为模式是通过系列政治秀以及高规格接待，以情打动土耳其一方。除布什总统在白宫高规格接待埃尔多安之外，土耳其副外长乌格·齐亚尔在其 2002 年 8 月访问华盛顿期间不仅会见了美国副国务卿，而且受到国防部长拉姆斯菲尔德以及副总统迪克·切尼的接见。类似经历是当时的总统安全副顾问在他办公室约见我时，我很惊讶地发现所有主要政府部门的副职都在其办公室。在华盛顿的大部分大使几乎不可能有机会在一次约见中见到如此多的美国高官，甚至精挑细选的一组高官。2003 年 2 月 1 日，我被邀请到五角大楼，我认为会与国防部副部长保罗·沃尔福威茨见面，但我发现国防部长拉姆斯菲尔德坐在我桌子对面。本次会谈的终极结果是在 2003 年 2 月 14 日，布什在他的椭圆型办公室接待了土耳其外长与经济部长亚撒尔·亚齐斯和阿里·巴巴詹，与他们分别进行私下“谈判”。除非有特殊原因，美国总统一般不会单独接见外国的被任命官员。

美国这些开足马力的外交攻势都指向布什政府抑制不住的强烈欲望，希望土耳其支持其即将发动的入侵伊拉克战争。但这种行为的最终效果却适得其反。它导致土耳其一方误认为土耳其的支持对美国是必不可少的，误认为没有土耳其支持，美国不会也不能够对伊拉克进行军事打击。土耳其这种误判耽误了双边技术型谈判的举行，因为土耳其一方希望得到最好的政治、军事与经济/金融援助。这种耽误本身加剧了土耳其的焦虑，民众、政府、议会都对新的伊拉克战争表示担忧。

在针对伊拉克的土美外交谈判过程中，美国谈判形象出现了一个显著缺陷。这个缺陷可能是结构上的，长期折磨着全体美国人民。我指的是美国倾向于采纳秘密渠道的信息，而不太重视正规交往渠道。美国人迷恋情报甚至完全依赖情报。他们不太重视从正规渠道得到的信息。特别是 2002 年底与土耳其新政府接触的初期，美国政府更情愿使用幕后渠道。土耳其方面因其实际鼓励美国人这么做也负有部分责任，因为埃尔多安及其政党不信任政府官僚体系，或至少最初主要依赖他们自己挑选的顾问。

使用幕后渠道的成本是昂贵的。在一种相互强化的对话进程中，美国方面只是听到它所希望听到的，而土耳其方面在伊拉克问题上提供支持的承诺大多很难实现。五角大楼计划派军队越过土耳其进入伊拉克，这需要土耳其议会授权。我反复提醒我的谈判对手，土耳其议会是个民主选举的机构，没有人能够承诺议会对这一影响土耳其国家安全的争议性问题将会如何投票。但是，基于从幕后渠道听到的消息，五角大楼官员坚持认为这是一个已经完成的交易。这一设想最终被证明是错误的。2003 年 3 月 1 日，土耳其大国民议会否决了政府关于允许美国进入土耳其的提案。结果是，土美关系经历了严重挫折，至今尚未完全恢复到原有水平。

选择幕后渠道部分反映了美国谈判行为的另一个特性——单边主义。美国人有一种天生的文化倾向，认为美国人的做事方式是正确的也是最好的，美国人要实现自己的目标，只要具有“去做吧”的态度就足够了。这是一种健康的社会属性，也许能帮助解释美国社会的伟大之处。然而当处理外交政策时，这种倾向意味着美国人不太在意他们谈判对手在说些什么，也意味着美国人具有使用禁运的好战精神，包括使用武力来达到他们想要的结果。在土美就伊拉克问题谈判时，美国人经常强迫土耳其早点满足美国人的预期结果，不顾土耳其一方的保留意见。美国未必总是傲慢或令人讨厌，但有一点很明显，藏在天鹅绒手套里的是一只铁拳头。

自然还有一些其他文化因素在起作用。在处理复杂的伊拉克问题中，美国人没有历史的概念。美国是个年轻的国家，在相对很短的时间内迅速成长为超级大国。鉴于他们在学校所学的东西、他们媒体宣传的内容、以及他们的文化因素都强调现在及未来，很自然，美国人缺乏历史的观念。然而，处理外交问题时缺乏对历史的尊重对美国政策制定者与谈判者可以说是个严重的障碍。在我们与美国人的冗长谈判中，美方在大多数情况下忽略土耳其关于不要误判伊拉克现实的警示。一开始，土耳其一方就强调，不要剥夺逊尼派穆斯林的权利，不要将他们视为敌人，不要将他们的居住地称作“百慕大三角区”。美国人不听，因为美国人将什叶派穆斯林与库尔德人看作是美国的天然盟友，而把逊尼派穆斯林看成是萨达姆的支持者。在伊拉克，这种单纯的判断损害了美国人的利益，使美国人付出了许多高昂的代价。如果布什政府一开始就与伊拉克逊尼派穆斯林建立起建设性的良好关系，那么美国在伊拉克的事态发展就会完全不同。

时间观念的不同也是另一个影响土美谈判进程的因素。美国是个时间观念强的社会，极其注重时间的重要性。准时到达、在约定时间内做完该做的事、不浪费时间、按计划使用时间、对那些不注重时间的人表示不耐烦等等，都是美国文化行为的模式。恰恰相反，土耳其人时间观念非常松懈，做事总是耽误或拖延。在 2003 年前几个月美国为入侵伊拉克做最后准备时，两种性格的碰撞被证明是爆炸性的。布什政府总是强迫土耳其人回答“是”或者“不是”，而土耳其政府总是尽可能地拖延回答。尽管土耳其领导人有其他更重要的工作要做，但也无济于事。塞浦路斯问题与加入欧盟问题以及正在进行的土耳其经济恢复计划对土耳其更重要。相对而言，伊拉克问题在土耳其政府看来是次要的事，特别是土耳其舆论反对在其邻国伊拉克进行一场新的武装冲突。毕竟土耳其人依然能感受到第一次海湾战争带来的巨大经济损失。

两国在时间表及工作重点次序上的不同使得双方都犯了极大的错误。在土耳其议会 3 月 1 日表决之前的几个星期，美国派遣满载士兵的军舰进入东部地中海，准备在土耳其伊斯肯德伦港口登陆，登陆的前提是他们可以借道去伊拉克北部。美国选择这样做而没有与土耳其协商。美国人变得不耐烦，希望强迫土耳其早点做决定。2002 年 9 月 18 日，国防部副部长沃尔福威茨就告知来访的土耳其外长，美国希望土耳其在“几周内”就“北部选择”做出决定（美军从土耳其进入伊拉克北部）。另一方面，土耳其同意了美国人所说的在不同机场及港口做“场地准备”，作为帮助借道土耳其进入伊拉克的美军部队调动的前奏。这实际上是土耳其另一个争取时间以及使议会推迟做最终决定的借口。美国人认为场地准备协议意味着土耳其已同意借道并认为双方在伊拉克问题上的合作步入轨道，这不是没有道理。回顾历史，我认识到，只有土耳其政府认为美国军队部署的请求得到允许后，才可以开始进行改善这些设施的场地准备行动。

然而，土耳其议会的否决一夜之间改变了整个情形。这一事件的持久后果是在美军舰上等候土耳其决定的美军军官和士兵随后将他们在地中海的无所事事归咎于土耳其。在美国国家电视台现场连线节目上，这些部队的士兵问我土耳其为什么"背叛"美国、它的盟友。可能是出于报复心理，这其中的一名军官制造了2003年7月4日发生在伊拉克苏雷曼尼亚的臭名昭著且最不幸的事件。当时，美军士兵"拘留"了土耳其军官与士兵，用袋子罩着他们的头。对土耳其人来讲，该事件告诉他们美国人是多么地粗暴。该事件也突出反映了土耳其人对他们士兵荣誉的高度重视。

值得注意的另外一点是，美国倾向使用美国式语言和隐喻来描述对方的行为。这种"美国化"通常会激怒对方，甚至导致对美国人动机的误解。例如，布什总统在其椭圆型办公室会见土耳其两位部长时，使用了口语化的"讨价还价"来形容土耳其两位部长就土方合作而提出的财政方面的要价。在美国总统看来，这只是充满善意的调侃式语言，但在土耳其媒体却引发了一系列负面性的漫无边际的遐想。美国媒体也有许多漫画，将土耳其与美国合作描述为卖"合作"以换取钱财，深深伤害了土耳其人民的感情，或许也给一些土耳其国会议员的投票造成了负面影响。

针对美国要求安卡拉"全面合作"（即土耳其默许美国的所有要求），即使美国自己情愿为土耳其提供金融援助和补偿金，也于事无补。这种自愿给予补偿不仅在合作水平上限制了土耳其的选择范围，也导致土方非理智地索要天价补偿金（美国最高出价250亿美元；土耳其最高开价900多亿美元）。

四、结 论

始于"9·11"事件之后的土美关系这段历史，对今天仍有影响。它给我们留下了很多教训，即在讨论战争与和平问题时应该避免谈论何种话题。最大的教训是要留意特定问题的历史背景。要有耐心，要相信可靠的正规沟通渠道，避免秘密渠道以及控制单边主义倾向也很重要。此外，在任何谈判中关注两国工作重点顺序及时间表的不同，对达到预期的均衡结果是至关重要的。

尽管“9 · 11”事件后美国的谈判行为使美国某些持久以及相当负面的文化特征变得更加突出，但鉴于总统在美国政治体系中具有非同一般的重要性以及其作为引领者的强大影响力，新总统的出现可以重塑美国外交的实力与长处。事实上，如果一个新的总统意识到美国的权势及伟大，行为上更加有分寸、谨慎与谦逊而不是像十字军战士那样无节制、无耐心，那么美国很可能发展得更好。

第十章 在华盛顿谈判：处在非常困难的境地

——一位新西兰外交官的回忆

约翰·伍德

任何一个国家与美国的关系都是独特的，都是依据自己的条件来发展与美国的关系。但在这项工作中，由于美国的独特超级大国地位以及其在全球政治、文化、经济与军事上的优势，借鉴别国与美国交往的经验似乎是明智之举，这是十分重要的。毕竟，我们有理由认为，如果分析美国在其制度内以及与外部世界如何进行正式和非正式谈判，我们就可以归纳出美国行为与态度所共有的线索，这些行为与态度都是在美国独特的历史、文化以及法律与政治的环境下形成的。这种分析结果应该能总结出宝贵的经验教训，为每个国家试图优化与美国的双边关系提供帮助。在华盛顿这个复杂与竞争激烈的圈子里，外交代表，特别是来自诸如新西兰这样小国家的代表，需要任何他们所能得到的帮助。

回顾我自己的谈判生涯，我将尽可能客观地总结新西兰与美国打交道的经验教训，毫无困难地描绘出美国在国际谈判态度上的独特的总体轮廓，这也与其他人的描述不谋而合。另一方面，仔细阅读新西兰的文档记录，可以发现新美双边关系本质以及美国的谈判风格均与更普通的经验准则有所区别。解释这种异常现象本身也许是建设性的，但它也可能暗示新美关系的互动时常是惯例中的例外。

一、核分歧

我开始参与和美国谈判是在 1984 – 1987 年，先是以使馆高级官员身份，之后有一短暂而又关键时期是以位于华盛顿天文台环路上的新西兰驻华盛顿使馆临时代办的身份。这段时期的前几年，新美关系经历了喧嚣与创伤。这种后果一直延续至今。

双方争论的焦点是 1984 年 7 月新选举出来的新西兰政府所宣布的核政策。里根政府认为该政策与美国的国家安全利益相抵触。美国反对新西兰政府的反核态度集中在两点：新西兰禁止美国核武器与核动力军舰进入或停靠其港口；新西兰是在违背承担澳新美三国安全协议（ANZUS）所规定的义务。虽然新西兰是美国的盟友，但它通过该政策以及实际操作方式，为美国既不承认又不否认的核武器部署的全球政策设置了直接和无法接受的挑战。①

双方马上意识到，扩大这些分歧使他们驶上了冲突的轨道。随之而来的是两年深入细致的谈判，大多数日常谈判是在华盛顿秘密进行，在双方中层官员之间举行，不时地由高级官员在双边首都，或者更多地是在其他地方召开的国际会议的空闲时间内进行。

二、寻求和解

在开始阶段双方接触是试探性的，每一方都想探明对方的立场及坚持的原则。我很清楚更多的警钟时常响起，而对方却不知晓。由于两国民主制度的不同，谈判态度的根本性不同终于显现。例如，在美方看来，邀请新西兰总理通过游说活动来改变或推翻其政府借以上台的主要纲领政策是完全有理由的；美国官员对新西兰总理传达关于政治领袖的职责就是引导公众舆论而不是跟着它走的严厉说教也是正当的。从相反的角度，就美国而言，政治意

---

① 本文这次不打算讨论两国谈判中的问题的复杂性，也不想叙述谈判本身的细节情况。如果读者想了解这两方面的情况，请参阅 Malcolm Templeton's masterly account in *Standing Upright Here: New Zealand in the Nuclear Age, 1945 – 1990* (Wellington: Victoria University Press, 2006)。

图的合格标志常常也太容易要求新西兰承担义务。破灭的期待至少给美国带来失望，也带来了新西兰对被指责为“背信弃义”的不满。

通过没完没了的意见交换，工作重点马上转向寻找双方政策的交汇点，以待提出一个双方都可接受的方法，一个可以允许任何一方以共信力维持自己政策立场的完整性，同时提供一个回归“正常”安全谈判的机会，因此可以避免损害双方关系。

谈判风险高，紧张气氛浓厚。我认为新西兰曾经是与美国有全面联盟关系的唯一国家，但现在不再拥有那种地位了——其在美国盟友俱乐部的会员资格被暂时中止，既没有退出也没有注销。但作为新西兰驻美国大使馆的年轻职业外交官，我同事与我都发现这段时间令我们很兴奋：我们处在一个成长的危机的中心，直接受总理的指示，努力与美国达成妥协，但是没有先例可以借鉴，因此我们必须小心谨慎进行日常的交流。

三、超级大国的敏感性

通过早期与美国国务院、国家安全委员会以及国防部官员的接触，我得到的第一个感悟是，美国非常重视两国政策上的分歧，也意识到如果谈判结果不符合美国的条件，那么谈判将非常困难，也许根本无法谈成。美国早就决定，所提的议题必须为美国国家安全政策服务，通过参与谈判的美国官员的暗示，这些议题不可以以任何传统意义上的条件来进行谈判。美国所认为的危险情况就是指对美国主要安全原则的侵蚀，不确认也不否认。

当谈判的内容涉及到美国全球联盟管理以及美国冷战行为时，新西兰作为美国的盟友，其在华盛顿的传统地位并没有使谈判变得松懈。相反，当涉及到应对共产主义与支持核威慑政策时，美国认为其盟友应该比其他国家给予美国更多谅解与合作。

美国的这种态度更多是以悲伤而不是愤怒的形式传递出来：我们交往的一个套路是，如果该议题只涉及新西兰和美国，那么双边关系的本质决定了双方会毫无疑问达成妥协。然而这种风险是，新西兰反核“病”会传染给别的盟友（如日本），美国是不能接受这种风险的，美国必须防微杜渐，防患未然。

美国谈判立场中的第二个现实迅速凸显，即核政策的这种冲突以及对盟友责任的解读造成了一种美国不愿意看到的悬而未决的状况。后来的国务卿沃伦·克里斯托弗十多年后特意将此状况称作双边关系中“未完成的事务”。美国当时要求新西兰政府在限定的时间内进行评估与反思。结果这个宽限期变得很短：我们的总理在上任后两个月内就被美国国务卿敦促公布解决该僵局的意图和方案。

随着双方谈判的进展，索要策略、时间表、能用记号标出路标的路线图以及适当规划的进展的要求都会成为我们与华盛顿谈判的主题。对我而言，它们是典型的美国式要求，与美国进行谈判的其他国家同行也有同感。然而，我意识到它们还反映了两国领导人之间的信任已发生动摇。

人们不得不假设，美国官员在持续逼迫新西兰当局达成协议的过程中，他们还在盘算着或多或少有利于美国人条件的谈判结果是可以达成的，也是极有可能的。有时候对我们现场谈判的人来说，它可能会有恰恰相反的结果。积极的谈判成果无疑是美国人想要达到的，但是我从对方谈判者身上却得到以下确切的印象：与其说妥协有利于美国的根本安全利益，或在美国看来，可以让新西兰成为美国联盟的免费受益者，不如说美国希望把我们国家塑造成一个“鼓励其他国家”的样板。对于某些美国人准备将我们国家拎出来做榜样以恐吓其他国家的担心，比谈判中的任何其他议题更令人夜不能寐。

美国也许有种给别国示范的愿望，即美国正在采取措施以解决新西兰问题，正在努力争取使双边安全关系回到“正常”轨道上。为了使谈判尽快取得进展，美国时不时地会提出类似设定“最后期限”的要求。但凭借我的经验，大多数设定的最后期限都是假的，这些也不例外。

有时我觉得，仓促结束谈判而迫使双方达成一个结果，甚至冒只达成次佳结果的危险不是超级大国面对大量问题与要求而做出的可以理解的反应，大多数情况下它是美国谈判者的本能反应。很容易看出为什么一些外国观察家把这种谈判特征归纳为美国做事方式或生活方式的特征。

四、一致对外的一家人

一旦美国政府按下国家安全的按钮，新西兰代表就会遭遇到美国主要相关部门的统一战线政策。在整个谈判中都是如此，至少在部门集体谈判的背景下，看不出这些部门平时有一些分歧，可以给外国谈判者一些空间，使他们能从美国政治体制中寻求细微差别以及更温和的结果。

在与新西兰谈判的案例中，美国国务院东亚与太平洋事务局是牵头单位，是我们主要的谈判对手，在双边关系问题上比其他部门起更大的作用，而美国国家安全委员会（NSC）以及国防部负责国际安全事务的部门更具有战略眼光。但是通常他们之间没有分工。实际上，据我观察，在跨部门协商的关键时刻，那些受谈判议题影响最大、对议题反应最强烈的人的观点，诸如参谋长联席会议和美国海军，往往会占上风，成为政府政策。外国人要想直接影响该决策过程是不可能的，即使试图直接影响跨部门的争吵也异常困难，当然我们认为我们必须这样做。

我应该补充一点，新西兰谈判案例与我在别处看到的描述美国官僚体制工作的情况大相径庭。在美国主要政府部门明确和统一的立场背后，是工作人员高效率的工作与协调能力。对新西兰而言，美国人认为我们开的会议对他们自己国家的安全没有什么意义。美国主要高级官员露面的机会实际上很少。每当我与他们交涉或者带新西兰人造访他们时，总是发觉他们不但早已事先与自己的同事就要谈的问题沟通过，而且均持有相同的意见。

五、与自己谈判

当需要其他国家或国际组织参与讨论的议题涉及到美国的关键利益时，人们注意到，美国政治体系用于内部协商的时间等同于他们消耗在谈判对手上的时间。很明显，美国官员来到谈判桌前，开门见山表明态度，甚至表明自己的谈判底线，或含蓄或明确地解释道，“这就是你可以从我们体系得到的最好结果，你最好相信”。

尽管谈判冗长，正如我描述的这个谈判，你总是感觉有两个谈判在并列进行。谈判进程紧凑，并包含许多其他方面的内容。例如，在谈判过后很长一段时间，我们的使馆才知道有一个美国国家安全委员会1985年10月的命令存在，该命令由美国总统签署，是关于与新西兰未来外交关系的决定，至今在某种程度上仍然有效。我们了解该命令全部内容的时间更晚——美国海军档案馆一位学者碰巧发现的。内容从来没有向新西兰当局正式公开过（美国政府也许认为该命令的要点早已口头通报过了）。

这种跨部门方面的重要性强调了国家或者正在讨论中的事业需要一个强大的支持者，或者美国体制本身内部需要多个支持者，如果不是必需的话。在我们自己内部跨部门协商过程中也缺少一个支持者，这个问题一直延续到我任驻美国大使最后一任的 2002 - 2006 年，当时我们在争取成为美国的双边自由贸易伙伴，一个在过去和今天我们都很称职的角色。

在关于核问题的谈判中，美国是由助理国务卿与助理国防部长牵头，两人都很专业，我认为也很善解人意。我是指，虽然他们是美国立场的坚定拥护者，但也会全面和公正地倾听新西兰方面的申诉，在不确定对错的情况下，时刻给予新西兰正面的评价，而且我被告之，当他们的同事尤其是上司不愿意继续谈下去时，他们两人会说服他们继续谈判。

我深信，在跨部门协商过程中，我们从来没有这么一个支持者在协商的关键时期时刻准备振臂疾呼：新西兰人对美国具有绝对和持久的重要性，以至于同他们的谈判不允许失败。我们都知道，在美国体系内部通常有这种人为某些国家谋取利益，这种人在困难时期能提供一个安全网，或者更巧妙地充当增进双边关系倡议的跳板。

六、与国会打交道

随着与政府谈判进程的发展，新西兰驻华盛顿使馆全体馆员的部分职责是：（1）向美国国会相关委员会及下属委员会直接并准确地通报新西兰政府的政策，我们坚信，尽管我们持有反核态度，但也在尽我们作为美国盟友的责任；（2）请求美国政府给予耐心、理解和正面看待他们认为有疑虑的问题，因为我们试图寻求一个使双方都满意的解决方案。我们将动用其他资源帮助我们完成任务。

尽管在过去几十年，国会山对新西兰的善意在逐步增加，从许多方面讲，有些是意料之外的，但随着谈判流逝，我们发现美国国会越来越强硬。

美国政府通常从它的角度向国会定期通报与新西兰的谈判情况。美国选举出来的代表通常有一种倾向，在外交政策方面愿意服从美国政府的领导，特别在国家安全方面，比如在这个案例中，这种倾向更趋强烈。

国会内部某些对新西兰有其他自私企图的人，尤其在市场准入方面，利用我们在安全方面的困难借机制定不予合作的新法规。这往往是在双边关系最好的时候发生，但我认为，任何新西兰人都不会认为美国政府经常在国会领导人面前替新西兰说好话，敦促他们避免损害这样一个好朋友、好盟友的利益。在目前状况下，一直到我们的问题解决之前，美国政府都不会准备这样做。发现潜在危险是我们义不容辞的义务，我们必须自己应对。第一次，我们步入了美国国会的走廊。

一个未预料的麻烦时常出现，这就是国会议员们善意地试图干预新美关系及正在进行的谈判。典型的表现形式是直接参与针对新西兰问题的公开辩论，通常引发不利的反应，或者期待谈判会破裂，之后过早地从两国政府的角度试图确认什么是新安全关系的基础。

1986 年 6 月以后，当美国国务卿乔治·舒尔茨在马尼拉与新西兰总理确定结束系列谈判的会谈之后，他宣布，“我们作为朋友分手了，但我们分手了”。具有讽刺意味的是，就国会而言，新西兰和美国的官员终于拥有了相同的目标。从一开始，美国政府就清楚地表明，与新西兰的争端只限于安全领域，双边关系的其他方面包括经济关系都与此脱钩，即使美国海军可以接受的使用港口的条件问题得不到解决，美国也不会用贸易禁运来制裁新西兰。

这种态度给新西兰当局很大的安慰，美国此后也信守承诺，但严格限定在对美国不利的谈判条件里。新西兰政府接收了一个濒临破产的经济，开始实施重大经济改革措施。它有理由为国际保护主义的增长前景而担忧，因为这不利于国家的出口。在马尼拉会谈之后，两国的官员，特别是充满善意的美国官员工作非常努力，成功地劝说国会将谈判的失败结果限定在安全领域，而没有采取经济报复的立法措施。

七、媒　体

对新西兰使馆来说，在这一时期，与美国媒体打交道被证明是相当有问题的。一个与美国拥有同样好名声的遥远小国要想得到媒体的报道是非常困难的，如果不是不可能的话。毫不夸张地说，媒体对现存争端的报道都是不受欢迎的，因为全部来源都出自美国官方。即使这样，我在任何时候也没有发现任何媒体在做宣传性的工作，支持美国的谈判立场，也没有发现美国官员在华盛顿公共场合与新西兰代表讨论双方正在谈判的问题。恰恰相反，每当诸如麦克尼尔制作的“新闻时刻”或者泰德·科佩尔主持的“夜线”电视广播节目试图创造这样的机会时，美国官员就会明确地表态说，如果新西兰人来做节目，他们就不会来。他们不希望出现戴维·兰格与戈利亚斯对峙的场面，就公众认知而言，这只会使新西兰人从中受益。

美国政府宁愿被动性地使用媒体，针对事件、新闻报道以及新西兰政府的声明做出反应。它通常会神经性地采取行动，从美国角度澄清新西兰对美国观点的曲解。双方借助媒体你来我往地提出要求与反诉要求，在华盛顿的两国官员应对这类事情非常耗费时间，有时甚至对谈判过程也产生了相当大的破坏力。

作为使馆，我们从未成功地将大量的美国善意引导到新西兰上，也没有把对我们的国际贡献的敬意（如体现在那时的信件与多年的民意调查中）引导到持续有益的媒体评论上。这种努力在某种程度上受到新西兰立场的限制，即当我们坚信反核政策有道理并时刻准备解释与捍卫此政策时，我们不打算在国际上推销我们的立场，我们的政策不是为出口而设计的。

八、再进一步努力

在这里，不强调一下美国中层官员散发的活力、创造力和相对的思想开放，就容易给人造成误解。美国中层官员在共同审查规则的过程中，制定出令双方都接受的不影响各自国家政策的原则，从而避免了两国关系公开破裂。这个事实似乎令人惊讶，因为美国在谈判结果中历来不喜欢语言上的歧义或细微区别，但这次是例外。

低层官员的交往是非正式和无拘束的，这是他们工作的特色：经常一对一或者一小组人，通常在办公室外进行，常常喝咖啡、一起吃午饭或者喝一点小酒（千篇一律地由新西兰纳税人支付，只有一次显著的例外）。就两边的谈判负责人而言，这个过程在最终分析报告中都给予否认，但它却能敦促谈判向前迈进，值得推荐。

九、破裂与后续事件

回顾起来，也许是因为双方严格捍卫各自立场，针锋相对，以至于无法达成语言上的歧义表述，谈判也就无法进行下去了。后来，一两位观察家声称他们一直怀有这样的判断。我记得国家安全委员会的一位官员这样回忆，他观察到谈判过程逐渐显露出“希腊悲剧的全部不可避免性”。我所能说的就是，对我们直接参与谈判的人来说，谈判过程并不是这样。我甚至认为，两组谈判团队至少已经能在关键时刻提出一个双方都认可的建议给他们各自的谈判负责人，只要双方在政治上给予某种承诺，那么该建议就会发展成我们所要的结果。

随着事态的发展，新西兰觉得该建议超出了其政治容忍限度。新西兰内阁在总理缺席的情况下，拒绝了一艘美国军舰访问其港口的请求，而这一提议恰恰是两国外交官协商好的，作为谈判和解的前提条件和有机组成部分。新西兰拒绝该请求的结果是，谈判成功的希望变得更困难、更渺茫。在最初的麻烦解决之后，双方又开始新一轮的探索，但双方的立场变得更强硬，事实上分歧已开始越来越大，难以调和。

从美国的角度来看，互信变得越来越难以维持，特别是在1984年7月国务卿舒尔茨和戴维·兰格总理在威灵顿会面之后。似乎两人都殷切希望从对方那里得到各自最想得到的东西，但双方都带着误解结束了会见。[①] 当兰格后来的行为没有与舒尔茨的期望相吻合时，美国国务卿终于确定新西兰总理食言了，在喜欢直来直去、信守承诺的美国外交官看来，这是一个弥天大罪。随着对兰格失去信心与耐心，舒尔茨在马尼拉双人会议上终止了谈判。

---

① 这个场合是指舒尔茨在威灵顿参加澳新美三国安全协议部长级会议，不过新西兰新任总理没有参加，因为他的政府刚赢得选举，尚未宣誓就职。有报道说，“显然兰格先生保证他希望维持澳新美三国安全协议合作关系，以缓解外交冲突。他想争取时间，因为他的政党内部仍然对核军舰问题有分歧。美国人认为他们从兰格那里得到过承诺，后来当美国配备有核武器及核动力驱使的军舰被禁止进入新西兰时，就公开宣称新西兰背叛了美国”。(From an obituary of H. Monroe Brown, U. S. ambassador at the time and a participant at the meeting: Hank Schouten, “Ambassador's Post Was No Sinecure,” *Dominion Post*, Wellington, June 22, 2006.)

关于这段早期会议的实际档案记录是不全面的，其他一些档案记录的是相反的故事。很显然舒尔茨的态度很坚决，作为回应，兰格就其政党在反核政策、主要在核动力驱动力方面很有可能提出改变政策的承诺，但他需要时间。不合情理的是，兰格会或者可能使舒尔茨相信他会改变他借以竞选上台的主要政策立场。

十、破裂的后果

美国采取行动，断绝与新西兰的双边军事合作，限制情报合作，单方面终止澳美新三国安全协议中美国对新西兰承担的防御义务。尽管在干涉的年代两国在许多军事冲突中有联合军事部署的合作，但在这些与军事有关的报复措施中，最危险的是禁止双边的军事培训和军事演习项目，目前仍是如此。在贸易政策方面，我们已确认美国将用贸易政策条件对付新西兰。

我们早已预料美国会采取这些措施，也理解它们确实会带来双边关系的不愉快，虽然在两国首都和两国国防部更是如此，但在华盛顿实地工作的官员感受会好些，因为他们有共同的兴趣以稳定这种局面，限制它造成更大范围的损害。当我离开华盛顿时，我把双边关系的状况描述为一种“不自在的平静”。

此后，新西兰再也没有机会接近美国政府的部长、大使，任何高于助理国务卿职位的官员，不再被美国视为盟友，而大概只能算作朋友。关于这一点，美国并没有正式通报我们的政府，但却只在处理贸易和农业政策时逐渐显现出来。这种局面的结果是，要与美国政治体系接触，新西兰大使馆的担子更重了，同时活动的范围更小了。为扭转我任期内的这个不利局面，我在华盛顿会接受我使馆收到的任何邀请，不论该场合或机构与使馆是否有业务关系，目的就是为了努力保持与美国代表的联系，期望与内阁成员甚至总统搭上话，因为美国禁止我们新西兰人打电话给他们。

对某些人来讲，当双边关系在重要领域处于破裂阶段，以这种方式减少高级官员的对话有悖常理，毫无疑问这种努力的目的是将双边方面冷冻起来。直到十多年之后，新西兰总理才有机会拜访美国总统。

十一、重新爬起来

我很幸运，1987 年底我被派往伊朗任大使，因此没能经历在这些约束下在华盛顿运作所遭遇的全部挫折，在美国的众多“朋友”中，享受这种限制的待遇是很独特的。事实上，在 1994 年作为驻美大使回到美国时，我成为了受益者，因为在 1993 年 3 月美国总统克林顿签发了一个与新西兰关系的单边评估报告。在总统的坚持下，该报告甚至比官员建议的方案还要积极主动，直接结果就是恢复两国各层次、各领域包括军事领域的接触与对话。在我赴美的一年之内，我们利用已恢复的特权重建政治关系，促成具有重要意义的11年来新西兰总理首次访美之行，该重建过程以美国总统克林顿1999年对新西兰进行国事访问划上圆满句号。

从许多方面讲，我1994–1998年在华盛顿的交往与谈判是一段有积极意义的经历。《双边贸易与投资框架协议》签署后，双边经济关系重回正轨，该谈判的新西兰代表由时任外交与贸易副部长的我带队。新西兰经济当时仍处在经济改革的高潮期，为美国跨国公司提供了许多投资机会。在华盛顿使馆，我们就酝酿了与美国建立双边贸易协议的想法，并使新西兰政府将其列为双边关系工作的重点。这些经济发展促进了政治关系的恢复，改善了经济运营环境，也重新激发了美国发展与新西兰建设性关系的兴趣。

然而，也有持续的失望。尽管新西兰持续参加了在中东和波斯尼亚的维和行动和军事部署，包括与美国并肩工作，但美国对双方互动的限制，特别在联合军演方面仍然在生效。总体而言，仍在持续的“未完成的事务”的核政策僵局时常会限制进一步发展建设性关系的机会。即使美国政治循环经历多次变革，但美国“大象”并没有忘记，更没有改变其国家安全政策。

十二、重返华盛顿

“9·11”恐怖主义袭击后不久的2002–2006年是我在华盛顿的最后一届大使任期，我回华盛顿不仅意味着我重返一个我积累了很多经验的谈判环境，而且见到了很多熟悉的面孔，他们或者是里根时代接触的官员或者在80年代失败的谈判中所接触的人。这对我在美国继续拓展新西兰的外交事务，既有有利因素也有不利因素。

积极的方面是人们称呼我的名字，以前共过事的一大批美国官员在乔治·W. 布什总统的第一任期内均担任高级职务。这对我的工作很有裨益。我记得不止一次当由于政策分歧或仅因为一件小事不协调，双边需要更高层级的官员迅速出面在华盛顿进行坦率讨论时，我过去结识的美国谈判者很可能很快现身，直接处理问题。

我过去与美国人谈判的背景也使我的政府给予我足够的信任，给我异常大的自由来处理来自新西兰方面的阻碍。然而，它也意味着熟悉过去20年新美关系的同一批高级官员继续对双边关系反应强烈。美国“大象”不仅没有忘记，而且在关键时刻它开始回忆起往事。

十三、例外还是惯例?

回顾新美外交关系的这个关键阶段，在重新审查美国谈判行为的过程中，我脑海中再现了在华盛顿作为谈判者的个人经历，不由得提出一个问题，新西兰经验真的是典型或代表性的美国行为吗?

仔细审视谈判过程（失败）的结果，你通常会发现：美国与一个小的盟国在一个美国认为对其国家安全至关重要的问题上有分歧；双方就此问题迅速展开了按部就班的谈判，希望达成妥协，基本上美国先在其政府部门之间就政策和策略达成协议，并赢得美国体系关键部门的支持，特别是国会的支持，坚持自己的条件不变；美国不断给对方施加压力，并接二连三地制定自己的解决问题的最后期限；当一个经历过痛苦过程而产生的协议草案在惠灵顿遇到第一个障碍失败时（华盛顿可能将其视为在其严格限定的谈判要求之外），美国失去了耐心，离开了谈判桌。国务卿明确地终止了谈判，接踵而来是歧视与报复措施。至此，为了全球关系管理的利益以及冷战的需要，新美亲密的盟友关系被单方面降格了。

我对美国谈判风格的序列描述——用相当粗的线条——得到我的许多外国同行的认可，他们都有在华盛顿与美国谈判的类似经历。我的描述也基本代表了他们自己同美国谈判的经历，反映了美国体系与性格的特征，同时反映了美国的规模、超级大国地位和全球责任。

还有，我迷雾似的谈判记忆给我留下一个最深的印象是，为了维持与新西兰的谈判，美国人往往会采取超常规手段。例如，在谈判的最开始阶段，我对美国高级负责官员说，就新美政策分歧而言，鉴于他刚才讲话中所强调的美方的鲜明立场，我看不到达成妥协的逻辑路径。他吃了一惊，立即敦促现场的美方官员和新西兰官员离开并重新工作。

我注意到，尽管有政治变迁与波动，但美国人还是喜欢与新西兰人进行幕后的悄悄谈判，而不愿意与我们正面冲突，这样持续了好几个月。我相信，秘密谈判不仅催生了与我们进行日常谈判的美国官员的合作甚或创造性倾向，而且还导致美国人为达成妥协而对所提建议和主张持非典型性的不负责任态度。国务院中层官员没有与我打过交道，他们处事不是不谨慎的，尤其在美国具有清晰态度的问题上，在新西兰的案例中，他们不可能认为他们的主管会同意他们所追求的路径。

为什么会这样？相较于美国与小国谈判通常所持有的态度，为什么美国与新西兰谈判似乎更愿意多付出一些精力，如前所述，甚至从一开始自己就拒绝使用有效的联系手段？

答案会有很多种。例如，不能忽视双方谈判者个人性格的影响。但我认为，令人信服的答案是更重要的答案，直接存在于新美关系的本质中，以及存在于20世纪80年代中期争端发生之前的数十年两国共同的经历中。

美国历史上与好多国家保持着密切的双边关系，其中与英国一直保持“特殊”关系。这种关系成为多边层次上的五国集团（CANZUKUS）的核心，该集团还包括加拿大、澳大利亚和新西兰。它是在共同的历史、种族、语言和价值观，以及为实现共同目标而合作的基础上形成的。不言而喻的是，如果美国与该集团内部的任何一个成员国出现分歧矛盾，美国都会多付出一些精力来解决争端。

如前所述，新西兰还是澳新美三国安全协议组织（ANZUS）的成员，该组织是二战以来在美国领导下的太平洋正式安全结构的重要组成部分。出于自身利益，特别是在冷战背景下，联盟管理需要美国做出特殊的努力，以保证该组织成员之间的纠纷在内部自行解决。

最后，值得回忆的是，由于两国在太平洋有共同的经历，包括二战本身、联合国在旧金山的成立、朝鲜战争、东南亚与越南的紧急事态等，新美双边关系以及两国间的相互了解与私人间的友谊，也随着核争端的升级而升温。新西兰对这些事件的贡献，虽然与她的国土面积不相称，却得到了华盛顿的广泛认可与赞赏。总统本人也可能从他的加利福尼亚角度认识到了这一点，他的副总统、国务卿和国防部长都有在太平洋战场直接参战的经历，新西兰曾在二战期间为美军主力提供基地。

当然，在谈判最后一天，双方的官员都未能付出足够的特殊努力以及具有催化效应的创造力。我想有人可能会追究各方对谈判失败的责任比例划分，或者从更贴近本文主题角度讲，任何一方或者双方的主角是否从骨子里就认为，按双方都能接受的条件达成解决争端的方案是根本不可能的。作为一个毕生从事国际谈判的小国外交官，我一直存有一个疑问，是否国家大小最终起了作用？如果美国是与澳大利亚或者加拿大而不是与新西兰谈判，它是否会像与新西兰谈判那样终止谈判？美国在计算联盟关系风险时，是否认为日本比新西兰更重要？

第十一章　以对手身份谈判：俄罗斯的视角

尤里·纳扎尔金

在很大程度上，我的外交生涯都致力于军控与不扩散核武器的谈判。开始是在多边领域（核扩散与生化武器），之后扩展到《削减战略性武器条约》（START）的双边会谈。自然，苏联及后来的俄罗斯联邦的主要对手是美国。在不同时期，包括冷战时的对抗与缓和时期、戈尔巴乔夫的改革阶段以及后苏联时期的最初几年，我都有机会与美国谈判者打交道，不论在双边还是多边谈判上。1995 年退休后，我仍在多个智库内从事研究工作，包括卡耐基国际和平基金会莫斯科办公室。本章的素材基本上来自我的学术观察以及对各种谈判经历的个人回忆。①

在评估美国谈判行为的效率时，人们应该牢记这一点，即美国谈判者身后是美国强大的政治、经济和军事实力。鲁里坦尼亚王国或肯考迪亚的外交官只得依赖自己的谈判技巧，而美国的外交官在谈判桌上总是拥有额外的优势：身后有世界上最强大的国家。这并不意味着美国可以派遣拙劣的外交官去谈判。美国谈判者都擅长运用世界谈判技巧库里的谈判方法、工具和策略。但他们还可以凭借美国实力，向对方施加压力。但当美国与世界上另一个超级大国苏联谈判时，它不可能这样做。然而，随着 90 年代初苏联的解体，它就有可能这样做了。现在，由于俄罗斯重新变得强大，情况再次有所改变。

---

① 我没有使用官方档案中的材料。因此，我不敢保证每个细节都是准确无误的。不过，我会尽可能地准确陈述历史事件。

尽管美苏关系波折迭起，但不扩散核武器领域一直是个绿洲，双方出于共同利益的考虑，积极合作，防止其他国家获得核武器。即使在冷战对抗最激烈的时期，双方在这一领域的接触都没有中断。相比之下，军控谈判的举行，即限制与减少现存武器的谈判，依赖于双边关系的好坏。在对抗时期，美国谈判行为的特点是政治角力与赢得政治分数的欲望。苏联方面的行为也是如此。然而，在1992年之前的大好时期，美国确实试图达成协议，这促成了妥协。

苏联解体之后，当鲍里斯·叶利钦总统与他的外交部长安德雷·科济列夫试图从美国寻求政治支持时，他们在谈判中做了大量的让步。美国开始更多地使用压力而不是妥协。然而，当1996年1月叶夫根尼·普里马科夫替换科济列夫出任外长时，他采取了更为独立自主的立场。俄美军控与其他安全事务的谈判变得更为平衡。在乔治·W. 布什总统任期内，霸权主义立场成为美国外交的新起点，美国几乎停止参加军控谈判。

通常，谈判涉及三种级别的谈判者：坐在谈判桌上的谈判者、部长/部门首脑、国家元首。本文的结构基本上是沿着这个等级，交替分析外交官的行为、政府部门利益与部门间竞争的影响以及谈判的总体战略方向。

本章首先概括归纳坐在谈判桌前的美国外交官所表现出来的总体特点：职业化、直率、务实、善于概念论证以及态度强硬。我也分析了美国谈判者为达成妥协而运用的技巧，这种妥协取决于秘密讨论，还分析了他们泄露秘密的方法，当然这属于泄密。

谈判者不是在真空里谈判：双边的谈判者要照顾各自国家不同部门、机构以及政治和工业集团的利益。正如本文所述，这些利益直接和间接地影响谈判行为，因为谈判者总是试图利用对方内部分歧来谋划自己内部的议事日程。

本章结尾部分分析了美国谈判战略的最近调整以及对未来的展望。

一、美国谈判行为的总体特征

由于我有冷战期间及冷战之后与美国谈判者打交道的经历，我想强调的是，他们与我们交往的行为方式并没有改变，尽管两国关系有所变化。我们彼此视对方为专业外交官，而不是政客。

我们的美国同行是非常好的专业人员。在我全部的谈判经历中，我只遇见过一次例外，一个出于政治考虑而被任命的官员，该官员以前搞内政，后来到了国际多边谈判桌前。如果没有他的顾问的帮助，他就彻底被整晕了。其他外交官，从大使到低级外交官，都是有能力和极其称职的专业人员。

作为惯例，谈判大使都具备宽阔的政治视野，至少熟知谈判主题框架内的业务知识，善于捍卫和解释本国的政策立场，同时擅长发出谈判指示，在支持层面有高素质的专业人员。如果美国代表团的一个顾问或专家被问及他/她责任之外的问题，他/她就会请求合适的专业人员来替他/她回答问题，而不是给出自己的答案。美国的这一特点值得尊敬，赢得信任。它使人相信发言人的意见是可靠的。

美国谈判文化具有一个有效的自下而上的报告机制。低级官员有情况立即向其上司报告，他们的报告帮助后者掌控情况。如果你将信息或判断透露给美国低级官员，你可以确信他们将立即向上司汇报。当然，参加谈判的任何国家代表团的成员都有义务向其上司报告，但不幸的是，并不是每一个代表团都能有一个同样有效的报告机制。

美国谈判者的另一个正面特点是他们的直率，不论是表达正面还是负面意见。他们总是努力保证他们的语言被对方100%的理解。其他一些国家的外交官并不具备这一品质，他们有时特意模糊表达，使他们的陈述具有不同的解释。

美国谈判语言通常清晰简洁。即使美国谈判者广泛使用世界体育与商业术语，这使他们的语言带有一丝“美国风味”，但他们还是设法使对方理解他们的意思。美国谈判者期待从他们的对手那里听到同样准确的语言表达。如果某件事表达得不清楚，美国谈判者会毫无犹豫地不断提问，直到他们完全理解了对方的陈述。这为相互更好的理解奠定了牢固的基础。

美国谈判者值得关注的另一个特点是务实。我与美国同行花费许多小时进行概念辩论，美国同行坚持用美国方式的概念逻辑来捍卫他们的立场。概念只是为务实的理由服务的，是支持美国立场的论据，不是为达成谈判妥协或者协议服务的。例如，在80年代，华盛顿提出战略稳定的概念，帮助美国谈判者反对洲际弹道导弹上的多弹头分导再入飞行器（MIRVed ICBMs）以及支持反弹道导弹系统（ABM）。在60年代，这个概念有一定的逻辑，但也有弱点，当华盛顿停止研发反弹道导弹系统和开发多弹头分导再入飞行器导弹时，美方提出了一个不同的概念来支持相反的立场。这使我们反对它的工作变得容易一些，我们用60年代美国提出的概念来反对80年代美国提出的概念。（美国以技术进步的借口来支持他们概念的逆转，但是我强烈怀疑美国真正的原因是美国生产反弹道导弹部件制造商的影响力大大地增强了）。

美国谈判者玩弄概念辞藻有时近似于布道，特别是在多边论坛上，但他们的论据通常扎根于逻辑上，而不是意识形态上。美国通常的策略是，将美国立场描述为建设性的和灵活性的，而指责苏联或俄罗斯的立场恰恰与其相反。幸运的是，美国主要在官方会议上使用概念论据，是为了给国内观众看的。在非正式的会谈中，我们的美国同行更喜欢务实，寻求妥协的解决方案。

当然，美国谈判者不是不搞政治秀。但我不能说这是美国人独有的特征。所有谈判者都搞政治秀。特别在冷战期间，玩弄辞藻、争吵、威吓在公共论坛中是常态。遵照指示，我自己在日内瓦裁军全体大会以及在双边谈判的全体会议上做了许许多多的政治上的虚伪陈述。

美国是否运用虚张声势的方法？当然这不是通常做法，但美国有时候确实采用虚张声势的方法。这里有一个例子：在裁军大会框架下的禁止化学武器大会的谈判期间，许多国家，包括美国都谴责苏联反对进行强制性的现场检查。这些检查确实对化学武器大会的召开有必要。1987年苏联代表团接到莫斯科指示，接受强制性的现场检查。所有人都很高兴，唯独美国代表团不高兴，因为美国对苏联的这一举动没有做好准备。后来经过好一段时间，美国人才得到国内指示，允许代表团将相应的条款纳入到大会草案中。正如我的美国同事退休后承认的那样，他的代表团收到谴责苏联的指示，但没有得到接受强制性现场检查的允许。我认为这可能是因为美国秘密化学公司对这种检查比较敏感。

我们的美国同行与我们交往是否纯粹是公事公办或者与我们发展私人友谊？这取决于个人。有些人比较正式、公事公办，有些人倾向于发展亲密的私人友谊关系。尽管我们的私人关系不错，但他们全都是态度强硬的谈判者。他们用真正的技巧与智慧捍卫他们的立场。但是，当他们发现他们的建议不可能被苏联接受时，他们在寻求妥协方案方面也是很有技巧的。

二、达成妥协

当谈判陷入僵局时，代表团通常必须向他们的首都报告，并就如何改变立场以达成协议而提出建议。在这种情况下，他们会得到允许先达成待进一步考虑的协议。

这种实践广泛应用于美苏《削减战略性武器条约》的谈判中。这种待进一步考虑的协议通常产生于非正式会面场合中的“边想边说出口”的灵感中，例如在吃午饭、喝咖啡、日内瓦周日郊外旅行以及网球比赛后的会谈中。

由于谈判主题的复杂性及多层面性，所谓的一揽子计划交易条款是很有用的策略。美国代表团团长理查德·伯特大使以及副团长林顿·布鲁克斯大使（后来接替伯特）在使用一揽子交易条款方面非常具有创造性。鉴于美国谈判者经常使用一揽子交易条款，我将详细解释一下它们是如何运作的。当每一方都向对方让半步时，通常会达成妥协。但是，有些问题不能通过让半步达成妥协的方式解决，只得需要不平衡的妥协（不是50对50，而是80对20或30对70），或者是所谓的“无选择余地”。在《削减战略性武器条约》会谈中，遇到这种“无选择余地”的问题，双方会“交换关注的事项”：如果一方放弃其不可接受的提议，那么作为交换，另一方就会放弃它的不可接受的提议。在《削减战略性武器条约》会谈中，双方经常将这种有争议的问题归入一个一揽子交易中，遵循下列两种基本规则：（1）整个一揽子交易必须是平衡的；（2）除非所有问题都达成一致，否则就不会达成任何一致。

在《削减战略性武器条约》谈判中，双方达成了十几个或更多的一揽子交易，每个交易中都包含4到10个，甚至更多的组成部分。这些高度专业的交易看上去是这样的：（1）B方不接受X提议，A方放弃X；（2）A方不接受Y提议，B方放弃Y；（3）A方接受B方的Z提议；（4）B方接受A方的X提议；（5）在V问题上，A方让步80%，B方让步20%；（6）在U问题上，B方让步80%，A方让步20%。

美国谈判者的创新能力与达成妥协的愿望并不意味着他们态度不强硬。相反，如果对方没有做好与美国交换让步的准备，美国谈判者会很轻易地操纵对方的让步。例如，在 1986 – 1990 年《削减战略性武器条约》第一阶段（START-1）持续 4 年的谈判中，苏联觉得美国操纵了苏联的让步（罗纳德·里根总统与米哈伊尔·戈尔巴乔夫总书记在雷克雅未克峰会期间），在为重型轰炸机上非远程空中发射的巡航导弹核弹头制定规则时，美国没有遵守诺言接受苏联用来交换的让步条件，拒绝接受苏联对远程空中发射的巡航导弹定义的界定（远程空中发射的巡航导弹意味着空中发射的巡航导弹不应超过 600 公里）。这给美国在核弹头数量上留下一个巨大的优势。然而，美方否认它曾认可苏联的这个定义；最终，它利用诡计就这样做了。

三、秘密与泄密

所有谈判者都认识到，泄露正在进行的谈判信息可以阻碍或者损害达成谈判协议的过程。然而，这不意味着不能给媒体透露任何消息。问题是如何控制在保密范围内。

当会谈公开进行时，每一方都想得到政治分，展示自己积极建设性的立场，同时突出强调对方立场的负面影响。通常这种行为不利于达成协议。当谈判秘密进行时，正如《削减战略性武器条约》会谈一样，每一方有时会试图对对方施加压力，通过向公众呼吁以寻求政治得分。这可以通过召开记者招待会、发表“独立”记者撰写的文章等形式。在这种文章中，很难证明对方故意泄露信息，但是我确信，即使在民主国家（如同威权国家一样），无意图泄露秘密的可能性几乎等于零。

在“限制战略性武器谈判”（SALT）期间，特别在 1973 – 1979 年限制战略性武器第二阶段的谈判期间，美国经常或通过官方或通过媒体向公众呼吁。苏联通过检查自己的立场进行回应。毫无疑问，那就是冷战。在 80 年代后期，当时冷战几乎结束，美国的宣传变得更为节制，但泄密还是发生。

在每轮谈判开始前及之后，每轮谈判在正常情况下持续 2 – 3 个月，双方代表团团长通常安排记者招待会进行通报，有时共同举办，有时单独举办。我的谈判对手，理查德·伯特与其继任者林顿·布鲁克斯对谈判中的议题均给予谨慎和客观的评论。我也一样。我们在与媒体打交道时没有任何问题。但是，我记得有两件事，美国人的泄密让我们头疼。

1989 年 12 月，当时日内瓦的谈判受到圣诞节的干扰，我碰巧在华盛顿。我在那里逗留一晚，与理查德·伯特就海上发射的巡航导弹（SLCMs）举行非正式会谈，这是谈判中的症结问题。苏联认为这些导弹是战略性的，坚持将它们纳入到协议中。美国不同意。我的任务就是探查达成妥协的可能性，但是在这方面除了得到副外长维克多·卡尔波夫的个人建议外，我没有得到正式指示。

我与伯特的会谈本着“想到就说出”的精神（即无论说什么都不构成义务）。我们的讨论使我相信，虽然美国从不想把海上发射的巡航导弹（SLCMs）纳入到协议中，但有可能在协议之外制定某种限制性约定。当然，这个想法需要在莫斯科与总参谋部及海军进行审慎考虑之后才能实施。

几天后，我从《纽约时报》读到军控记者迈克尔·戈登的一篇文章，透露了我与伯特之间的秘密会谈内容，包括苏联准备满足美国在海上发射的巡航导弹方面的立场。这绝对不合适，违背了“非正式探索”的共识。

在莫斯科，虽然卡尔波夫赞赏我探索的结果，谈到戈登的文章，我们的将军元帅们谴责我“违背了官方指示”，因此使协议的准备工作变得更复杂。[①] 总之，非授权的泄密绝对起负作用。

当我与伯特在日内瓦见面时，他就这篇文章向我道歉，宣称他没有泄露我们会谈的细节。他可能是说真话，因为这样的泄密只会使谈判复杂化，不符合他的利益。当然，我从不知道是谁泄的密以及为什么泄密。不过我怀疑，泄密可能是向国内民众表示美国外交坚忍不拔的精神与胜利。

翌年，又发生一起泄密案。1990 年 4 月 2 日，《华盛顿邮报》发表了杰弗里·史密斯的一篇文章，评估《削减战略性武器条约》谈判的情况。文章是以从未公开的信息为基础素材，因为谈判是秘密进行的。很明显，作者了解谈判的主要内容。但在准确陈述细节时，他歪曲了总体情况，因为文章对妥协只字不提，只重点介绍苏联的让步。他把谈判描绘成只有美国是受益方。这一次泄密事件比上一次泄密更过分，显示了美国谈判者的一个典型特性：即绝对优先考虑国内需要而不顾及谈判伙伴的问题。当时是军控谈判的关键时期，因为不论在华盛顿还是在莫斯科，围绕《削减战略性武器条约》的政治斗争都达到了顶点。我不知道这个一边倒的文章是否帮助强化了华盛顿鸽派的立场。但在莫斯科，它被用作借口而终止了谈判。

---

① 海上发射的巡航导弹的问题很晚以后才得到解决，在 1989 年 12 月我与伯特会谈后。

奥列格·巴克兰诺夫，中央委员会国防秘书，是戈尔巴乔夫的主要政治对手之一，[①] 利用这篇文章就《削减战略性武器条约》的“叛国本性”向苏联政治领导层施加压力。他强调，“甚至美国人自己都说条约完全符合他们的利益”。他的目的就是为了阻止谈判，破坏戈尔巴乔夫的政治地位。幸运的是，戈尔巴乔夫制服了巴克兰诺夫，谈判得以为继。

四、利用我们的内部分歧

也许因为他们对自己内部跨部门斗争太了解，美国谈判者总是寻找机会，利用苏方内部的政治分歧。考虑到我作为苏联代表团团长的经验，我率团参加了核武器与外层空间武器的谈判。谈判由 3 个轨道组成：中程核力量（INF）、《削减战略性武器条约》以及反弹道导弹（ABM）与外层空间。在 1987 年中程核力量条约结束后，其他两个轨道仍然存在。1989 年我加入谈判时就接管了这两个轨道。“反弹道导弹与外层空间”构想是美国坚持反弹道导弹系统与苏联提议禁止在外层空间布置武器的一个妥协产品。在谈判过程中，美国千方百计想获得“战略防御计划”（SDI）的有利条件。我们这边想把反弹道导弹条约限制在其原来的内容上，拒绝扩大它的定义，以免损害我们在《削减战略性武器条约》上的利益。我们还坚持在外层空间去军事化，但美国完全不接受，因为有些反弹道导弹系统的成分是基于外层空间的。

在苏联这边，我们在军控领域有三个主要参与者：外交部、军方领导层以及军备生产企业。这里的第 3 个参与者还包括反弹道导弹条约许可的一些实验室和技术中心，这些机构维持着莫斯科唯一的反弹道导弹系统的运转。这里的科学家和工程技术人员希望在条约的严格限制规定之外扩展他们的活动，很明显美国人对他们的要求了如指掌。

1989 年在怀俄明州举行的部长级会议期间，国务卿詹姆斯·贝克邀请苏联派遣一个科学家小组访问分别位于洛斯阿拉莫斯和圣胡安·卡皮斯特拉诺的涉及战略防御计划研究的两个美国实验室。很显然，美国想给苏联反弹道导弹的说客一个支持反弹道导弹研发的理由以反对反弹道导弹条约，希望

---

① 后来在 1991 年，他参加了反对戈尔巴乔夫的叛乱，失败后被囚禁。

弱化我们在反弹道导弹与外层空间方面的立场。

国务卿贝克强调说，邀请是单方面的。这非常聪明，因为苏联国防科学家与工程技术人员都渴望看看美国同行在干什么，但我们的秘密守则则禁止我们邀请美国人来参观我们的实验室。鱼儿上钩了，我率领由10位专家组成的小组造访了美国这两个实验室。①

我认为美国计划的前一部分是成功的：我们的专家从美国人取得的成就上得到启示，毕竟这一领域是我们的专家所钟爱的领域，他们也为自己的工作争取了更多的资金资助。不过，这并没有改变苏联在谈判上的立场。我们继续维护反弹道导弹条约的原意，正如在1972年签署时的那样，同时我们坚持禁止在外层空间部署武器。

五、影响苏联态度

我要讲述的下一个案例是，美国成功地影响了苏联几个关键人物的立场。

在60年代，在国防部长罗伯特·麦克纳马拉的倡议下，美国政府内部秘密讨论了反弹道导弹事宜。正如苏联前任驻美大使阿纳托利·多勃雷宁回忆的那样，“1964年1月16日，在林顿·约翰逊就职后不到两个月，军控及裁军署署长、麦克纳马拉的知己威廉·福斯特与我共进午餐时举行了长时间的会谈。他认为两国都放弃建立反弹道导弹系统是可行的。”② 福斯特与麦克纳马拉的秘密接触持续了3年多。“我往莫斯科发了数不清的关于反弹道导弹系统方面的报告，但从未收到正式答复”，多勃雷宁写道。③ 他进一步证实，勃列日涅夫“指出麦克纳马拉说大规模增加进攻性导弹的数量就可以击败反弹道导弹系统，这很有道理”。但是，他补充道：“在莫斯科，政府内没有达成共识。以柯西金总理为首的一些部长相信反弹道导弹系统明显

---

① 此外，到访科学家名单上的最后一位（依照等级）是V. A. Tepliakov教授，他在洛斯阿拉莫斯受到特别隆重的接待和高度的褒扬，因为他是构成“火箭上光束试验”（BEAR，是SDI的一部分）基础的原则的发现者。美国科学家对Tepliakov表现出的深深的由衷崇敬给我留下深刻印象（老实说，我并不知道他在这一领域中的作用）。

② Anatoly Dobrynin, *In Confidence: Moscow's Ambassador to America's Six Cold War Presidents* (New York: Times Books, 1995), p. 149.

③ Ibid., p. 150.

地可以设计为保护人的生命，没必要举行谈判来证实。你怎么能拒绝保护人民免受导弹的袭击?”[①]

1967 年 7 月，由柯西金率领的苏联代表团来到纽约，参加联合国就中东问题召开的紧急会议。约翰逊与柯西金利用该场合举行了一次会谈。虽然该峰会的官方议程是讨论越南与中东问题，但麦克纳马拉决定利用此机会使柯西金确信有必要禁止反弹道导弹。当他提起这个话题时，柯西金起初的反应绝对是负面的。他反驳道，“防守符合道德准则，进攻则是非道德的。”但随着麦克纳马拉不断阐述其观点，柯西金变得开始认真耐心地倾听他的话。[②] 当然，他没有给予任何确切的答复，但在莫斯科向政治局汇报时，他的态度非常积极，完全不同于他以前的立场。这样，禁止反弹道导弹谈判的一个主要障碍被克服了。1972 年签署的反弹道导弹条约，既符合美国的利益，也符合苏联的利益，有利于整个国际安全。

六、幕后内部分歧及其对谈判的影响

任何参加敏感问题谈判的代表团都会受到其首都高级政治领导层内部分歧的影响。这使谈判者更加谨慎地约束自己的行为。参加《削减战略性武器条约》谈判的美国和我们的代表团都无一例外。

迈克尔 · R. 贝西洛斯与斯特罗布 · 塔尔博特写道，“在日内瓦，美国负责《削减战略性武器条约》谈判的主管理查德 · 伯特无比沮丧。他希望就如何解决症结问题向政府提出建议。他希望与他的苏联谈判对手尤里 · 纳扎尔金会达成意向性协议，结果却经常收到国家安全顾问布伦特 · 斯考克罗夫特的个人指示而被华盛顿拒绝”。[③]

我们也经历过这样的难题，甚至在部长级层面达成的妥协也会出现尴尬的局面。我指的是重型导弹。苏联拥有 304 枚 SS – 18 型重型导弹，美国没

① Anatoly Dobrynin, *In Confidence: Moscow's Ambassador to America's Six Cold War Presidents* (New York: Times Books, 1995), p. 150.

② 除多勃雷宁的回忆之外，我还从维克托 · 苏科霍德雷夫那里得到珍贵的资料，他当时任会谈翻译。苏科霍德雷夫深信那是柯西金反弹道导弹立场的转折点。

③ Michael R. Beschloss and Strobe Talbott, *At the Highest Levels: The Inside Stories of the End of the Cold War* (Boston, London: Little, Brown and Company, 1993), p. 373.

有重型导弹。美国希望销毁和禁止这些导弹。苏联坚持按照其他洲际弹道导弹的待遇平等对待 SS-18 型重型导弹。这个问题在 1990 年 10 月国务卿贝克与外长爱德华·谢瓦尔德纳泽部长级会议上得到了解决。

关于重型导弹的一揽子协议包括销毁 50% 的重型导弹，禁止生产新型号的重型洲际弹道导弹（ICBMs），以及其他一些限制重型导弹的规定。但是我们的指令是在条约中加入一项部署额外的重型洲际导弹井下发射器的权利，替代那些被销毁的发射器。

伯特不愿意接受该条款。他中断了一揽子谈判，腾出时间与他的副手及顾问们商议。之后他说他准备将关于重型导弹的全部一揽子条款包括更换井下发射器权利的条款呈送给国务卿，建议其接受。他还要求苏联解释保留选择权的动机。我没有收到上级就此下达的指示，因此我回答说，我们会提供一个答案，但需要一段时间，因为我们必须先给莫斯科发电，等候答复。我补充道，“如果你今天要结束重型导弹的谈判，我现在就可以给你我个人的解释，属于非正式的”。他同意了，我解释道，我们可能需要替换发射器，以备发生紧急事件或灾难时使用，例如地震或内部政治事件等需要在苏联境内更换井下发射器的位置。谢瓦尔德纳泽很高兴我们没有给他发电报。贝克国务卿对伯特的报告也很满意。他们确认了我们的一揽子协议。但不幸的是，该事件还没有结束。它的发展很具戏剧性。

几天后我在日内瓦见到伯特，他很郁闷。他告诉我部长级会议后发生的事。会议后的第二天，美国国防部长理查德·切尼访问莫斯科（该访问是早就计划好的，与《削减战略性武器条约》的会谈无关）。在与苏联国防部长德米特里·亚佐夫会谈时，切尼询问为什么苏联要更换井下发射器。亚佐夫回答说苏联没有这样的安排。

确实，那时候还没有如此的安排，虽然总参谋部希望把这个选择保留权留给未来。部长的议事日程里没有军控的内容，亚佐夫身边也没有军控专家提醒他两天前在纽约达成的关于重型导弹的协议。

当切尼回到华盛顿后，他到处宣扬说国务卿贝克被苏联人欺骗了。解决这个不愉快的状况颇费一些时间。结果是亚佐夫和谢瓦尔德纳泽正式给切尼和贝克发函，解释说虽然现在苏联还没有计划重新部署重型导弹的井下发射器，但不排除将来或出于技术原因或“因为我们国家国内政治发展的需要而有这种可能”。

为什么切尼打这张牌？我认为这是华盛顿玩弄的更大阴谋中的一部分，目的是反对《削减战略性武器条约》。

七、战略错误

正如本章所显示的那样，我非常钦佩美国谈判者的专业化精神与谈判策略。不过，就美国战略而言，我的评价更多是批评。美国谈判战略的主要瑕疵是短期利益通常胜过长期利益。可能的解释是，美国政治家过多重视国内政治利益而不太重视外交政策。有时候，迅速赢得积极的谈判结果可能对国内形势有利，但最终结果往往对长期安全利益不利。下面两个例子可以说明这一点。

第一个例子与美国1985－1991年军控谈判战略有关。如果你接受这个观点，即一个好的谈判战略是在总的长期性的全球战略背景下看待谈判的，那么美国在这些年就犯了一些错误。美国准确地评定出戈尔巴乔夫结束冷战的意图，帮助他了结此愿，并从他欣然让步中得到实惠。然而，美国为了从戈尔巴乔夫那里得到更多让步，过多地对他施加压力，损害了戈尔巴乔夫在国内的形象，我认为这个结果不符合美国的利益。美国坚持将苏联SS－23型战术导弹纳入到《中程核力量（INF）条约》中，[①] 并拒绝戈尔巴乔夫关于使用克拉斯诺雅尔斯克雷达站的所有妥协建议，要求依照《反弹道导弹（ABM）协议》对雷达站予以销毁。

第二个例子涉及到1992年进一步减少和限制战略性进攻性武器的会谈，即《削减战略性武器条约》第二阶段的会谈。该谈判只花费了几个月。美国谈判者收到严格的指令，要在乔治·W. 布什总统离任前结束谈判。当他们的俄罗斯同行试图坚持自己的立场时，美国人向华盛顿抱怨，布什总统给叶利钦总统打电话，要求他命令俄罗斯代表团对美国的要求让步。结果签署了草案协议，十分有利于美国。特别是，该草案规定彻底销毁重型洲际弹道导弹以及全面禁止洲际弹道导弹上的多弹头分导再入飞行器（MIRVed ICBMs），这些是苏联战略核支柱的主要部分，而对美国战略核支柱的主要

---

① 该条约禁止射程为500－5500公里的导弹。SS－20s型导弹的射程为400公里，但美国宣称它们的射程为500公里。戈尔巴乔夫同意将它们纳入到协议中。

部分——海上发射的弹道导弹（SLBMs）上的多弹头分导再入飞行器则没有任何限制规定。草案还确立了 2003 年 1 月 1 日为最后期限，为了取得条约规定减少后的总体军备水平，而没有按照在条约生效几年后才确定最后期限的通常做法确定最后期限。

因为这些以及其他缺陷，该草案在俄罗斯批准过程中遭遇诸多抵制。俄罗斯杜马花了 7 年时间才批准该条约，但前提条件是必须对草案进行修订并增加保留态度。因此，《削减战略性武器条约》第二阶段协议并没有生效。换句话说，美国谈判者的缺乏耐心以及通过施压获得单方面有利条件的愿望没有获得任何具体的实用价值。

八、展望未来

乔治·W. 布什总统在任期间，美国单边主义和自我中心主义在制定长期战略方面夸大了国家的困难，也削弱了其谈判能力。假如美国可以对其谈判对手发号施令，它为何还要寻求妥协呢？

虽然 2002 年美国和俄罗斯制定了战略进攻性武器削减条约（SORT），但该协议并没有经过真正意义上的谈判过程。该文件只是乔治·W. 布什总统与普京总统各自单方面的宣言，表示各方愿意削减实际部署的进攻性核弹头。这些宣言的意图并不完全相同，条约的主题界定模糊，没有具体实施步骤，也没规定验证程序。换句话说，该“条约”纯粹是象征意义的，与文件的内容不符。

我不知道美国采取这种态度是否因为美国谈判者丧失了了解对手立场的能力，失去了寻求双方都能接受的双赢解决方案的兴趣。我希望不是这样。也许这些人才还会在美俄谈判中起关键作用。俄罗斯似乎继续将自己认定为一个不受外部压力影响的国家，更不用说外部支配了。俄罗斯经济发展、俄罗斯军事能力的加强以及俄罗斯民族主义情绪的增长都支持着这种信念。

奥巴马总统最初的几个步骤，特别是与俄罗斯就替换《削减战略性武器条约》的谈判，给人以希望，即我们可能进入一个富有成果的军控谈判的新时代。如果这样，奥巴马将不得不战胜来自美国单边主义的反对意见。此外，这个新时代将不同于以往的时代，虽然它们之间的区别还尚未清晰。也许，美国将继续扮演霸主角色，但它将试图在国际安全合作方面通过展示其建设性的态度，弱化其形象。这需要美国参加国际安全事务的讨论，例如在诸如裁军大会等场合。这样，美国外交官需要精通外交策略，而不是在妥协基础上达成协议。另外，也需要美国外交政策的制定重新回到遵循平衡谈判的原则，并显示有妥协的愿望。如果这种情况发生的话，那么20世纪70年代和80年代美国谈判者的专业化精神和技巧将是非常受欢迎的。

第十二章 双边谈判：印度与美国谈判经历

拉里特·曼辛格

当美国 1941 年——印度独立前 6 年——与印度发生外交联系时，它被视为世界上两个最大民主国家永久联系的光明先兆。但随着各种事件的发展，双方先前的高度期望均已落空。尽管它们均做出了极大努力，但华盛顿和新德里未能达成本可促使双方展开重大政治和经济合作的最低程度的互信。

在冷战开始阶段，印度在美国人心目中并不是一个重要国家。他们将其视为一个陷于贫困和忙于应对各种国内难题的国家。印度的不结盟政策是华盛顿难以接受的。国务院、五角大楼和白宫的决策者们得出结论认为，印度对美国战略利益无关紧要。正如史蒂夫·科恩所评论，"印度是美国的慈善对象而不是战略目标"。[①]

当冷战结束时，美国战略家们开始以不同的目光看待印度。1994 年，当美国还是世界上无可匹敌的超级大国时，亨利·基辛格已开始考虑美国力量在 21 世纪不可避免的衰退。他预告指出，一种新的力量平衡将会要求美国与"欧洲、中国、日本、俄罗斯或许还包括印度"分享影响力。[②] 在世纪交替之时，这些话"可能"已经悄悄地应验了。亚洲学会和外交关系委员会等智库的研究报告催促美国对印度这一新兴大国给予更多关注。

---

① Stephen Cohen, *Emerging Power: India* (Washington, D. C.: Brookings Institution, 2001), p. 4.

② Henry Kissinger, *Diplomacy* (New York: Simon and Schuster, 1994), p. 23.

对印度的重新认识最终抵达政府的决策层，并且在 21 世纪最初几年，美国与印度之间开始形成一种新的、更加合作和相互尊重的关系。

本章通过对 6 个简短个案的研究来追踪这种关系的发展进程，探索了每一个案对 1962—2008 年期间印美关系各重要阶段的影响，并揭示它们对双方文化分歧、文化误解以及最近几年文化认识的外交影响。

这些个案研究强有力地证明，跨文化相互理解对解决争端和促进友好关系的重要性。雷蒙德·科恩等人对 I. 威廉·扎特曼和莫林·贝尔曼所做的有关“存在一种单一和普遍的谈判模式以及跨国分歧只是一时的或表面性的”假设，提出了合理的质疑。坚信存在一种普遍模式，是科恩所称的美国“低范围”沟通风格的构成因素之一。[①]

在最初 15 年，华盛顿对印度的问题源自于，它没有能力认识到，印度的文化和民族敏感性已经超出了其与美国达成有利“交易”的愿望。如同有关美国对印度食物援助的个案研究所揭示的那样，美国领导人很迷惑地意识到，虽然印度人极其需要食物，但他们不会明确提出来。并且，当他们接受食物时，也很不情愿表达自己的感激之情。“由于其自然和高度敏感的骄傲意识”，科恩评论说，“印度发展了一种独特的保全面子战略：它会接受必需的援助，但不会说出恳求或谢谢的话来”。[②] 这一例子说明，东方人保全脸面与西方期望的优雅行为方式之间存在真实的文化差距。

在许多美国人看来，印度宣称的道义优势及其要求获得平等对待，显得很自负和傲慢。例如，1981 年，印度强烈抗议美国做出停止向塔拉普尔核工厂提供核燃料的决定，并坚持美国应继续实施其合同义务。印度指出，核大国在无限制储存裂变材料的同时反对印度核项目是一种虚伪。对此，美国人感到非常恼怒。1995 年，当核不扩散条约无限期延期时，印度也激烈批评核大国实施双重标准。美国谈判者经过很长时间后才认识到，印度频繁抢占道德高地并不是一种谈判策略，而是真诚要求获得公正和平等对待。

美国的谈判方式从最好角度说，可被形容为具有“商业主义”特性，它或许反映了一种强烈的美国企业精神传统。如同对待商业谈判一样，每一

---

① Raymond Cohen, *Negotiating across Cultures: International Communication in an Interdependent World* (Washington, D. C.: United States Institute of Peace Press, 2004), p. 20, pp. 36 – 38.

② Ibid., p. 93.

个案都被认为是一次交易，具有不言而喻的底线。随着谈判的展开，双方提出妥协让步，将损失降到最低，并最终达成交易。

在这种商业主义方式范围内，存在两种不同的谈判风格：强制性或劝说性的方式。“强制性方式谈判者”期望谈判对手能欣赏和尊重美国的压倒性的优势力量和权力。他或她常常很少被告知有关其他国家的历史、文化、和民族敏感性，并且既不理解也不关心他们的文化差别。强制性方式谈判者的标准行为方式是，“如果你同意我的观点，我将很高兴。但如果你不同意，我将锤打你。”这种方式的主要弱点是，它不重视思想情操的强大作用，如意识形态、爱国主义、历史经验、猜疑和妄想偏执等——其中的任何一项都可能抵消某项有利交易所带来的明显利益。

相反，“劝说性谈判者”非常了解他（或她）将要与之打交道国家的背景。这类谈判者对其对手所关心的问题非常敏感，并平等对待和尊重他们。在印美关系头50年内，强制性的美国谈判风格基本上一直占据上风；只是在冷战结束后，美国外交官才开始引人注目地转而采取劝说性谈判方式。

一、“半个世纪的误解、错误判断和不幸”

前美国驻印度大使、已故参议员丹尼尔·P. 莫伊尼汉将前50年的印美关系非常贴切地概括为“半个世纪的误解、错误判断和不幸”。[①]

对两国之间紧张关系的根源已经有许多文字评论。两国官方对话和谈判记录揭示了三大主要因素：意识形态分歧和国家利益的不同概念、双方主要领导人的个人影响、以及导致谈判行为扭曲的文化错觉。

二、意识形态分歧

导致新德里与华盛顿关系疏远的重大原因之一，是它们各自世界观的根本冲突，以及随之而来的对国家利益认知的互不相容。随着冷战开始，美国将国际共产主义视为其国家安全和自由世界生存的主要威胁。它期望印度，

① 丹尼尔·P. 莫伊尼汉的这段评论引自：Dennis Kux, *Estranged Democracies*: *India and the United States*, *1941 - 1991*, (New Delhi: Sage Publications, 1993), xviii.

作为一个遵循民主价值观的新独立国家，能成为其与苏联集团进行意识形态斗争的自然盟友。

然而，印度采取了与美国不同的世界观，并情愿保持不结盟。当美国利用军事联盟系统在苏联周围建立警戒防疫线时，印度却通过不结盟运动——联合国之外的最大主权国家组织——领导全球性的反对军事联盟的强大国际运动。华盛顿和新德里之间的这些意识形态分歧一直延续了整个冷战时期。约翰·福斯特·杜勒斯宣称不结盟是“不道德的”，与美国的友好是不合拍的。对印度来说，不结盟一直是一种信仰。

两国在中国及其在联合国永久合法地位问题、朝鲜战争、印度支那危机、匈牙利起义、越南战争以及苏联在阿富汗的存在等一系列重大问题上，也发生分歧。双方在坚持各自原则问题上始终采取不动摇和不妥协的立场。

三、关键人物的影响

印度人认为，除德怀特·D. 艾森豪威尔、约翰·F. 肯尼迪、吉米·卡特和罗纳德·里根等少数几人之外，冷战时期的美国领导人对他们国家大都采取冷漠或敌视的态度。杜勒斯——艾森豪威尔的国务卿，是这些“不友好”美国领导人行列中的一位突出代表。在印度的报道中，他被描述为如同一名恶毒的穆斯林教长式的人物：不惜对不结盟运动发动圣战，并且试图通过将巴基斯坦拉入美国军事联盟来孤立印度。哈里·S. 杜鲁门执政时期曾在华盛顿担任低级外交官，后任印度驻华盛顿大使和外交秘书的 T. N. 考尔回忆说，“约翰·福斯特·杜勒斯是一位狂热、教条和自以为是的传教士式的政治家”。①

有趣的是，美国对尼赫鲁和克里希纳·梅农等印度领导人也同样抱消极看法。小阿瑟·施莱辛格评论说，“尼赫鲁在国际事务中表露出来的自以为正确的才干，使肯尼迪几乎和约翰·福斯特·杜勒斯一样，认为他采取的是中立主义立场”。②

---

① T. N. Kaul, *Reminiscences, Discreet and Indiscreet* (New Delhi: Lancer Publishers, 1982), p. 155.

② Arthur Schlesinger, Jr., *A Thousand Days: John F. Kennedy in the White House* (Boston: Houghton Mifflin, 1965), p. 438.

另两位美国领导人，理查德·尼克松和亨利·基辛格，对印度的偏见和敌视也和杜勒斯一样著名。尼克松对印度的恶劣态度及对英迪拉·甘地总理的厌恶并不是一个秘密。已解密的白宫文件透露，尼克松与基辛格的一些谈话中包含了对甘地夫人诋毁和侮辱性的评论。这种反感存在于两国相互之间：例如，考尔曾尖刻地提到亨利·基辛格的“双重交易、双重谈话和双重想法”。① 因此，在尼克松担任总统时期，印美关系降至最低点，并不奇怪。

不过，除尼克松时期及其他某些著名例外情况之外，驻华盛顿的印度外交官发现，他们通过国家安全顾问办公室（而不是国务院的途径）在白宫受到更友好的接待。直到20世纪90年代，美国职业外交官对印度官员仍表现出显而易见的缺乏尊重。例如，前外交秘书J. N. 迪希特叙述了他与罗宾·拉斐尔之间互动的情形，后者在1992年担任美国驻新德里大使馆领事期间被比尔·克林顿总统提名担任助理国务卿，并负责指导新成立的国务院南亚局的工作。虽然印度认为该局的成立是美国将会更加认真对待本国的一个信号，但拉斐尔在告别会晤时的一番话却令这位印度国务秘书大吃一惊：她声称“克林顿对亚洲，尤其对次大陆没有很深的兴趣”。她随后还要求必须与印度总理会晤，以转达美国总统的一个信息。由政府首脑会见一名相对较低级别的外交官并不符合惯例，但由于拉斐尔的坚持（她甚至拒绝外交部长的接见），总理办公厅最终让步并做出会见安排。而所谓的美国总统的紧急信件根本就不存在！②

回到华盛顿担任新职后，拉斐尔在印美关系中制造了一场轩然大波。她宣称，美国政府认为，1947年10月查谟和克什米尔邦主与印度政府达成的合并文件（在该文件基础上该州加入了印度联邦）在政治和法律上均无效力。这一声明及拉斐尔对印度采取的基本敌视立场，给比尔·克林顿第一任期期间的印美关系罩上了一层阴影。

---

① T. N. Kaul, *The Kissinger Years: Indo-American Relations* (New Delhi: Arnold-Heinemann, 1980), p. 58.

② J. N. Dixit, *My South Block Years: Memoirs of a Foreign Secretary* (New Delhi: UBSPD, 1996), pp. 191 – 193.

四、文化差异的影响

给印美关系带来负面影响的第三个重大因素是两国之间存在的文化差异。它们很少有历史接触，并且两国统治精英是从第二手来源，尤其是从英国人那里获得彼此的印象和形象。

哈罗德·艾萨克斯是一名记者，他在麻省理工学院就美国对印度和中国的立场进行了综合研究，并于1958年以《探索我们的心绪》为题发表了其研究报告。根据艾萨克斯的说法，美国人对印度的普遍认识只停留在“土邦主、珠宝、财富、耍蛇人、大象、老虎、捕虎、眼镜蛇、蛇虫、猴子”等形象的水平之上。20世纪初期在印度工作的少数美国传教士，由于缺乏文化方面的准备而很难理解印度教深邃的哲学内涵。他们将它视为一种沉浸在数世纪社会传统中的低劣和野蛮宗教。许多接受艾萨克斯采访的人将印度人与黑人联系在一起，并对他们带有种族偏见。①

因此，美国人很少知道印度是世界古老文明之一，也不理解其复杂、多文化、多宗教和多元的社会。印度作为一个封建财富、神秘宗教和赤贫地区的扭曲形象一直延续到20世纪90年代后期。美国对印度文化的错误认知不仅停留在现实认识的层面上，而且还成为产生误解的一种很有说服力的因素。正如前美国驻印度大使罗伯特·戈欣所评论，“美国和印度的文化背景有许多不同，它们又导致不同的期望和对相关经验的不同解释方式”。②

虽然两国在最初几年曾做出真诚努力去认识对方，但却未能产生效果，因为双方距离太大而难以弥补。有关尼赫鲁竭力理解美国的以下阐述就很有说服力。

1949年10月，尼赫鲁作为印度总理首次前往美国访问。他的意图是寻求发现美国真相，但结果却使他对美国大失所望。华盛顿也发现很难理解他的“亚洲人个性”和其复杂的智慧。尼赫鲁自身的反应也反映出他的英国教育背景和英国精英的偏见。他非常恼怒地发现，美国人在社交谈话中炫耀

---

① Harold Isaacs in M. V. Kamath, *The United States and India, 1776 – 1996* (New Delhi: Indian Council for Cultural Relations, 1998), pp. 191 – 192.

② Cohen, *Negotiating across Cultures*, p. 20.

他们的财富。他还发现，杜鲁门在白宫宴会上的讲话远不够刺激，其主题竟然是肯塔基州威士忌酒品质的优劣！尼赫鲁“发现美国在有关冷战的对错问题上过于自信，对殖民地人们的期望太不敏感，并且在与印度打交道时表现出太多的庇护者的傲慢”。① 尼赫鲁后来的两次访问也没有改变多少他对美国的最初影响。

在其他方面，美国人发现他们的印度对话者的小气和对待他人的优越感。雷蒙德·科恩列举了3名驻印度外交官的不同感受。其中一位说，印度人外出时均“非常好斗”。另一位说，新德里“以‘崇英派的势利态度’藐视美国外交官，如同对待一群‘乡巴佬一样——傲慢无礼而又滑稽可笑，如果还是出于好意的话’”。第三位外交官描述了一种“包含傲慢和超级敏感性的克里希纳·梅农综合症”，而且“从初级官员到部长”等各级外交部官员身上都能发现这种症状。② 无论这些描述是否准确，印度官员的这种形象说明，在外交人员之间也存在严重的沟通距离。

美国谈判者早期年月对印度人的感觉正如以上描述所反映的形象一样。美国官员看上去骄傲自大、自以为是、以恩赐态度待人，而且在文化上感觉迟钝。

约翰·福斯特·杜勒斯是这种丑陋美国人的最初原型。为举例说明杜勒斯的“文化无知和战略短视”，哈罗德·古尔德列举了在50年代的一次华盛顿聚餐会上，杜勒斯与专栏作家沃特·李普曼之间的以下一段谈话：

> “注意，沃特”，杜勒斯说，“我必须在南亚找到某些真正能战斗的人。唯一真正能战的亚洲人是巴基斯坦人。这正是为什么我们需要他们加入我们联盟。我们决不可没有廓尔喀人。”
>
> “但是，福斯特”，李普曼提醒他说，“廓尔喀人不是巴基斯坦人，他们是印度人。”
>
> “哦”，杜勒斯回应道，他并没有因为被指出这种小错而被搅乱，而是继续对印度人没有加入他的联盟而感到恼怒，“他们可能不是巴基斯坦人，但他们是穆斯林。”

---

① Kux, *Estranged Democracies*, p. 69.

② Cohen, *Negotiating across Cultures*, p. 47.

“不，我恐怕他们也不是穆斯林，他们是印度教徒”。

“这没关系”，杜勒斯回答道，并继续给李普曼上了半小时课。①

以下4项个案研究表明，在冷战时期跨文化和跨国分歧如何导致双方的严重误解。必须指出的是，所有这些个案均带有强烈的政治含义——而且政治问题似乎特别易于导致错误的文化交流。在同一时期，印度和美国通过谈判签署了许多诸如农业和技术转让等方面的双边协议，在该过程中没有出现新的文化误解。不过，当出现高度危机和高度政治化问题时，谈判进程也更缺乏事务性且成功率更低。

（一）个案研究1　1962年：武器问题的困难曲折和武器供应的犹豫不决

1962年，中国侵入印度北部边境。对印度来说，这是一种背叛行为和国家耻辱；对尼赫鲁总理则是一次重大的丢脸事件。然而，面对印度安全遭受严重威胁的局面，他克制住自己的骄傲而呼吁美国提供援助。1962年11月，在致肯尼迪总统的两封信中，尼赫鲁请求提供数十个中队的美国战斗机、防空和通讯设备，以保护印度城市，并请求由美国飞行员驾驶两个中队B－47轰炸机对边境沿线的中国据点进行攻击。美国驻新德里大使馆估计，印度紧急要求的军事装备价值约5亿美元。

对美国来说，这种形势不仅验证了美国先前向印度提出的有关共产党人的警告，而且也为双边关系的突破提供了一个机遇。如果美国很快做出反应，帮助印度建立对付中国的军事力量，印度很可能会重新评估其外交政策，并向美国靠近。但这些并没有发生。

美国确实提供了一些军事装备，大部分为轻武器和通讯设备，但它们远低于印度对付中国威胁所需要的水平。

由于未能在其政府内部达成一致意见，肯尼迪在匆忙中犯下一个大错，他转而向英国——印度过去的殖民宗主国——征询意见，以对印度的援助请

---

① Harold A. Gould, “U. S. -India Relations: The Early Phase,” in *The Hope and the Reality: U. S. -Indian Relations form Roosevelt to Reagan*, ed. Harold A. Gould and Sumit Ganguly (Boulder, Colo.: Westview Press, 1992), pp. 36－37.

求进行评估。

华盛顿做出的另一个错误判断是，它设想可施加压力促使处于虚弱状态的印度接受有关克什米尔问题的解决方案，以作为对其军事援助的补偿。

美国政府持续犹豫不决。1963 年 11 月，距印度提出要求一年之后，美国政府仍然未能就军援印度问题做出决定。根据美国驻新德里大使切斯特·鲍尔斯的说法，肯尼迪总统拟定于 1963 年 11 月 26 日召集会议，以最后确定一揽子援助计划。由于肯尼迪在该拟定日期之前遇刺身亡，这次会议注定未能召开。对印度的武器供应也没有发生。

从一开始，解决克什米尔问题的期望就注定要落空。美国官员天真地认为，骄傲和敏感的印度会同意以自己的领土来换取一项武器供应的承诺。

美国讨论印度请求军事援助的长期迟缓进程，使印度确信美国不是一个在困难时可信赖的朋友。

美国大使加尔布雷斯在一封电报中向肯尼迪总统警告说，如果政府继续拖后腿，“我们在克什米尔问题上将不会取得进展，并将失去印度人的信任。”这正是后来所发生的。正如加尔布雷斯所评论，“促使印度与西方建立更紧密工作联系的一个重大机遇”失去了。[①]

（二）个案研究 2　1965 - 1966 年：食物援助谈判

在英国殖民统治时期经常发生大规模饥荒。其中最大的一次——1943 - 1944 年孟加拉大饥荒——导致 340 万人死亡。因此，在 50 年代初期，应对长期食物短缺成为新独立印度面临的全国性重大挑战之一。

在印度独立后的 20 年间，美国必须承担责任帮助印度摆脱饥荒。在美国协助下发起的绿色革命，最终使印度转化为一个食物充足的国家。

这期间，美国对印度的粮食供应总价值 40 亿美元。很难举出其他比这更好的有关美国人道主义关注和慷慨援助的例子，同样，在美国外交政策史上也很难找到比这更糟糕的公共关系失策。

有两大原因可帮助解释为什么这一潜在的成功故事最终转变为如此可怕的失败。首先，现存的文化差异使印度人从该进程开始阶段就产生了一种挫败感。不过，更大的原因是，林登·约翰逊总统所采取的不幸和不适当的决

① 引自：Kux，*Estranged Democracies*，pp. 212 - 213.

策：将运送粮食作为杠杆，强迫印度改变其农业和外交政策。

文化差异在尼赫鲁1949年首次访问华盛顿时就已经出现。由于在其议程中已经明确列出食物援助请求，尼赫鲁只是隐晦地向杜鲁门总统提及这一点。在印度传统中，明确提出要求——尤其是请求食物——等同于乞讨。这与这个新生国家的民族骄傲和自尊是背道而驰的！

危急形势迫使印度人克服了这一心理约束，并正式发出了一项食物援助请求。杜鲁门总统做出了积极回应。但当美国官员轻率提出让印度用战略物质换取小麦的提议后，出现了新的误解。它导致人们怀疑，美国人是在利用食物强迫一个无助的民族做出让步。这种想法最终被消除，但后来杜鲁门在食物援助印度问题上遇到来自国会的强硬反对。美国人的滞后反应令尼赫鲁感到极度失望和怀疑。

国会最终通过的PL－480号决议案（食物换取和平计划），使印度在艾森豪威尔和肯尼迪政府执政时期更容易接受不间断的食物供应。当林登·约翰逊成为总统时，印度每年从美国获得近500万吨粮食援助。

然而，1965年6月，约翰逊命令停止这种例行的粮食运送，并要求对印度粮食援助进行“新的严格评估”。他不相信印度在促进国内粮食生产方面正在做出足够努力，他对印度的对越南立场也感到非常不快。

这是约翰逊“加紧约束”政策的开始，它使印度人异常愤怒，也使华盛顿的高级政府官员变得神秘化。正如丹尼斯·库克斯所描述的那样，控制对印度粮食供应成为“约翰逊亲自参与的紧张和着迷的行动……在随后两年中，林顿·约翰逊事实上成为美国政府中执行第PL－480号食物援助印度决议案的‘办事员’”。[①]

1965年，印度遭受了百年一遇的大旱灾，1966年的雨季也没有多少雨水。随着饥荒的临近，印度领导层陷入了一段极其难熬的困难时期。约翰逊仍然不为所动。他不顾农业部长奥维尔·弗里曼和国务卿迪安·腊斯克的请求，继续对印度实施他所称的“船运对嘴巴”的生存政策。1966年12月，印度总理英迪拉·甘地——她与其父亲一样对“乞讨”非常敏感——在情急之下亲自向约翰逊打电话，要求为运送粮食的船只放行。正如其一名助手所回忆，在这次电话谈话后，她愤怒地高喊，“我不再希望要为粮食乞讨。”

---

① Kux, *Estranged Democracies*, p. 243.

印度在20世纪70年代初期实现农业盈余的事实也无法证明约翰逊“船运对嘴巴”战略的正确性。印度视之为一次试图以数百万饥饿者命运为筹码的粮食交易，也是对方缺乏敏感的一次重大行动。这一本来可能成为美国外交政策重大成功的故事却不幸转化为一次外交大灾难。

（三）个案研究3　1971年在孟加拉：针对一个新兴国家的炮舰外交

1970年是巴基斯坦历史上的一个分水岭。12月，巴基斯坦军事独裁者叶海亚·汗将军举行了该国历史上首次民主选举。穆吉布·拉赫曼领导的人民联盟赢得该国议会中的大多数席位。

该结果使叶海亚·汗感到不快，因为拉赫曼，一位来自东巴基斯坦省说孟加拉语的领导人，是巴基斯坦精英集团无法接受的。经过数轮随意的谈判后，叶海亚逮捕了拉赫曼，并开始在东巴基斯坦实施恐怖统治。在随后的进程中，东巴基斯坦的政治动乱转变为要求成立一个独立孟加拉国诉求。

时任印度总理英迪拉·甘地呼吁反对对东巴基斯坦人民的大规模镇压，并保证印度将支持孟加拉事业。她还为成千上万逃亡印度的难民提供庇护。至1971年11月，印度共接纳了近1000万难民。

美国驻达卡外交使团催促美国政府发表强硬声明，反对发生在东巴基斯坦的侵犯人权事件。不幸的是，白宫和国务院均无意倾听这一意见。尼克松，与其许多前任和后任一样，对巴基斯坦军事统治者采取怀柔政策。他觉得自己对叶海亚·汗负有义务责任。总统的指令被基辛格抄写在其备忘录中：“致所有执行者，此时不要对叶海亚施压。”

为吸引外界关注印度日益沉重的难民负担和呼吁政治解决东巴基斯坦问题，甘地夫人于1971年10月对西方国家首都进行了为时三周的旅行访问。她在伦敦和巴黎获得某些同情，但在华盛顿却遇到障碍。

尼克松——从担任副总统时就开始竭力疏远印度——对甘地夫人并不信任。1971年11月4日，她在白宫欢迎仪式上发表的讲话中提到东巴基斯坦的“人为制造的大规模悲剧”，使尼克松感到如此愤怒，第二天他让甘地夫人在白宫等待45分钟后才接见她。

这是两国政府首脑之间发生的一次前所未有的违反礼仪的行为。正如可预料的那样，这是一次冷冰冰的会晤。尼克松和基辛格对遭受巴基斯坦镇压的无助牺牲者和在印度避难的1000万孟加拉难民没有说出一句表示同情的话。

1971年12月4日，在对西印度地区8个机场进行突然袭击后，巴基斯坦对印度宣战。印度军队迅速投入行动并在东部与巴基斯坦军队交战。12天后，巴基斯坦于12月16日投降，其9.3万名士兵成为战俘。孟加拉随后成为独立国家。

这些事件的快速发展不仅令尼克松和基辛格手足无措，而且促使他们毫无意义地下令展示美国军事能力。美国“企业号”航空母舰被派往孟加拉湾，其公开名义是为了帮助美国公民撤离该地区。其未宣明的使命是警告印度和苏联不要插手巴基斯坦。它还有意向中国人证明，美国可被视为一个可靠的盟友。

正如后来的发展所显示，美国海军在这场危机中无事可做。对孟加拉和印度来说，这次军事部署证明了美国对数百万争取国家独立的人民所遭受苦难的冷漠和无动于衷。它也是美国在20世纪后期进行炮舰外交的一个象征。

已故参议员莫伊尼汉的以下评论是中肯的，“整个事件远不是一次外交胜利，而是证明了美国的一次不必要和尴尬的外交挫败。由于其对此次危机的错误解读和采取偏向巴基斯坦的立场，理查德·尼克松和亨利·基辛格毫无必要地使一场地区冲突转化为一次可能导致各大国之间相互摊牌的危机。其主要后果是对美国与印度关系造成长期严重伤害，并加强了苏联对新德里的影响力。”①

（四）个案研究4　1989年：超级301条款——大锤方式

为表达对美国长期贸易赤字的关注，美国国会于1988年通过了《综合贸易与竞争法》。该法第301条款——被广泛称为超级301条款——授权总统对那些蓄意限制美国出口的国家采取保护主义行动。

以超级301条款为武器，乔治·H. W. 布什于1990年4月对日本、印度和巴西启动了一系列相关程序。

美国贸易代表办公室无疑认识到，出现贸易盈余和赤字在自由国际贸易制度中是正常的。它也知道，对付违反自由贸易的正确做法是与“关税贸

① Daniel Patrick Moynihan in ibid, xxiii.

易总协定”组织交涉，而不是对相关对象国实施单方面的惩罚。但美国政府选择采取强力手段，该行动主持人是形象瘦弱和说话和气的美国贸易代表卡拉·希尔斯夫人。她明确表示，她将利用超级 301 条款这一“铁棒”打开全世界所有的困难市场。

面对惩罚威胁，日本和巴西与这位美国贸易代表进行了谨慎谈判并做出妥协，从而被排除出惩罚名单中。印度仍然采取藐视对抗立场，威胁要将问题提交贸易关税总协定解决。1989 年，印度与美国双边贸易总额为 58 亿美元，其中印度顺差 6. 9 亿美元。这与日本的 600 亿美元顺差相比显得微不足道，因此它很难说明美国要求印度立即改变其专利法和投资政策的合理性。

多亏了印度大使阿比德·胡塞恩的劝说外交行动，白宫和美国贸易代表最终冷静下来，从而避免了一场难堪的外交危机。当他在白宫与布什总统会晤时，胡塞恩大使成功地使双方注意力从贸易争端的小问题转向两国广泛的战略和经济合作的巨大潜在利益上。印度经济正呈现出急剧增长的态势，美国可以从该国开放贸易和工业市场中获得收益，尤其是在防务技术和民用航空等新领域。胡塞恩还提醒总统，全世界都期望美国在支持民主和自由贸易方面发挥全球领导作用。布什完全被说服，并在此次会见期间当场给希尔斯打电话，要求她认真听取印度方面的意见。

自 20 世纪 90 年代以来，印美贸易已经扩大将近 5 倍，印度每年仍然有较小规模的贸易顺差，但至今没有面临对方的大棒威胁。

五、冷战后：从战略不相干到战略伙伴

柏林墙倒塌、苏联解体和两极对抗的结束，没有立即对印美关系产生影响。不过，冷战时期遗留下来的两大麻烦问题——所谓“2P”问题：即巴基斯坦和核扩散——仍然难以解决。

美国主动提出愿意就克什米尔问题在印巴之间担当诚实中间人的角色，但印度将之视为一种虚伪行为。毕竟，巴基斯坦是美国的盟国，获得美国的慷慨援助，美提供的先进武器实际上也被巴基斯坦用来对付印度。美国人还未能认识到，克什米尔是作为世俗和民主国家的印度的一个组成部分。只要印度认为美国偏袒伊斯兰堡，就不可能接受美国人在解决克什米尔问题进程中担当调解人的角色。

核扩散是另一个顽固难题。自从印度 1968 年拒绝签署核不扩散条约以来，分歧变得日益尖锐。印度持反对态度是因为认为它是一个不平等条约，后者所创建的核武器大国俱乐部将世界所有其他国家永久排除在外。正如斯特罗布·塔尔博特所评论，“核不扩散条约代表了印度人所指的‘美国 3D 政策’——统治、歧视和双重标准。”[①]

1995 年，克林顿政府下决心要努力“限制、阻止和消除”印度的核项目。持对抗立场的印度所做的回应是于 1998 年实施核试验，并宣称自己已成为一个核大国。印度认为，核武器对其国家安全和大国地位是必要的。在克什米尔和核扩散问题上，美国均低估了印度民族主义情绪、对自己文明地位的自豪以及希望被其他大国平等对待和尊重所产生的巨大力量。印美关系中明显缺乏的正是加强国家友谊所需要的最重要因素——信任。

此时出现的一个悖论是，虽然核试验问题使印美双边关系陷入危机，它也促使美国开始进入加强与印度关系的新阶段。这种新政策方式的种子正是在 20 世纪 90 年代初开始播下的：这一时期的印度经济改革在美国产生了一个新的强大选区：美国商人团体。在被看作“篮子个案”50 年后，印度开始被视为一个新兴市场和新崛起的全球大国。200 万印度裔美国人的高调政治活动亦加强了这种新形象。尽管对印度 1998 年 6 月核试验做出了愤怒反应，比尔·克林顿总统仍在与印度接触方面采取了大胆步骤。2000 年 3 月，在对印度进行具有历史里程碑意义的访问前夕，比尔·克林顿收到国务院提交的一份文件，其题目是“我们需要接触印度的十大原因”。这些原因简短表述如下：

· 寻求与“一个新兴全球大国和正在形成中的世界最大国家”建立更好联系；

· 支持共同的民主价值观；

· 最大限度加强美国与世界最大经济体之一的伙伴关系；

· 促使印度加入全球不扩散主流；

· 在应对恐怖主义和毒品等全球紧要问题上加强合作；

---

① Strobe Talbott, *Engaging Indian: Diplomacy and the Bomb* (New Delhi: Viking, 2004), p. 91.

· 合作应对地区稳定挑战；

· 保护全球环境；

· 联手应对诸如小儿麻痹症和艾滋病等全球卫生问题；

· 在信息技术等重大领域提升美国与世界一流的印度机构接触；

· 扩大教育、文化和人员交流等领域的联系。①

新德里和华盛顿已经进入了一个谁也不再视对方为敌手的新阶段。

2000 年 3 月，克林顿访问印度，这是 22 年来美国总统对印首次访问，它向印度发出了一个信号：从此以后，美国对印度的自尊意识和民族抱负将会表现出更大的敏感性。

克林顿在克什米尔和不扩散两大问题上对印度再次做出保证。他结束了美国外交政策中的亲巴基斯坦倾向。在不扩散问题上，他愿意接受印度新核地位的现实。最重要的是，在经历 50 年的困难关系后，克林顿建立了一种新的以信任为基础的关系。

以下对印美之间新近谈判的两项个案研究，最恰当地说明了美国从“强制”向“说服”转变的外交轨迹。

（一）个案研究 5　1998 - 2000 年：文明国家的对话

1998 年 3 月，当印度进行系列核试验并宣布自己成为核大国后，比尔 · 克林顿恼怒之下断然对印度实施制裁，并劝说世界其他大国采取类似行动。

但在 1998 年 6 月，他要求斯特罗布 · 塔尔博特——他的朋友和副国务卿——主动与印度进行对话。在随后 2 年中，塔尔博特与他的对手，印度外交部长贾斯万特 · 辛格，在世界三大洲的 7 个国家中会晤 14 次。这是两国之间进行的时间最长、级别最高和最紧张的对话。与过去 50 年相互敌视相反，塔尔博特—辛格会谈为后来乔治 · W. 布什宣布的新战略伙伴关系铺平了道路。

就实质和风格而言，塔尔博特完全有资格被列为新近杰出的美国谈判者之一。他的行为方式具有以下突出特点：

---

① Cohen, *Emerging Power*, p. 4.

· 意识到自己对印度缺乏了解，塔尔博特（一位俄罗斯问题专家）花费极大精力学习有关印度历史和文化课程。他以极大的好奇心和勤奋吸收了印度的许多复杂文化。

· 他是一个仔细和耐心的倾听者，允许对手充分阐述印度对各种重大问题的立场，特别是其核政策、与巴基斯坦关系和对克什米尔争端的政策方案。

· 他和辛格均同意开始探索对方的立场，因为他们展开探讨时并没有一份先前确定的路线图。贾斯万特 · 辛格引用的一句拉贾斯坦谚语成为他们的座右铭和指导方针："不要问进入村子的路，如果你不想去那里。"剩下的对话成为前往共同目的地的和谐旅行。

· 塔尔博特很快承认，美国对跨越底线、伤害印度敏感意识的某些案件负有责任。其中一个例子是，在 1998 年核试验后，克林顿主动要求中国的江泽民与美国一道对印度施压。塔尔博特承认这是一个严重错误，他后来写道，"我们对印度人的目标是改变他们的政策和态度，而不是羞辱、恐吓或使他们难堪"。[①]

1998 年 7 月，双方对话的第二个月，塔尔博特和辛格共同确定了谈判的核心问题：核政策分歧。塔尔博特认识到，印度自我宣称的核武器国家地位是不容谈判的："印度向全世界通告，它现在已经是一个明确、不需道歉和不可逆转的核军备国家。"[②] 因此，他现在的目标是约束印度人的核野心，并促使他们与美国支持的全球不扩散结构体系保持一致。

很快，一份潜在的协议大纲开始成形。美国准备撤销对印度实施的制裁，并主动伸出友谊之手，如果印度同意：

签署《全面禁止核试验条约》（CTBT）；

就达成一份"削减裂变材料条约"进行谈判；

遵守战略限制制度；

以及在世界范围内，加强对危险材料和技术出口的控制。

这四项标准被称作大象的四条腿，并成为随后会谈的主要议程。

---

① Talbott, *Engaging India*, p. 19.

② Ibid., p. 51.

塔尔博特—辛格会谈于 2000 年 9 月结束时达成一个非结论性的照会。不久后，克林顿总统的任期也告结束。出于其谦逊的本性，塔尔博特承认“贾斯万特·辛格在谈判中比我更接近自己的目标。”① 在印美关系经历 50 年相互敌对后，塔尔博特与辛格共同推动了双方重新接近。

（二）个案研究 6　2005－2008 年：印美核交易

印美核谅解是将常规智慧发挥到极致的勇敢举动，也是一次辉煌外交努力的成果。提出与印度建立战略伙伴关系主张的原作者无疑是乔治·W. 布什本人。不过，核交易是这种战略伙伴关系的关键，它的达成应归功于康多利扎·赖斯和她的谈判团队。考虑到该问题的复杂性和双方领导人在政府内外面临的强烈反对，印美核合作协定可说是成功外交的一个突出范例。

乔治·W. 布什及其高级顾问认识到，接受印度为一个战略伙伴与将其作为一个核贱民对待，这二者之间是矛盾的。问题是，根据美国法律，尤其是《核不扩散法》，政府被禁止向任何未签署《核不扩散条约》的国家转让可双重利用的核技术。

2005 年 3 月，赖斯在其担任国务卿后首次海外旅行访问期间，在新德里与印度总理曼莫汉·辛格会晤，并向他展示了在布什总统宏伟地区计划中为印度安排的中心角色。美国准备采取一次例外行动：修改国内法以便与印度进行民用核合作。美国还计划解除对印度高级军事技术的禁令。最重要的是，美国将帮助印度成为一个全球大国。印度领导人对这一建议的直率和大胆大吃一惊。

在赖斯 3 月访问与曼莫汉·辛格 7 月出访华盛顿之间这段时间，双方官员进行了多次高层意见交换。考虑到苦涩的敌对遗产和过去 60 年的相互怀疑，核问题的确是一个不好解决的极大难题。

即使在印度总理抵达华盛顿之后，双方立场之间仍存在很大距离。由于不愿放弃，2005 年 7 月 15 日，赖斯打破外交礼节，亲自前往纳特瓦尔·辛格外长下榻的饭店拜访。随后展开了一场马拉松式长时间谈判，但最终仍陷入僵局。赖斯说，她将做最后一次努力，并向布什总统说明这些困难问题。

7 月 18 日早上，在他们准备展开官方会谈前，布什和曼莫汉·辛格均

---

① Talbott, *Engaging India*, 文化敏感性 p. 5.

未预料到能达成一项民用核合作协定。当他们正要出发前往新闻发布会会场时，达成协议的消息飞快传来。印美关系开始了新的篇章。

在经过近 3 年复杂而紧张的谈判、跨越许多障碍后，双方最终达成该核协定。2006 年 12 月，美国国会两党以 85% 的支持率通过《海德法案》，使印度得以继续与美国进行民用核合作。随后在 2007 年中期达成的第 123 号双边协定为这种合作规定了详细条款。

在谈判进程中的每一个阶段，曼莫汉·辛格政府不仅面临反对党人民党的激烈抵制，而且也遭到联合伙伴——共产党和其他左翼政党——的反对。这迫使他冒着可能危及其政府前途的风险在议会举行信任投票，2008 年 7 月，他在该信任投票中获得微弱多数支持。

2008 年 8 月，印度与国际原子能机构达成一项有关特别安全防护的议定书。随后，在经过两次激烈会议之后，由 45 个成员国组成的“核供应国家集团”于 2008 年 9 月初通过了一项“彻底的弃权”，从而解除了对印度长达 30 年的技术禁运。

如果没有美国为解除制裁做出重大努力，尤其是国家安全顾问和国务卿做出的个人干预，是不可能达成这种结果的。那些最后坚持反对解除对印制裁的国家，是在布什总统亲自向这些国家领导人打电话提出明确要求后，才最终放弃反对立场。

突破全球不扩散体系框架的思维并竭力将印度带入这一体系的大胆努力，是美国外交创新的一个杰出范例。

六、2009 年及之后：缩小文化距离

过去 10 年来，美国对印度谈判行为从强制到说服的急剧变化，很值得进行解释，尤其它与美同其他国家的经历似乎不同。在巴拉克·奥巴马当选之前，世界总体观点认为，“9·11”事件后，美国在与其他国家关系中，包括与其紧密盟国关系中，表现出更多的单边主义、不容忍和缺乏文化敏感性。那么为什么与印度的经历如此不同？

对这种现象有两个广泛解释。第一个解释是——如同以上所讨论——在冷战后时期，新德里和华盛顿首次发现它们的利益重合。第二个、也是更重要的解释是，在公众层次，两国社会之间的相互文化理解和认识日益加深。

在进入21世纪时，美国人对印度有了更多了解，印度食物、音乐、舞蹈、精神和瑜伽已成为美国多元社会的一部分，并受到高出镜率和活跃的印度裔美国人的推广。

在印度方面，其对美国的感觉也发生变化。首先，由于广泛接触美国媒体和好莱坞电影，印度公众对美国的了解已远超过去。在开始时，无疑仍存在许多消极形象。印度社会中的保守分子不赞同美国电影和杂志中描绘的男女乱交和享乐主义，印度知识分子和自由主义者则对美国侵略性的资本主义和对穷人和弱势者缺乏关怀感到不安。尽管面对各种劝说，印度人发现很难接受一个自称领导全球民主和自由的国家仍存在种族偏见和歧视。具有极高声望的诺贝尔奖获得者和诗人泰戈尔曾是一名对美国极度崇拜者，但1929年，当他在机场受到一名移民官员侮辱后，立即取消了旅行。

印度外交官通常可免除这种经历——但并非永远如此。1955年在休斯顿机场，印度大使G. L. 梅塔尝到了被撵出餐馆的滋味，因为它“只对白人”开放。他的继任者，M. C. 查格纳法官不得不拒绝成为华盛顿著名的世界俱乐部的成员，因为他发现他的非洲同事没有资格加入。

随着美国社会尽力解决种族主义问题并最终取消强加给美国黑人的法律和宪法污点后，美国成为吸引印度最优秀学生和专业人员的地方。目前，有10多万印度学生被招收进入美国大学学习，构成该国外国学生中的最大群体。在印度民众心目中，美国仍被视为一个具有许多机遇、自由和繁荣的国家。即使最近几年全球对美国支持率急剧下降后，印度人仍保留了对这个国家的信任。2008年6月，“皮尤全球态度观察”公布的民意调查显示，印度人对美国支持率达66%，为世界各国中最高水平之一。①

两国文化距离接近的双重效应及其所宣称的共同价值观和战略利益，导致双方打交道时具备更高的的敏感性和相互尊重意识。印度方面也放弃了许多过去的尖刻，在与包括美国在内的所有各大国打交道时已有更大的自信。

与约翰·福斯特·杜勒斯的强制外交形成鲜明对照，乔治·W. 布什和曼莫汉·辛格2006年3月2日在新德里宣称，他们对“美印在推进我们的

---

① Jaishankar, Dhruva, “America, Sunny Side Up,” *Indian Express* (New Delhi), June 19, 2008.

战略伙伴关系以应对21世纪全球挑战方面取得的进展”感到满意。①

美国谈判者和决策者们比过去任何时候更清楚地认识到，对印度外交的成功关键是实施劝说而不是强制。这种新方式与负责公共外交的美国副国务卿詹姆斯·格拉斯曼2008年6月5日的如下声明是吻合的：

> 外国人认识到，美国是世界上最强大的国家，并且最终我们会做符合我们国家利益及我们所应该做的事情。但他们也认为，无论这种看法是对还是错，我们没有仔细倾听他们的意见，或像一个可靠伙伴一样采取行动，或考虑他们的观点。他们希望能被更受尊重地听取其观点。②

这正是印度目前希望获得的那种被倾听的待遇。

① “Indian-US Joint Statement,” March 2, 2006, httm: //pmindian. nic. in/Indian-US. pdf.

② James K. Glassman, “The Animosity Does not Run Deep,” *New York Times*, June 15, 2008.

第十三章　多边谈判：美国方式的优势与弱点

戴维·汉内

多边外交，即所有国际组织内的常规谈判程序——部分是全球性的，部分是地区性的，诸如联合国等国际组织主要处理重大政治问题，北约等组织处理国际安全，还有一些组织负责处理高度技术性但同时也具备政治敏感性的问题，如贸易（世界贸易组织）、金融（国际货币基金组织）和发展（世界银行）——实际上是第二次世界大战的产物。当然，在1945年之前也存在某些国际组织，最突出的是命运多舛的国联，在许多国际会议上也实施多边外交规则。但当时存在的这些国际组织的机制较弱，决策能力很低，而国际会议更多是专题讨论会而不是处理国际问题的有效工具。双边外交在该专业领域仍占据主导地位，多边外交行动者则被置于决策的边缘，在制定国家外交政策方面影响力很小。由于美国国会决定不参加国联，美国外交官在实施多边外交方面的经验比其他国家更少。无论如何，这些组织成立于二战之前的混乱和绝望的年代——经济萧条和保护主义盛行，各轴心国侵略政策泛滥。

但1945年后，所有这一切都发生了变化，取得胜利的各盟国决定建立一个世界性组织——联合国，其成员包括所有国家，其雄心远大的宪章以达成集体安全、非殖民化和国际发展为导向。西方盟国还建立了一系列经济机构（通常被称为布雷顿森林体系），其设计目的是摒弃两次世界大战之间时期各国盛行的保护主义和竞相贬值货币的政策。自那以来，还成立了许多其他国际组织，包括全球组织，如负责处理卫生、食物、难民和原子能的联合国。欧盟等地区组织设立了大量机制性组织并拥有决策权。这种大规模扩大的多边外交虽然部分受到冷战对抗的削弱，但却改进了外交专业和外交政策的制定与实施。20 世纪 80 年代末冷战结束后，昔日的对抗给国际合作带来的许多限制也随之消失。

本章对美国外交活动方式及美国外交官在外交实践中对这一重大变化的回应进行考查。他们在这种常规谈判程序中是如何做的？美国的谈判风格和实践如何适应变化？当然，这是一名圈外者的观点——其在美国多边外交中的工作经验主要限于 20 世纪 70 年代的贸易谈判及冷战结束后在联合国的经历。

一、美国多边外交战略方式

当然，美国并非不情愿地被拉入这种大规模扩大的多边外交和谈判中。事实上，它“创始阶段即涉略其中”，按照迪安·艾奇逊的说法，它是许多新建立的国际组织的精神动力，因为富兰克林·罗斯福和哈里·杜鲁门总统决定以最大范围内加强集体安全的方式来为美国利益服务。该决定获得国会通过，后者批准了联合国宪章和成立北约。

但美国对国际组织的态度，尤其对那些对美国决策具有法律约束力和义务的国际组织的态度，从一开始就是矛盾的。受国会法律的推动和压力，美国例外论的模式开始逐渐成型。在这种理论模式下，美国主张对许多国际组织的其他成员国加强纪律，但他们自己则属于例外。并且，美国各届政府在利用多边外交手段方面采取了非常不同的政策：部分总统，如战后初期的几届总统以及乔治·H. W. 布什总统将多边外交置于其外交决策的中心；其他总统，如罗纳德·里根和乔治·W. 布什总统最多只把（多边外交）视为一种额外的选择，当美国的政策选择遭到抵制时，他们经常把联合国这样的组织当作一个发泄怨气的机构。

这种美国例外论模式及各届政府对国际组织采取的极其不同的态度给那些代表美国执行日常多边外交任务者带来了严重障碍。事实上，这种自我产生的不利劣势经常超越了该国作为压倒性大国和冷战后世界唯一超级大国的优势，也影响美国作为不可或缺的国家参与或支持相关国际组织采取行动。

美国近乎幸运——当然也是出乎预料地——成为唯一超级大国，使美在多边外交中的政策行动更加复杂化。在冷战期间，大多数多边外交行动都是公式化或静态的；大多数政策领域和两个超级大国发生直接对抗的世界许多地区，都属于禁区。随着这些禁忌的解除，一系列全新问题挤进了国际组织的议事日程。

针对所有这些问题，美国不得不独自决定是否支持采取集体行动，或阻止采取任何集体反应，或采取忽略态度任其失败。这正是对波斯尼亚、索马里和卢旺达的政策选择，且常常未能取得多大成功。国际组织中的其他成员可有选择地集中应对和处理某些问题——例如，英国曾决定完全不参与针对海地和索马里的决策——而美国却无法享受这种安逸。如此众多的需求导致华盛顿的决策机器超负荷运转，也给美国驻联合国大使带来超负荷的工作，因为那里有太多的多边谈判需要高层处理。

在美国与其他国家力量差距拉大的同时，它们的意识距离也在拉大。当国际组织中的几乎所有其他成员国认为，必须对冷战后世界面临的挑战做出多边反应时——如欧盟将“有效多边主义”作为其2003年安全战略的主要目标——美国却更多受到“单边主义”和“志愿联盟”等捷径的诱惑，并借机避开这些令人疲倦的迟滞行动和多边外交实践中所必需的妥协。这些不同因素的影响有时确实能够解释为什么乔治·H. W. 布什总统宣称，世界新秩序更像是一种新的世界无秩序。

二、美国的多边外交实践

现在，当我们从这些总体考虑转向多边谈判日常工作的具体方面时，让我们首先考虑美国行动的某些力量优势和弱点。美国多边外交中最重要的力量是其遍布世界各地的外交使团网络。它们的工作人员都是非常合格的专业人员，并且除少数几个“被遗弃的”国家外，美国使团已经进驻几乎世界所有国家的首都。任何其他国家都没有能力伸展到如此宽广的范围。这种力量是起作用的。

多边外交活动可能主要在国际组织总部所在地——例如纽约、日内瓦和布鲁塞尔——进行，但它们越来越多涉及到某些具有极大政治敏感性的重大问题，并且需要所有相关国家政府的直接投入。影响这种投入的最好方式，不仅要集中关注谈判所在地——那里的执行者可能在某些个案中对发给他们的指令充耳不闻——而且应直接与这些首都的国家政府商谈。美国在这方面的优势不仅是数量上的。在世界很多国家首都，美国大使都能迅速和直接接触当地政府最高层。而许多其他国家外交使团并不具备同样的能力。

美国很好地利用了这种优势吗？根据我的经验，他们总体上做到了。在安理会谈判中，我一次又一次看到纽约外交舞台上的主角们非常不舒服地感觉到通过他们自己国家首都传来的美国影响，他们或者被拉回到相关立场或改变立场。美国确实也从其外交官的职业精神和完整人格中获益。美国外交官对你说的谎话并不比其他国家的外交官更多。与人们普遍看法相反，外交官并不只是由那些狡猾之辈和相互尔虞我诈的不诚实者所组成。谈判艺术——这是一门艺术而非科学——需要执行者之间保持一定程度的信任和依赖，这与彻底的欺骗和没有能力兑现自己所做承诺是不相容的。

美国人在多边谈判中的另一个优势（也是其他讲英语国家的共同优势）是，他们大多数工作时间是使用自己的母语，并且他们寻求达成的国际协定及其文本内容几乎都是用英语确定的（即使它们随后被翻译成其他语言）。迄今，英语作为世界商务、科学和外交主要传导媒介的主导地位仍未受到挑战。但如果说英语者要想充分利用其优势，他们就必须简洁、清楚地说话和书写，避免过多使用俚语和复杂词汇——最重要的是，他们必须避免运动术语，尤其是其他地方不盛行的运动的术语。美国人（在这个问题上英国人同样）很难摆脱这种习俗。例如，人们不知道，光是理解和解释“重扣”这句英文体育术语就得浪费我们多少时间并可能招致他人多少恼怒。

但美国的执行方式也显示出诸多弱点，其中有不少反映了美利坚国家的复杂性质和癖性。

越来越多的各类外交岗位被政治任命者占据是其中的弱点之一。随着相关问题技术复杂性的增多，多边谈判工作日益变得更加专业化。许多国家的多边谈判团队成员都是外交官，其中许多人具备多年这种谈判的经验。美国则更多依赖政治任命者。虽然并非所有（美国体制下的）政治任命者均处于劣势，但缺乏相关专业经验确实是一种不利条件。

另一个弱点是，某些负责多边谈判的政治任命者并非真正的全职运作者，无法集中精力处理相关问题。尤其美国驻联合国大使在这方面的问题更加突出。与其他国家驻联合国大使全部时间在纽约工作不同，美国大使常常是在华盛顿和纽约均有工作议程的政治任命者。此外，这些政治任命者在公开讲话和阐述中严厉斥责联合国，也许会在福克斯新闻或华盛顿保守主义思想库中发挥很好的作用，但却可能激怒其他国家大使或与其对抗，而他们正是其必须在多边外交日常工作中打交道的对手。

前面的许多阐述说明了多边谈判的日益复杂性，这些谈判者是在与首都的那些与谈判问题有联系的相关部门进行持续对话基础上展开运作的。这种复杂性提出了有关各部门间相互协调、以及如何确保在不同谈判中保持一致立场等重大问题。所有国家政府在解决这些问题方面都存在困难，但某些政府，如欧洲国家或许还有中国政府，被证明比美国更适宜解决这些问题。

美国在对紧急问题和危机进行回应以及应对其他国家发展中的立场方面，似乎仍表现出某种程度的笨拙和缓慢，这常使美国谈判者处于不利地位，并导致在确立具体谈判立场之前失去机遇。在纽约联合国内，美国谈判者经常很晚或很迟才收到指令及在华盛顿制定的详细文本，而调解各部门之间紧张所花费的时间，要超过那些被要求签署具体政策文件者之间协调观点的时间。在9/10个案中，伦敦外交部会为英国驻纽约使团确定政策目标，但不会确切规定具体解决办法，从而使该使团及其法律顾问能够发挥较大的灵活性。对每项决议案或协定的互动方案，如果必要，可在第二天继续谈判之前，连夜进行检查和修订。而美国使团通常却没有这种灵活性。我常常感觉，与自己首都处于同一时区反而成为美国谈判者的一个不利条件。至少，其他国家代表可避免的针对他们的某些严格规定，似乎正是源于这一因素。当然，这也是无法改正的！

三、对美国弱点的可能补救办法

这一对美国多边谈判行为的分析似乎指出了一种趋势，即美国的行动和影响未能达到与美国国际地位及其内在力量相对称的水平，这一判断是有道理的。但对这种趋势也不应夸大。对许多参与多边日常事务的人来说，他们生活中不可回避的一个现实，是美国的不可或缺性，以及在现实中组织力量与其对抗的无效性。即使那些对美国优势地位持反对立场的许多人，也花费很多时间劝说美国迁就他们的观点，并且准备在经过一段长时间努力后最终满足美国的要求，以便争取美国支持最终结果。

那么，什么是美国在未来多边谈判中的更有效方式呢？重要的是，不可脱离实际地将标准定得太高。那样只会导致失败，并对那些对世界安全和繁荣至关重要的国际组织造成进一步损害。任何研究过美国历史和了解美国外交政策复杂性的人都不会认真设想，在可预见的未来，美国会将所有鸡蛋都放在多边外交的篮子里。世界许多其他国家也不会这么做。但是，在多边谈判中采取更加连贯和建设性措施以确保所有参与者的基本国家利益，减少各届政府新老交接后出现急剧政策变化，以及对过去行动中已经确定的弱点进行修补——是可以做到的。

其中许多补救办法是政府各执行机构力所能及的。应采取有力措施，使美国多边谈判团队成员及在国际组织总部内美国外交岗位任职者更加专业化。这并不意味着要避免所有的政治任命。但它也确实意味着应确保所有被任命者真正具备必需的知识和经验，尤其在选择那些担任高级职务者时，更应这么做。应确保美国驻国际组织大使，尤其美国驻联合国大使，全身心专职处理手头工作，避免使其在美国外交政策制定和交流方面担任广泛角色而被分心。当然，也应该从实用主义观点出发避免让美国驻联合国大使出任政府内阁成员，尽管这种情况非常罕见。华盛顿各机构间加强协调以便能更有的放矢和灵活处理那些快节奏的谈判问题，也是能够做到的。

但多边谈判的大部分行动都跨越美国执行和立法机构的职责，促使这方面变化的挑战更加巨大。从一开始就假定不可能达成该目标，只会令人绝望，并且在面对过去经验时而放弃。许多年以来，人们假定，美国国会绝不会接受对其行动的限制而同意根据以法律规则为基础的国际制度来处理贸易政策分歧。然而，成功签署乌拉圭回合贸易谈判却正需要并实际获得了国会的批准。

国会最终认识到批准《联合国海洋法公约》对美国有利——它已经生效并且被包括美国在内的所有国家接受——并将其视为通行的国际法，从而使美国获得该机构成员国资格并可对其未来发展施加影响，这种前景是不可想象的吗？劝说国会相信，美国批准《全面禁止核试验条约》是为防止核不扩散制度受到损害而设计的整体战略的一个必要和理想的组成部分，是不可能的吗？接受国际谈判确定的对美国碳排放限制，将是未来取代《东京议定书》的新的有效国际条约的一个基本组成部分，尤其中国、印度、巴西等主要发展中国家的碳排放者也将被纳入该条约管辖范围，这种可能性不存在吗？难道就无法劝说国会相信，美国在联合国安理会投票支持实施某项国际和平行动后，它就有义务为支付该行动的费用分担部分责任吗？如果，未来美国政府在实施单边军事干预方面极度谨慎，甚至不愿意以志愿联盟的形式进行干预，并且，如果完全无视外部秩序崩溃和失败国家状况不符合美国整体利益，那么美国就必须更加全身心地支持加强国际维和行动，无论它是由联合国还是非盟等地区组织主导的。

任何曾参与多边谈判的人都不会设想，成功的结果是很容易达成的，或能够为所有参与各方提供理想的解决方案。但在一个相互依赖的世界环境中，对许多全球挑战需要做出全球反应——如果要克服它们的话。因此，多边谈判是必须的，而不是一种额外的选择。美国处理这种谈判的方式，及其参与行动和遵守共同纪律的志愿程度，将常常决定它们的成败。

第十四章　运用才智进行谈判：与美国谈判的 12 条规则

吉尔·安德烈阿尼

从 1986 年到 2005 年，我在法国外交部工作了 20 年，主要处理与安全政策有关的事宜。刚进入法国外交部时，我先是在战略事务分局处理核问题，后来成为了裁军局的局长，这一职务我从 1989 年一直担任到 1993 年。然后，我到北约供职，在那里我任法国使团的副团长到 1995 年。从 1995 年到 1999 年，我担任分析和预测中心的主任，其在功能上与美国的政策规划办公室相似，从 2002 年到 2005 年，我在伦敦的国际战略研究所做了 18 个月的研究工作。

在这 20 年的时间里，我经常与美国人打交道。在安全政策方面，即使是在冷战时期，大部分谈判是在盟国之间而不是与对手进行的。例如，在最终导致 1990 年《欧洲常规武器条约》的谈判中，负责协调盟国立场的北约机构内部经历了一场激烈讨论，其紧张程度和对该谈判结果的决定性意义，堪比同时在维也纳举行的华约组织内部讨论。

此外，美国并不只是另一个其他盟友，而北约也不只是另一个其他多边论坛。人们可能会认为，欧盟是一个包含有大星星和小星星的星系。但是，北约更像是一个太阳系，一个以美国为中心的双边关系网。任何主张要想脱颖而出，都必须得到美国的认可。因此，盟国在举行正式的多边讨论时，许多平行的双边或主要盟国旨在与美国协调立场的小组谈判也在同时进行。

由于法国经常在跨大西洋的争论中站在与美国相对的一方，所以巴黎比其他许多盟国更有可能成为这种平行讨论的一方参与者。因此，我有机会见证和参与了美国与法国官员之间的一系列互动，从 20 世纪 80 年代中期就中程核武器（INF）谈判所进行的幕后协调，到2003年在伊拉克战争问题上的针锋相对。所涉及的问题——只提及许多问题中最为重要的——包括常规武器谈判、化学武器协定、北约在波斯尼亚行动的指挥与控制安排、欧洲防务政策的发展、北约指挥结构的改革以及南部的指挥权问题（作为北约“欧洲化”进程的一部分，是否将北约南部地区的指挥权移交给一位欧洲人，这一职位自20世纪60年代以来一直被一位美国海军上将所占据。）

总体来看，我对这些经历以及美国官员对待其法国对话者的方式有着积极的记忆：他们倾听，努力寻求解决方案而非增加问题，并且坚持自己的要价。他们所有的人都非常直白地表明自己国家的目标，并决心实现这些目标。但与此同时，他们还试图理解我们的立场，而且真诚地探索妥协的可能性。其中一些人并不怀疑我们的动机，而是希望进一步深挖我们的立场，这符合美国人“怀疑一切”的文化，公平地讲，法国人也是这样。他们大都很专业而且在个性方面也很容易打交道。我所遇到的个别外交外行是例外，他们不仅在美国外交官同事中有争议，在欧洲的同行中也同样如此。

我们与美国的关系是持久而友好的，即便历史上发生了许多小的问题和一些严重的困难。其中大部分植根于实质上的政策分歧，但有些困难产生于或激化于不同的谈判风格。例如，法国人喜欢从总的原则开始，然后是某个问题的具体方面；他们从不承认自己的立场发生了变化——而只认为环境或其他方的立场发生了变化。美国人从某个问题的具体方面入手，引用以前的或相似的案例来支持自己的立场，而且只有在作为最后手段时才诉诸原则。对于改变自己的观点或立场（或捍卫不相一致的立场），他们从不感到羞愧。此外，在宣称一个单个的案例否定或重新定义了过去的实践时，他们从不犹豫。然而，法国人则认为这样的案例是一个失常或例外。

不管是因为风格不同，还是因为本质差异，法国—美国的关系当然是有喜有忧。但是，这一喜忧参半的记录有其积极的一面，至少这种关系不会因过分的期待而陷入困境或因情绪的卷入而盲目发展。从法国的角度来看，这种关系既不是对抗性的，也不是屈从性的。至少在我所从事的安全领域，其密度之大，足以允许习惯或模式出现。总而言之，我发现这是一个观察美国谈判行为的一个很好的视角。

当然，法国不能声称自己与美国人打交道时就高人一筹。事后来看，在我负责与美国进行外交互动的年代里，我们犯了许多错误（美国也同样犯了许多错误)。这些错误及其所造成的失败（丝毫也不比成功案例少），使我得到了一些如何与美国人进行谈判的教训。

一、12 条规则

在这里我效仿老的外交论述方式，以“谈判规则”的形式提出这些教训。我的目的在于奉献这些作为经验成果的案例，同时我也承认这些经验还不够充分，因此不对它们做过多分析。坦率地讲，这些以回忆为基础的教训都源自个人直觉，而且受制于内在的局限。毫无疑问，我的回忆以及我所提出的教训并不反映法国外交部内部统一的观点。（法国外交官在其职业生涯中从未接受过有关谈判的培训，更谈不上针对具体国家谈判的培训。）正是基于这一考虑，我为那些从事与美国谈判的人员提出以下规则。

（一）规则 1：从高层开始

从高层得到明确的谈判授权是聚焦美国外交机器和搞清美方负责人是否有权与你进行谈判的最佳途径。在两个事例中，法国与美国在北约改革问题上认真互动，并且探索了改变法国与这一军事机构关系的各种选择：在这两个案例中，使这一进程成为可能的关键是两国总统的承诺（弗朗索瓦 · 密特朗与乔治 · W. H. 布什 1989 年 5 月在肯纳邦克波特的聚首以及比尔 · 克林顿与雅克 · 希拉克 1995 年 12 月在巴黎的会晤）。

（二）规则 2：分出问题的轻重缓急

你不能在所有的问题上与美国人意见相左，或试图促使他们关注每一件事情。我自己的国家经常在众多问题中筛选出那些与美国意见相左的问题，以及那些最需要投入精力和资源的问题。最好是选出一些问题来，然后将它们一个一个地具体处理：那种叫“一揽子建议”——将一些本质上互不相干的问题联系起来以对对手形成一种优势——的战术不是可取之策，应当加以避免。这一策略对美国人注定适得其反，因为他们经常能够拿出一些对你比对他们更为重要的问题。这样，他们就能掌控谈判了。

法国由于反对 2003 年 3 月发动的伊拉克战争，一度与美国的关系极度紧张。在此期间，法国政府有意识地寻求降低与美国在其他领域的分歧（人们可能会说，这不是牺牲了一致性，就是牺牲了自尊），甚至在战争初期慷慨地给予美国军用飞机飞越法国领土的权利。另一方面，布什政府在一些互不相干的问题上中止了与法国的合作。但是，这一“惩罚法国”的策略是有限度的，因为它在美国系统内部不时遇到阻力，尤其是来自国务院的反对。结果，其一些过分的地方得到扭转。我个人毫不怀疑，如果法国不努力绕过与美国的分歧，两国关系将更加恶化。

（三）规则3：早提你的要求，不要随时增添新要求

对于所有的谈判者来说，迟到的要求是不受欢迎的而且难以为继，这是一条基本的规则。它们尤其会使美国人感到恼怒，因为他们的决策程序缓慢而又笨拙，并且他们考虑其他国家立场的能力也十分有限。他们不喜欢突变，尤其是其结果将导致华盛顿好不容易作出的决定被推翻重来的时候。在美国系统内，那些当初最反对你们观点的人会利用你迟到的要求所引起的愤怒改变美国此前所确定的立场，而且设计出你更不喜欢的东西来。1996年夏，当法国出人意料地要求将北约南部指挥权转交给欧洲人时，那些最反对刚获得同意的北约柏林改革方案的美国人看到了机会，并强化了美国的立场。这险些打断改革进程。

（四）规则4：护住你的后背

在某种程度上，美国人的谈判战术基于这样一种假设，即某一系统内的一些对话者更偏爱美国，或至少比其他人更容易听进去他们的观点。他们将据此在各国首都确定具体代理人，并瞄准那些他们认为更顺从他们的立场及对官方政策立场负责的官员。法国人和英国人则对与之互动的体系采取一种更为抽象的观点，而不大重视个体的偏好，并且满意于他们的立场被传递给相关国家首都中的恰当层级。

当遇到外国谈判者的抵制时，美国将考验其在国内的信誉度，并寻求绕过他们或促使其上司否定他们。当我在那里任职时，在北约的争论中，美国当时在各国首都的代理人从上层改变谈判代表立场的现象并不少见（而且他们并不总是采取绅士般的做法）。美国人通常会在你们国内系统中四处试

探，以发现抵制力最弱之处：因此，跟美国代表打交道时你最好有坚定的支持。

长期以来，每当与美国同行在巴黎交谈时我都惊奇地发现，他们非常重视某位法国官员亲美或反美的特点。有一次其中一人告诉我说，“你并不像我在华盛顿了解到的那样反美”，这恰巧反映了这样的定性是多么荒谬。在法国体系内，我被贴上了“大西洋主义者”的标签。也许美国人不相信人们会真正反对他们的观点，这就解释了美国人为什么试图将这种反对视为某一个体对他们国家的偏见。

（五）规则5：警惕美国人“先入为主”

为手头问题定性的能力是任何国家施展影响力的一种好方法。如果一方具有这种能力，谈判也就赢了一多半。苏联外交界懂得其中的道理；因此，它对有关问题的语义从不退让，因为它相信文字在很大程度上支配着内容。美国人是否同样自觉地相信文字的力量，我不得而知。然而，我发现美国人非常擅长以于己有利的条件有效地定义问题。这种定义一旦确立，它必将限制对手的自由以及谈判的结果。例如，当法国和其他一些国家在冷战后声称新的形势要求欧洲共同体与大西洋联盟之间确立一种新的责任平衡时，美国外交界发明了“欧洲—大西洋共同体”这一术语以加强后者的分量，并获得了北约的认可。这一新术语的含义是，假若一切如初，那么要求进行重新平衡就毫无根据了。与之相类似的是，在以巴问题的语境下，一个“基于表现”的和平路线图与一个“基于正义”或“平衡与公正”的路线图在寓意方面是截然不同的。这种在问题的语义确定方面先入为主的做法必须予以抵制。但是，有时这是很难做到的：有谁会反对给一个好的联盟贴上一个共同体的标签，或反对一个考虑到各方表现的和平路线图呢？作为唯一超级大国的优势就是将证明的重担置于他人身上：除非此事被全面操纵或深深地伤害某人，否则美国人对问题的定性通常是相当有分量的。

（六）规则6：不要露出自己的牌

这是一个人们不大愿意涉及的敏感问题。美国将外交与情报紧密地结合为一个整体。有时，这种结合紧密到令人尴尬的地步——例如，在1994－

1995 年关贸总协定谈判的关键阶段，一名美国特工试图贿赂法国总理的一名顾问以得到有关法国谈判立场的情报。① （由于其重要性及公开性特点，这一事件显然是一个异常严重的失误。）尽管很难说清楚某一谈判动用了多少情报力量以及这一实践有多么特殊，但过去的事件显示，美国在这一领域是创纪录的，美国的伙伴应当认识到这一点。我自己的本能是，假如这种实践依然存在的话，美国人从中获益寥寥。法国在贸易谈判上的立场是适度公开的，可以向所有人开放。仅凭偷窥你伙伴手中的牌就想确定谈判的结果，这样的例子少之又少。

（七）规则 7：在机制内施展（但只能在关键点上）

美国在协调政府各部门以及各行政单位以形成统一谈判立场过程中所遇到的诸多困难，给外国政府提出了一个特殊的两难问题：它们能够在多大程度上动摇美国的决策程序以及通过内部影响而使它们的案例得到更好的重视？这个问题不大容易回答。理论上讲，你不大会质疑美国政府有责任向其伙伴提出一个统一的立场。一方面，美国体系内部的分歧是一个永久的事实：美国谈判者经常会遇到这样一种情况，即其所面临的形势使他们所捍卫的观点与相互竞争的官僚体制的立场相左。另一方面，他们可从国内的论争中得到战术上的便利，据此他们可以反对你的要求。总之，为了消除具体障碍，关键时刻在美国体系内进行干预是值得的，但试图成为美国机构间程序中的一方则是枉费心机的。

1995 年 6 月 14 日，新当选的希拉克总统选择前往华盛顿会见共和党国会领袖（众议院议长纽特·金里奇和参议员鲍勃·多尔），以恳求在波黑人质危机背景下组建一支联合国资助的能够应对波斯尼亚塞尔维亚人的欧洲快速反应部队。此举有助于消除美国国会的反对意见（源自共和党多数成员原则上反对联合国新的维和授权），并使联合国安理会 998 号决议于次日获得通过以及维和部队获得授权。这次访问的戏剧性特点确保了其成功，但这自然只是一个例外。

---

① 《纽约时报》发表了有关这一事件的两种有说服力的解释。参见 Craig R. Whitney, "5 Americans Are Called Spies and Asked to Leave," February 23, 1995, 以及 David E. Sanger and Tim Weiner, "Emerging Role for the CIA: Economic Spy," October 15, 1995。

（八）规则 8：既要使对方放心，又要坚定

美国人并不习惯于面对与他们的要求或立场明显不同甚至截然相反的观点。他们对这种反对往往反应复杂，既怀疑也不相信。他们对其动机表示怀疑，或是将其归结为对他们国家的总体敌视，或是认为是在有意捣蛋。他们质疑这种抵制的一致性以及反对国的决心，至少在反对国是其朋友或盟友的时候。简单地讲，他们对此往往既十分在乎，同时又不屑一顾。在这种情况下，外国谈判者面临着传递一种既能使对方放心又能反映其坚定性的信息的艰巨任务。他们必须使美国确信其最终的动机是友善的，同时还要清楚地表明其谈判目标背后有着严肃的理由而且是不会动摇的。

许多事例表明，法国在传递这种信息时就遇到了麻烦。20 世纪 90 年代初期，我们很难说服美国相信建立一支法德军事部队——这一部队后来发展成为欧洲军团——的动机仅仅是为了培育欧洲的一体化，而不是为了恶意证明其与北约毫不相干以及削弱美国对欧洲大陆的影响。在 2003 年有关伊拉克的危机之后，一位美国官员告诉我说，他此前就得出结论：法国作为一个“现实主义”的、意识到与美国直接对抗代价的国家最终是会屈服的。至于使对方放心与坚定这两种要求，传递后者似乎问题不大，因为坚定作为一种事实比善意——这是一个有关信任的问题——更容易确立。在现实当中，两者都是必要的，而且是同样困难的。

（九）规则 9：紧密团结（但又不能太紧密）

在欧洲，任何国家几乎很少单独与美国进行谈判。尽管都是双边互动，但是安全政策问题几乎总是把更多的伙伴带入有关的讨论之中。当然，在与美国人进行任何讨论时把其他人争取到自己一边是获取有利结果的关键。紧密团结而不是孤军作战，对于法国而言尤其重要，因为我们在一些问题上的反美记录使美国人倾向于将跨大西洋分歧主要定性为法美之间的分歧。把美国与欧洲的真正分歧归结于一种法国强迫式的反对倾向，使美国极大地缩小了这些分歧的范围以及政治重要性。然而，尽管找到盟友是与美国进行有意义谈判的关键，但是经验表明任何国家对于这一进程都要小心谨慎而且低调。在 1996 年 6 月柏林部长级会议的预备会议上，面对美国军方极大的不

情愿，欧洲人异常团结地要求在北约内部实行更加平衡的军事责任分配。这一经历留下了一个印记（因为数月后华盛顿有人将这一欧洲人团结一致地反对美国在北约中地位的事件定性为“一个问题的柏林化”），同时也为后来发生在南部指挥权问题（见规则3）上的后坐力铺平了道路。

（十）规则10：领情

大象的个头可能很大，但它也有感情。你首先要关照的是美国谈判者自身的感情。他们经常凭借自己的信誉在其国内表达你的关切，因此他们也希望你能对他们的谈判立场给予一定的回旋余地以作为回报。他们带回来的可能是不充分的，甚至微不足道到恼人的程度。但是，有时他们为在华盛顿得到这些让步已经花费了心血。因此，在认为它们微不足道之前，你首先应当承认你的对手——他们可能已为这些让步付出了代价——所做出的努力。在一个更为总体的层面上，尽管大多数美国外交官的个性都很谦和，但他们的国家已被注入了一种无与伦比的集体自豪感。不管在手头的问题上分歧有多大，你必须精心地把分歧限制在一种积极的政治氛围之内，在这种氛围内你的国家应展现出对美国的积极观点并且珍视同美国的关系。

此外，我本人还相信，损害1996－1997年有关南方指挥权谈判的因素，是美国人——不管正确与否——认为希拉克对实质性改善法美关系已不再有任何兴趣。恰恰相反，尼古拉斯·萨科齐直到今日仍设法将这一目标作为他与美国人互动的总体框架。

（十一）规则11：不要错过谈判的机会

欧洲人整年在各种各样的问题上彼此进行谈判，美国人则不然，他们认为谈判并非是理所当然的事情。这是一项严重的事情，外国人被允许借此或多或少地影响美国的决策。对于美国民主——在整个历史过程中自给自足始终是其特点——而言，这很不自然。而对于美国人——其民族主义可以强烈到不为人知的程度——而言，这也很不自然。因此，谈判在美国并不像其对世界其他地区的绝大多数人民那样，是一件为了从他国得到某些东西而做的敏感事情。相反，美国人视其为赐予应受外国人的一种特权，是美国正常事务进程的一个例外，而这种例外是由他们对该问题，包括国际问题的兴趣所决定的。

除了有关传统和国家特色的问题之外，美国实力这一实实在在的事实也经常使谈判仅成为美国诸多选择之一。上述许多因素结合在一起，使谈判成为美国——假如它认为结果不甚满意或美国政治辩论如此决定——随时可以延迟或中止的一项特权。其他国家应当提醒自己，美国拥有选择权，它除了谈判之外还可以诉诸其他选择（始终如一地采取这样一种行为方式，即奖励与惩罚适当地结合可以改变其他国家的行动进程，甚至不用跟它们打招呼）。美国可以无视其他国家，绕过它们或将它们彻底摆平（法国在伊拉克危机时所受待遇就是这三者的结合）。在与美国进行谈判时，记住这一点十分重要：不要认为谈判是理所当然的，否则你在行动过程中就可能失去美国。

在乔治·H. W. 布什总统任职后期，其政府中的一些人对我们失去了耐心——在北约、欧洲防务以及中东等问题上的一长串分歧之后——而且干脆选择无视我们。这一态度在国务卿詹姆斯·贝克身上表现得最为突出：在北约的一次部长级会议上，当法国代表对公报中美国的一项规则提出反对意见时，他明确地说道：“咱们继续吧，把这家伙的话放在注脚里。”

（十二）规则12：要有长远眼光

大象不仅有感情，而且还有记忆。在美国的外交政策机构中，每个国家都有一份记录，而且这份纪录往往要保持很长时间。任何国家与美国进行谈判都是在这种背景下进行的，而且谈判在结束时将成为这一纪录的一部分。结果，在确定谈判立场时，要考虑的不仅仅是特定问题的价值。失败是要被记忆的，而且将来是要付出代价的。胜利大概也是如此，而且更甚。千万不要无视上一次谈判的影响，因为它将成为贵国在华盛顿的记录的一部分。

二、结　论

这些教训以及作为其基础的观察，仅反映了在与美国人打交道过程中相对较窄的一种经历，而且主要集中在安全政策领域。老实说，它们不一定适用于贸易和其他专业领域的谈判。

然而，尽管它们具有很大的局限性，但是对于我来说，它们不仅反映了美国在国际体系中的主导地位及其对外交政策的政治和其他资源的巨大投入，而且还反映了超越美国独特地位、并将持续发展的文化模式。这些模式包括：个人的谦逊与体制的跋扈之间的反差；反对进行谈判，但同时又允许外国人对美国的决策发表意见；倾向于将意见分歧归结为对美国的恶意或偏见；以及一旦开始谈判，对成功的实用主义渴望将伴随着巨大能量而至，如果必要有时还将伴随着野蛮和粗暴。

今天与美国互动是否比 20 年前更困难了？在我看来，这些模式在其积极的或不甚积极的方面并没有多大变化——美国的谈判人员亦是如此。乔治·W. 布什政府可能是美国独一无二的缺乏外交的政府，但是美国体制总是会产生出包括外交官（尽管是来自知名和开放的专业外交人员军团的极少数）在内的这样一批人来，他们在国内通过反对外国人而积累自己的声誉，但在国外他们仍要与外国人开展外交。外部世界在 21 世纪初与约翰·博尔顿打交道，正如其在 20 世纪 90 年代与理查德·霍尔布鲁克以及 80 年代与珍妮·柯克帕特里克打交道一样。

另一方面，环境已经发生了变化。自“9·11”事件以来，美国在与国土安全有关的问题上绞尽脑汁（但在其他问题上，其谈判态度没有太大的变化）。然而，法国和欧洲的主要变化发生在 20 世纪 90 年代。这种变化不是与美国有关，而是与冷战的结束有关。尽管实力和影响力不对称，但只要苏联威胁依然存在，美国就需要与欧洲人达成一致，至少在关键的安全问题上。相互依赖给予欧洲人一定的有利条件，因为美国人必须真心地寻求与欧洲人的协调。发生变化的是，在绝大多数问题上，跨大西洋共识以及谈判本身对于美国来说已变成一种选择，而不再是一种必要。这一发生在 20 世纪 90 年代中期的结构性变化，以及随之而来的美国前所未有的自信，改变了欧洲与美国互动的本质。与一个扬言“能合就合，该分就分”① 的国家谈判显然就更困难了。

未来数年可能将再次见证变化。尽管我们不会再回到强制性的冷战联

---

① 这一短语经常被用来描述克林顿政府的观点。参见 Strobe Talbott, “Bush, Iraq, and the World,” in *Encyclopedia Britannica* (2009), http://www.britannica.com/FBchecked/topic/1517806/Bush-Iraq-and-the-World。

盟，但自2004年以来，集体行动的必要、为此付出代价的愿望以及考虑他人的观点等已在美国渐入人心。20世纪90年代的妄自尊大已经不复存在。最终，将有再次与美国打交道以及回归外交的机会。重要的不是将来与美国谈判的易与难，而是谈判是否有可能。

第五部分

结　语

第十五章 结语：在一个转型世界中的谈判

一、美国外交中的强势与劣势

正如在本书开头部分所提到的那样，本书的目的在于评估美国官员是如何进行谈判的，而不是他们谈判有多好。当然，人们可以指出一些具体的事例以证明某些个人帮助实现了美国的谈判目标，但是人们很少能够非常准确地衡量那一贡献，因为任何谈判都涉及众多范围广泛的可变因素。

尽管如此，正如前八章所充分显示的那样，外国外交人员在评论他们的美国同行的效率时很少犹豫。外国官员提到，美国谈判者有时谈成条件对美国有利的协议，并不是因为他们拥有娴熟的外交技巧，而是因为他们背后有着一个具有惊人军事和情报能力的、占优势大国所提供的政治和经济资源支持。苏联的军控谈判者尤里·纳扎尔金说道："假如美国可以对其谈判对手发号施令，它为何还要寻求妥协呢?"① 美国的国家实力经常使其谈判人员忽略谈判技巧，而实力弱小国家的谈判人员则必须苦练功夫以服务于他们的国家利益。

但是，尽管美国可能是当今一个卓越的国际大国，但它不是万能的。有许多例证可以证明，美国没有能力以协调一致的方式调动其充足的资源以达到所期待的目的。美国的国家实力有其局限性，甚至（尤其是?）一些小国显示出它们有能力不受或抵制美国的谈判压力。美国政府的意志很少能够简

① Nazarkin, "Negotiating as a Rival," 本书第 296 页。

单地强加于他国身上。许多目标只有通过谈判和妥协才能够达到——尽管这有损于美国官员的自我形象和有碍于他们所期待利益及所推广价值的实现。在如是情况下，谈判者的技巧就具有了其特殊的价值。

正如本书大部分外国供稿人所表明的那样，这些技巧并非不符合逻辑。例如，戴维·汉内毫不怀疑，美国“确实也从其外交官的职业精神和完整人格中获益”。[①] 吉尔·安德烈阿尼赞扬了他打过交道的美国官员，“他们倾听，努力寻求解决方案而非增加问题，并且坚持自己的要价。他们所有的人都非常直白地表明自己国家的目标，并决心实现这些目标。但与此同时，他们还试图理解我们的立场，并真诚地探索妥协的可能性”。[②] 约翰·伍德也有同感，并且赞扬了“美国中层谈判人员在共同审视规则和制订行动计划过程中所显示出的精力、创造力和相对开放的心态”。[③] 尤里·纳扎尔金也给与他打过交道的美国人打出了高分，“尽管我们的私人关系不错，但他们全都是态度强硬的谈判者。他们用真正的技巧与智慧捍卫自己的立场。但是，当他们发现他们的建议不可能被苏联接受时，他们在寻求妥协方案方面也是很有技巧的。”[④] 这些积极的评价反映了美国乐观主义文化、开放的心态以及“能够做到”实用主义所具有的力量和魅力。

但是，外国外交官所绘制的肖像并非都是正面的。例如，渡边幸治就提出了自己来自长期磨难的评价，“美国谈判者经常显示出独断专横、自以为是和缺乏耐心的态度，他们往往拿国内的制约因素说事儿，而无视其谈判对手遇到的国内困难。”[⑤] 陈庆珠的判断也不是恭维的，“美国人从不真正地与别人谈判，他们也不知道如何谈好判。美国人经常是在论坛及谈判桌上开门见山地提出自己的观点，期待对方接受或适应其立场。”[⑥]

我们如何来理解这些相互矛盾的评价呢？它们是否显示我们在本书第二部分中所确认的决定美国谈判行为的四种心态中的一种或几种是谈判的财富，而其他的却是制约因素呢？

---

① Hannay, “Negotiating Multilaterally,” 本书第 323 页。

② Andreani, “Negotiating with Savoir Faire,” 本书第 329 页。

③ Wood, “Negotiating with Washington,” 本书第 276 页。

④ Nazarkin, “Negotiating as a Rival,” 本书第 287 页。

⑤ Watanabe, “Negotiating Trade,” 本书第 251 页。

⑥ Chan, “Different Forums, Different Styles,” 本书第 236 页。

乍看起来，生意人和法学家式的心态似乎可以算得上是谈判的有利条件，而道德家和超级大国的态度则是不利条件。然而，在进一步评估之后，本书所提出的事例表明，每一种心态都有可能是财富或是障碍，这取决于具体的谈判内容，甚或既是财富同时也是障碍。① 下面就来列举几个针对每一种心态的实例：

（一）生意人式的心态

·一个交易式的、以结果为目标的方式能够取得具体的结果，但这种心态倾向于忽视或损害打造关系的努力。

·紧迫感有助于推动另一方达成协议，但另一方同时也能把这种不耐烦作为手段；对短期结果的注重能够产生具体的短期收益，但对长期利益经常有一定影响。

·直截了当可以减少模糊和误解的危险，但生硬却增加了惹恼另一方和激起对方抵制或疏远那些习惯于更间接或精细磋商方式的谈判对手的风险。

·经济诱惑可能是有效的，但并不总是像美国人所想象的那样有效，尤其是当对手在政治和意识形态方面的关切居于经济考虑之上时。

（二）法学家的心态

·对准备和精确的注意有助于在谈判桌上避免不必要的惊讶，但对细枝末节和直白表述的专注可能会惹恼一些谈判对手。

·冷酷的专业主义可以避免感情色彩对谈判氛围的污染或使美国官员对受到威胁的利益视而不见，但冷峻的、拘泥于形式和事不关己的态度无助于信任、同情和关系的打造。

·律师般的起草技能有助于产生出行文严谨的协议，但律师们经常错误地认为签署的协议能够得到贯彻执行。②

---

① 一群美国资深外交官 2009 年 4 月 17 日在美国和平研究所开会讨论美国的谈判能力时也行成了如是判断。

② 正如参加 2009 年 4 月举办的资深外交官会议的一位人士评论的那样，“尽管他们具有法律背景，但美国人有些事情并不懂。例如，你虽然签署了一项协议，但那只是下一个阶段（就贯彻执行举行谈判）的开始”。

（三）超级大国的心态

· 时时准备炫耀武力可能会使对手屈服于美国的要求，但它同时也会产生长期的愤恨和敌对。

· 尽管优势感可以支持自信，但同时也会产生一种万能的自我迷惑感。

· 缺乏对对手国内政治考虑的关切虽然有助于强行达成协议，但这种协议有可能遭到公众的或事后的政治质疑，即便不被放弃也需要重新进行谈判。

（四）道德家的心态

· 对高尚原则的表达虽然有助于激起国内对一项谈判的支持，并给外国公众留下深刻印象从而产生“软实力”，但它也有可能惹恼敏感的外国政府和民众，从而产生对美国要求的抵制。

· 道德家的姿态有助于对手对美国信守其原则的尊重，但当这种姿态转变为要求对方做出实际让步时，对伪善和双重标准的指责将接踵而至。

· 对奢侈的清教徒式反对——以及对政府开支民粹党人式的厌恶——有助于美国谈判者着眼于一项谈判的实质和底线，但对热情款待的忽视却使美国人失去了通过回馈对方热情款待以给对手留下印象和建立友情的机会。

· 例外主义——再加上占优势地位的实力——能够促使美国人寻求比其他行为者更好的条款，但它也可能引起对方的怨恨，即使不是反对的话。

这四种心态中的任何一种都有可能是一种优势或是劣势，这取决于具体谈判的关联关系。但是，作为一个整体，它们很好地服务于美国的利益。历史学家沃尔特·拉塞尔·米德挑战了美国外交政策的批评者，这些人谴责“美国外交政策在‘理想主义与孤立主义之间’幼稚地摇摆”，并且要求拥抱“欧洲政治家的成熟、老到和世故的方式”。米德说道，这种批评似乎忽略了这样一个事实，即美国外交“一直以来相当成功……美国不仅是唯一的全球性大国，其价值观主导着全球的一致性，而且它还在一种前所未有的程度上主宰着我们的星球所知的首个真正全球文明的形成”。[①]

美国的谈判行为也可以得到如是评价。尽管它有时似乎是一种实现自我

① Mead, Special Providence, p. 10.

狭小关切的迟钝的和单纯的工具或肥皂箱，但它却帮助美国成为了世界上首屈一指的大国。在过去的50年间，美国谈判者为使战争远离美国的海岸、推广美国的思想和影响，以及促使美国工业和商业建造和维系世界最大的经济体做出了他们的贡献。四种面相的谈判者一直能够按照环境的要求不断地调整自己，并且根据谈判对手的身份、所讨论的问题、所涉及的利益以及总统的性情和国家的秉性而强调一种或另一种面相。与此同时，每一种面相通常都是存在的，并且在谈判实践中维系了一种有价值的延续，尽管政策有时会出现陡然转向。

二、变化中的国际谈判界

这四种面相在20世纪很好地服务于美国，但它们是否能够应对21世纪的谈判挑战呢?

这一问题尤其中肯，因为美国的谈判者今天在一个发生迅速和深刻变化的世界中工作。几乎所有谈判都是双边的而且只涉及一两个问题的日子早已一去不复返了。今天，尽管双边谈判依然十分普遍，[1] 但美国也涉足多边谈判领域，参与谈判的对手各式各样，所涉及的问题是多样的，而且利益攸关方众多。从中东的和平谈判，到有关朝鲜核野心的谈判，再到解决气候变化和能源安全问题的会议，美国官员发现他们在与许多其他政府和国际组织——而且经常还有非政府组织——的代表会谈。除了这些有关具体主题的谈判外，美国的决策者和外交官还参加一系列安排密集——而且日程也同样密集——的国际年会：20国集团会议（涉及世界20个最大的经济体）、美洲国家峰会（汇聚了北美洲、中美洲、南美洲和加勒比地区国家的领导人）、亚太经济合作论坛（涉及21个环太平洋国家）、东盟峰会以及联合国大会等等。

这一由多国人员参加的喧嚣的多边谈判是由多种力量驱动的，这些力量不仅重塑了谈判的场地，而且也重塑了整个外交界的地貌。其中有五股力量特别强劲。

首先，世界当前面临的许多问题和危险只能通过国际社会的集体反应才

① 与过去一样，美国在今天签署的大部分贸易协定都是双边的，而不是多边的；同时美国开展的此类谈判比其他种类的谈判要多得多。

能加以解决。正如亨利·基辛格说过的那样，“经济和金融的全球化、环境和能源问题重要性的上升和现代武器摧毁力的增大，都要求唤起全球合作的努力”。[①] 失败国家和脆弱国家——其脆弱性为恐怖主义分子的利用敞开了大门，其不稳定性可能辐射到边界以外很远的地方——是另一个需要国际社会做出集体反应的共同危险。尽管对联合国以及一大串地区性防御组织（如美洲国家组织、非盟、北约、东盟等）的表现怨声四起（尤其是在美国），但即使是那些，对这样的集体努力批评最尖锐的批判者也承认有必要进行国际合作以处理这些共同的关切。[②]

其次，在这些不断增长的问题中，有许多不仅要求集体行动，而且还要求非军事的——尤其是通过谈判的——解决方案。尽管军事依然是美国国家安全的一个最基本的构成部分，但是军方本身认为有必要调整其与国家外交机构中文职和外交人员的关系。正如国防部长罗伯特·盖茨在2008年夏所言，“广义地讲，当涉及到美国与世界其他国家的接触这个问题时，军方对文职机构应发挥或被期盼着发挥——一种支持的作用，这一点十分重要。”[③]

其三，随着威斯特伐利亚民族国家体系在全球化、大众政治运动的崛起以及装备有新技术的次国家或超国家组织的出现等诸多力量的冲击下不断衰弱，国际环境变得越来越复杂了。[④]

非国家行为体，不管是恐怖主义组织还是人道主义非政府组织，现在发挥着重大的作用，而且必须以外交政策挑战或谈判参与者加以对待。例如，在一些情况下，推动禁止地雷单一问题的非政府组织所发起的运动促动了国

① Henry A. Kissinger, “The Three Revolutions,” *Washington Post*, April 7, 2008.

② 例如，*American Interests and UN Reform: Report of the Task Force on the United Nations* (Washington, D. C.: United States Institute of Peace Press, 2005), vi。

③ Quoted in Ann Acott Tyson, “Gates Warms of Militarized Policy,” *Washington Post*, July 16, 2008.

④ 许多熟悉情况的观察者都提出，20世纪冷战时期超级大国主导的两极世界已经让位于一种各种形态截然对立的复杂国际环境。例如，亨利·基辛格确认了当前任何试图在海外拓展自己利益的政府所面临的三场“革命”：中国和印度等主要国家在经典的民族国家模式下、对世界采取力量平衡方式的崛起，拒绝国家主权理念、主张建立一个全球伊斯兰帝国——新哈里发——的各种激进的伊斯兰组织的出现，欧洲极力确定其作为超国家社会联盟的未来。此外，还有诸多的次国家组织——从从事人道主义援助的非政府组织，到从事毒品交易的卡特尔和恐怖主义组织，它们对国际事务的影响力在不断增大，尤其是有了新的通讯技术以及毒品走私所积累的经济财富的支持。参见 Kissinger, “The Three Revolutions”。

际日程的订立，不习惯与非政府组织谈判和合作的美国官员反应非常迟缓，而且一直在扮演追赶者的角色。

其四，为了应对多面性的复杂问题，参与许多谈判的文职机构的数量在不断增加。在许多情况下，当需要制定谈判战略和贯彻它们时，国务院的人员往往与来自财政部、美国贸易谈判办公室、各情报部门以及能源部等机构的人员一起工作。此外，全球变暖一类的问题需要高度专业化的技能，而这些需要以从学术界、研究机构和商界雇佣技术专家的形式从政府之外引进。

最后，随着新的权力中心（尤其在亚洲）走强，全球力量平衡在发生变化。美国的政治和经济影响力似乎正在失去其优势地位，至少是相对而言。即便美国的绝对实力没有衰退，全球化以及国际体系的多边复杂性也要求美国重新定位其国际谈判的方式。经济和军事实力以及文化影响力的重新排列，将影响美国对全球境况变化的反应能力，并且将要求美国外交承担更重的在世界范围内捍卫和拓展美国国家利益的责任。

三、加强美国的谈判能力

在一个全球化不断发展的世界中，美国人必须对他们无法躲避“外交问题”以及他们的国力不能回避有效外交的需要这一现实做出调整。

冷酷的和不可规避的现实是，谈判作为外交的一种工具正在变得更加重要，正如军界——最重要的是——所承认的那样。美国人倾向于将谈判视为——用吉尔·安德列安尼的话来说——“赐予应受外国人的一种特权”,[①] 但美国却支付不起这一奢侈品。美国人也不能仅仅期待好运降临，希望过去一直很好地服务于这个国家的四种面相的谈判风格将在迅速变化的未来仍能做到这一点。从国务院到国会山，从白宫内最深层的密室到最遥远的美国外交据点，列位总统、决策者、政治任命官员、高级外交官以及中层外交人员都必须扪心自问，这个国家如

---

① Andreani, “Negotiating with Savoir Faire,” 本书第336页。Chan Heng Chee在她撰写的章节里也提出了相似的观点；见Chan, “Different Forums, Different Styles,” 本书第235－236页。当然，美国人并不会忘却这些特征。例如，莱斯利·盖尔布在2009年《外交事务》杂志上的一篇文章中也呼应了Andreani和Chan的抱怨：“意识形态、政治以及傲慢等魔鬼一次次地主宰了政府以及公众对外交政策的辩论，或至少施加了过分的影响。” Leslie H. Gelb, “Necessity, Choice, and Common Sense,” *Foreign Affairs* (May-June 2009), pp. 56－72。

何能够加强其谈判能力以应对新的和不断出现的挑战？

四、确定什么能够被改变和什么不能被改变

在决定什么应该被改变之前，首先需要确认什么能够被改变，以及同样重要的是，什么不能被改变。深深植根于美国文化以及习俗之中的谈判实践不可能被轻易或迅速地修改，因为支撑它的文化本身变化十分缓慢，而且变化是渐进式的。因此，对于那些负责指导或修正美国外交政策的人来说，要求官员们突然放弃那些多年来一直是美国外交特色的谈判风格，是毫无意义的。美国谈判行为四种面相中的任何一种都不会完全消失。它们的相对突出性可能会发生一些变化。例如，随着世界变得更加多极化，[①] 超级大国的冲动有可能消失。但是，这种变化将是逐渐的和渐进的。

更为具体的行为特征是不大可能消失的。例如，没有理由期望美国谈判者著名的紧迫感会消失，即便那种不耐心可能会诱使官员做出让步以便达成适时的交易。美国人对问题的相对短视，就短期解决方案而言也未必是“成熟的”，这种短视将继续阻碍美国处理长期棘手冲突（如在中东、朝鲜以及其他地区）的战略。美国官员也不大可能从外交短跑运动员一下变为游手好闲者。他们也不会变成间接沟通的大师；不会放弃直白的语言，而采用微妙的无言暗示；不会在要表达“不”的时候含糊地说，“是的，我理解了”；不会把更多的注意力放在与信息的关联上，而非信息的内容本身。

植根于国家政治和体制系统中的谈判特征也拒绝变化。例如，在谈判过程中“移动球门门柱”这一美国的典型特征就归因于国会对外交行动的马后炮，以及宪法赋予国会评估和批准行政部门与外国政府通过谈判达成的协议的责任。国会的成员在传统上给予国务院和外交界其他文职机构的工作有限的支持，这反映出他们所代表的选民普遍对外交是不信任的。国会所发挥的作用往往是批评者、特殊利益的倡导者和特殊外交计划或谈判的（财政）制约者——这种作用是不会轻易改变的。

---

① 然而，那并不是确定的。俄罗斯的实力只是苏联鼎盛时期实力的一个影子，但是老的习惯是不容易消逝的，俄罗斯的许多谈判者依然行为十分专横，而这正是俄罗斯历史上沙皇和苏联时期的特征。参见 Schecter, *Russian Negotiating Behavior*, 第 11 页和本书第三章。

同样，总统将会对美国的谈判实践以及某些“重大”谈判的管理施加最大的影响。总统赋予谈判者权利，明确他们的目标，并且确定谈判的进程。他可以保护谈判者，也可以将他们暴露在政治攻击之下。至于政治任命的官员，总统对于他们的任命一言九鼎。如果谈判者得到总统的信任和支持，他或她大概就有了一名谈判者可以带到谈判桌上的最有价值的资产。总统留下外交遗产的愿望——随着任期结束的临近，这种愿望会越加强烈——虽然能够促动一项处于停滞状态的谈判，但这也可能导致过于草率的谈判计划出台。这样的计划不仅不能解决棘手的争端，反而会使问题复杂化。总之，总统确立了机构间程序的特点，而谈判者必须萧规曹随。这一点不会发生根本性的变化。

机构间程序并非一成不变。的确，其特点从一届政府到另一届政府总是有某种程度的变化。但是，急剧的变化是极不可能的。美国的传统鼓励企业家精神与竞争，而且美国政府体制是围绕着相互竞争的权力中心和官僚争夺所构建的。在外交这一行当中，这种结构开启了机构间的附属行为，而这种行为使外国外交官和美国外交官感到迷惑和苦恼。这一体制的竞争性本质是有用的，因为它针对谈判的目标和策略给予总统广泛的见解和意见，以便总统从中选出他所喜欢的政策。这种竞争性本质还有助于调和受到危及的复合利益。但是，如果机构间的争夺变得太突出了，它们会导致政府偏离其谈判目标，破坏其贯彻一致且有序的谈判策略的能力，甚至给予国内的特殊利益集团、外国谈判者及其院外集团利用政府内分歧的机会。[①] 据罗纳德·诺伊曼大使所言，“官僚体制内的地盘之争能够使一项谈判完全止步不前，除非问题重要到必须由总统来斩断难解之结和在各部门之间做出裁决的程度。”再有，“我们部门间体制的紊乱随着时间的推移可能会带来更高的代价”，因为所谈判的问题“是跨学科和跨部门的责任”。[②] 因此，对于管束相互竞争以及鼓励和指导强有力的和建设性的团队合作来说，总统的领导也就变得更加重要了。

对于多产的谈判来说，深深植根于文化和宪法之中的美国谈判特点并不

---

① The influence of Foreign government lobbies is spotlighted in John Newhouse, “Diplomacy, Inc.,” *Foreign Affairs* (May-June 2009), pp. 73 – 92. 国内和外国院外活动公司加紧利用退休官员通过他们与白宫和国会的关系影响谈判的一个结果，就是使国务院这个美国外交的首要机构的作用被进一步侵蚀了。

② Ronald Newmann, e-mail to Richard H. Solomon, August 4, 2009.

一定总是障碍。它们可能是负担或是制约因素，束缚住了那些不幸的美国官员，否则他们将在外交工作中任意发挥，搞出一些发明性的协议来。但是，它们时常而且常常——是财富，给予美国谈判者一种强大的、制约其外国谈判对手的手段，确保美国的外交与美国人民的意愿相共鸣，而且使美国官员能够充分发挥自己的能量。然而，它们究竟是有利因素还是不利因素，这在很大程度上取决于它们如何加强这个国家的谈判能力。如果这些特点能够被改变的话，那么它们只能被小幅地修正，而且是非常缓慢地被修正。

但是，美国谈判行为的其他方面是可以改变的。在本章节余下的部分里，我们将就变化提出一些建议。这些变化是可以的而且是必须的，以便给予这个国家的谈判者一个更好的应对未来谈判挑战的机会。我们的建议范围较广，从相对小的针对外交官的官僚机构改革到培育部门间更大合作的更具雄心的努力。

五、调整外交官的培训，以适应21世纪的要求

值得注意的是，在负责代表其国家进行谈判的官员——不管是外交官，还是政治任命官员——之中，很少有人接受过明确的有关谈判技巧的培训。有商业或法律职业经历的个体可能会有在私营部门担当谈判者的经验，职业外交官也可以在他们各自的领域拥有“从实践中学到”的技巧。但是，直到前不久，美国外交系统几乎未向其职业外交官提供任何有针对性的谈判技巧培训。职业上的晋升在很大程度上是一个导师提携的过程。那些成功地在职业系统中步步高升的、被上司视为具有“天生”谈判天才的、并被赋予辅助某项谈判任务的外交官，终将晋升到高级职位并被赋予管理谈判的责任。

在过去数年间，国务院开始改进其向外交人员提供的培训，其中包括有关理论、谈判实践和跨文化沟通方面的短期课程。不同的课程针对不同层次的外交官员，从低级外交官到大使这一级别；甚至“当地国家的雇员”（在所在国雇佣的外国员工）在接受培训时也至少得到有关谈判的基础训练。[①] 然而，这些计划还需要开发和拓展。当前，培训计划依然十分有限，而且在很大程度上着重于如何与媒体打交道和在华盛顿部门间的程序内进行工作。

① Whiteside, interview, pp. 9 - 13.

它们需要通过“分组”（例如扮演谈判对手，以便更好地理解其视角和选择）之类的模拟和演练措施，以给予发展跨文化谈判技巧以及谈判管理策略更多的关注。

有人可能会说这样的训练是多余的，因为大多数外交官很少进行实际的谈判工作，而是着重于处理日常的外交互动事务。然而，尽管非职业的政治任命官员经常统领谈判团队，但是这些官员离不开外交官关键的行动支持。如果提供这种支持的专业人员对自己政府以及对手政府的谈判策略、战术和程序了如指掌的话，那么这种支持将更加有用。

官员们还必须接受有关不同外交层次和轨道的教育，因为未来数十年它们很有可能使谈判“交通”复杂化。尚未完全认识到与负责人道援助的非政府组织等具有国际影响力的非传统机构进行合作价值的国务院，应当鼓励外交官不仅把非国家行为体视为潜在的谈判伙伴，而且使自己熟悉这些非政府组织的组织结构以及它们的运作模式、文化、要求和关切。

外交官们还应当被教会如何伸展得更远，触及非政府组织以外的、负责披露他们消息的媒体和大众。国务院的确提供了如何与媒体打交道的课程，但它们往往强调的是如何在镜头前表现自己，而非如何开发和执行一个支持某个谈判的公共信息战略。公共外交的概念和技巧必须被重新定义，以应对当今电子通讯多样化（互联网、博客、微博、脸谱网、卫星及手机音像传输等）时代的要求。官员们需要监测——以及努力影响——那些塑造影响谈判公共氛围的博客世界、新闻性和宣传性网站以及其他媒体和通讯形式。

在一个虚弱国家受到民族和宗教冲突威胁以及国际组织也相当虚弱的时代，外交官必须做好充当发展顾问和冲突管理者角色的准备。这要求对外交官进行向所在国政府和本国政府提出建议的技能培训，而且还需要对他们进行有关防止大众暴力事件、恢复衰退经济、促进内部政治改革、推动合作和共享安全利益等措施的培训。为了有效地执行这些任务，外交官们不仅需要恰当的概念和政策方向以及强化的谈判和调解技能，而且还需要在深奥的语言和文化方面的强化培训。① 总之，外交官需要对外交官作用的自我概念进

① 具有讽刺意味的是，是在伊拉克和阿富汗等外国环境下执行任务的美国军队强调了进行外语和文化培训的重要性，并且开发了相应的培训计划。军队单位也将文职精英——语言学家和人类学家——吸纳进了它们的战地行动。

行重新定位。有关外交官的传统理念是：总统权威的声音、当地情况的报告者、商业利益的促进者、上层意见的影响者。这一理念必须加以扩大，以涵盖防止和管理冲突的集体行动的领导者这一角色。①

对外交官的专业培训以及才智开发，必须适应当代对外关系的需要。然而，人员和资源均不充足的国务院是不能实现这一目标的。直到外交部门能够在外交官职业生涯的各个阶段提供脱产的专业培训（像美国军方通过必修的定期培训计划加强其人员技能那样）以及将职业升迁与在谈判、政治发展和经济重建等方面的实际经验挂钩时，它才能拥有有效外交所需要的人力资源。但是在过去，扩大外交系统的规模以提供这种培训的努力，遇到了国会的阻力，国会拒绝扩大国务院的预算和人员补充。②

① 如果美国军事人员和国际人道主义机构官员开启的这一趋向持续下去的话，外交官未来就可能会发现他们将在地方层面上与地方政府、社区以及好战分子开展谈判，以便阻止暴力和建造稳定。美国（和加拿大）军方大幅度加强了对派驻阿富汗的临时重建小组成员所提供的在谈判方面的训练；参见 Major Charles B. Ericson, "Winning Hearts and Minds Is Not for Amateurs: Preparing to Negotiate," research report (Air Command and Staff College, Air University, Maxwell Air Force Base, Alabama, April 2008)。联合国机构以及非政府组织成员为说服好战分子允许人道主义援助的投送所进行的谈判在 Daniel Toole, "Humanitarian Negotiation: Observations from Recent Experience" (Harvard Program on Humanitarian Policy and Conflict Research, Harvard University, February 21, 2001) 中得到讨论。

② 例如，在乔治·W. 布什政府期间，许多外交官被重新派驻到伊拉克，但是国会拒绝增加国务院的经费以便招募新人填补空余下来的位置。在伊拉克和阿富汗的行动也暴露出国务院缺乏能够讲当地语言的语言人才。

外交委员会 2007 年 6 月发布的一份报告称，国会两次拒绝向康多利扎·赖斯为适应冷战后的实际而进行的外交岗位地缘分布调整计划提供经费。见 Foreign Affairs Council, Task Force, *Managing Secretary Rice's State Department: An Independent Assessment* (Washington, D. C.: P Foreign Affairs Council, June 2007)。

在任期即将结束时，赖斯做出一项坚决的努力，不仅对外交岗位进行了重新配置，而且还增加了外交官的数量。正如《联邦时报》2008 年 3 月的报道那样，"国务院大约 1/5 的中层外交岗位是空缺的，国务院说它需要国会批准长期拖欠的经费以充实这些岗位……但是［国会拒绝］向 2004 年以来招募的外交人员提供经费……国务院正在要求国会提供足够的经费以便在 2009 财年招募 700 名外交官。康多利扎·赖斯国务卿在向立法者简要介绍预算建议时，强力要求增加招募数量"。见 Stephen Losey, "State Grapples with Vacancies in Midlevel Positions," *Federal Times. com*, March 25, 2008, http://wwwfederaltimes. com/index. php? S=3444490。

赖斯的倡议为国会于 2009 年 7 月批准大幅的经费增加做了铺垫。

六、改进机构记忆

美国谈判行为特点中突出的紧迫性，使得为两年、四年或八年时间框架内不大可能解决的问题提供更大的管理延续成为一种必须。实现这一目标最实用的方法，就是增进外交机构对特殊谈判的机构记忆。① 当前，高官们只是对一些高端谈判做出了评估，他们在离职后为商业出版著书立说。而对谈判记录的官方文档控制，则通过电子文档和查询系统加以管理。在 1998 年 10 月之前，国务院尚未有针对其信息服务部门的中央化电子系统。②

2006 年，在一项加强各外事机构之间知识共享的重大行动中，电子外交办公室创建了名为“Diplopedia”的在线百科全书。Diplopedia 中含有“敏感的”但却不是“保密”的材料，对其访问仅限于国内外的外事和情报工作人员。“任何能够访问 Diplopedia 的人员均被邀请和鼓励以文章、讨论和编辑别人提交的材料的形式，共享自己的经验、知识和专长”，国务院的网站解释道。“对于国务院和美国政府各外事机构来说，它很快就成为了一个包括各种兴趣话题的参考库和起点。”③

国务院的评估和记录程序必须以各种方式得到加强：

·外交系统应仿效军界，并开始事后报告和评估程序。对于新近担负就某项正在进行的外交进程（如中东和平进程或有关朝鲜问题的六方会谈）做谈判简报的官员来说，对所得教训进行的谈判后评估是一种要素资源。在一个令人鼓舞的进展中，众议院 2010 年在其给国务院的拨款案中增加了一个要求，即国务卿必须成立一个“所得教训中心”——国务卿希拉里·克林顿支持这项要求。这一中心旨在成为一个开展广泛收集、分析、存档和分

---

① Another advantage of improved institutional memory has been noted by Theodore Sorenson: “The [State] department’s institutional memory, in-depth planning and orderly procedures can protect an eager president from his errors as well as his enemies.” Sorenson, “The President and the Secretary of State,” *Foreign Affairs* (Winter 1987 - 1988): p. 238.

② Steven W. Hook, “Domestic Obstacle to International Affairs: The State Department under Fire at Home,” *PSOnline*, January 2003, 28 - 23, http://journals. cambridge. org/download. php? file =%2FPSC%2FPSC36_ 01%%2FS1049096503001641a. pdf&code = ad315416b92f6c000e7fa9d615b280fd (accessed August 13, 2009).

③ http://www. state. gov/m/irm/ediplomacy/115847. htm.

发各种观点、最佳实践以及外交官所得教训的努力以及支持国务院和美国国际开发署工作人员的平台。[①]

·不同届别政府有关谈判的文件记录有可能是相当不协调的。政治任命官员在离任时将有关自己的个人记录和非个人记录带走这种现象必须解决，以至少确保国务院建立和维持一个包括所有文件——这些文件记录了任何一项正式谈判过程中所产生的明确或含蓄的谅解、承诺和其他协议——的电子备份的中央数据库。[②] 许多与高层互换有关的文件都分发到全国各地的一些机构和档案馆。13 位总统（包括卡尔文·柯立芝以来的所有总统）的图书馆构成了总统书库网络，而且现在可以在线查询。然而，许多其他书库和档案馆不能以那种方式访问。

·许多机构记忆存在于一些外交官个人的大脑里，因此需要采取更大的努力对这些高级谈判者的专长和经验进行评估和保留。（开发 Diplopedia 的一个关键考虑，就是防止发生在外交官辞职时的知识流失。）正如电子外交办公室主任克里斯·布朗克委婉地询问道："每一位外交官两三年都要挪动一下，你们如何能将他们的知识传承下去呢?"[③] 能够朝这个方向引导的管理程序就是衔接委派，这样离任的外交官就有时间和机会将自己的行动知识传递给继任的外交官。更进一步的措施可能包括推迟高级外交官的退休年龄；为有经验的谈判者留任外交服务系统提供物质刺激，以防止他们"退休"后到收入更丰厚的私营部门高就；以及延长个人任职的时限，以便使参与某一特殊谈判的外交官能够提供更大的管理延续及维持与谈判对手的人际关系。

·必须建立战略规划机制，以弥补各届政府的短视。这种战略规划往往是在国务院之外进行，如外交政策导向的智库或大学的研究中心，那里汇聚了退休的官员和学界的专家。理论上讲，国务院的政策规划官员可以提供如是支持，但是其工作往往局限于国务卿的短期需要。不过，一些为改变这一现状的可喜步骤已经被采纳。从 2007 年末开始，国务院领导了"地平线项

---

① 当本书付薪之际，参议院尚未决定是否支持众议院的这项建议。参见 House Report, pp. 111 – 136, Foreign Relations Authorization Act, Fiscal Years 2010, Sec. 303。

② 本书第 5 章"美国人与美国人谈判"中的有关讨论，第 178 页。

③ Micah L. Sifrey, "Diplooedia, State Department 2. 0?" Personal Democracy Forum, August 5, 2006, http: //personaldemocracy. com/content/diplopedia-state-department – 20.

目”，这是一个有15家机构参加的面对未来20年的战略规划行动。[①] 这一小组开发出了国务院和其他政府机构可能会面对的五种未来选择。2009年7月，国务院宣布将在《四年外交及发展评估》（QDDR）——类似开始于1993年的国防部防务规划研究《四年防务》——中对美国外交及发展目标和优先顺序进行评估。《四年外交及发展评估》小组将与国务院和内阁中的各机构进行接触，并且寻求非政府部门专家的知识贡献。

（一）培育更大的机构间合作

21世纪国际行动的挑战要求更高级别的基于共同战略以及政治和行动计划的部门间合作。鉴于各部门竞相说服总统接受一种谈判策略或另一种谈判策略的现象，这种合作的可能性乍看起来似乎十分遥远。但是，正如本章前面所提到的那样，部门间程序的特点并非一成不变。美国文化的确看中团队合作以及彼此竞争，但是美国军方做出了表率：激烈竞争的传统——在国会的指导下——已经让位于可观的合作。

1986年的《戈德华特—尼科尔斯防务重组法案》通过在联合行动框架内将各军种的能力编织在一起的方法，寻求将激烈的体制争夺置于控制之下。[②] 立法机构将行动的权威集中化，具体的方法是“通过参谋长联席会议主席［相对于各兵种的参谋长］……［此人］被指定为总统、国家安全委员会以及国防部长的首席顾问。这项法案还设立了副主席的职位，并且理顺了从总统到国防部长再到统一指挥官的行动指挥链条”。[③] 立法机构还引进了“紫色”（联合兵种）军官团的概念。贯彻当代外交政策的需要，也同样

---

① Harry W. Kopp and Charles A. Gillespie, *Career Diplomacy: Life and Work in the U. S. Foreign Service* (Washington, D. C.: Georgetown University Press, 2008), pp. 187 - 188; Sid Kaplan, "Project Horizon: A New Approach to Interagency Planning," *Federal Times. com*, February 13, 2006, http://www. federaltimes. com/index. php? S = 1627532.

② Joel Bagnal, "Goldwater-Nichols for the Executive Branch: Achieving Unity of Effort," in Bert B. Tussing, ed., *Threats at Our Threshold* (Carlisle, Penn.: U. S. Army War College [2006]), p. 44. http://www. carlisle. army. mil/usacsl/publications/Threats% 20at% Our% 20Threshold/Chap% 202% 20 - % 20G - N% 20for % 20the% 20Executive% Branch. pdf.

③ National Defense Library Web site, http://www. ndu. edu/library/goldnich/goldnich. html.

要求对外事进行“紫色”管理的努力。[①]

加强部门间协调发展，无疑将产生相当多的政治和官僚机构方面的紧张，并且引发棘手的管理方面的问题：对于某项具体的行动或对总体外交政策而言，哪个是“牵头”的部门？是否存在着一位“超级国务卿”来协调和指导美国政府十来个外事相关部门的活动呢？民事活动和军事活动之间又是一种什么样的关系呢？负责人道援助的非政府组织、商界和国际组织又如何介入规划和行动呢？要想使美国重要的资源被有效地调动和协调以支持“总体政府”[②] 的外交和安全计划，这些问题就必须得到解决。[③]

部门间争夺的一个结果就是，与评估和规划如何在谈判桌上应对外国谈判对手的谈判方式相比，美国谈判人员往往在发现和回应其华盛顿同事的日程方面花费更多的时间。弥补这一当务之急的方法就是进行“分组”演练，这不仅是培训外交官的一个常规性特色（正如前面所建议的那样），而且也应是谈判准备工作中的一个常规性实践。换言之，一个见识广博的政府部门应该通过表演外国对手的角色来“演练”一个即将来临的谈判遭遇。

（二）增加对国务院的拨款

上述有关改进外交官培训及加强机构记忆的建议都要求增加对国务院的

① 最近的一项实践就是让军官接替外交官的工作。见 Dana Priest, The Mission: *Waging War and Keeping Peace with America's Military* (New York: W. W. Norton, 2003)。

② “总体政府”这个概念（已在多种情况下被议论了十多年）是五角大楼在 2009 年正式提出来的。正如《华盛顿邮报》所报道的那样：“国防部长罗伯特·M. 盖茨正式采纳了这样一个概念，即国家安全规划和预算不能根据国防部的……［2009 年 1 月发布的］《四年作用与任务评估报告》由五角大楼一家来做。‘本部支持以总体政府的方式应对国家安全挑战’，这份文件接着又说道，‘对于美国政府的国家安全伙伴而言，所期待的最终状态是从一个共享的视角来制定计划和开展行动。’” Walter Pincus, “Pentagon Recommends ‘Whole-of-Government’ National Security Plans,” *Washington Post*, February 2, 2009。

③ 一些评论家强烈地争论道，部门间更大的合作的关键在于国家安全委员会。戴维·罗斯科普夫评论道：“我们需要一个高度运作的国家安全委员会，其成员应尽可能地广泛，以便为总统提供最全面的各式工具……今天［2005］，一个日益上升的国防部主导着一个日趋下降的国务院。在这种情况下，国家安全委员会和未来的总统将责无旁贷地实现一种新的平衡。但这种平衡不仅是机构间的，而且还应包括外交、安全、情报、政治、发展、贸易、法律、执法、国土安全、全球卫生、全球环境、科技、国际、双边、地区、公共与私营、永久与特别等因素。” David Rothkopf, *Running the World: The Inside Story of the National Security Council and the Architects of American Power* (New York: Public Affairs, 2005), pp. 455 - 456。

拨款。长期的趋势是，国会对外交机构的拨款应占其给国防部的预算支持的6%左右。[①] 过去数十年来，各任国务卿都提出了给外事部门更大支持的理性呼吁，但现在他们得到了国防部长的回应。盖茨部长于2008年宣称："美国负责外交和发展工作的文职机构长久以来人员短缺，而且经费不足——这相对于我们传统上在军事方面的开销，更重要的是相对于我们国家在全世界范围所面临的责任和挑战。"[②] 除了敦促国会为国家的外交机构提供恰当的拨款之外，盖茨还采取了前所未有的步骤，将国防部的资金转移到国务院（尤其是为雇佣文职专家帮助美国军界实施全球重建的努力埋单）。[③]

然而，这种要求更大资金支持的请求却遇到了如是尴尬：国会对国务院未能以充足的精力推进美国利益的持久怀疑，导致国会中只有有限的议员支持增加对外交和外援的拨款，这与国会强力支持活跃的军方形成了鲜明对比。（与美国整体公众一样，许多国会议员往往把外交和军队相脱离，甚至认为它们是美国外交中相互矛盾的因素，即便——正如有效的谈判者所熟知的那样——事实上它们是互补的和相互加强的。）支持以"戈德华特—尼科尔斯"方式整合外交—国家安全机构的论点之一是，这有助于政府贯彻执行外交政策的不同部门更有效地配置资源。的确，近年来提出的一项更具深远意义的预算改革是，创建一项综合的外交事务预算。[④]

许多国会议员可能对外交十分谨慎，但国务院在国会山并不缺乏支持者。例如，在2008年，参议院外交委员会的高官理查德·卢格参议员建议

---

① "在2008财年国会的最终拨款中，对军事力量与非军事工作的拨款比例是16∶1，尽管盖茨部长对这一差异表示哀叹，但是他2009财年的国防预算比例实际上扩大到18∶1。对于2009财年，政府要求给五角大楼拨款5500亿美元，而给国务院的拨款还不足400亿美元，其中1/5被指定为对外军事和安全援助"。Institute for Policy Studies, *Report of the Task Force on a Unified Security Budget for the United States*: *FY 2009* (Washington, D. C.: Institute of Policy Studies, September 2008), pp. 3, 9。

② Tyson, "Gates Warns of Militarized Policy."

③ Gerry J. Gilmore, "Gates, Rice Support Extension of Security-Assistance Legislation," U. S. Department of Defense, Armed Forces Press Service, April 18, 2008, http://www.defenselink.mil/news/newsarticle.aspx? id = 49584.

④ 这种意见并不新鲜，例如，早在20世纪90年代中期，它就被劳伦斯·伊格尔伯格和罗伯特·巴里提出了。参见"Dollars and Sense Diplomacy: A Better Foreign Policy for Less," *Foreign Affairs* (July-August 1996)。然而，它最近又得到重新关注。2008年，美国国际开发署和国务院首次共同提交的一份联合的预算要求。但在今天，政府中大约有20多家单位参与国际事务。

“加强文职机构的能力，并将其与军队进行整合”，而且敦促给予国务院和美国国际开发署“开展显然是民间任务的资源……外交事务的预算只大体相当于五角大楼花费在医疗卫生上的费用。我们必须调整民间外交的能力以应对一个充满动感的世界，在那里国家安全威胁越来越多地基于非军事因素”。①

卢格的评论没有被当成耳旁风的。2009 年 7 月，美国众议院为 2010 财年批准了一项总额为 488 亿美元的外交预算。这笔预算将资助国务院雇佣 1300 名当值的外交官员——主要在阿富汗和巴基斯坦。此举是否预示着国会开始重新评估外交的作用及其重要性，或是否是一个一次性的旨在协助确保战胜塔利班的措施，还有待观察。②

（三）增加一个第五种谈判面相？

在美国谈判机器未来十年面临的诸多挑战中，我们提到了扩展外交官作用的概念、协调部门间的努力、吸收技术专长、与不熟悉的外国语言和文化共事、打造和维护多边联合以及更加努力地培育关系（与外国公众以及外国政府中的官员）的必要。当把它们集体看待时，这些挑战显示，美国外交未来的成功将有赖于培育一个第五种面相，或对过去构成美国谈判行为特征的四种面相进行补充的专业趋向。这第五种面相似应被定名为“政治的”，其含义是它体现了当选美国官员的心态。③

政治谈判者本身不仅不受有关专业外交官作用的传统理念的束缚，而且还善于在多角色和多因素的环境中运作，以及特别擅长穿行于华盛顿复杂的政治和体制系统。他们的最强优势之一就是有能力接触到所有的利益攸关方或权力中心（谈判者有可能影响到他们的利益），并与他们建立关系；理解对手要达成一项其选民能够接受的交易的需要；以及拿捏出精细的让步和实

---

① Senate Committee on Foreign Relations, *Implementing Smart Power: Setting an Agenda for NationalSecurity Policy*. April 24, 2008; Senator Lugar's opening remarks are available online at http://foreign. senate. gov/testimony/2008/LugarStatement080424a. pdf.

② As reported in " Area Votes in Congress," *Philadelphia Inquirer*, July 12, 2009, http://www. philly. com/inquirer/local/20090712_ Area_ Ootes_ in_ Congress. html.

③ 有关第五种面相的思想是一些资深外交官于 2009 年 4 月在美国和平研究所进行讨论时提出的。我们尤其感激塞缪尔·路易斯大使，他清楚地说明了这一思想的关键因素。

用的政治交易。此外，他们在与媒体打交道时非常自如，这是在国内外进行沟通的一大长处，以及他们还具有通过其政治关系动员支持的能力。

假如这一政治面相的确非常适合于21世纪可能主导美国外交日程的各类谈判，那么十分幸运——但大概不是巧合的——的是，政治谈判者这种在过去实践中几乎是罕见的现象正变得更加普遍。近年来，一些退休的或在职的当选官员已经在扮演主要的谈判角色。例如，乔治·米切尔参议员在北爱尔兰共和党人与卫道者之间的谈判中扮演了重要角色。这一谈判最终导致了1998年《北爱尔兰和平协议》的签署。2009年，米切尔被重新召回谈判界，奥巴马任命他为中东问题特使。众议员比尔·理查森被克林顿总统委以若干外交使命，其中包括与朝鲜、苏丹和伊拉克的谈判，后来又被任命为美国驻联合国大使。参议员希拉里·克林顿在2009年成为国务卿，这是自1980年爱德华·马斯基以来第一位占据这一职位的当选官员。

一些前总统也发挥着主要的谈判作用。2009年5月，比尔·克林顿被任命为派驻海地的联合国特使，同年8月，他又飞赴朝鲜就释放两名美国记者问题展开谈判。这两名记者被朝鲜政府以"敌对行为"罪名判处了12年的苦役。根据《纽约时报》的报道，在访问平壤期间，克林顿"为这两名记者赢得了自由，打开了与隐秘的朝鲜政府的外交通道，并且还与患病的北方领导人金正日进了餐"。① 自从离开白宫后，吉米·卡特一直是一名十分活跃的谈判者，曾经参与过与朝鲜、海地、以色列和巴勒斯坦当局、哥伦比亚和厄瓜多尔等国高度敏感的谈判。

政治谈判者所拥有的一个无价资产是他们与其他美国人共事的能力。克林顿、米切尔和理查森等高级政治官员在通过媒体与公众进行沟通方面是相当有经验的，他们同时还拥有深入美国政治和体制系统的关系、信任度和知识。政治谈判者们能独步国会山多变的政治高峰，深谙政府部门内部以及部门之间的权力走廊，因此他们比大多数官员更擅长在相互争夺的部门之间建

① Mark Landler and Peter Baker, "In Release of Journalists, Both Clintons Had Key Roles," *New York Times*, August 4, 2009, http://www.nytimes.com/2009/08/05/world/asia/05korea.html.

立起一致性，而且更可能从国会和白宫得到实现外交突破所需的高层政治支持。[①]

政治谈判者通过其公共形象动员支持的能力，不仅对美国公众来说是一笔财富，对于外国支持者来说也是一种财富。这也正是联合国秘书长潘基文 2009 年 5 月请求比尔·克林顿出任联合国前往海地的特使的原因。1994 年以来，这位前总统在那个国家的声望一直相当高。他当年威胁使用军事力量以说服太子港的军事政权放弃权力，而且克林顿基金会在海地的医疗卫生、艾滋病、环境和经济发展等方面也十分活跃。[②] 这项任命在美国得到国务卿的支持。希拉里·克林顿没有提及他们的婚姻，而是"赞扬了任命一位如此'高形象的特使……这正是我们总体上所寻求的伙伴关系'；并解释道，她已经在准备派一个团队帮助海地。'这多少增强了我们的手段和关注'"。[③]

然而，对于国务卿和总统来说，征召和派遣高级政治谈判者是一种有风险的举措。由于习惯于下命令而不是接受命令、十分在乎其精心树立起的公共形象以及国内外民众心中其与某种政策和原则的联系，政治谈判者可能不情愿顺从于寻求使用他们的政府的风格或目标。例如，正如在第四章中所提到的那样，克林顿政府感到吉米·卡特 1994 年在作为处理朝鲜问题的调解人时有超越权限之嫌。对"系统外"干才的使用，往往会降低职业外交官中谈判者的地位和效率，这些人被认为不如总统或国务卿任命的特使那样有影响力。

（四）知己

美国谈判者十分清楚，了解对谈判对手发生作用的利益、动机和雄心是

---

① 国务院并不是寻求有政治悟性谈判者的唯一单位。根据《华盛顿邮报》的一份报道，国防部用麦克里斯托将军取代驻阿富汗美军司令麦基尔南将军的职位，至少是因为国防部长认为麦基尔南"太没朝气，太老派，与华盛顿太疏远。他缺乏戴维·H. 佩特雷纽斯将军带给伊拉克战争的那种感召力和政治悟性。"这一决定"反映了五角大楼高层官员的一种观点，即顶级将军需要像他们善于作战那样善于与华盛顿打交道，以及阿富汗的冲突需要一位能够赢得国会和美国公众信任的领袖。Rajiv Chandrasekaran, "Pentagon Worries Led to Command Change," *Washington Post*, August 17, 2009。

② "Clinton Named UN Envoy to Haiti," *CBCnews. com*, May 19, 2009, http: //www. cbc. ca/world/story/2009/05/19/clinton-un-envoy-haiti364. html.

③ "Clinton Named as UN Envoy to Haiti," Associated Press, May 19, 2009.

非常有利的。的确，美国谈判行为的特点之一就是细心准备，其中包括深挖情报报告以及广泛的书面和在线资源以勾勒出一幅有关谈判对手的可靠图像。鉴于这一特点，美国谈判者完全可以被视为中国军事家孙子的名言“知彼”——已在本书的开始处引用——的勤奋信徒。但是，孙子名言的另一半“知己”又该如何呢？

与美国民众一样，美国外交官往往更加外视而不是自审，更加外向而不是内向。他们的确有时内视，但他们更感兴趣的是自己周围所发生的一切，他们更愿意向前看而不是向后看，他们更感兴趣于发现（然后调整）世界的运行而不是审视其运行的原理。

这种病态对于谈判者来说有许多有利的地方：乐于与问题打交道，不愿让历史的负担压制对更好未来的期盼，希望拿捏出具有创造性和仔细校准的方案来。缺乏内视使人失去了像他人看待自己那样审视自己的机会——结果，许多美国谈判者也就不相信自己被如此多的外国谈判对手贴上了“霸道”的标签。缺乏自我意识也使人们难以认识到自己的弱点（例如缺乏耐心），难以看到自己的优点如何会变成缺点（例如，法律上的精细如何有时会显得书生气十足和对对方的不信任），以及难以知道如何改正、遮掩和弥补这些缺陷。如果不清楚自己的文化是如何影响自己的言行，那么这实际上也可能导致他误听或误读自己的对手，或干脆就根本看不到外国谈判对手行为中那些细微的变化。

孙子的建议是在2500年前写就的，而且是讲给国王和将军们听的，当时中国的7个国家正在为控制各自的领地而不停地征战。但是，它对当今美国的谈判人员——他们必须纵横于200多个国家之间以寻求外交利益——来说依然是有用的。不管未来数十年世界将如何变化，自我意识仍将是确保有效谈判表现的关键之一。如果这本书——受启发于中国的大军事家——能使美国读者高度反思，它的任务也就完成了。

附　录　跨文化谈判研究项目中所使用的分析范畴

美国和平研究所“跨文化谈判”项目的长期目标旨在创建一个数据库，不仅收录具体国家谈判行为的细节，而且可以被用于进行跨文化比较并显示超越国家差异的谈判行为模式。[①] 为了便于这样一个数据库的创建，“跨文化谈判”国别研究项目被告知一个共同的分析范畴。在国别研究的范围内，这些范畴有助于研究人员确定研究的参数——换句话说，有助于作者确定在具体的案例中提出和探讨什么样的问题。在整个“跨文化谈判”项目的范围内，分析范畴显示出数据基础扎实的各类主题。

这些范畴——其中有些必然会有所重叠——如下：

一、对待谈判的总体态度

· **谈判的实质**（例如，谈判人员是否倾向于将谈判总体上视为一种零和或双赢性命题，或是一种为共同利益进行妥协交换的机会，或是一种取得单边利益的时机?）

---

① 本书写作期间（2009 年夏），一个高度交互式的跨文化数据库正处于开发之中。建成之后，该数据库将允许实践者和决策者——以及学者和其他研究人员——从一个广阔的比较性视角（例如具体国家、谈判所涉及的问题、特殊的谈判策略和特点）探索谈判问题；从一个视角迅速地转移到另一个视角；审视不同问题、个人以及谈判方式之间的关系；查阅许多谈判所得协议的文本和有关具体谈判的记述；监控有关谈判进展的不断更新的媒体报道和外交报告。这一数据库可以在线访问，因此谈判者可以随时随地就教于它。

·**谈判的目的**（例如，谈判人员是否倾向于将谈判总体上视为一种构筑关系、交换/获取妥协、发泄或医治怨愤、显示一种特殊公共形象的机会？谈判是否被视为是一种解决问题的主动进程，或是一种缓解来自对方压力、拖延时间或误导对手政府的被动方式？）

·**对成功的期望**（例如，谈判者在总体上对待谈判的心态是积极的还是消极的，是热情的还是不情愿的，是乐观的还是悲观的？）

·**调门**（例如，谈判者方式的总体调门是生意人式的、专横的、通情达理的、法学家式的还是恃强凌弱的，等等？是一本正经的还是放松的，是热忱的还是威逼的，是合作的还是设障的？）

二、国内的关联关系

·**历史的关联**（例如，该国家总体的谈判历史及其与具体谈判对手的关联以及所涉及的问题？该国过去的谈判记录被视为是强硬的还是虚弱的，是产生出有价值的利益还是产生出或暴露出了弱点？）

·**官僚机构的关联**（例如，谈判者在其中运作的官僚体制的结构是什么样的？决策是如何做的？官僚机构是如何确定谈判目标和策略的［取得一致，由主导机构确定］？官僚机构在谈判前和谈判期间是如何培训、指派、委托、监控和管理谈判人员的？）

·**政治上的关联**（例如，政治体系中的哪些行为人拥有对谈判的权威？政治体系是如何与官僚机构互动以影响谈判目标和策略的？政治力量构成的变化对正在进行的谈判的影响程度以及影响方式是什么？谈判者所属国家的政治体系在谈判中对谈判者行为的影响程度以及影响方式是什么？）

·**公共关联**（例如，公共舆论影响谈判目标及其执行的程度有多大？公共舆论如何影响有关谈判目标和策略的政治和官僚决策？公共舆论对正在进行的谈判的影响程度以及影响方式是什么？）

·**谈判者与其国内系统的互动**（例如，谈判者在谈判前以及谈判期间对官僚、政治和公共关联的影响程度和影响方式是什么？）

三、谈判的程序

·**作为一种程序的谈判**（例如，谈判者是否将谈判视为一个有起点和终点的、由清晰的不连贯阶段构成的线性系列？或谈判是否被视为是一个某些争论、问题以及互动不断被重复直到它们被解决或被放弃的循环的和无组织的进程？或根本就没有程序感？）

·**谈判的阶段**（例如，谈判者希望谈判涉及多少阶段或何种类型的阶段——前期谈判、开局阶段、中期阶段、收尾阶段以及贯彻执行？）

·**准备与管理**

·**调查与研究**（例如，谈判者是否对谈判进行精心的准备？谈判者是否知道问题的历史及其现状？谈判者是否研究过去与谈判对手的谈判记录？谈判者是否利用情报或其他资源以了解对手的兴趣、能力、制约以及谈判团队的成员？）

·**制定策略和战术**（例如，谈判者制定规划和策略的程度如何？谈判者在谈判前制定战术的程度如何？谈判者根据对手的策略与战术能够调整自己谈判方式的程度有多大？）

·**反战术**（例如，谈判者寻求反击对手的特点和战术的程度是什么？谈判者是否总体上对此不屑一顾［如果是的话，为什么］？或谈判者是否花费相当的注意力去设计反战术？谈判者寻求反击的特点和战术究竟是哪些？谈判者如何进行反击［与谈判对手的行为对着干、进行反抗、强调谈判者自己的一个或更多的特点和战术，等等］？）

·**谈判的终点**（例如，谈判者是否预想谈判结束时会签署最终协议，会通过贯彻执行得以延续，或是一个需要不断进行重新谈判的无休止进程？）

·**贯彻执行**（例如，谈判者是否忠实地执行协议，并且兑现许愿与承诺？或谈判者是否在躲避承诺，遵守的仅是协议的书面内容而非其精神实质，或不断地就协议的条款进行重新谈判？）

四、谈判的特点及战术

· **作为个人或团队努力的谈判**（例如，谈判的团队及其领导是如何任命的？谈判团队是大还是小？它们是否仅限于外交官，或它们是否还包括技术专家、律师等？团队领袖对团队或在政治/官僚机构体系中有多大的权威？是否政府在通常情况下对团队严加控制，或是允许其在谈判中拥有一定的探索其他选择的空间和灵活性？一个团队所显示的内部纪律及团结的程度是什么？）

（一）感觉与时间的使用

· **对待过去、现在和将来的态度**（例如，谈判者是向前看还是向后看？历史是否在谈判者的考虑和观点中占据显著位置？谈判者着眼的主要是纠正过去的错误，还是创造一个更加光明的未来？）

· **时间的范围**（例如，谈判者展示的是一个长期的还是一个短期的观点？谈判者主要感兴趣的是长期的、中期的还是短期的利益和收获？）

· **紧迫感**（例如，谈判者是否渴望在谈判中往前赶，还是满足于让谈判按其自身的速度发展？谈判者是否比其他人更快地穿越谈判的一些阶段？）

· **最终期限**（例如，谈判者是否意识到并/或响应最终期限？最后期限是否由谈判者自己团队、官僚机构或政府强加的？谈判者是否试图将最后期限强加给谈判对手？）

· **延迟**（例如，谈判者是否寻求延迟谈判或使谈判放缓？如果是的话，谈判者采取何种方法？）

（二）语言的使用

· **准确度**（例如，谈判者使用直白的语言，还是含蓄的语言？语言是法律式的、印象主义的、精确的还是暧昧的？语言的使用是否太生硬，以致使谈判对手感到被冒犯？语言的使用是否太简略，以致使谈判对手感到愤怒或不解？用于书面协议条款的语言与用于口头意见交换的语言是否有明显的区别？）

· **可信度**（例如，谈判者是否撒谎？如果是的话，经常还是偶尔？或换句话说，谈判者是否有诚实和可信的声誉？谈判者是否极力确保其声明准确性是可信的？）

· **恐吓**（例如，谈判者是否恐吓或使用感情色彩浓重的语言？谈判者是否保持一种镇定、克制和说话温和的风度？）

· **修辞**（例如，谈判者是否使用形式主义的或公式化的表达方式？如果是的话，使用何种修辞公式或程式化的表达以及在谈判的什么节点上使用？）

· **肢体语言**（例如，如果有的话，谈判者如何使用肢体语言或关联性因素进行沟通？谈判者是否留意或回应非语言线索或暗示？）

· **首选的语言与外语**（例如，谈判通常使用何种语言进行？谈判者在涉及外语的谈判中是否感到舒服？在使用谈判对手的语言时，谈判者的语言流利程度如何？谈判者是否使用翻译？如果是的话，他们是如何训练和招募的？）

（三）论证

· **逻辑的使用**（例如，谈判者是否有逻辑地对其案例进行辩护，并试图对其案例的哲学基础进行解释？谈判者的辩护是推理式的，还是感应式的？逻辑是否在一些阶段使用，或用于某些问题而不是其他问题？）

· **事实论证**（例如，谈判者是否引用无数的事实或数据？谈判者是否倾向于更注重事实和数据，而不是情感、关系以及其他无形的因素？）

· **道德论据**（例如，谈判者是否将其论点基于道德或伦理原则之上？谈判者诉诸的是一套普世的原则，还是其特殊的道德代码？谈判者是在布道，还是在劝他人改宗？）

· **声明**（例如，谈判者是否倾向于仅是声明或反复声明其立场和要求，而不是论证？）

· **妥协**（例如，谈判者是否做好了妥协的准备？如果是的话，在什么问题上妥协？谈判者是否在本质上是顽固的？谈判者是否仅接受对手做出的让步，还是报以同样的让步？谈判者开局的立场与其最终立场相近还是相去甚远？）

（四）压力战术

·挂钩（例如，谈判者是否把正在谈判的问题与其他一些最初未被考虑的问题挂起钩来？如果是的话，谈判者是如何确立和要求这种联系的？）

·最后期限和拖延（例如，谈判者是否运用最后期限给对手增加压力？这些最后期限在多大程度上是“真的”？在多大程度上它们是灵活的？换个角度说，谈判者是否拖延以给对手施加压力？如果是的话，他或她是如何拖延的？）

·增加要求（例如，一旦对手同意做出一些让步，谈判者能在多大程度上“移动球门门柱”以寻求更多的让步？是什么因素促使谈判者提高赌注的？在什么节点上以及为什么谈判者决定停止增加要求？）

·威胁（例如，谈判者是否使用威胁手段？如果是的话，使用何种手段［退出谈判、处罚或惩罚、使用军事力量，等等］？威胁是否倾向于升级？谈判者是否真的实施威胁，还是这些威胁缺乏可信度？）

·敌意与胁迫（例如，谈判者是否寻求胁迫对手？谈判者是否使用压迫性语言和/或姿态以威吓对手？何种关联因素可以被利用以提高压力和胁迫？）

（五）诱惑

·套近乎（例如，谈判者是否要求个人的或国家的友好关系？）

·补偿（例如，谈判者是否准备作出妥协，并以一种妥协交换一种相似的妥协？）

·物品交换（例如，谈判者用何种诱惑进行交换以确保其目标的实现？谈判者是否寻求利用金融诱惑、政治承认、提升威望的机会［例如国事访问］等手段收买对手？）

·盛情款待（例如，谈判者是否把盛情款待当做一种谈判工具？如果是的话，谈判者是否寻求创造一种热烈的氛围，恭维对手或震慑对手？谈判者提供何种盛情款待？换个角度讲，谈判者是否有意提供寒酸的或纯功能性的款待？）

五、信息沟通

· **幕后渠道**（例如，谈判者是否从不、很少、有时或经常使用幕后渠道？是否在就具体问题进行谈判或与具体对手谈判时幕后渠道更可能被启用？谈判者使用何种幕后渠道？幕后渠道是否被保密？）

· **利用媒体**（例如，谈判者是否试图利用媒体塑造某项谈判的目标、议程以及/或谈判的进程？谈判者选择什么样的媒体——国内的还是国际的，上层的还是大众的，新闻还是电视，等等？谈判者试图通过媒体触及什么样的授众——谈判者自己的政府、官僚机构、同事或公众，还是对手一方的？谈判者如何利用媒体［编造新闻、泄露消息、鼓动国内选民、呼吁对手国的公众，等等］？）

部分参考书目

Acheson, Dean. *Present at the Creation: My Years in the State Department*, New York: W. W. Norton, 1969.

Adair, W. L., J. M. Brett, and T. Okumura. "Negotiation Behavior When Cultures Collide: The United States and Japan." *Journal of Applied Psychology* 80, no. 3 (2001).

Adamishin, Anatoly, and Richard Schifter. *Human Right, Perestroika, and the End of the Cold War.* Washington, D. C.: United States Institute of Peace Press, 2009.

Adler, Nancy. *International Dimensions of Organizational Behavior*, 4th ed.. Cincinnati: South-Western College Publishing, 2002.

Adler, Nancy J., and John L. Graham. "Cross-Cultural Interaction: The International Comparison Fallacy?" *Journal of International Business Studies*, 20 (1989).

Albright, Madeleine K. *Madam Secretary: A Memoir*, New York: Hyperion, 2003.

——. *The Mighty and the Almighty: Reflections on America, God, and World Affairs.* New York: HarperCollins, 2006.

Anonymous. "Negotiating with the Americans." *Contract Management* (1983).

Armstrong, D.. *The Rise of the International Organization: A Short History.* New York: St. Martin's, 1982.

Art, Robert J., and Patrick M. Cronin, eds.. *The United States and Coercive*

Diplomacy. Washington, D. C. : United States Institute of Peace Press, 2003.

Association for Diplomatic Studies and Training. *Frontline Diplomacy: The U. S. Foreign Affairs Oral History Collection.* CD-ROM. Arlington, Va. : Association for Diplomatic Studies and Training, 2000.

Avruch, Kevin. *Culture and Conflict Resolution.* Washington, D. C. : United States Institute of Peace Press, 2004.

Bacevich, A. J. . *American Empire: The Realities and Consequences of U. S. Diplomacy.* Cambridge, Mass. : Harvard University Press, 2002.

——. *The Limits of Power: The End of American Exceptionalism.* New York: Metropolitan, 2008.

Bagnal, Joel. "Goldwater-Nichols for the executive Branch: Achieving Unity of Effort." In *Threats at Our Threshold*, edited by Bert B. Tussing. Carlisle, Penn. : U. S. Army War College, 2006.

Baker, James A. , III. , "The Big Ten: The Case for Pragmatic Idealism." *National Interest* (August 29, 2007).

——. *The Politics of Diplomacy: Revolution, War, and Peace, 1989 – 1992.* New York: Putman's Sons, 1995.

Baker, James A. , III. , and Steve Fiffer. *Work Hard, Study…and Keep Out of Politics! Adventures and Lessons from an Unexpected Public Life.* 2nd ed. . Evanston, Ill. : Northwestern University Press, 2008.

Baritz, Loren. *Backfire: A History of How American Culture Led Us into Vietnam and Made Us Fight the Way We Did.* New York: Morrow, 1985.

Barnes, William, and John Heath Morgan. *The Foreign Service of the United States: Origins, Development, and Functions.* Washington, D. C. : U. S. Department of State, Historical Office, 1961.

Barthe, Sebastien, and Charles-Philippe David. "Kosovo 1999: Clinton, Coercive Diplomacy, and the Use of Analogies in Decision Making." *Whitehead Journal of Diplomacy and International Relations* 8, no. 2 (2007).

Beisner, Robert L. Dean Acheson: *A Life in the Cold War.* New York: Oxford University Press, 2006.

Bendahmane, D. , and J. W. McDonald, Jr. , eds. . *Perspectives on Negotia-*

tion. Washington, D. C. : Foreign Service Institute, 1986.

Benedick, Richard Elloit. *Ozone Diplomacy: New Directions in Safeguarding the Planet*. Enlarged edition. Cambridge, Mass. : Harvard University Press, 1998.

Berlin, Isaiah, and Henry Hardy. *The Soviet Mind*. Washington, D. C. : Brookings Institution Press, 2004.

Berridge, G. R. . *Diplomacy: Theory and Practice*. 3rd ed. . Basingstoke, England, and New York: Palgrave Macmillan, 2005.

Berridge, G. R. . and Alan James. A *Dictionary of Diplomacy*. 2nd ed. . Basingstoke, England: Palgrave Macmillan, 2003.

Berton, P. , H. Kimura, and I. W. Zartman, eds. . *International Negotiation: Actors, Structure/Process, Values*. New York: St. Martin's 1999.

Bilder, Richard. "The Office of the Legal Advisor." *American Journal of International Law* 54 (1962) .

Black, P. W. , and Kevin Avruch. "Culture, Power, and International Negotiations: Understanding Palau-U. S. Status Negotiations." *Millennium: Journal of International Studies* 22, no. 3 (1993) .

Blacker, C. D. . *Reluctant Warriors: The United States, the Soviet Union, and Arms Control*. New York: Freeman, 1987.

Blaker, Michael, Paul Giarra, and Ezra F. Vogel. *Case Studies in Japanese Negotiating Behavior*. Washington, D. C. : United States Institute of Peace, 2002.

Bohlen, Charles. *Witness to History, 1929 – 1969*. New York: Norton, 1973.

Brett. J. M. . "Culture and Negotiation." International Journal of Psyhology 35, no. 2 (2000) .

Bringkley, D. , ed. . *The Reagan Diaries*. New York: HarperCollins, 2007.

Brofenbrenner, U. . "The Mirror-Image in Soviet-American Relations." *Journal of Social Issues* (1961) .

Brzezinski, Zbigniew. Second Chance: *Three Presidents and the Crisis of American Superpower*. New York: Basic, 2007.

Bull, Hedley. *The Anarchical Society: A Study of Order in World Politics*. 3rd ed. . New York: Columbia University Press, 1977.

Bundy, McGeorge, et al. . *The Dimensions of Diplomacy*. Baltimore: Johns

Hopkins University of Press, 1964.

Burns, R. D., ed.. *Guide to American Foreign Relations since 1700*. Santa Barbara, Calif.: ABC-CLIO for the Society of Historians of American Foreign Relations, 1983.

Bush, George Herbert Walker. *All the Best: My Life in Letters and Other Writings*. New York: Scribner, 1999.

Bush, George W.. "*Address to a Joint Session of Congress and the American People.*" United States Capital, September 20, 2001. http://www.whitehouse.gov/news/releases/2001/09/20010920-8.html.

Calleo, David P.. *Beyond American Hegemony: The Future of the Western Alliance*. New York: Basic; Washington, D. C.: New America, 1987.

Carbaugh, Donal. "Some Distinctive Features of U. S. American Conversation." *In The Changing Conversation in America: Lectures from the Smithsonian*. Edited by William F. Eadie and Paul E. Nelson. Thousand Oaks, Calif.: Sage, 2002.

Carothers, T. H.. *In the Name of Democracy: United States Policy toward Latin America in the Reagan Years*. Berkeley: University of California Press, 1991.

Carroll, Holbert N.. *The House of Representatives and Foreign* Affairs. Rev. ed.. Boston: Little Brown, 1966.

Carter, Jimmy. *Negotiation: The Alternative to Hostility*. Carl Vinson Memorial Lecture Series. Macon, Ga.: Mercer University Press, 2003.

——. *Our Endangered Values: America's Moral Crisis*. New York: Simon and Schuster, 2005.

——. *Why Not the Best? The First Fifty Years*. New York: Simon and Schuster, 1996.

Chehabi, H. E.. "Sport Diplomacy between the United States and Iran." *Diplomacy and Statecraft*, no. 1 (2001).

Cheng, Joseph Y. S., and King-Lun Ngok. "The 2001 'Spy Plane' Incident Revisited: *The Chinese Perspective*." *Journal of Chinese Political Science* 9, no. 1 (2004).

Chollet, Derek, and James Goldgeier. *America between the Wars: From 11/9 to 9/11*. New York: Public Affairs, 2008.

Clifford, Clark. *Counsel to the President: A Memoir.* New York: Random House, 1991.

Cogan, Charles. *French Negotiating Behavior: Dealing with La Grande Nation.* Washington, D. C.: United States Institute of Peace Press, 1999.

Cohen, Raymond. *Negotiating across Cultures: International Communication in an Interdependent World.* Rev. ed.. Washington, D. C.: United States Institute of Peace Press, 1997.

Cortright, David, and George A. Lopez. "Bombs, Carrots, and Sticks: The Use of Incentives and Sanctions." *Arms Control Today* 35 (March 2005). http://www.armscontrol.org/act/2005_03/Cortright.

Costigliola, F.. *Awkward Dominion: American Political, Economic, and Cultural Relations with Europe*, 1919 – 1933. Ithaca: Cornell University Press, 1984.

Crocker, Chester A.. "The Art of Peace: Bringing Diplomacy Back to Washington." *Foreign Affairs* 86, no. 4 (July-August 2007).

——. *High Noon in Southern Africa: Making Peace in a Rough Neighborhood.* New York: W. W. Norton, 1992.

Crocker, Chester A., Fen Osler Hampson, and Pamela Aall, eds.. *Leasing the Dogs of War: Conflict Management in a Divided World.* Washington, D. C.: United States Institute of Peace Press, 2007.

——. *Taming Intractable Conflicts: Mediation in the Hardest Cases.* Washington.. D. C.: United States Institute of Peace Press, 2005.

Dahl, Robert. *Congress and Foreign Policy.* New York: Harcourt Brace, 1950.

Dallek, Robert. *Franklin D. Roosevelt and American Foreign Policy, 1932 – 1945.* Oxford: Oxford University Press, 1979.

——. *Nixon and Kissinger: Partners in Power.* New York: Harper Collins, 2007.

Dam, Kenneth W.. *The Rules of the Global Game: A New Look at U. S. International Economic Policymaking.* Chicago: University of Chicago Press, 2001.

De Santis, H.. *The Diplomacy of Silence: The American Foreign Service, the Soviet Union, and the Cold War, 1933 – 1947.* Chicago: University of Chicago Press, 1983.

De Tocqueville, Alexis. *Democracy in America.* Garden City, N.Y.: Doubleday,

1969.

Dizard, Wilson, Jr. . *Digital Diplomacy*: U. S. Foreign Policy in the Information Age. Washington, D. C. : Center for Strategic and International Studies, 2001.

——. Inventing Public Diplomacy: *The Story of the U. S. Information Agency*. Boulder, Colo. : Lynne Rienner, 2004.

Dobrynin, Anatoly. *In Confidence*: *Moscow's Ambassador to America's Six Cold War Presidents*. New York: Times Books, Random House, 1995.

Druckman, Daniel. "Stages, Turning Points, and Crises: Negotiating Military Base Rights, Spain and the United States." *Journal of Conflict Resolution* 30, no. 2 (1986).

Druckman, Daniel, et al. . "Cultural Differences in Bargaining Behavior: India, Argentina, and the U. S." *Journal of Conflict Resolution* 20, no. 3 (1976).

Dueck, C. . "Ideas and Alternatives in American Grand Strategy, 2000 - 2004." *Review of International Studies* 30, no. 4 (2004).

Dutta-Bergman, M. J. . "U. S. Public diplomacy in the Middle East: A Critical Cultural Approach." *Journal of Communication Inquiry* 30, no. 2 (2006).

Eagleburger, Lawrence, and Robert Barry. "Dollars and Sense Diplomacy: A Better Foreign Policy for Less." *Foreign Affairs* 75, no. 4 (July-August 1996).

Eisenhower, Dwight D. . Mandate for Change, 1953 - 1956. Garden City, N. Y. : Doubleday, 1963.

——. Waging Peace: *The White House Years*, *1956 - 1961*. Garden City, N. Y. : Doubleday, 1963.

Elgstroem, Ole. "*The Role of Culture.*" In Negotiation Eclectics: Essays in Memory of Jeffrey Z. Rubin. Edited by Deborah Kolb. Cambridge, Mass. : PON Books, 1999.

Engel, Jeffry, and George H. W. Bush. *The China Diary of George H. W. Bush*: *The Making of a Global President*. Princeton: Princeton University Press, 2008.

Ericson, Charles B. . "Winning Hearts and Minds Is Not for Amateurs: Preparing to Negotiate." Research Report. Air Command and Staff College, Air University, Maxwell Air Force Base, Alabama, April 2008.

Faure, Guy Oliver, and Jeffrey Z. Rubin, eds.. *Culture and Negotiation.* Thousand Oaks, Calif.: Sage, 1993.

Feith, Douglas J.. *War and Decision: Inside the Pentagon at the Dawn of the War on Terrorism.* New York: Harper, 2008.

Ferrel, R. H.. *American Diplomacy: A History.* 3nd ed.. New York: Norton, 1975.

Fisher, Glen. *International Negotiation: A Cross-Cultural Perspective.* Yarmouth, Maine: Intercultural Press, 1980.

Fisher, R., and W. Ury. *Getting to Yes: Negotiating Agreement without Giving In.* New York: Penguin, 1991.

Foreign Affairs Council, Task Force. *Managing Secretary Rice's State Department: An Independent Assessment. Report.* Washington, D. C.: Foreign Affairs Council, June 2007.

Freeman, Chas. W., Jr.. *Arts of Power: Statecraft and Diplomacy.* Washington, D. C.: United States Institute of Peace Press, 1997.

——. The Diplomat's Dictionary. Rev. ed.. Washington, D. C.: United States Institute of Peace Press, 1997.

Fulbright, William. *The Arrogance of Power.* New York: Random House, 1996.

Gaddis, John Lewis. *The Cold War: A New History.* New York: Penguin, 2005.

——. *Strategies of Containment: A Critical Appraisal of Postwar American National Security Policy.* New York: Oxford University Press, 2005.

——. *The United States and the Origins of the Cold War, 1941 - 1947.* New York: Columbia University Press, 1972.

Gates, Robert. "Landon Lecture." Speech Presented at Kansas State University, Manhattan, Kansas, November 26, 2007. Department of Defense, Defenselink: http://www.defenselink.mil/speeches/speech.aspx? speechid = 1199.

Gelb, Leslie H.. "Necessity, Choice, and Common Sense." *Foreign Affairs* 88, no. 3 (May-June 2009).

——. Power Rules: *How Common Sense Can Rescue American Foreign Policy.* New York: HarperCollins, 2009.

Gingrich, Newt. "*Rogue State Department.*" Foreign Policy 137 (July-August 2003)

——. "Transforming the State Department: The Next Challenge for the Bush Administration." Speech presented at the American Enterprise Institute, Washington, D. C., April 22, 2003.

Goldblat, Jozef. *Arms Control: The New Guide to Negotiations and Agreements.* 2nd ed.. Thousand Oaks, Calif.: sage, 2002.

Goodwin, Doris Kearns. *Lyndon Johnson and the American Dream.* New York: Harper and Row, 1976.

Graham, John. "The Japanese Negotiation Style: Characteristics of a Distinct Approach." *Negotiation Journal* 9, no. 2 (March 1989).

Greene, A. S.. "U. S. Diplomacy in the Age of the Internet." Ph. D diss., Old Dominion University, 2003.

Grove, Brandon. *Behind Embassy Walls: The Life and Times of an American Diplomat.* Columbia University of Missouri Press, 2005.

Gutman, R.. *Banana Diplomacy: The Making of American Policy in Nicaragua, 1981 – 1987.* New York: Simon and Schuster, 1988.

Hasss, Richard N.. "Sanctioning Madness." *Foreign Affairs* 76, no. 6 (November-December 1997).

Haig, Alexander M., and Charles McCarry. *Inner Circles: How America Changed the World.* New York: Warner, 1992.

Halberstam, David. *The Best and the Brightest.* New York: Random House, 1992.

Hall, E. T., and M. R. Hall. *Understanding Cultural Differences: Germans, French and Americans.* Yarmouth, Maine: Intercultural Press, 1990.

Herken, Gregg. *Counsels of War.* Rev. ed.. New York: Oxford University Press, 1987.

Hermann, M. G., and N. Kogan. "Effects of Negotiators' Personalities on Negotiating Behavior." In *Negotiations: Social-Psychological Perspectives.* Edited by D. Druchman. Thousand Oaks, Calif.: Sage, 1978.

Herring, George C.. *From Colony to Superpower*: U. S. Foreign Relations since 1776. New York: Oxford University Press, 2008.

Hersh, Seymour M.. *The Price of Power: Kissinger in the Nixon White House.* New York: Summit, 1983.

Hodgson, G.. The *Myth of American Exceptionalism.* New Haven: Yale University Press, 2009.

Hoff-Wilson, J.. *Ideology and Economics: U. S. Relations with the Soviet Union, 1918 – 1933.* Columbia: University of Missouri Press, 1974.

Hofstede, Geert. *Culture's Consequences: Comparing Values, Behaviors, Institutions, and Organizations across Nations.* Thousand Oaks, Calif.: Sage, 2001.

Holbrooke, Richard. *To End a War.* New York: Random House, 1998.

Huang, X., and E. Van de Vliert. "A Multilevel Approach to Investigating Cross-National Differences in Negotiation Processes." *International Negotiation* 9, no. 3 (2004).

Hufbauer, Gary Clyde, et al.. *Economic Sanctions Reconsidered.* 3nd ed.. Washington, D. C.: Peterson Institute for International Economics, 2008.

Hunt, M. *Ideology and U. S. Foreign Policy.* New Haven: Yale University Press, 1987.

Immerman, R. H., ed.. *John Foster Dulles and the Diplomacy of the Cold War.* Princeton: Princeton University Press, 1998.

Indyk, Martin. *Innocent Abroad: An Intimate Account of American Peacemaking in the Middle East.* New York: Simon and Schuster, 2009.

Institute for Policy Studies. *Report of the Task Force on a Unified Security Budget for the United States: FY 2009.* Washington, D. C.: Institute for Policy Studies, September 2008.

Jenks, C. W.. *The Prospects of International Relations: The Law of International Institutions.* Dobb's Ferry, N. Y.: Oceana, 1964.

Hohnson, Lyndon. Baines. *The Vantage Point: Perspectives of the Presidency, 1963 – 1969.* New York: Holt, Rinehart and Winston, 1971.

Johnson, M. R., ed.. *Unofficial Diplomats.* New York: Columbia University Press, 1977.

Kagan, Robert. "The September 12 Paradigm." *Foreign Affairs* 87, no. 5 (September-October 2008).

Kahn, E. J. . The China Hands, New York: Viking, 1972.

Kazin, Michael. "The Right's Unsung Prophet." *Nation*, no. 248 (February 20, 1989).

Kennan, George G. . *American Diplomacy*, 1900 – 1950. Chicago: University of Chicago Press, 1951.

——. *Memoirs*, 1925 – 1950. Boston: Little Brown, 1967.

——. *Memoirs*, 1950 – 1963. Boston: Little Brown, 1972.

Keohane, Robert. *Transnational Relations and World Politics*. Cambridge, Mass. : Harvard University Press, 1972.

Kissinger, Henry. *Diplomacy*. New York: Simon and Schuster, 1994.

——." Reflections on American Diplomacy." Foreign Affairs (October 1956).

——."The Ghree Revolutions." Washington Post, April 7, 2008.

——. White House Years. Boston: Little Brown, 1979.

——. Years of Renewal, Boston: Little Brown, 1999.

——. Years of Upheaval. Boston: Little Brown, 1982.

Kissinger, Henry, and J. A. Billington. Does America Need a Foreign Policy? New York: Simon and Schuster, 2002.

Kimball, Warren. Forged in War: Roosevelt, Churchill, and the Second World War. Chicago: Ivan Dee, 1997.

——. The Juggler: Franklin Roosevelt as Wartime Statesman. Princeton: Princeton University Press, 1991.

Kluchhohn, Clyde. "The Study of Culture." In The Policy Sciences. Edited by D. Lerner and H. D. Lasswell. Stanford: Stanford University Press, 1951.

Knock, Thomas. To End All Wars: Woodrow Wilson and the Quest for a New World Order. New York: Oxford University Press, 1992.

Koh, Tommy. "The United States and Southeast Asia." In America's Role in Asia: Asian and American Views, 2008. San Francisco: Asia Foundation, 2008.

Kolko, Gabriel. The Politics of War: The World and United States Foreign Policy. Rev. ed. . New York: Pantheon, 1990.

Kopp, Harry W. . Commercial Diplomacy and the National Interest. Washington,

D. C. : American Academy of Diplomacy; New York: Business Council for International Understanding, 2004.

Kopp, Harry W. . and Charles A. Gillespie. Career Diplomacy: Life and Work in the U. S. Foreign Service. Washington, D. C. : Georgetown University Press, 2008.

Kremenyuk, Victor, ed. . International Negotiation: Analysis, Approaches, Issues. 2nd ed. . San Francisco: Jossey-Bass, 2002.

Kurtzer, Daniel C. , and Scott B. Lasensky. Negotiating Arab-Israeli Peace: American Leadership in the Middle East. Washington, D. C. : United States Institute of Peace Press, 2008.

Kux, Dennis, ed. . India-Pakistan Negotiations: Is Past Still Prologue? Washington, D. C. : United States Institute of Peace Press, 2006.

Lang, Winfried. "A Professional's View. " In Culture and Negotiation. Edited by Guy Oliver Faure and Jeffrey Z. Rubin. Thousand Oaks, Calif. : Sage, 1993.

Langholtz, Harvey J. , and Lawrence S. Eagleburger. Psychology and Peacekeeping. Praeger, 1989.

Layne, Christopher. The Peace of Illusion: American Grand Strategy from 1940 to the Present. Ithaca: Cornell University Press, 2006.

Lebaron, Michelle. "Culture-Based Negotiation Styles. " Beyond Intractability Knowledge Base Project. Edited bu Guy Burgess and Heidi Burgess. Conflict Research Consortium, University of Colrado, Boulder, July 2003. http: //www. beyondintractability. org/essay/culture_ negotiation/? nid + 1187.

Leffler, Melvyn P. . For the Soul of Mankind: The United States, the Soviet Union, and the Cold war. New York: Hill and Wang, 2007.

Li, Chen-pin. "Trade Negotiations between the United States and Taiwan. " Asian Survey 34. no. 8 (August 1994) .

Limbert, John. Negotiating with Iran: Wrestling with the Ghosts of History. Washington, D. C. : United States Institute of Peace Press, 2009.

Lindsay, James M. . "Congress and Foreign Policy: Why the Hill Matters. " Political Science Quarterly 107, no. 4 (Winter 1992 - 1993) .

Linke, D. J. . "The Life and Times of George F. Kennan, 1904 - 2005: A

Centennial Retrospect." Princeton University Library Chronicle 66, no. 2 (2005).

Lipset, Seymour Martin. American Exceptionalism: A Double-Edged Sword. New York: W. W. Norton, 1996.

Liu, Henry C. K.. "U. S. Unilateralism: Nonproliferation and Unilateral Proliferation." Global Research, August 29, 2006. http://www.globalresearch.ca/index.php? context = viewArticle&code = LIU20060701&articleId - 3089.

Madsen, D. L.. American Exceptionalism. Edinburgh: Edinburgh University Press, 1998.

Mandelbaum, Michael. The Case for Goliath: How America Acts as the World's Government in the Twenty-first Century. New York: Public Affairs, 2005.

——. The Fate of Nations: the Search for National Security in the Nineteenth and Twentieth Centuries. Cambridge: Cambridge University Press, 1998.

Mandelbaum, Michael, and Strobe Talbott. Reagan and Gorbachev. New York: Vintage, 1987.

Mandell, Brian. "The Limits of Mediation: Lessons from the Syrian-Israeli Expereience, 1974 - 1994." In Resolving International Conflicts. Edited by Jacob Bercovithch. Boulder, Colo.: Lynne Reinner, 1995.

Mann, James. The Rebellion of Ronald Reagan: A History of the End of the Cold War. New York: Viking Penguin, 2009.

McCormick, Thomas J.. America's Half-Century: United States Foreign Policy in the Cold War. Baltimore: Johns Hopkins University Press, 1989.

McNeill, John H.. "U. S. -USSR Nuclear Arms Negotiations: The Process and the Lawyer." American Journal of International Law 79, no. 1 (January 1985).

Mead, Walter Russell. Special Providence: American Foreign Policy and How It Changed the World. New York: Knopf, 2001.

Mearsheimer, John. The Tragedy of Great Power Politics. New York: W. W. Norton, 2001.

Mecham, J. L.. The United States and Inter-American Security, 1889-1960. Austin: University of Texas Press, 1961.

Mee. Charles L., Jr.. The Marshall Plan: The Launching of the Pax Americana. New York: Simon and Schuster, 1984.

Metcalf, Lynn E., et al.. "Cultural Influences in Negotiations." International Journal of Cross Cultural Management 7, no. 2 (2007).

Michishita, N.. "Coercing to Reconcile: North Korea's Reponse to U. S. 'Hegemony.'" Journal of Strategic Studies 29, no. 6 (2006).

Miller, Aaron David. The Much Too Promised Land: America's Elusive Search for Arab-Israeli Peace. New York: Bantam, 2008.

Monaghan, A.. "'Calming Critical': Evolving Russian Views of U. S. Hegemony." Journal of Strategic Studies 29. no. 6 (2006).

Norgan, William, and Charles Stuart Kennedy, eds.. American Diplomacy: The Foreign Service at Work. Lincoln, Neb.: Unverse, 2004.

Morgenthau, Hans. Politics among Nations. New York: Knopf, 1948.

Newhouse, John. "Diplomacy, Inc.." Foreign Affairs 88, no. 3 (May-June 2009).

Newsom, David D.. Diplomacy and the American Democracy. Bloomington: Indiana University Press. 1988.

——. The Public Dimension of Foreign Policy. Bloomington: Indiana University Press, 1996.

Nicholson, Harold. Diplomacy. New York: Harcourt Brace, 1969.

Nincic, Miroslav. Renegade Regime: Confronting Deviant Behavior in World Politics. New York: Columbia University Press, 2006.

Nixon, Richard. The Memoirs of Richard Nixon. New York: Crosset and Dunlap, 1978.

Nye, Joseph. "Public Diplomacy in the 21st Century." Excerpt from Nye's Soft Power: The Means to Success in World Politics. The Globalist, May 9, 2000. http://www.theglobalist.com/storyId.aspx? StoryId = 3885.

——. Soft Power: The Means to Success in World Politics. New York: Public Affairs, 2004.

Perkins, Dexter. "The Department of State and American Public Opinion." In The Diplomats: 1919 – 1939. Vol. 1: The Twenties. Edited by Gordon A. Graig and Felix Gilbert. New York: Atheneum, 1963.

Powell, Colin L. , and Joseph E. Persico. My American Journey. New York: Random House, 1996.

Pruitt, Dean G. . Negotiation Behavior. New York: Academic, 1981.

Quandt, William B. Camp David: Peacemaking and Politics. Washington, D. C. : Brookings Institution Press, 1986.

Rabie M. . U. S. -PLO Dialogue: Secret Diplomacy and Conflict Resolution. Gainesville: University Press of Florida, 1995.

Reiselbach, Leroy N. . The Roots of Isolationism: Congressional Voting and Presidential Leadership in Foreign Policy. Indianapolis: Bobbs-Merrill, 1966.

Rice, Condoleezza. "Remarks at Town Hall Meeting." Transcript released by U. S. State Department, Dean Acheson Auditorium, Washington, D. C. , January 30, 2001. http: //merln. ndu. edu/archivepdf/nss/state/41414. pdf.

Ross, Christopher. "Public Diplomacy Comes of Age." Washington Quarterly 25, no. 2 (Spring 2002) .

Ross Dennis. The Missing Peace: The Inside Story of the Fight for Middle East Peace. New York: Farrar, Straus, and Giroux, 2004.

——. Statecraft: And How to Restore America's Standing in the World. New York: Farrar, Straus, and Giroux, 2007.

Rothkopf, David. Running the World: The Inside Story of the National Security Council and the Architects of American Power. New York: Public Affairs, 2005.

Rubin, B. M. . Paved with Good Intentions: The American Experience in Iran. Harmondsworth, England: Penguin, 1980.

Rubin J. P. . "Stumbling Into War." Foreign Affairs 82, no. 5 (2003) .

Saccone, Richard. "A Substantive Grounded Theory of Cross-Cultural Negotiation between North Korea and the United State." Ph. D diss. , University of Pittsburgh, 2002.

Salacuse, Jeswald W. . "Implications for Practitioners." In Culture and Negotiation. Edited by Guy Oliver Faure and Jeffrey Z. Rubin. Thousand Oaks, Calif. : Sage, 1993.

Schaller, M. . The United States and China in the Twentieth Century. 2nd ed. . New York: Oxford University Press, 1990.

Schechter, Jerrold L. . Russian Negotiating Behavior: Continuity and Transition. Washington, D. C. : United States Institute of Peace Press, 1994.

Schechter, Jerrold L. , and Leona Schecter. Sacred Secrets: How Soviet Intelligence Operations Changed American History. Washington, D. C. : Brassey's, 2002.

Schlesinger, Arthur M. . , Jr. . The Cycles of American History. New York: Houghton Mifflin, 1999.

Schulzinger, Robert D. . American Diplomacy in the Twentieth Century. 3rd ed. . New York: Oxford University Press, 1994.

Senate Committee on Foreign Relations. Implementing Smart Power: Setting an Agenda for National Security Policy, April 24, 2008.

Shultz, George P. . "Sustaining Our Resolve." Policy Review 137 (August-September 2006) .

——. Turmoil and Triumph. New York: Scribner, 1993.

Sigal, Leon. Disarming Strangers: Nuclear Diplomacy with North Korea. Princeton: Princeton University Press, 1998.

Simon, William E. , and John M. Caher. A Time for Reflection: An Autobiography. Washington, D. C. : Regnery, 2004.

Slavin, Barbara. Bitter Friends, Bosom Enemies: Iran, the U. S. , and the Twisted Path to Confrontation. New York: St. Martin's 2007.

Smith, G. Morality, Reason, and Power: American Diplomacy in the Carter Years. New York: Hill and Wang, 1986.

Smith, Gaddis. American Diplomacy during the Second World War, 1941 – 1945. 2nd ed. . New York: Knopf, 1985.

Smyser, W. R. . How Germans Negotiate: Logical Goals, Practical Solutions. Washington, D. C. : United States Institute of Peace Press, 1998.

——. Kennedy and the Berlin Wall. Lanham, Md. : Rowman and Littlefield, 2009.

Snow, N. , and P. M. Taylor. "The Revival of the Propaganda State: U. S. Propaganda at Home and Abroad since 9/11. " International Communication Gazette 68, nos. 5 – 6 (2006) .

Snyder, Scott. Negotiating on the Edge: North Korean Negotiating

Behavior. Washington, D. C. : United States Institute of Peace Press, 1999.

Solomon, Richard H. . Chinese Negotiating Behavior: Perusing Interests through "Old Friends." Santa Monica, Calif. : RAND. 1995. Rev. ed. . Washington, D. C. : United States Institute of Peace Press, 1999.

Sorenson, Theodore. "The President and the Secretary of State." Foreign Affairs 66, no. 2 (Winter 1987 – 1988).

Soanos, W. J. . American Exceptionalism in the Age of Globalization: The Specter of Vietnam. Albany: State University of New York Press, 2008.

Stearns, Monteagle. Talking to Strangers: Improving American Diplomacy at Home and Abroad, Princeton: Princeton University Press, 1996.

Strobel, Warren P. . Late-Breaking Foreign Policy: The News Media's Influence on Peace Operations. Washington, D. C. : United States Institute of Peace Press, 1997.

Ttueck, W. W. . The Road to Confrontation: American Policy toward China and Korea, 1937 – 1950. Chapel Hill: University of North Carolina Press, 1981.

Swisher, Claton E. . The Truth about Camp David: The Untold Story about the Collapse of the Middle East Peace Process. New York: Nation Books, 2004.

Talbott, Strobe. Deadly Gambits: The Reagan Administration and the Stalemate in Nuclear Arms Control. New York: Knopf, 1984; Distributed by Random House.

——. Endgame: The Inside Story of SALT II. New York: Harper and Row, 1979.

——. Engaging India: Diplomacy, Democracy, and the Bomb. Rev. ed. . Washington, D. C. : Brookings Institution Press, 2004.

——. "Globalization and Diplomacy: A Practitioner's Perspective." Foreign Policy 108 (Fall 1997).

——. The Russia Hand: A Memoir of Presidential Diplomacy. New York: Random House, 2002.

Task Force on the United Nations. American Interests and UN Reform: Report of the Task force on the United Nations. Washington, D. C. : United States Institute of Peace Press, 2005.

Taulbee, J. L. . "NGO Mediation: The Carter Center. " International Peacekeeping 10, no. 1 (2003) .

Toole, Daniel T. . "Humanitarian Negotiation: Observations from Recent Experience. " Harvard Program on Humanitarian Policy and Conflict Research, Harvard University, February 21, 2001.

Toros, Hatmonie. " 'We Don't Negotiate with Terrorists!': Legitimacy and Complexity in Terrorist Conflicts. " Security Dialog 39, no. 4 (July 2004) .

Trask, David. A Short History of the U. S. Department of State. , 1781 - 1981. Washington, D. C. : Government Printing Office, 1981.

Voorhees, James. Dialogue Sustained: The Multilevel Peace Process and the Dartmouth Conference. Washington, D. C. : United States Institute of Peace Press: Dayton, Ohio: Charles F. Kettering Foundation, 2002.

Waltaz, N. . "Globalization and American Power. " National Interest (Spring 2000) .

Wanis-St. John, Anthony. "Back-Channel Negotiation: International Bargaining in the Shadows. " Negotiation Journal 22, no. 2 (April 2006) .

Wank, S. , ed. . Doves and Diplomats: Foreign Offices and Peace Movements in Europe and America in the Twentieth Century. Westport, Conn. : Creenwood, 1978.

Whitehead, John C. . A Life in Leadership: From D-Day to Ground Zero. New York: Wiseman, Geoffrey. "Pax Americana: Bumping into Diplomatic Culture. " International Studies Perspectives 6 (2005) .

Wisner, Frank, et al. . New Priorities in South Asia. New York: Council on Foreign Relations, 2003.

Witkowsky, Anne, Project director, George L. Argyros, Marc Grossman, Feliz G. Rohatyn, project cochairs. The Embassy of the Future. Washington, D. C. : Center for Strategic and International Studies, 2007.

Wittes, Tamara Cofman, ed. . How Palestinians and Israelis Negotiate: A Cross-Cultureal Analysis of the Oslo Peace Process. Washington, D. C. : United States Institute of Peace Press, 2005.

Zakaria, F. . "The Wrong American Exceptionalism. " Newsweek, October

22, 20076. Zarman, I. William. "A Skeptic's View." In Culture and Negotiation. Edited by Guy Oliver Faure and Jeffrey Z. Rubin. Thousand Oaks, Calif.: Sage, 1993.

Zeng, K.. Trade Threats, Trade Wars: Bargaining, Retaliation, and American Coercive Diplomacy. Ann Arbor: University of Michigan Press, 2004.

图书在版编目（CIP）数据

美国人是如何谈判的／（美）所罗门、（美）昆内著．中国现代国际关系研究院译．—北京：时事出版社，2011．11

ISBN 978－7－80232－477－0

Ⅰ．①美…　Ⅱ．①所…②昆…③中…　Ⅲ．①外交－谈判－研究－美国
Ⅳ．①D871．29

中国版本图书馆 CIP 数据核字（2011）第 197977 号

图字：01－2011－6757 号

出 版 发 行：时事出版社
地　　　址：北京市海淀区万寿寺甲 2 号
邮　　　编：100081
发 行 热 线：（010）88547590　88547591
读者服务部：（010）88547595
传　　　真：（010）68418647
电 子 邮 箱：shishichubanshe@sina.com
网　　　址：www.shishishe.com
印　　　刷：北京昌平百善印刷厂

开本：787×1092　1/16　　印张：23.5　　字数：368 千字
2012 年 1 月第 1 版　2012 年 2 月第 2 次印刷
定价：65.00 元
（如有印装质量问题，请与本社发行部联系调换）